El español jurídico

Enrique Alcaraz Varó, Brian Hughes
y Adelina Gómez

El español jurídico

Ariel

DERECHO

Primera edición en esta presentación: septiembre de 2014
Tercera impresión: julio de 2018
Ediciones anteriores: 2002 y 2009

© 2002: Enrique Alcaraz Varó y Brian Hughes
© 2009: Adelina Gómez (actualización)

Derechos exclusivos de edición en español
reservados para todo el mundo:
© 2002, 2009, 2014 y 2018: Editorial Planeta, S. A.
Avda. Diagonal, 662-664, 08034 Barcelona
Editorial Ariel es un sello editorial de Planeta, S. A.
www.ariel.es

ISBN: 978-84-344-1872-1

Depósito legal: B. 14.977-2014

Impreso en España por
Book Print Digital

El papel utilizado para la impresión de este libro
es cien por cien libre de cloro y está calificado como papel ecológico.

PRÓLOGO

El español jurídico es continuación de *El inglés jurídico* y de *El inglés jurídico norteamericano*, publicados también por Editorial Ariel y, como aquéllos, va dirigido preferentemente a los especialistas de la traducción y la interpretación, ya estudiantes, ya profesionales. Significa esto que el lector no encontrará en estas páginas ni un análisis pormenorizado de los conceptos del Derecho ni una descripción exhaustiva de los pasos que se siguen en los distintos procedimientos judiciales, propósitos que la formación de los autores —ambos lingüistas— no les habría permitido albergar. Lo que sí han pretendido los autores es identificar, presentar e ilustrar, siempre desde una perspectiva lexicológica, sintáctica y estilística, los términos clave del español jurídico, acompañándolos de su correspondiente traducción al inglés y al francés. Sin embargo, es fácil que el estudio de la expresión de las ideas propias de un campo del saber de tan amplia repercusión social como es el caso de las ciencias jurídicas despierte el interés de colectivos distintos al de los traductores, y no descartamos que las diez lecciones de las que consta el libro contengan información y sugerencias de utilidad para los estudiantes y los profesionales de Derecho, así como para los de Periodismo, Economía, Ciencias Sociales y otros.

Respecto de la traducción de los términos españoles analizados aquí, queremos indicar que las versiones francesas no han resultado problemáticas en la mayoría de los casos, ya que las dos lenguas son romances y los dos sistemas jurídicos pertenecen a la misma cultura; así, por ejemplo, «juez instructor» e «instrucción» son dos instituciones conocidas en el ordenamiento jurídico francés, donde se llaman respectivamente *le juge d'instruction* y *la mise en examen*. En cambio, las traducciones del español al inglés presentan a veces más problemas, dado que ni el inglés es una lengua romance ni el *common law*, propio de la cultura jurídica de los países de habla inglesa, forma parte de la tradición jurídica continental. Por esta razón, la traducción de los términos anteriores al inglés es aproximada porque la realidad jurídica a la que se refieren se articula de forma muy distinta en la lengua y el sistema de partida, y en los de llegada. De esta manera, «juez instructor» se traduce de forma aproximada por *examining magistrate*, e «instrucción», por *preliminary enquiries*, *preliminary investigation*, *pre-trial proceedings* o *committal proceedings*.

Con estas explicaciones habrá quedado patente que éste no es ni pretende ser un libro de Derecho español, sino un estudio del lenguaje jurídico español, en especial de los términos jurídicos y los conceptos que éstos encierran, analizado desde la perspectiva filológica de quienes tienen cierta experiencia en el campo de la traducción jurídica. Dentro de este propósito general, se pueden resumir como sigue los cuatro objetivos que nos hemos marcado:

a)   analizar los rasgos más sobresalientes del español jurídico;
b)   exponer de forma contextualizada los términos y conceptos básicos del procedimiento civil, el penal, el administrativo y el laboral;
c)   facilitar, en lo posible, la traducción al inglés y al francés de los principales términos técnico-jurídicos, ofreciendo una definición clara y escueta de dichos términos;
d)   comentar de forma contrastiva algunas de las peculiaridades más sobresalientes de los sistemas jurídicos de España, de Inglaterra y Gales, y de los Estados Unidos y, en menor medida, del de Francia, siempre teniendo en cuenta el paralelismo existente entre la tradición española y la francesa.

Aunque hemos consultado varios diccionarios especializados, que citamos en la bibliografía, queremos hacer constar que un buen número de las definiciones ofrecidas proceden del *Diccionario de la Real Academia Española* (*DRAE*) y del *Diccionario de uso del español* (*DUE*) de María Moliner; el primero es muy útil por las definiciones claras y concisas que lo caracterizan, y el segundo, por ser una cantera de información lexicológica y lexicográfica que ha resultado de gran utilidad para la construcción de las secciones lingüísticas de cada capítulo (combinaciones léxicas, campos semánticos, sinónimos, etc.). También queremos destacar otras dos magníficas obras de referencia: el *Gran diccionario de uso del español actual* de Aquilino Sánchez y el *Diccionario del español actual* de Seco, Andrés y Ramos. Igualmente ha sido muy rico y muy oportuno el material (glosarios, terminología, leyes, sentencias, etc.) ofrecido en los sitios de Internet de *Le Ministère de la Justice française* para el francés y *The Lord Chancellor's Office*, para el inglés. En algunos casos hemos preferido ajustarnos a las definiciones utilizadas en dichos documentos en vez de optar por una traducción más literal. Por ejemplo, la Constitución española dice: «El Gobierno dirige la política...» mientras que en la francesa se dice: *Le Gouvernement détermine et conduit la politique...*; consecuentemente, en la traducción de «dirige» hemos empleado *détermine et conduit* en vez de *dirige*. El libro ha sido preparado para ser leído en el orden en que se presentan los capítulos. No obstante, y con el fin de facilitar su consulta independiente, se podrán encontrar a lo largo del texto algunas ligeras repeticiones, necesarias en nuestra opinión, que muchas veces han sido salvadas con remisiones internas de un capítulo a otro y con notas al final de cada capítulo. Está dividido el texto en diez capítulos: los cuatro primeros analizan las características generales del español jurídico; el quinto examina el lenguaje de la Constitución y los Poderes Legislativo y Ejecutivo; el sexto estudia el del Poder Judicial; el séptimo y el octavo están dedicados al lenguaje del Derecho Civil, el noveno, al del Derecho Penal y el décimo, a los del Derecho Administrativo y del Trabajo.

Quizás no esté de más que nos detengamos brevemente a comentar algunas dudas que hemos tenido con el uso de las mayúsculas y a explicar las soluciones que finalmente hemos adoptado. Todos los lectores y escritores de la lengua española son conscientes de la anarquía existente en nuestra lengua en el uso de la letra mayúscula al principio de algunas palabras, a pesar de las supuestas «reglas» divulgadas al respecto. María Moliner dice, al comentar la voz «mayúscula», que «la cuestión del uso de letra mayúscula en la inicial de ciertas palabras es la más caótica de la ortografía» y proporciona decenas de ejemplos que, además de ilustrar la magnitud de la contradicción entre normas y la inconsecuencia o falta de uniformidad en la aplicación de algunas, justifican su conclusión de que «el desconcierto... es debido, naturalmente, a que el uso de la mayúscula tiene más valor reverencial que gramatical... puede decirse que es un signo psicológico».

Así y todo, hasta el redactor más respetuoso, ante la duda, busca algo más que apoyo moral para sus intuiciones psicológicas, por lo que resulta especialmente desconcertante comprobar que las distintas fuentes consultadas ofrecen información contradictoria (*DRAE* y *DUE*), o bien omiten pronunciarse sobre los casos más complicados (*Ortografía de la lengua española*, de la propia Academia, *Libro de estilo de ABC*, *Libro de estilo de El País*, Seco en su *Diccionario de dudas del español*) o remiten sin más a las normas «oficiales» contenidas en los documentos publicados por las distintas instituciones públicas (*Libro de estilo interinstitucional*, de la Oficina de Publicaciones Oficiales de las Comunidades Europeas, utilizado por el Servicio de Traducción). De esta manera, algunos opinan (*DUE*) que el nombre propio incluye sustantivo y adjetivo («Mar Egeo»), mientras que otros (*Libro de estilo de ABC*) afirman que los «accidentes geográficos» —entendiendo por tal sólo el sustantivo— han de escribirse con minúscula («mar Egeo»). Lo que no explican los defensores de este último uso es cómo cohonestan esta práctica con la norma según la cual se deben escribir con mayúscula los nombres propios. ¿Acaso consideran nombre al adjetivo? Porque adjetivos son «egeo», «mediterráneo» y «pérsico», mientras que «mar» y «golfo» son nombres, y sin embargo pretenden que escribamos «mar Egeo», «mar Mediterráneo», «golfo Pérsico», y eso en un idioma como el castellano en el que, a diferencia de otros, como el inglés, los gentilicios y los adjetivos en general, de nacionalidad o de cualquier otra clase, se escriben sistemáticamente con minúscula, sin que quepa preconizar lo contrario.

Evidentemente, en un libro de las características de éste, los problemas más frecuentes con el uso de las letras mayúsculas o minúsculas se presentan en el contexto de los vocablos referidos a conceptos y organismos de tipo institucional. Por desgracia, chocamos de nuevo con la apreciación subjetiva de qué constituye una «realidad institucional». Por una vez, parece haber unanimidad en afirmar que la voz «estado», cuando se refiere a una nación políticamente independiente dotada de sus propios órganos de gobierno, debe escribirse con mayúscula, y que lo mismo es de aplicación a la palabra «gobierno» cuando se refiere al conjunto legislativo concreto de una nación en particular; pero nadie explica por qué son imprescindibles estas mayúsculas, ni qué confusión podría crear su sustitución por las minúsculas que, no hace mucho, eran la norma en el mismo caso (por ejemplo, la edición de 1980 de la *Nueva enciclopedia Larousse* contiene centenares de artículos en los que estas palabras se escriben más o menos sistemáticamente con minúscula, sin que el lector aprecie ni ambigüedad, ni menosprecio de las instituciones nombradas). Y se agrava el problema cuando el ente normalizador (en este caso, la *Ortografía* de la Academia) declara sin ambages que pertenecen al mismo grupo de palabras institucionalmente venerandas, y consecuentemente merecedoras de mayúscula honorífica, vocablos como «magistratura», «justicia» y «universidad». Ante esto, uno no puede por menos de reflexionar que, en otro orden de cosas, ciertos términos como «arte», «poesía», «fe», «espíritu», «instrucción», «educación» o «enseñanza» han dejado, desde hace muchos años, de escribirse con mayúscula porque mantener esas formas resultaba, en el peor sentido, decimonónico, es decir, cargado de una ortodoxia bienpensante y limitadora muy alejada del pluralismo democrático acorde con nuestros tiempos. Y lo mismo cabe decir del uso indiscriminado de «Juez», «Tribunal», «Fiscal», «Derecho» y «Ley», entre otros, propio del lenguaje del legislador y de los juristas en general. Si la palabra «justicia» se emplea para referirse a un concepto ideal de «lo que debe hacerse según derecho o razón», según la acepción 4.ª del *DRAE*, es mejor que se escriba con minúscula para que quepan todas la interpretaciones posibles; y si se refiere a la actividad cotidiana de los tribunales, también, porque es una actividad, como la educación, la salud pública o la economía, que nos interesa a todos por igual y que no constituye una institución en sí, sino que se plasma en una pluralidad de instituciones, una de las cuales se llama precisamente «ministerio de Justicia».

Esto nos lleva a otro punto discutible. Si los *libros de estilo* de *ABC* y de *El País* abogan, con mucha apariencia de razón, por el empleo de las mayúsculas en los nombres de los organismos y las instituciones como tales (por ejemplo *el Tribunal Supremo, el Partido Socialista, el Museo de Bellas Artes*), ¿por qué deciden negárselas a otras entidades igualmente consolidadas como son los ministerios? ¿Por qué no «el Ministerio de Justicia», en vez de «el ministerio de Justicia»? Y, ya puestos, ¿por qué «el Presidente del Tribunal Supremo» pero «el ministro de Justicia»? La lógica parece favorecer la adopción de todas esta mayúsculas, aunque después distingamos entre un ministro y su cartera. He aquí unas líneas en las que se ilustra nuestra propuesta al respecto:

> Ayer el Ministro de Justicia pronunció un discurso con ocasión de la apertura del nuevo curso académico en la Universidad de XXX. Tras visitar las instalaciones de la universidad, el ministro aprovechó su visita para analizar algunos de los retos al que se enfrenta actualmente la justicia...

Si durante su discurso ficticio el ministro hubiera sentido la necesidad de hablar de la carrera de Derecho en concreto, nosotros creemos que, en la versión escrita de sus palabras, dicha licenciatura debería aparecer con mayúscula inicial, igual que los nombres concretos de las asignaturas propias de esta rama del saber (por ejemplo, «Les animaría a ustedes a dedicar un esfuerzo especial a asignaturas tan esenciales en la actualidad como son el Derecho Internacional Público y la parte de Derecho Penal dedicada a la cooperación internacional»). Sin embargo, hay que reconocer que sólo una parte de las fuentes mencionadas nos daría la razón en estas elecciones que, a nuestro entender, parecen casos razonablemente claros que permiten distinguir entre los nombres propios, que exigen mayúsculas, y los comunes, que se marcan con el uso de las minúsculas. Ante tamaño desorden, y con el ánimo, en palabras de María Moliner, de «descargar de obligaciones al escritor en este terreno», lo único que cabe hacer es insistir en la naturaleza del problema, y quizás también recordar aquella opinión de un personaje de Shakespeare, que decía que hay costumbres que «se honran más con la omisión que con la observancia».

De todas formas, no estaría de más que se dedicaran una o varias tesis doctorales al análisis del uso de las mayúsculas y las minúsculas en la lengua española que concluyeran con propuestas sólidas de tipo conceptual y preceptivo.

Sea como fuere, nosotros hemos observado que muchos especialistas escriben con mayúscula la palabra «Derecho» (*droit*, en francés; *law*, en inglés) cuando aluden al conjunto de principios, preceptos y reglas a que están sometidas las relaciones humanas en toda sociedad civil, y a cuya observancia pueden ser compelidos los individuos por la fuerza, y «derecho» (*droit*, en francés; *right*, en inglés), con minúscula, cuando se refieren a la facultad de hacer o exigir todo aquello que la ley o la autoridad establece en nuestro favor, o que el dueño de una cosa nos permite en ella. Este uso parece bastante establecido, aunque en algunos de los que lo emplean se observan incongruencias; a él nos hemos ceñido por creer que es el mayoritario, aunque hay otros especialistas que, también con lógica, utilizan siempre la minúscula. No obstante, hemos escrito «derecho», con minúscula, para respetar las citas de los autores que así lo han preferido, y cuando esta palabra aparece al lado de los nombres de otras disciplinas (por ejemplo, «la lingüística, el derecho, la economía, etc.»). En las unidades compuestas como «Derecho civil» o «Derecho penal», algunos escriben el adjetivo con minúscula y otros con mayúscula; el primer uso parece el más generalizado, pero hemos optado por el segundo para evitar escribir, por analogía, *Naciones unidas*, *Unión europea*, *Organización mundial del comercio*, etc., cuyo uso, según hemos comprobado, va siempre en mayúsculas.

Como cierre de esta introducción, desean los autores expresar su más sentido agradecimiento a los siguientes compañeros que, sin duda, han contribuido a mejorar el texto. En primer lugar, a la Dra. Marina Aragón, profesora titular de Filología Francesa de la Universidad de Alicante, que revisó la traducción de los términos expresados en francés, corrigió los errores y dio sugerencias para posibles alternativas o versiones; a Monsieur Jean-Pierre Vergne, *Substitut Général à la Cour d'Appel de Limoges*, que facilitó la traducción al francés de varios términos especializados del español jurídico. También expresamos nuestro reconocimiento a los doctores Juan José Díez Sánchez y Juan Antonio Pérez Lledó, de la Facultad de Derecho de la Universidad de Alicante, porque leyeron varios capítulos del manuscrito; el primero, el capítulo sobre el lenguaje del Derecho Administrativo, y el segundo, los correspondientes al Derecho Civil y al Penal; todas las sugerencias de carácter técnico-jurídico que nos dieron han sido incorporadas al texto, con lo que ha ganado ciertamente en precisión y rigor jurídico. Igualmente expresamos nuestra gratitud a la Dra. M.ª Antonia Martínez Linares, profesora titular de Filología Española, que dio algunas sugerencias de carácter lingüístico, y al profesor Gaspar Mora, del Departamento de Filología Inglesa, que revisó todo el manual y, con sus indicaciones, se mejoró la claridad de la redacción. A todos les estamos muy agradecidos porque su colaboración ha servido para mejorar la calidad del libro. Ni que decir tiene que los errores que pueda haber en el texto sólo son atribuibles a sus autores.

Alicante, enero de 2002

LOS AUTORES

Nota a la segunda edición

La segunda edición difiere de la primera en dos aspectos: su extensión y el énfasis en la orientación jurídica. En efecto, en la extensión se ha pasado de 352 páginas a 376 páginas.

Son muchos los que nos pidieron que intensificáramos la orientación más jurídica, por lo que se ha creído conveniente incluir algunos de los cambios legislativos que afectan al funcionamiento de los procesos civiles (capítulos siete y ocho), penales (capítulo nueve) administrativos y sociales (capítulo diez). Algunos de los más importantes han sido la implantación de los Juzgados de Violencia sobre la Mujer o los Juzgados y la Fiscalía de menores, la reforma sobre el derecho matrimonial, o el procedimiento para el enjuiciamiento rápido de determinados delitos.

Todo eso ha sido posible gracias a la espléndida labor que ha realizado la doctora Adelina Gómez González-Jover, a quien le damos las gracias. También damos las gracias a dos profesores del Instituto Interuniversitario de Lenguas Modernas Aplicadas de la Comunidad Valenciana (IULMA), la doctora Marina Aragón y el profesor Bryn Moody, así como al letrado Joaquín Grau Martínez. La primera revisó el vocabulario francés, el segundo el inglés y el tercero las cuestiones jurídicas.

Alicante, octubre de 2008

CAPÍTULO 1

RASGOS GENERALES DEL ESPAÑOL JURÍDICO

1. El español jurídico y las lenguas de especialidad
2. Opacidad, falta de naturalidad y oscurantismo en el español jurídico
3. La lingüística oracional y español jurídico. Estilística, léxico y vocabulario
4. Las tendencias léxico-estilísticas más importantes del español jurídico
5. Las fuentes clásicas del español jurídico
6. Las fuentes modernas del español jurídico

1. El español jurídico y las lenguas de especialidad[1]

Recientemente ha surgido en los estudios universitarios de las principales lenguas modernas una especialidad llamada «lenguas de especialidad», término tomado del francés *langues de spécialité*, y que alude al lenguaje específico que utilizan algunos profesionales y expertos para transmitir información y para refinar los términos, los conceptos y los saberes de una determinada área de conocimiento, confirmando los ya existentes, matizando el ámbito de su aplicación y modificándolos total o parcialmente. Con anterioridad, Saussure (1945: 68) las había mencionado con el nombre de «lenguas especiales»; en su opinión, estas lenguas «son fomentadas por un avanzado grado de civilización» y, entre ellas, cita la *lengua jurídica*.

Las lenguas de especialidad[2] también se denominan «lenguas profesionales y académicas». Son *profesionales* porque las emplean los médicos, los economistas, los juristas, los científicos, los expertos en turismo, etc., en su comunicación diaria, en sus congresos, en sus libros de texto y en sus revistas especializadas, y son asimismo *académicas* porque, antes de haber sido utilizadas en cada ambiente profesional, fueron enseñadas y aprendidas en la Universidad, institución en la que se perciben dos movimientos epistemológicos complementarios: el flujo de información hacia las profesiones y el reflujo proveniente de ellas.

De esta forma, la Universidad da conocimientos e información lingüístico-terminológica, pero también los recibe, renovándose y perfeccionándose por el continuo contacto con la realidad que le ofrece este movimiento circular. Se puede hablar, por tanto, del «español profesional y académico» o EPA.[3] El español jurídico es una de las variantes más importantes del EPA. Hernández Gil (1986a: 133) lo llama «lenguaje técnico-jurídico».[4] Por su parte, Henríquez y de Paula (1998: 177) prefieren el de «lenguas especializadas de la Jurisprudencia y la Legislación», puesto que se trata de «lenguas» que son plenamente «español», aunque al mismo tiempo son el instrumento transmisor de saberes y de prácticas profesionales.[5] Cuando se habla del español jurídico es porque algunos estiman (Martín del Burgo, 2000: 129) que este lenguaje, por su vinculación con la materia jurídica, merece salir del encierro de la lengua común, para alcanzar un especial modo de expresión, una nueva categoría. Hernández Gil (1986a: 132) es más prudente al hablar de la entidad del español jurídico cuando afirma que «las distintas áreas del conocimiento cuentan, si no con un lenguaje propio, sí con particularidades y modismos semánticos, y encierran en su fondo cierto artificio por cuanto que suponen un apartamiento del uso común; [...] y es cierto que en torno al derecho se ha ido formando un lenguaje técnico especializado, que si es familiar para sus cultivadores sorprende a los profanos».

Teniendo en cuenta las reservas anteriores en cuanto a su denominación, se puede afirmar que el español jurídico es cada día más importante, debido al peso que esta lengua tiene en los organismos e instituciones internacionales; así, el español es lengua oficial no sólo de la Unión Europea sino también de las Organización de las Naciones Unidas y de multitud de organismos, nacidos de ella y, en un sentido u otro, a ella vinculados, como la UNESCO, la Organización Mundial del Trabajo, la Organización Mundial del Comercio, etc. A nuestro entender, se puede aceptar la existencia del español jurídico, teniendo en cuenta las cautelas y apreciaciones mencionadas, justificándolo con estos tres parámetros:

1. Un vocabulario muy singular, que constituye el núcleo de este lenguaje especializado, en los términos explicados en los tres primeros capítulos del libro.
2. Unas tendencias sintácticas y estilísticas muy idiosincrásicas, tal como se señala en la primera parte del capítulo cuatro.

3. Unos géneros profesionales propios e inconfundibles, como la ley, la sentencia o el contrato, entre otros, que sirven para marcar bien los límites de esta variante del español, conforme indicamos en el punto 2 (*a*) del capítulo dos, en la pág. 51, y en el 6 del capítulo cuatro, en la pág. 130.

Para el estudio de los parámetros 1 y 2 (el vocabulario y las tendencias sintácticas y estilísticas) emplearemos una metodología lingüística de tipo oracional, y para el análisis del parámetro 3 (los géneros profesionales) recurriremos a la lingüística supraoracional.

En el español jurídico se pueden distinguir diversos tipos o variantes, según su finalidad comunicativa. Los cuatro más importantes son el legislativo o de los textos legales, el español jurisdiccional o de los jueces (sentencias, autos, providencias, etc.), el español administrativo o de las Administraciones Públicas (instancias, expedientes, etc.), y el español notarial (testamentos, escrituras de compraventa, poderes, etc.). Cada uno de ellos posee rasgos peculiares, pero el que está por encima de todos los demás es el español de las leyes, también llamado el jurídico-normativo, que marca las pautas que habrán de seguir el lenguaje de los jueces, el de la Administración y el de los notarios.

2. Opacidad, falta de naturalidad y oscurantismo en el español jurídico

La literatura jurídica, entendiendo por tal los escritos de los jueces y de los juristas, está llena de bellísimas páginas, cuya lectura constituye un deleite para la razón y un goce para la sensibilidad del lector, no sólo por la nitidez, la claridad y la precisión de sus conceptos, sino también y en particular por su pulcritud sintáctica, su elegancia léxica y su refinamiento estilístico:

> La ciencia jurídica parece estar hoy en exceso regionalizada y marginada. Sobre todo la ciencia que, en efecto, se cultiva. Vive muy recluida en un reducto, como si un gran corte epistemológico la hubiera inmerso en una sima [...]. Esta situación se acusa más en los últimos tiempos, cuando, por contraste, se otea un panorama tenso de inquietudes y debates.

En este breve pasaje sobre la ciencia jurídica de Hernández-Gil[6] (1987: 90) se aprecian, además de una gran sobriedad y sencillez sintáctica, ciertos rasgos poéticos por las dos imágenes creadas mediante repetición léxica: la de «enclaustramiento» (recluida, reducto, inmerso, marginada y regionalizada) y la de «paisaje» (panorama, otear, se cultiva, corte y sima). Se podría afirmar que las imágenes estarían justificadas en un texto como éste, que procede de la doctrina científica.[7] No obstante, en el que sigue, que forma parte de los fundamentos jurídicos de una sentencia,[8] también se descubren imágenes metafóricas: «la justicia como horizonte de equilibrio», «la Constitución como armonía por excelencia», etc.:

> Siendo la justicia un horizonte de equilibrio, la Constitución significa la armonía por excelencia y dentro de ella se integra la idea de proporción que obliga, en los casos de concurrencia de derechos, incompatibles entre sí, a fijar las preferencias, según el criterio constitucional aplicado al caso concreto debatido.

Sin embargo, en opinión de un buen número de especialistas, tanto del Derecho como de la lingüística, esta afirmación no constituye la regla general sino la excepción, ya que los dos rasgos que más fácilmente se perciben en los textos jurídicos son la opacidad y la falta de naturalidad. La opacidad conduce irremediablemente al «oscurantismo» que, de acuerdo con la única acepción que de este término dan los diccionarios, es la oposición sistemática a que se difunda la instrucción en las clases populares.[9] Rodríguez-Aguilera (1969: 24, 70) afirma que la seguridad jurídica y el firme reconocimiento de los derechos subjetivos ganarían con textos jurídicos basados en la frase pulida y la palabra tersa, y más adelante nos recuerda, en lo que a la opacidad de los textos jurídicos se refiere, que «el jurista ha de dar a la palabra contenido y palpitación humana, y que el legislador, el abogado y el juez han de asumir la conciencia de la sociedad en que viven y para la que trabajan, y han de hablarle en el lenguaje suyo propio de cada momento, con los obligados e indispensables términos en que hayan sintetizado conceptos e instituciones, pero también con los términos usuales del más amplio y adecuado entendimiento, de manera buena, llana y paladina, como en nuestro lenguaje clásico se nos ha venido diciendo».[10]

No obstante, la realidad del español jurídico parece que va por otros derroteros, ya que para el lector no especializado se trata de un lenguaje *oscurantista* y, en ocasiones, misterioso, al igual que el inglés jurídico[11] y, en menor medida, el francés jurídico. Por ejemplo, el apartado 3 del artículo 207 de Ley de Enjuiciamiento Civil de 2000[12] dice:

Las resoluciones firmes pasan en autoridad de cosa juzgada y el tribunal del proceso en que hayan recaído deberá estar en todo caso a lo dispuesto en ellas.

¿No sería posible encontrar otra expresión más clara que fuera equivalente a «pasan en autoridad de cosa juzgada»? De acuerdo con el *DRAE*, esta expresión equivale a «dar firmeza de cosa juzgada», locución que habría sido comprendida sin grandes dificultades por el ciudadano medio. El español jurídico de los textos de la Unión Europea es mucho más claro; por ejemplo, en uno de los apartados del artículo 54 del Reglamento sobre la marca comunitaria habla de «adquirir fuerza de cosa juzgada»: «Las resoluciones sobre violación de marca que hayan adquirido fuerza de cosa juzgada *(which have acquired the authority of final decisions / attained the status of res judicata - ayant acquis l'autorité de chose jugée)*...».

Por otra parte, ¿es necesario utilizar el término «pacífico»[13] dos veces en este párrafo extraído de una sentencia del año 2001?:

Siendo pacífico que el demandante forma parte de la plantilla de la empresa demandada, siendo así mismo pacífico, que disfruta de una excedencia especial por razón de su cargo...

La confusión se acentúa, como afirma Lázaro Carreter, en el preámbulo de la LEC de 2000 cuando se afirma que «no se considera inconveniente, sino todo lo contrario, mantener diversidades expresivas para las mismas realidades, cuando tal fenómeno ha sido acogido tanto en el lenguaje común como en el jurídico. Así, por ejemplo, se siguen utilizando los términos "juicio" y "proceso" como sinónimos».

Con estas premisas, la Ley articula con carácter general dos cauces distintos para la tutela jurisdiccional declarativa: de un lado, la del proceso que, por la sencillez expresiva de la denominación, se da en llamar «juicio ordinario» y, de otro, la del «juicio verbal».

Al leer el párrafo anterior da la impresión de que sólo es *proceso* el «juicio oral», pero seguidamente se dice:

Estos procesos acogen, en algunos casos gracias a disposiciones particulares, los litigios que...

con lo que se llega a la conclusión de que tan *proceso* es el juicio ordinario como el juicio verbal. Sin embargo, más adelante, cuando utiliza el término «juicio» en el sentido de «vista», se tiene que repetir constantemente la expresión «el juicio o vista» para indicar que esta acepción de «juicio» no es la primera:

Estas pruebas se practicarán en todo caso antes del juicio o vista.

Con estos puntos oscuros, difícilmente se puede cumplir la función comunicativa que institucionalmente ha de cumplir el lenguaje legal: que la regla jurídica sea comprendida por todos los ciudadanos y, lo que es más, que sea cumplida, pues como comenta Lázaro Carreter (2001), «según dicen, el desconocimiento [de la ley] no exime de su cumplimiento, pero cómo vamos a cumplirla los profanos en tales saberes si no la entendemos». A todos interesa que el español jurídico sea inteligible para muchas cuestiones de la vida (de Miguel, 2000), por ejemplo, saber impugnar el resultado de algún concurso u oposición *(challenge the results of an entrance examination in the public service - faire appel au résultat du concours)*; entender qué se debe hacer en la declaración del impuesto sobre la renta *(income tax return - la déclaration des revenus)*; comprender lo que dice el texto de una separación matrimonial de común acuerdo *(undefended separation - séparation amiable)*, el del convenio regulador *(settlement - convention)* de un divorcio de mutuo acuerdo *(divorce by mutual consent - divorce par consentement)* o el de solicitud de pago de la pensión alimenticia *(claim for maintenance or financial provision - demande d'aliments)*; percatarse bien de lo que contienen las cláusulas del contrato de alquiler *(leasehold contract - contrat de location)* del piso en donde uno reside, o el de la hipoteca *(mortgage - hypothèque)* con la que adquirirá su vivienda, etc.

Para encontrar la inteligibilidad, estima Prieto (1991: 186, 169-70) que el redactor legal, que tiene un margen de maniobra nada desdeñable, ha de guiarse por la regla de la «evitabilidad» del léxico exclusivamente jurídico y huir de toda saturación innecesaria de la ley con tecnicismos legales. El redactor, antes de escribir, ha de hacer un esquema de voces jurídicas que son imprescindibles para redactar la norma, esquema que le ayudará a no incurrir en tecnicismos jurídicos superfluos.

Por otra parte, un buen número de tratadistas del español jurídico afirman que la naturalidad[14] debe ser otro atributo fundamental de esta variedad del lenguaje especializado, dado que lo sencillo y natural es más inteligible y gusta más que lo afectado y rebuscado, como ya hizo constar Juan Valdés en el *Diálogo de la Lengua*.[15] Para defender el atributo de la naturalidad del español jurídico, Martín del Burgo (2000: 200) se apoya en lo que escribió Azorín en su artículo «Naturalidad» en 1948:

¿Cuál habrá de ser la primera condición del escritor?: Naturalidad. ¿Cuál la segunda?: Naturalidad. ¿Cuál la tercera?: Naturalidad.

Sin embargo, como podremos comprobar a continuación, y a pesar de lo que diga la preceptiva, la falta de naturalidad es el rasgo número uno que se aprecia en muchísimos textos del español jurídico, caracterizado por el excesivo formulismo, un léxico recargado y rebuscado, y una sintaxis embrollada, como la del párrafo que citamos a continuación, que además de estar lleno de verbos y, por tanto, de oraciones subordinadas, tiene el verbo principal repetido dos veces, lo que constituye un rasgo estilísticamente poco elegante. Esta falta de elegancia se podría haber resuelto si el que lo redactó hubiera sido fiel a lo que anunció: una enumeración o paralelismo al introducir «en primer lugar», que luego no cumple con un «en segundo lugar»:

> Por todo ello, esta Ley <u>prevé</u>, en primer lugar, que se pueda aducir y corregir la eventual infracción de la legalidad relativa al reparto de asuntos y, en caso de que ese mecanismo resulte infructuoso, <u>prevé</u>, evitando la severa sanción de nulidad radical —reservada a las infracciones legales sobre jurisdicción y competencia objetiva y declarable de oficio—, que puedan anularse, a instancia de parte gravada, las resoluciones dictadas por órgano que no sea el que debiera conocer según las normas de reparto.

La opacidad y falta de naturalidad del español jurídico del ejemplo anterior corresponden al lenguaje normativo de las leyes; pero la situación puede ser incluso peor en el lenguaje de muchas sentencias judiciales, en donde lo más grave no es la falta de elegancia o de gracia estilística sino la incoherencia sintáctica y el anacoluto, como comentamos en el punto 2 (c) del capítulo cuatro en la pág. 121. A estos efectos, se puede añadir que el Ministro de Justicia de España se ha lamentado repetidas veces de que las resoluciones judiciales no interesen a nadie «porque suelen estar envueltas en un lenguaje críptico, esotérico, que más parecen una liturgia que la solución de un tema terrenal».[16] He aquí algunos rasgos lingüísticos, poco académicos, encontrados en una sentencia dictada en el año 2000 por la Audiencia Provincial de Madrid:

a)   expresiones singulares, como la «<u>intencionalidad de causación</u> del resultado», es decir, suponemos, la «<u>intención</u> de <u>causarlo</u>»;
b)   la construcción de oraciones sin verbo principal, sustituido por un infinitivo o un gerundio sin ligazón con los demás elementos de la frase («Para comenzar, <u>decir</u> tan sólo que...»; «Quedándonos, por consiguiente, frente al supuesto de...»);

c) el abuso de los adverbios en -*mente*[17] y el uso incorrecto, tan frecuente en la actualidad, del adverbio *ciertamente*, cuyo único significado es «con certeza» o «de manera cierta», con el sentido de «hasta cierto punto», «en cierta manera»;

De una manera <u>ciertamente</u> oportunista el letrado hizo constar su desacuerdo...

d) las deplorables faltas de ortografía o de construcción («llevar <u>acabo</u>», «acreedor <u>de</u> la correspondiente sanción»,[18] «el error... <u>le era vencible</u>»,[19] etc.) y el empleo sistemático de una jerga molesta o insufrible, como indicamos más adelante, en la pág. 27, aderezado de construcciones frontalmente opuestas a las normas más elementales del uso y de la claridad:

La omisión del Dr. E. <u>en cuanto a la emisión</u> de tales instrucciones...
...caso de conocer la <u>eventualidad</u> de su ilicitud...
<u>Siquiera sea, incluso</u>...

En fin, un cúmulo de construcciones abstrusas, que según el diccionario son las que exigen gran esfuerzo de inteligencia para comprenderlas. A pesar de todo, es de justicia reconocer que la LEC de 2000 en su art. 399 da reglas formales para la redacción de la demanda, que también son de aplicación a la contestación de la demanda. La ley insiste en los conceptos de claridad, numeración, concisión, precisión, orden y separación (Bayo, 2001: 47-8):

... se expondrán <u>numerados</u> y <u>separados</u> los hechos y los fundamentos de derecho y se fijará con <u>claridad</u> y <u>precisión</u> lo que se pida.
Los hechos se narrarán de forma <u>ordenada</u> y <u>clara</u> con objeto de ...
Las peticiones formuladas subsidiariamente, para el caso de que las principales fuesen desestimadas, se harán constar por su <u>orden</u> y <u>separadamente</u>.

3. La lingüística oracional y el español jurídico. Estilística, léxico y vocabulario

La lingüística oracional, esto es, el estudio de los componentes de la oración, sobre todo, el léxico-semántico, el sintáctico-semántico y el estilístico, ha sido la metodología dominante en el análisis y descripción[20] de todas las lenguas. Dicho con otras palabras, casi todas las metodologías lingüísticas de los últimos tiempos han sido oracionales (Alcaraz, 1990, 2000), es decir, han asumido que la oración es su unidad máxima de análisis. En efecto, en su estudio del lenguaje como sistema, tanto la lingüística moderna (el estructuralismo, el generativismo) como la gramática tradicional (la de Donato, Prisciano, el Brocense, etc.) han sido oracionales. En las últimas décadas, cuando la lingüística ha puesto todo su empeño en el análisis del *uso* del lenguaje, el marco oracional se le ha quedado corto y, al superar el límite de la oración, se ha convertido en lingüística supraoracional. La meta de la lingüística oracional es el análisis de la *competencia lingüística* del hablante, es decir, el conocimiento interno o posesión intuitiva que tiene el hablante nativo idealizado de su propia lengua, con independencia de que sea consciente o no de ese conocimiento. La meta de la lingüística supraoracional, que comentamos en la segunda parte del capítulo cuatro, es la *competencia comunicativa*, también llamada *competencia discursiva*.

En el estudio del español jurídico es imprescindible el análisis de las dos competencias citadas. En la segunda parte del capítulo cuatro estudiaremos algunas cuestiones de la lingüística supraoracional; ahora comenzaremos en este punto por la competencia lingüística, y dentro de ella por las tendencias estilísticas del vocabulario, para lo que comentaremos someramente los significados de «estilística» y de «vocabulario». Uno de los objetivos de la estilística[21] es el estudio de los diversos efectos o impresiones subjetivas que percibe el receptor de un mensaje por medio de diversos recursos lingüísticos, como pueden ser las imágenes utilizadas, las connotaciones generadas y las preferencias o repeticiones léxicas o sintácticas, entre otros.

Los términos *léxico* y *vocabulario* son equivalentes, dado que ambos comprenden, en principio, la totalidad de las palabras o unidades léxicas de una lengua. Sin embargo, con frecuencia se pueden encontrar diferencias entre uno y otro. Así, el término «léxico» se aplica normalmente a la clase lingüística abierta de una lengua, formada por unidades léxicas, que está enriqueciéndose constantemente por medio de neologismos, barbarismos, lenguaje figurado,[22] etc., mientras que el vocabulario es una clase cerrada formada por los vocablos[23] de una especialidad, los de una época, los idiosincrásicos de un autor, etc. La lingüística oracional en sus diversas manifestaciones cuenta con una rica metodología para analizar y comprender mejor el léxico o vocabulario del español jurídico (denotaciones, connotaciones, sinónimos, antónimos, dobletes, campos semánticos, selecciones léxicas, etc.).

4. Las tendencias léxico-estilísticas más importantes del español jurídico

En este punto abordaremos las tendencias léxico-estilísticas más importantes del español jurídico y sus fuentes clásicas y modernas; en el capítulo dos analizaremos el significado de las palabras jurídicas desde el punto de vista de la traducción y, en el tres, los problemas traductológicos del vocabulario del español jurídico. He aquí algunas de las tendencias estilísticas del léxico del español jurídico:

a) *El gusto por lo altisonante y lo arcaizante*

El vocabulario del español jurídico es con frecuencia altisonante, y al ser grandilocuente no puede en ocasiones evitar la connotación de «exageración» o «afectación». Por ejemplo, en la oración que sigue, sacada de la LEC de 2000, la palabra «óbice» puede llevar la connotación de «irónicamente culto»,[24] que apunta el *DUE*, y la acepción de «figura, concepto o principio» que se le da a «instituto», referido a «la acumulación de procesos», no aparece en los diccionarios oficiales:

> En cuanto a la acumulación de procesos, se aclaran los presupuestos que la hacen procedente, así como los requisitos y los <u>óbices</u> procesales de este <u>instituto</u>.[25]

El artículo 17 de la LEC de 2000 dice:

> El tribunal proveerá a esta petición ordenando la suspensión de las actuaciones y oirá <u>por diez días</u> a la otra parte.

Posiblemente en el uso jurídico «por diez días» quiera decir «en el plazo máximo de diez días», pero en el español común es una expresión totalmente equívoca, máxime en el contexto del verbo «oír».[26] Expresiones como ésta chocan con el anhelo del legislador de la LEC de 2000, expresado en su preámbulo, de que el lenguaje jurídico «resulte más asequible a cualquier ciudadano».

Otro término del que se suele abusar de forma innecesaria es el verbo «desprenderse», en detrimento de sus sinónimos «inferirse» o «deducirse»:

> Si del cotejo o del otro medio de prueba se <u>desprendiere</u> la autenticidad del documento...
>
> Cuando del título ejecutivo se <u>desprenda</u> el deber de entregar cosa mueble...

Según el *DRAE*, la acepción anterior de «desprenderse» pertenece al lenguaje figurado; el significado denotativo de este término (desapropiarse de una cosa) también aparece con frecuencia en el texto citado:

> Si la persona [...] no estuviere dispuesta a desprenderse del documento para su incorporación a los autos.

La tendencia hacia lo altisonante se complementa con el gusto por el elemento arcaizante que percibe el ciudadano medio en muchos de los términos jurídicos: «fehaciente», «proveído», «pedimento», «elevar un escrito», «decaer en su derecho», «librar carta de pago», etc. (de Miguel, 2000). El gusto de lo arcaizante también se nota en el empleo del futuro imperfecto de subjuntivo (El que matare...),[27] el de pronombres poco usados (cualesquiera),[28] etc.

b) *El apego a fórmulas estereotipadas. El léxico relacional*

Al gusto por lo altisonante y lo arcaizante hay que añadir el apego a fórmulas estereotipadas, como la que sigue, extraída de una sentencia reciente de un Juzgado de Primera Instancia de Madrid:

> Que estimando como estimo en parte la demanda interpuesta por el procurador don V. C. H. en nombre de xxx contra yyy, representado por el procurador don M. L. T., debo acordar y acuerdo:

Fórmulas como éstas ya han sido parodiadas en el cine y en los medios de comunicación, por ser retóricas y no aportar nada a la comunicación. Habría quedado el mensaje más claro para el ciudadano medio con expresiones como la que sigue o similares:

> Estimo en parte la demanda interpuesta por el procurador don V. C. H. en nombre de xxx contra yyy, representado por doña M. L. T. y, consecuentemente, acuerdo:

El léxico tampoco escapa a esta tendencia formulística, especialmente el léxico relacional. El léxico puede ser simbólico y relacional o funcional. En el primero las unidades actúan de símbolos de la realidad (ley, demanda, sentencia, apelación, etc.); en el segundo, señalan relaciones existentes entre las diversas unidades de la oración y del discurso:

> A tenor de lo previsto en el art. 7 de la ley ...
> Mediante resolución del rector...; mediante concurso de méritos...

Previo informe del departamento correspondiente...; previa deliberación del Consejo de Ministros...
Por ésta mi sentencia[29] lo pronuncio, mando y firmo.

El excesivo apego a fórmulas estereotipadas y, en cierto sentido, fosilizadas, se percibe no sólo en el léxico simbólico (corresponder en Derecho, ser conforme a Derecho, con arreglo a ley, de conformidad con la orden ministerial, etc.) sino también en las locuciones prepositivas del vocabulario relacional antes citado, uso que coadyuva a la consecución del efecto altisonante y arcaizante comentado en el apartado *a*). He aquí algunos ejemplos:

A LOS EFECTOS DEL APARTADO 3 *(for the purposes of paragraph 3 - aux fins du paragraphe 3)*.
A INSTANCIA DE *(at the request of, ex parte - à la demande de, à la requête de)*.
A TENOR DE LO PREVISTO EN EL ARTÍCULO 23 *(under section 23 - à l'avenant de l'article 23)*.
A TÍTULO EXCEPCIONAL *(exceptionally - à titre exceptionnel)*.
EN AUSENCIA DE DISPOSICIONES DE PROCEDIMIENTO *(in the absence of procedural provisions - en l'absence d'une disposition de procédure)*.
EN CASO DE AUTO DE SOBRESEIMIENTO *(in the event of stay of proceedings, where a case does not proceed to judgment[30] - en cas d'ordonnance de non-lieu)*.
EN DETRIMENTO DE *(to the detriment/prejudice of, at the expense of - au préjudice de)*.
EN MATERIA CIVIL/PENAL, etc. *(in civil/penal suits/matters/cases, under civil/penal law rules, etc. - en matière civile/pénale, etc.)*.
EN SU CASO *(where relevant/appropriate, as the case may be, should the issue arise - le cas échéant, s'il y a lieu)*.
EN VIRTUD DE *(in accordance with, by virtue of - en vertu de)*.
SALVO DISPOSICIONES EN CONTRARIO *(unless otherwise provided - sauf disposition contraire)*.
SIN PERJUICIO DE *(without prejudice to, subject to, save as - sans préjudice de)*.

c)   *La audacia en la creación de nuevos términos*

El gusto por lo altisonante y lo arcaizante y la inclinación hacia las fórmulas estereotipadas quedan compensados por la audacia y la facilidad con que el español jurídico crea nuevos términos. Por ejemplo, las condiciones generales de un contrato son las cláusulas contractuales «predispuestas», es decir, preparadas anticipadamente por una parte, que las impone a la otra. Pues bien, a la parte contractual que predispone se la llama «predisponente»:

> ... siendo una de las partes calificada como predisponente y la otra como adherente (Sánchez Calero, 1999: 136-37).

Otro ejemplo de esta facilidad, lo encontramos en «alimentista» y «alimentante» dentro del derecho a la prestación de alimentos:[31]

> El derecho a la prestación de alimentos entre parientes habrá de regularse por la ley nacional común del alimentista y del alimentante.

En cambio, la tendencia lingüísticamente conservadora del hispanohablante en general hace que en algunos casos sienta cierto reparo a la hora de acudir a los recursos morfológicos normales para la formación de palabras; por ejemplo, «exitoso» fue considerado malsonante durante mucho tiempo y, aunque está recogido por el *DRAE*, algunas personas aún se resisten a aceptarlo. Ésta no es la posición de los operadores del español jurídico, quienes si consideran que necesitan un término, lo crean sin sentir escrúpulos ni sentimiento de inoportunidad lingüística, por ejemplo, «garantista», anulatorio»,[32] «doctrina contractualista», «elemento culpabilístico», «fase autorizatoria», etc. En algunos casos, esta tendencia parece excesiva, como se puede comprobar en «alienidad» (del verbo «alienar») y en «originación» (del verbo «originar») que, en principio, no parecen tan necesarios:

> Desde el punto de vista objetivo se excluyen ciertos contratos que por sus características específicas, por la materia que tratan y por la alienidad de la idea de predisposición contractual...
>
> Las fuentes del Derecho Administrativo no son otra cosa que el procedimiento de originación de normas jurídico-administrativas (definición encontrada en un libro de texto).

Los ejemplos de «alienidad» y «originación» demuestran que es tal el grado de automatismo lingüístico alcanzado entre los profesionales del Derecho que ni siquiera hace falta que los términos acuñados por este procedimiento pertenezcan estrictamente a la esfera jurídica. El automatismo de creación léxica, si es excesivo, puede dar pie a una jerga insufrible, como en los ejemplos que siguen:

> ... desempeña su actividad con habitualidad en nuestro país...
>
> ... la aludida ajenidad con el hecho...
>
> ... el hecho habilitante de la autorización preceptiva...

... caso de conocer la <u>eventualidad</u> de su ilicitud...
... la <u>necesariedad</u> de la <u>conducta omisiva</u>...

Esta tendencia a crear términos nuevos de forma automática está tan arraigada entre los juristas que, como hemos podido comprobar, con cierta frecuencia, muchos de ellos se sorprenden al ser preguntados por el significado preciso de voces por ellos creadas, que consideran semánticamente transparentes y de uso común. La lista es muy larga: de «exacción», «exaccionar»; de «excepción», «excepcionar»; de «afiliar», «desafiliar»; de «ajeno», «ajenidad»; de «admitir», «inadmitir»; de «causar», «causación», etc.

Por una parte, se debe aplaudir la creación de palabras jurídicas que llenan un hueco o añaden precisión a otro creado,[33] pero por otra, la impresión que saca el lector no especialista en Derecho es que el automatismo con el que los operadores jurídicos confeccionan nuevas palabras es excesivo en ocasiones, ya que algunas como «necesariedad», «originación» y otras son superfluas a simple vista, puesto que la situación se resolvería con elegancia y de una manera espontánea o natural volviendo a «necesidad», «origen», etc.

d) *La redundancia expresiva léxica*

Un rasgo característico del lenguaje jurídico, a caballo entre la lexicología y la morfosintaxis, es la redundancia expresiva a través de constelaciones sintáctico-semánticas. Dado que el jurista percibe que los significados de las unidades léxicas son en ocasiones resbaladizos, intenta precisarlos más, colocando a su lado una palabra de significación muy aproximada, como se puede ver en la oraciones que siguen:

una Ley de Enjuiciamiento Civil nueva, que <u>exprese y materialice</u>...
para procurar <u>acoger y vertebrar</u> los planteamientos...
una nueva ley que <u>afronte y dé respuesta a</u> problemas de imposible o muy difícil solución...

A esta predisposición[34] a precisar el significado de una palabra, haciéndola acompañar de otra cuyo sentido sea muy aproximado, lo llamamos «redundancia expresiva léxica», que no es una tendencia aislada, ya que se puede encontrar en párrafos enteros de escritos jurídicos, como el que a continuación presentamos:

Los innumerables preceptos acertados de la Ley de 1881, <u>la ingente jurisprudencia y doctrina</u> generada por ella, los muchos <u>informes y sugerencias</u> recibidos de distintos <u>órganos y entidades</u>, así como de profesionales y expertos prestigiosos, han sido elementos de gran valor e interés.

Algunos llaman a esta redundancia léxica «dobletes» o «parejas» cuando se utilizan dos palabras, y «tripletes» o «tríos», cuando son tres:[35]

> que cada asunto haya de ser mejor seguido y conocido por el tribunal... sin que apenas se propongan y se logren mejoras apreciables.
> ... disposiciones superlativamente dispersas, oscuras y problemáticas.
> ... se cita, llama y emplaza para la comparecencia inicial...

Esta tendencia hacia los dobletes es muy corriente en la redacción general de un buen número de textos jurídicos. Como se puede ver en los ejemplos que siguen, en muchos casos son necesarios y, en otros, se trata de un simple artificio:

> en la práctica y valoración de la prueba...
> esta nueva Ley está llamada a ser ley procesal supletoria y común...
> las infracciones legales sobre jurisdicción y competencia objetiva y declarable de oficio.
> Por todo ello, esta Ley prevé que se pueda aducir y corregir la eventual infracción.
> ... pretende efectuar una expresa y solemne manifestación de homenaje.
> ... en aras de la libertad y convivencia en paz.
> ... como una muestra de gratitud por el servicio doloroso y fecundo prestado.

e) La inclinación hacia la nominalización. La relexicación

Se llama nominalización a la transformación que convierte una oración en un sintagma nominal, como se observa en estos ejemplos:

> Ellos rechazaron la oferta ——→ Su rechazo de la oferta.
> Ella criticó el libro ——————→ Su crítica del libro.

Pero también se llama nominalización al proceso de formación de nombres a partir de una base perteneciente a otra categoría, sea un adjetivo (de efectivo, efectividad), un verbo (de recaudar, recaudación) u otro nombre (de campesino, campesinado). La mayoría de las nominalizaciones jurídicas, como las de la lengua común, se forman con sufijos como *-idad* (prolijidad, veracidad, etc.) *-miento* (establecimiento, aprovisionamiento, etc.), *-ción* (ejecución, determinación, realización, etc.) y muchos otros. Es tal la influencia que la nominalización ejerce sobre el redactor jurídico que, cuando necesita pasar desde la significación más estática de la nominalización a la más dinámica del verbo, en vez de utilizar éste lisa y llanamente, suele conservar la nominalización precedida de otro verbo, que llamamos «vacío» porque no añade nada al significado de la nominalización. De esta forma, se dice:

«proceder a la admisión» en vez de «admitir»;
«presentar una reclamación» en vez de «reclamar»;
«llevar a cabo la administración de la justicia» en vez de «administrar justicia»;
«pronunciar sobreseimiento» en vez de «sobreseer»;
«dictar una resolución» en vez de «resolver»;
«interponer recurso» en vez de «recurrir»;
«dar cumplimiento» en vez de «cumplir».

La mayoría de los verbos vacíos son sinónimos parciales de «hacer» (efectuar, realizar, llevar a cabo, entablar, practicar, lograr, proceder, etc.), «decir» (pronunciar, declarar, decretar, manifestar, presentar, exponer, etc.), «tomar» (recibir, aceptar, etc.), y otros más. He aquí algunos ejemplos:

El tribunal decretará el sobreseimiento de [sobreseerá] un pleito cuando no sea posible determinar las pretensiones del actor.
El empresario procederá a descontar y retener... [descontará y retendrá]

El exceso de nominalizaciones torna en premioso el discurso jurídico, sin contar las muchas cacofonías que se pueden escapar al redactor, como las que siguen, motivadas por la repetición de cuatro palabras acababas en -ión:

Con otras reglas: no suspensión de la ejecución, condena en costas en caso de desestimación de aquélla e imposición de multa cuando se considere temeraria (LEC).

Se podría haber evitado esta cacofonía utilizando la forma verbal, por ejemplo, en las dos últimas palabras acabadas en -ión:[36]

... si se desestima aquélla y se impone una multa...

Estas repeticiones no eufónicas son frecuentes en los textos de la Administración:

En los concursos regulados por los artículos 35 a 38 de la Ley de Reforma Universitaria los concursantes entregarán al Presidente de la Comisión en el acto de presentación la siguiente documentación.[37]

Acabamos de comentar que la excesiva nominalización puede ser la causa de construcciones sintácticas poco felices. Sin embargo, se ha de tener en cuenta que la nominalización no es sólo un fenómeno léxico-sintáctico; es también una estrategia organizativa del mensaje (Fowler, 1986), que en absoluto es ingenua o neutra, ya que con ella se omite mucha información importante de los enunciados, como pueden ser los participantes (quién hizo qué cosa a quién), el tiempo y el aspecto verbal, la modalidad, etc.[38] Uno de los objetivos de la nominalización, al igual que la pasivización, es ocultar la identidad del autor de la acción y, por tanto, eludir su responsabilidad. En los textos jurídicos y políticos se suelen emplear palabras altisonantes como «ocupación», «invasión», «operación», «intervención», para eludir la responsabilidad de *quien* efectuó la ocupación, la invasión, la operación o el bombardeo (Floyd, 1999: 269 y ss.).

Una consecuencia de la nominalización es el fenómeno llamado «relexicación» (Fowler, 1986), que es la acuñación de conceptos especializados que con frecuencia transportan valores oscuros o misteriosos a veces mágicos o prodigiosos; es el caso de términos jurídicos tales como «ejecutoriar», «desapoderar», etc. He aquí algunos ejemplos:

REPETIR *(bring third-party proceedings, join a third party - répéter)*: reclamar contra tercero, a consecuencia de evicción, pago o quebranto que padeció el reclamante:

Cuando el propietario anterior de la vivienda o local deba responder solidariamente del pago de la deuda, podrá dirigirse contra él la petición inicial, sin perjuicio de su derecho a repetir contra el actual propietario.

ADHERIRSE *(appeal jointly with the opposing party, join with or ratify the appeal lodged by the opposing party - faire appel incident, adhérer à, se joindre à)*: utilizar, quien no lo había interpuesto, el recurso entablado por la parte contraria:

Formulada la recusación, se dará traslado a las demás partes del proceso para que, en el plazo común de tres días, manifiesten si se adhieren o se oponen a la causa de recusación propuesta.

ENERVAR *(neutralise the cause of action, pre-empt or forestall further proceedings by complying with the claim - acquiescer)*: dejar sin efecto una acción.

El deudor podrá <u>enervar</u> el embargo prestando aval bancario por la cuantía por la que hubiese sido decretado.

... las posibles contracautelas o medidas que neutralicen o <u>enerven</u> las cautelares, haciéndolas innecesarias o menos gravosas.

5. Las fuentes clásicas del español jurídico

Los latinismos son la fuente clásica por excelencia del español jurídico. Sin embargo, también deben mencionarse, por su influencia cultural e histórica, los helenismos y los arabismos:

5.1. LOS LATINISMOS

El español jurídico está lleno de latinismos, que son las palabras, los giros y las expresiones procedentes del latín. Las causas no pueden ser más evidentes: el español, como lengua romance que es, procede del latín, y el Derecho español está basado en el romano. Al hablar de los latinismos de esta especialidad se suelen hacer dos grandes grupos: el de las formas latinas que se han tomado prestadas en su forma original, que son los préstamos llamados «latinismos crudos», y el de las palabras exclusivamente jurídicas derivadas del latín. Creemos que debe citarse dentro de los latinismos un tercer grupo, el de los prefijos clásicos latinos, por el influjo que tienen en la formación de términos jurídicos:

a) *Grupo primero*

El lenguaje cotidiano está lleno de latinismos crudos, tales como *a priori, a posteriori, in extenso, in situ, memorándum, modus vivendi, mutatis mutandis, córpore insepulto,maremágnum, referéndum, sui géneris,* etc. Los de la lista que sigue son exclusivamente de carácter jurídico:

A QUO, AD QUEM: se emplean en las expresiones «tribunal a quo» (que es el tribunal cuyo fallo se recurre) y «tribunal ad quem» (tribunal ante el que se acude contra el fallo de otro inferior). Véase *a quo* y *ad quem* en la pág. 258.

AB INITIO: desde el principio.

AB INTESTATO: sin testamento.

AD REFERÉNDUM: a condición de ser aprobado por el superior o el mandante; dícese comúnmente de convenios diplomáticos y de votaciones populares sobre proyectos de ley.

ALIBI: coartada; argumento de inculpabilidad de un reo por hallarse en el momento del crimen en otro lugar.

ALTERUM NON LÆDERE: obligación de no lesionar a los demás.

EX AEQUO ET BONO: en buena ley; en justicia y de buena fe.

EXEQUÁTUR: ejecútese; es la autorización que otorga el Jefe de Estado a los agentes extranjeros para que en su territorio puedan ejercer las funciones propias de sus cargos.

EX NOVO: desde el principio.

EX TURPI CAUSA NON ORITUR ACTIO: de una causa inmoral (o una conducta antijurídica) no nace el derecho a ejercitar una acción.

HÁBEAS CORPUS: derecho del ciudadano detenido o preso a comparecer inmediata y públicamente ante un juez o tribunal para que, oyéndolo, resuelva si su detención fue o no legal, y si debe alzarse o mantenerse; es término del Derecho de Inglaterra, que se ha generalizado.

IN DUBIO PRO REO: presunción de inocencia (ante la duda [se resolverá] en favor del acusado).

IN FRAGANTI: en el mismo momento en que se está cometiendo el delito.

PERSONA NON GRATA: en el Derecho internacional es la persona no deseada por algunos para desempeñar el cargo para el que ha sido propuesta.

ÓBITER DICTA: comentarios al margen que pueden acompañar a la argumentación de una resolución judicial, sin formar parte de la *ratio decidendi*.

PETÍTUM: lo que pide el demandante; su pretensión; el derecho o compensación que, según afirma, le corresponde según ley y que el demandado le niega o se resiste a reconocer. A veces aparece la fórmula vernácula «causa de pedir» en el mismo sentido. El latinismo crudo está presente asimismo en las expresiones «plus petítum» y «extra petítum», usadas en los recursos en los que el demandado condenado argumenta que el tribunal de instancia, en su fallo, ha concedido al demandante cuyas tesis han prosperado algo distinto («extra petítum») o de valor superior («plus petítum») a lo que había pretendido.

RATIO DECIDENDI: fundamentos jurídicos en que se basa una resolución judicial.

SINE DIE: en los aplazamientos, se emplea para indicar «sin fijar fecha o plazo».

SUB CONDITIONE: con la condición que a continuación se diga.
SUB JÚDICE: se dice de las cuestiones que están pendientes de una resolución judicial.
UT SUPRA: como se ha dicho antes; tal como se expone o se expresa arriba.

b) *Grupo segundo*

No es corta la lista de este segundo grupo, formada por palabras cuya primera acepción, o incluso su uso exclusivo, es el jurídico. He aquí una muestra:

ABOGADO *(advocate, lawyer, attorney, solicitor, barrister - avocat)*: procede de *advocatus*.

ABORTAR *(abort, have an abortion, have a miscarriage - avorter)*:[39] procede de *abortare*.

ABOLIR *(abolish - abolir)*: derogar, suprimir, revocar, dejar sin vigencia; procede de *abolere*.

ABROGAR *(abrogate, repeal, annul - abroger)*: abolir, revocar; verbo poco usado, que procede de *abrogare*.

COMODATO *(commodatum - commodat)*: contrato por el que una de las partes entrega a otra una cosa no fungible para que la use por cierto tiempo y se la devuelva posteriormente; es sinónima de «préstamo de uso»; procede de *commodatum*.

CUERPO DEL DELITO *(corpus delicti - corps du délit)*: cosa a partir de la cual se infiere la comisión de un delito, al apreciarse en ella huellas o signos claros del mismo; procede de *corpus delicti*.

DELITO *(offence - délit)*: acción u omisión voluntaria, castigada por la ley con pena grave; procede de *delictum*.

HEREDAR *(inherit - hériter de)*: suceder por disposición testamentaria o legal en los bienes que otro tenía al tiempo de su muerte; procede de *hereditare*.

LITE *(lawsuit, lis - procès)*: pleito, litigio, causa; procede de *lis, litis*.

MUERTE CIVIL *(civil death, attainder - mort civile)*: mutación de estado por el cual la persona en quien acontecía se consideraba como si no existiese para el ejercicio o la ordenación de ciertos derechos; hoy tales efectos, muy atenuados, se conocen con el nombre de interdicción civil; procede de *mors civilis*.

PLICA *(sealed tender, sealed bid - pli cacheté)*: sobre cerrado y sellado en que se reserva algún documento o noticia que no debe publicarse hasta fecha u ocasión determinada.

PRECARIO *(precarious - précaire)*: que se tiene sin título, por tolerancia o por inadvertencia del dueño; procede de *precarius*.

USUFRUCTO *(usufruct, use, right to use and enjoy - usufruit)*: derecho a disfrutar bienes ajenos con la obligación de conservarlos, salvo que la ley autorice otra cosa; procede de *usufructus.*

Dentro de este segundo grupo habría que distinguir un subgrupo: el de los latinismos jurídicos que han entrado en el español a través de otras lenguas, el inglés en particular:

ABSENTISMO[40] *(absenteeism - absentéisme)*: costumbre de residir el propietario fuera de la localidad en que radican sus bienes; abstención deliberada de acudir al trabajo, etc.; procede de *absens-absentis*, aunque ha entrado a través del inglés *absenteeism.*

ABDUCCIÓN *(abduction - enlèvement)*: rapto, secuestro; procede de *abductio-onis* (separación), aunque ha entrado a través del inglés *abduction.*

BENEFICIO DE INVENTARIO *(benefit of inventory [en Derecho escocés], acceptance of an estate without liability beyond the assets descended - bénéfice d'inventaire)*: facultad que la ley concede al heredero, de aceptar la herencia con la condición de no quedar obligado a pagar a los acreedores del difunto más de lo que importe la herencia misma, por lo cual se compromete a hacer inventario formal de los bienes en que consiste; procede de *beneficium inventarii*, aunque ha entrado a través del francés *bénéfice d'inventaire.*

c)   *Los prefijos latinos*

El abundante uso de prefijos latinos en el español jurídico justifica una mención especial,[41] aunque sea superficial; como la lista es muy larga, citamos los siguientes, a modo de ilustración:

AB-: abdicar, absolver, abjurar, etc.
DIS-: disculpa, disconforme, discrecional, etc.
EX-: exacción, exculpar, excarcelar, excepcionar, exclusión, exhorto.
RE-: repregunta, reincidencia, requerimiento.
SUB-: subsidio, subvención, subarrendar.

La mayoría de estos prefijos han entrado, con sus muchos significados,[42] directamente con las palabras latinas (abjurar, exhortar, etc.); otros se han utilizado para formar palabras españolas (repregunta, disconforme, subarrendar, exculpar, etc.); el significado de otros sólo se puede explicar por medio de un análisis histórico o dia-

crónico. Algunos de los transparentes (excarcelar) son palabras parasintéticas, tal como indicamos en la pág. 72.

5.2. LOS HELENISMOS

Los helenismos, que tan importantes son en el arte, la ciencia, la
filosofía, la medicina, la literatura y la cultura occidental (ábaco, ca-
tálisis, catarsis, enzima, endogamia, epilepsia, teléfono, etc.), no podían dejar de estar representados en el español jurídico, aunque hay
que aclarar que un gran número de ellos ha entrado a través del latín, del francés o incluso del inglés:

ÁCRATA *(anarchist - anarchiste)*: partidario de la supresión de
toda autoridad.

AMNISTÍA *(amnesty - amnistie)*: perdón de algunos delitos, sobre
todo los de naturaleza política, decretado por el gobierno de una
nación.

ANATOCISMO *(anatocism, compounding of interest, compound interest - anatocisme)*: capitalización de los intereses vencidos de
una deuda.

ANTICRESIS *(antichresis - antichrèse)*: contrato en que el deudor
consiente en que su acreedor goce de los frutos de la finca que le
entrega en garantía, hasta que sea cancelada la deuda.

DEMOCRACIA *(democracy - démocratie)*: gobierno en que los
gobernantes son elegidos por los ciudadanos mediante votación.

ENFITEUSIS *(emphyteusis - emphytéose)*: cesión perpetua o por largo
tiempo del dominio útil de un inmueble, mediante el pago anual de
un canon por cada enajenación de dicho dominio.

HIPOTECA *(mortgage - hypothèque)*: gravamen que afecta a una
finca u otra propiedad real, sujetándola a responder del pago de
un crédito o deuda.

PARAFERNALES *(parapherna, paraphernalia - paraphernaux)*: se
empleaba en la expresión «bienes parafernales» *(paraphernal
property - biens paraphernaux)*, que eran los que llevaba la mujer
al matrimonio fuera de la dote y los que adquiría durante él por
título lucrativo, como herencia o donación.

SINALAGMÁTICO *(synallagmatic - synallagmatique)*: se aplica al
contrato, pacto o tratado bilateral en el que cada una de las partes se compromete a cumplir unas condiciones u obligaciones
recíprocas.

Como se ve en estos ejemplos, la mayoría de los tecnicismos jurídicos procedentes del griego tienen un sabor añejo y se encuentran sobre todo en los textos de Derecho histórico. La excepción la constituye el término «hipoteca» y sus derivados («hipotecar», «hipotecario», «hipotecable», etc.), muy conocidos para el hablante común.

5.3. LOS ARABISMOS

A pesar de que el peso del árabe es relativamente grande en el léxico común español (aceite, berenjena, carcajada, espinaca, joroba, marfil, rambla, sorbete, tabique, zaguán y un sinfín de palabras que comienzan por «al-», como albañil, alfombra, álgebra, algodón, etc.), no son muchos los términos de carácter jurídico que hayan pasado a nuestra lengua. He aquí una breve relación:

ALBACEA *(executor - exécuteur)*: persona encargada por el testador o por el juez de cumplir la última voluntad y custodiar los bienes del finado.

ALBARÁN *(delivery note - bulletin de livraison)*: nota de entrega que firma la persona que recibe una mercancía.

ALCAIDE *(governor of a prison - directeur de prison)*: director de una prisión, responsable directo de la salvaguarda de los presos.[43]

ALEVOSÍA *(treachery, malice aforethought - traîtrise)*: circunstancia agravante de alguno de los delitos contra las personas consistente en el empleo de medios o formas en la ejecución del acto ilícito que tienden a asegurarlo, al tiempo que evitan el riesgo que pueda comportar para la persona del agresor la defensa que oponga la víctima. Véase la pág. 317.

ALGUACIL *(bailiff - huissier)*: funcionario u oficial de justicia, que ejecuta las órdenes del tribunal en el que presta sus servicios.

ALQUILER *(rent, lease, hire - location)*: acción y efecto de alquilar; precio en que se alquila alguna cosa.

6. La fuentes modernas del español jurídico

Las palabras procedentes de las lenguas modernas se llaman barbarismos o extranjerismos. En el castellano actual, los extranjerismos más importantes son los anglicismos y los galicismos, los cuales han entrado en nuestra lengua como préstamos o como calcos. Recibe el nombre de «préstamo» el procedimiento mediante el cual determinados extranjerismos, adaptándose a las normas morfo-fonológicas de la lengua prestataria, entran a formar parte del léxico de ésta; también se llama «préstamo» a la voz prestada. La palabra española «fútbol» es un ejemplo claro de préstamo del inglés *football*; en cambio, «balompié», como indicamos a continuación, es un calco.

Con los préstamos léxicos se suelen hacer dos grupos: los de necesidad y los de lujo. Los primeros llenan un hueco, enriquecen el sistema léxico semántico de una lengua, porque el significante y el significado de la voces introducidas no existían antes, como puede ser el caso de unidades léxicas procedentes del mundo de las finanzas.

En el calco, la lengua extranjera deja su huella o impronta en la estructura sintáctica o semántica del neologismo; en las palabras españolas «baloncesto», «fin de semana», «sala de estar», «contenedor», «ciencia ficción», que son claros calcos de las voces inglesas *basketball, weekend, living-room, container, science fiction*, se nota la reproducción morfosintáctica y semántica de la lengua donante en las unidades de la lengua receptora.

6.1. LOS ANGLICISMOS

El anglicismo,[44] es decir, el préstamo o calco del inglés, es una de las fuentes más importantes de enriquecimiento de la lengua española del siglo XX y del XXI. El número de anglicismos del español jurídico es muy amplio: «firma» *(firm)* por «razón social», «planta» *(plant)* por «fábrica», «detectar» *(detect)* por «descubrir», «apreciar» o «notar», etc.; la mayoría de ellos son de origen moderno y proceden del Derecho Mercantil *(márketing, cashflow, trust, boicoteo)*, del Internacional *(estoppel)* —sobre todo del privado—, del de la propiedad industrial, etc. Éstos responden a verdaderas necesidades; otros, en cambio, son superfluos e innecesarios. A este respecto, Emilio Lorenzo (1996: 110) afirma: «No sé si quedará más claro el anglicismo crudo *overlapping* o su traducción *traslapo*». He aquí algunos más:

ARRESTO, ARRESTAR *(arrest - arrêt; arrêter)*: detención; detener; en el Código Penal español el «arresto» es una posible pena o sanción impuesta tras la condena en un juicio.[45]
BOICOTEO, BOICOT *(boycott - boycottage)*: en general, acción de hacerle el vacío a uno o condenarlo al ostracismo social; en la esfera comercial, alude a las represalias tomadas concertadamente por las entidades o empresas de un sector contra un competidor

o cliente cuyos métodos o actividades no respetan la práctica habitual, negándose a todo trato o relación comercial con él mientras no se pliega a la voluntad de la mayoría; procede de *Boycott*, nombre del primer administrador irlandés a quien se aplicó este trato discriminatorio en 1880.

CASO *(case - affaire, procès)*: proceso, pleito; éste debe de ser uno de los anglicismos jurídicos recientes que han calado con más fuerza en el español, ya que la acepción de «pleito» o «proceso» no aparecen ni en el *DRAE* ni en el *DUE*. Sin embargo, sí recoge el *DRAE* en una acepción general y no específica del Derecho, la definición de caso como «Cada uno de los asuntos en cuya averiguación trabaja la Policía o que se dirimen en juicio ante los tribunales de justicia». En francés tampoco se usa; en esta lengua emplean *affaire* y *procès*, como en *affaire civile, procès administratif*, etc. Sin embargo, hay que reconocer que la cuestión se complica debido al uso frecuente, y perfectamente correcto, de la voz «caso» en español para aludir a un asunto turbio o escandaloso que llega a público conocimiento, matiz que se puede mezclar fácilmente con el tipo de asuntos que suelen ventilarse ante los tribunales.

Por otra parte, está igualmente asentado el uso de «caso» en español para referirse a los hechos controvertidos que son objeto del debate en toda causa civil o criminal. Tal es el matiz que tiene el término cuando los jueces y abogados hablan del «caso de autos»: aluden no tanto al proceso o pleito en sí, cuanto a la verdad de lo que ocurrió, o de quién obró de tal o cual manera y por qué o con qué derecho. Dado que la voz *case* en inglés es igualmente polisémica, habrá que convenir en que algunas veces coinciden las dos lenguas. No obstante, digamos que, por regla general, «caso» está bien empleado cuando se refiere a los hechos litigiosos concretos o al interés noticioso que despierta un proceso notorio, y mal empleado cuando hace las veces de «causa», «asunto», «proceso», «litigio», «querella», «pleito» u otro término similar. La influencia del término inglés *case* ha sido la causante de malas traducciones en películas.[46]

CASHFLOW *(cashflow - cashflow)*: flujo de caja; flujo o movimiento de efectivo, de tesorería, etc.; caja generada; beneficios más amortizaciones; beneficio consolidado neto más amortizaciones y provisiones.

CORREDOR DE LA MUERTE *(death row - couloir de la mort)*: se dice de las celdas ocupadas por los que van a ser ejecutados tras haber sido condenados a muerte en los Estados Unidos.

MANOS LIMPIAS *(clean hands - mains propres)*: conducta intachable; de acuerdo con esta doctrina no se dará curso en el Derecho

Internacional a una acción o demanda si el que la realiza actúa de mala fe o en violación de los principios de equidad.
TRUST *(trust - trust)*: trust.[47]

Además de estos anglicismos léxicos habrá que tener en cuenta los que aparecen en el *Boletín Oficial del Estado*, tal como indicamos en las págs. 56-57.

6.2. LOS GALICISMOS

El Derecho español también es napoleónico, lo cual significa que la lista de galicismos jurídicos es muy rica. Los galicismos, al igual que los anglicismos, pueden ser préstamos (aval, cupón, etc., y muchas de las palabras acabadas en *-aje*, como agiotaje, chantaje, sabotaje, peaje, etc., y en *-ción*, como promoción, automación, etc.) y calcos (Bolsa, a mano armada, hecho consumado, etc.). Son frecuentes los galicismos léxicos en los que interviene la preposición «a» (efectos a cobrar, a fondo perdido, vehículos a motor, etc.).

A FONDO PERDIDO *(à fonds perdu, non-returnable - à fonds perdu)*: se dice del préstamo o del crédito que se ha concedido sin la intención de recuperarlo, por ejemplo, con la intención de permitir a una empresa en dificultades reflotarse, o de ayudar a una nación amiga a salir de un bache económico.

A MANO ARMADA *(armed - à main armée)*: con armas, como en la expresión «robo/atraco a mano armada» *(armed robbery - vol à main armée)*.

A TÍTULO ONEROSO *(for valuable consideration - à titre onéreux)*: con cargo a la cuenta de uno; un contrato a título oneroso es el que implica alguna contraprestación.

ACAPARAR *(hoard, corner - accaparer)*: adquirir y retener cosas propias del comercio en cantidad superior a la normal, previniendo su escasez o encarecimiento.

AGIOTAJE *(agiotage, gambling for a premium - agiotage)*: especulación sobre el alza y la baja de los fondos públicos, en el cambio de moneda o en el descuento de letras.

AVAL *(guarantee, security - aval)*: garantía; es la firma de un tercero, que actúa de garante, puesta al pie de un documento de crédito para comprometerse a su pago en caso de no hacerlo el obligado a ello.

CHANTAJE *(blackmail - chantage)*: amenaza de pública difamación o daño semejante que se hace contra alguien, a fin de obtener de él dinero u otro provecho.

CONFUSIÓN DE DEUDAS *(confusion of debts - confusion de dettes)*: forma de extinguirse las relaciones obligatorias de crédito a deuda por reunirse en una misma persona la condición de acreedor y de deudor.

COTIZAR *(quote - coter)*: publicar en la Bolsa el precio de los efectos públicos allí negociados.

CUPÓN *(coupon - coupon)*: cada una de las pequeñas porciones que, unidas a un título de la deuda o una acción, se van cortando para canjearlas por los intereses correspondientes.

EJECUTORIA *(writ of execution - exécutoire)*: documento solemne que contiene una sentencia firme.

FONDO DE COMERCIO *(goodwill - fonds de commerce, achandalage)*: conjunto de bienes corporales (material, stocks, etc.) e incorporales (clientela, rótulo, etc.) que tiene un comerciante para el ejercicio de su actividad.

FUERZA DE COSA JUZGADA *(status/binding force/condition of res judicata - force de chose jugée)*: cualidad de la resolución judicial de no poder ser impugnada ni revocada y que ha de ser respetada y efectiva.

FUERZA MAYOR *(force majeure, act of God - force majeure)*: la que, por no poderse prever o resistir, exime del cumplimiento de alguna obligación.

HECHO CONSUMADO *(accomplished fact, fait accompli; pre-emptive strike - fait accompli)*: acción que se ha llevado a cabo con la intención de forzar la mano a un rival o de hacerle desistir del propósito de impedirla o contrarrestarla.

REQUISA *(requisition, seizure - réquisition)*: expropiación por la autoridad competente de ciertos bienes de propiedad particular, aptos para las necesidades de interés público.

REQUISITORIA *(letter of request, rogatory letter, order of mandamus - réquisitoire)*: despacho en que un juez requiere a otro para que ejecute un mandamiento del requirente.

SABOTAJE *(sabotage - sabotage)*: daños o destrozos intencionados ocasionados en la maquinaria o instalaciones de una fábrica o empresa por un rival o sus agentes con la intención de causarle un perjuicio económico o de interrumpir su actividad comercial; también se dice de los perjuicios de este tipo causados a un patrono por sus propios empleados, o a las instalaciones militares de un Estado por sus enemigos.

SENTENCIA DE CONFORMIDAD *(sentence following plea bargaining, sentence taking account of a guilty plea - sentence de conformité)*:

sentencia en una causa penal en la que, tras una negociación entre acusación y defensa, el procesado se reconoce culpable del delito en su grado inferior, por lo que la pena queda reducida.

Aunque la mayoría de los galicismos jurídicos y administrativos son de origen moderno, es decir, posteriores a la introducción del código napoleónico, varios proceden del francés antiguo o del medieval. Es el caso de los siguientes:

ANCESTRO *(ancestor - ancêtre)*: deriva del francés antiguo *ancestre*.
EXTRANJERO *(foreign, foreigner - étranger)*: deriva del francés antiguo *estrangier*.
GABINETE *(cabinet - cabinet)*: consejo de ministros; deriva del francés medieval *gabinet*.
ULTRAJE *(outrage, insult - outrage)*: injuria, desprecio; procede del francés antiguo *outrage*.

Algunos de los galicismos que conocemos proceden, a su vez, de otras lenguas europeas, como los dos que mencionamos a continuación:

ABANDONAR *(abandon - abandonner)*: dejar, desamparar, etc.; procede del germánico *bann* (orden de castigo), aunque ha entrado a través del francés.
ACCIÓN *(share - action)*: cada una de las partes en que se considera dividido el capital de una sociedad mercantil; procede del neerlandés *aktie*, aunque ha entrado a través del francés.

Notas

1.   Algunas partes de este capítulo han sido extraídas de una comunicación presentada por E. Alcaraz Varó al *II Congreso Internacional del Español*, celebrado en Valladolid del 16 al 19 de octubre de 2001.
2.   Las lenguas de especialidad también reciben el nombre de «registros». En la tradición lingüística inglesa (Halliday y otros, 1964: 77) se define el registro como la variedad de una determinada lengua [...] destinada a cumplir un fin comunicativo en un marco profesional o académico concreto. Esta variedad es, en principio, un subconjunto de rasgos léxicos y gramaticales que, por repetirse con frecuencia y regularidad, le confieren cierto aire de unidad diferenciada. Como veremos en el capítulo cuatro, cada registro consta también de un conjunto de géneros o tipos de textos (la sentencia, el contrato, el auto, etc.).
3.   Véase Alcaraz, 2000: *El inglés profesional y académico*.
4.   Este término tiene el inconveniente de coincidir parcialmente con la expresión «técnica jurídica», empleada por los juristas para referirse a la mayor o menor

adecuación del enfoque adoptado por el autor de una sentencia u otro argumento jurídico.

5.   Siguiendo a Bayo (2001: 37), el lenguaje de los jueces, el de los fiscales y el de los escritos de parte se llama «lenguaje forense». El lenguaje forense oral se denomina «lenguaje forense hablado» y también «oratoria forense» (Bello, 2001: 137).

6.   La preocupación que Hernández-Gil siente por el lenguaje se puede comprobar leyendo, por ejemplo, el capítulo titulado «Saber jurídico y lenguaje» (1987: 533-625), donde examina la ciencia jurídica y el lenguaje de juristas como Clemente de Diego, Ignacio de Casso Romero, José Castán Tobeñas, etc.

7.   Se llama «doctrina jurídica» al conjunto de textos escritos por especialistas (magistrados, catedráticos, profesores, jueces, etc.) cuyos argumentos o tesis son tenidos muy en cuenta por los legisladores y los jueces.

8.   Texto extraído de los fundamentos de Derecho de la sentencia del Tribunal Supremo de 21 de enero de 1988, cuyo ponente fue Enrique Ruiz Vadillo.

9.   Afortunadamente, en lo que a las sentencias se refiere, el art. 214 de la Ley de Enjuiciamiento Civil de 2000 prevé que los tribunales podrán aclarar algún concepto oscuro y rectificar cualquier error material de que adolezcan.

10.   Véase el punto 2 del capítulo diez, sobre algunos rasgos peculiares del lenguaje de la Administración.

11.   Véase el punto 7 del capítulo cuatro, en la pág. 135 sobre *The Plain English Compaign*.

12.   En adelante utilizaremos también las siglas con las que se la conoce: LEC de 2000.

13.   Aunque es cierto que la acepción número 3 que de este término da el *DRAE* es «que no tiene o no halla oposición, contradicción o alteración en su estado», en el lenguaje común apenas se usa, según hemos podido comprobar empíricamente. Cualquiera de estos adjetivos habría expresado la misma idea de forma más diáfana: evidente, incuestionable, innegable, indiscutible, indisputable, irrebatible, irrefutable, indudable, incontrovertible, patente, manifiesto, claro, notorio, etc.

14.   Véase el comentario sobre «naturalidad» en las págs. 48 y 104.

15.   El caso es que en los preámbulos de muchas leyes se dice que se utilizará un lenguaje que, «ajustándose a las exigencias ineludibles de la técnica jurídica, resulte más asequible para cualquier ciudadano» (LEC de 2000).

16.   *El País*, 7 de octubre de 1993, pág. 1. Véase también la pág. 125.

17.   En muchos textos jurídicos, en particular los de carácter judicial, se percibe un abuso de los adverbios acabados en -*mente*: «Cuando se le planteaba una cuestión jurídica que se salía de lo que él efectivamente lleva normalmente, decía que tenía que consultarlo, lo que verdaderamente hacía precisamente con miembros de su delegación...».

18.   El *DUE* sólo permite el régimen con la preposición «a» (acreedor a).

19.   La palabra «vencible» es un tecnicismo jurídico que quiere decir «evitable». El error está en la construcción con le. Bastaría con haber dicho «El error era vencible», que equivale a «Él pudo evitar el error».

20.   La lingüística prescriptiva, a saber, la que da normas y reglas sobre lo que constituye el uso correcto de una lengua o idioma, también ha sido oracional en su mayor parte.

21.   De forma general, el término «estilística» se aplica, por lo menos, a dos tipos de estudios diferentes: los que exploran los medios, hechos o rasgos o artificios estilísticos de un texto o de una lengua, y los que se centran en la investigación del estilo de un autor. A la primera se la llama «estilística lingüística», y a la segunda, «estilística literaria». Ambas no se excluyen y, en cierto modo, se complementan, porque el estilo de un determinado autor comprende no sólo el análisis de sus textos y de su obra sino también

de muchas otras consideraciones literarias sobre los géneros, los argumentos, los personajes, los motivos y la estructuración literaria que, en cierto modo, reflejan su temperamento, su visión del mundo y, en suma, su concepción artística (Zoltan, 1972: 96-104).
   22.   Véase el punto 4 del capítulo tres, sobre el lenguaje figurado en la pág. 91.
   23.   A efectos prácticos, son sinónimos los términos «palabras», «unidades léxicas», «vocablos», «voces», etc.
   24.   Una palabra que no tiene la connotación antes citada de «óbice» es «impedimento» o «trabas»; los abogados, por su parte, en su práctica diaria ante los tribunales, emplean de forma natural frases como «inconvenientes procesales salvables»; tanto «impedimento» como «inconvenientes procesales salvables» son inteligibles, no tienen connotaciones negativas y no pierden el registro formal.
   25.   Es cierto que el término «instituto» es de uso frecuente en textos jurídico-normativos, con un significado próximo al de «figura doctrinal», o «principio, norma o práctica establecidos», por ejemplo, «La ley regula este nuevo instituto con la precisión necesaria para que no se abuse de él». También aparece con el significado de «fenómeno» en una sentencia del Tribunal Supremo (Castro, 1972: 173): La caducidad de la acción es el fenómeno o instituto por el que...». Sin embargo, esta acepción no está recogida en el *DRAE*.
   26.   El significado temporal que los diccionarios asignan a *por* es el de «durante»: por Navidad, por una larga temporada, por la mañana, etc.
   27.   Véase el punto 1 (*a*) del capítulo cuatro sobre el futuro imperfecto de subjuntivo en la pág. 103.
   28.   Dice María Moliner: «cualesquiera» es el plural de «cualquiera». Puede ir antepuesto o pospuesto al nombre; en el primer caso, se apocopa en «cualquier»: «Cualquier libro. Un libro cualquiera». El plural es «cualesquiera» (Cualesquiera leyes son buenas) y se usa muy poco, pues el singular tiene el mismo significado: «Cualquier ley es buena».
   29.   ¿Qué quiere decir «Por ésta mi sentencia...?». Afortunadamente, de acuerdo con el *DUE, por* es de todas la preposiciones la más cargada de significados, lo cual significa que cualquier interpretación que se le dé será más o menos válida.
   30.   Aunque los diccionarios dan como válidas *judgement* y *judgment*, reconocen que la que se usa en contextos jurídicos, esto es, con el significado de «sentencia» es la última.
   31.   En el *DRAE* se encuentra el término «alimentista» (persona que goza asignación para alimentos), pero no el de «alimentante». Véase la pág. 72.
   32.   El *DRAE* recoge «anulativo», que se dice de lo que tiene fuerza para anular.
   33.   Un ejemplo claro se encuentra en el verbo «presupuestar». Del participio «presupuesto» nace el sustantivo «presupuesto» (conjunto de los gastos e ingresos previstos en cierta operación) y, de éste, «presupuestar».
   34.   La tendencia hacia los dobletes y tripletes no es sólo característica del español. La encontramos en otras lenguas, como el inglés, en expresiones como *false and untrue, sole and exclusive, null and void, last will and testament, mind and memory, fair and equitable*, etc.
   35.   Nosotros utilizamos el término doblete (y también el de triplete) para aquellas ocasiones en que se percibe entre las unidades léxicas una sinonimia muy marcada («pronuncio, mando y ordeno»), aunque somos conscientes de que se suelen aplicar a aquellas palabras que, teniendo el mismo origen, han evolucionado por caminos distintos: «cálido» y «caldo», «colocar» y «colgar», «litigar» y «lidiar», «cátedra» y «cadera», «cosa» y «causa», etc.
   36.   Aparte de las cacofonías en -*on*, se encuentran otras como la del art. 610 de la LEC: «Sin <u>embargo, el reembargante</u> podrá solicitar la realización forzosa...», o

«Cuando se trate de ejecución forzosa que no requiere requerimiento de pago (sección XVII del Preámbulo de la LEC).

37.   Art. 9.1 del Real Decreto 1888/1984 por el que se regulan los concursos para la provisión de plazas de los cuerpos docentes universitarios.

38.   Véase el último párrafo del punto 4 del capítulo tres, que trata de la personificación.

39.   Tanto el inglés como el francés tienen dos términos distintos para el aborto natural *(miscarriage - fausse couche)* y el provocado *(abortion - avortement)*.

40.   En algunos países hispanohablantes también se dice «ausentismo».

41.   Véase el magistral estudio de Henríquez Salido y de Paula Pombar (1998), titulado *Prefijación, composición y parasíntesis en el léxico de la jurisprudencia y de la legislación*.

42.   Por ejemplo, el prefijo *a-*, aparte de su significación de «privación» o «negación», puede tener muchos otros.

43.   La palabra ha quedado antigua, aunque aún se puede leer en el art. 58 de la Ley de Enjuiciamiento Criminal de 1882: «El procesado [...] podrá llamar al Juez por conducto del Alcaide de la cárcel para...». Esta palabra es la traducción preferida del término inglés *governor* en muchas películas estadounidenses de ambiente carcelario.

44.   La lista de estudiosos del anglicismo en España es muy amplia: Alfaro, 1964; Marcos Pérez, 1971; Pratt, 1981; Lorenzo, 1996; Rodríguez y Lillo, 1997, etc.

45.   Véase «arresto» y «detención» en las págs. 90-91 al hablar de la paronimia.

46.   Quienes hayan visto la versión española de la famosa película *JFK*, en torno al asesinato del Presidente Kennedy habrán podido comprobar que hacia el final de la misma, en el transcurso del juicio que se celebra, el fiscal, en determinado momento, le dice al juez: «Esa prueba es la base del caso» y éste le replica «Pues siendo así, Vd. no tiene caso.» La primera frase (la base del caso) recuerda las expresiones inglesas *the merits of the case*, o *the basis of the case*, que en español es «el fondo de la cuestión», y la segunda (Vd. no tiene caso) es la traducción de *You have no case*, que en español no es otra cosa que «carece Vd. de soporte legal, de base jurídica para mantener la acusación (o la defensa), de motivos, de fundamentos; o no hay indicios racionales de criminalidad, etc.» (Alcaraz, 1994/2001: 86-87).

47.   La palabra *trust* tiene varias acepciones jurídicas. He aquí dos de las más importantes: *a)* fideicomiso, consorcio o fiducia. Cuando una persona es el titular de derechos que debe ejercer para beneficio de los intereses de otra o con el fin de llevar a buen término la realización de un fin concreto, se dice que posee esos derechos *in trust* para otra persona, recibiendo el titular de los derechos el nombre de *trustee* o fideicomisario; *b)* grupo industrial o asociación de personas constituidos con el fin de crear un monopolio, para regular y fijar el abastecimiento y los precios de los artículos en una determinada industria o comercio.

CAPÍTULO 2

LA TRADUCCIÓN Y EL SIGNIFICADO DE LAS PALABRAS JURÍDICAS

1. El concepto de «equivalencia» en la traducción del español jurídico
2. El traductor y español jurídico
3. Los jueces como lingüistas. La interpretación de los enunciados de las leyes y de las cláusulas de los contratos
4. La terminología jurídica
5. La estructura de las unidades léxicas del español jurídico
6. El significado de las unidades léxicas del español jurídico. La definición. La intensión y la extensión

1. El concepto de la «equivalencia» en la traducción del español jurídico

Como advertimos en el prólogo, el análisis de los problemas que surgen en la traducción de los términos del español jurídico es una de las metas de este libro. Para algunos, la traducción es un arte; para otros, una cuestión técnica (Wills, 1982, 1996; Leighton, 1984; Fernández Guerra, 2001). Sea lo que fuere, existe una disciplina universitaria que reflexiona sobre la actividad de la traducción, la cual recibe distintos nombres: traductología, translémica, teoría de la traducción, ciencia de la traducción y, de una forma menos pretenciosa, estudios de traducción. Sin descartar la validez de todas las denominaciones, nos decantamos por la de traductología (Vázquez Ayora, 1977), aunque en todo caso hay que tener en cuenta que los estudios de traducción no son exclusivamente lingüísticos sino que abarcan también otras disciplinas, como la sociología, los estudios culturales, la psicología cognitiva y la informática, entre otras.

Uno de los primeros objetivos de la traductología es la construcción de modelos que expliquen lo que ocurre en el proceso de la traducción. Podría considerarse que un modelo simple constaría de dos fases: 1) la *comprensión* del significado en la lengua origen o de partida *(source language - langue de départ)*, y 2) la búsqueda de una unidad lingüística *equivalente* en la lengua meta o de llegada *(target language - langue d'arrivée)* que exprese con *naturalidad*,[1] esto es, sin violentar los recursos lingüísticos que esta lengua ofrece, el sentido de la unidad de la lengua de partida. Como veremos en el punto 3 de este capítulo, los traductores y los jueces tienen en común la primera fase del proceso, es decir, la comprensión del significado; la segunda, la búsqueda de la equivalencia, es exclusiva de los traductores.[2]

La *equivalencia*, entendida como la conservación del mismo sentido en dos lenguas distintas por medio de recursos lingüísticos iguales o diferentes, ha sido y sigue siendo una cuestión central de los estudios de la traducción, y su análisis conceptual, como parece lógico, ha estado en función de las teorías lingüísticas predominantes en cada momento. Cada gran paradigma o perspectiva lingüística ha intentado presentar un modelo para abordar el concepto de la equivalencia. Así, en el estructuralismo sobresalen los trabajos de E. Nida (1975), quien considera que la *equivalencia semántica* es uno de los requisitos fundamentales para comprender el fenómeno de la traducción. A su vez el estructuralismo, por su metodología atomística y taxonómica, ha inspirado brillantes trabajos sobre la equivalencia semántica de los sinónimos, los antónimos, los falsos amigos o los campos semánticos.[3] A estos efectos, una de sus mejores aportaciones fue el análisis de contrastes, sobre todo en el plano fonológico, en el léxico y en el morfosintáctico. La pragmática, más recientemente, ha introducido otras variables en el estudio de la equivalencia, como puede ser el nuevo concepto de significado contextualizado, en el que se incluyen no sólo la equivalencia semántica de lo que decimos sino también aspectos pragmáticos de lo que implicamos y presuponemos cuando emitimos algún enunciado, parámetros que también forman parte del significado (Alcaraz, 1996).

Desde la perspectiva de la pragmática, la equivalencia que se busca al pasar de una lengua a otra es la *equivalencia pragmática*, esto es, la que tiene en cuenta el significado plenamente contextualizado, con sus implicaciones y presuposiciones. De esta manera se suele hablar de dos implicaciones (la léxica y la contextual) y de dos presuposiciones (la léxica y la pragmática). A continuación ilustramos con unos ejemplos los significados de estas cuatro líneas constitutivas del significado pragmático, discursivo o textual:

a) *La implicación léxica*

Si alguien, en medio de una conversación, nos dice: «Esa chica será joven, pero está casada», y contestamos a nuestro interlocutor «No sé qué quieres decir», lo más probable es que no hayamos cogido alguna de las implicaciones léxicas de la palabra «casada», por ejemplo, que sabe qué son las relaciones sexuales. La implicación léxica no aparece expresa, y en este caso quedaría configurada con la proposición «Esa joven ha tenido relaciones sexuales».

b) *La implicación pragmática*

A este tipo de implicación también se le denomina implicación contextual, implicación conversacional e *implicatura*. Se la puede caracterizar como la proposición o proposiciones generadas por un enunciado dentro de un contexto. Estas implicaturas se diferencian de las implicaciones léxicas porque su significado está completamente ligado al contexto. La conversación diaria está llena de implicaturas, como la que en el ejemplo que sigue ha generado B con su respuesta aparentemente críptica:

A: Este bolso ya tiene más de cuatro años.
B: No te preocupes. Mañana te compro otro nuevo.
A: No, si quería decir que es una maravilla de bolso. Cuatro años ya y está como el primer día. Además me lo regalaste por mi cumpleaños. No quiero otro, que éste me encanta.

Cuando A contesta «si quería decir que…», lo que está poniendo de relieve es que B no ha entendido la implicación pragmática.

c) *La presuposición léxica o convencional*

Se emplea este tipo de presuposición como táctica conversacional para dejar caer información. Por ejemplo, si digo «Mi yerno está enfermo», para que este enunciado tenga sentido deben ser verdaderas estas dos proposiciones «Este hombre tiene una hija» y «Su hija está casada», con lo que con el enunciado «Mi yerno está enfermo» nos hemos enterado de dos cosas más que no estaban expresas en el mensaje: que tiene una hija y que está casada. Los abogados o fiscales también la utilizan como técnica interrogatoria; si al preguntarle al acusado «¿A qué hora salió Vd. de la casa del Dr. Martínez?», contesta «A las ocho», ha dado a entender de forma muy clara que sí estuvo en su casa.[4]

d) *La presuposición pragmática*

Presenta esta presuposición en forma de proposiciones los conocimientos, las expectativas y las escalas de valores imprescindibles para que el enunciado pueda tener sentido. En el diálogo:

A. Te peleas con molinos de viento y, encima, quieres que te apoye.
B. Gracias por llamarme ingenuo.

el segundo interlocutor (y también el lector de este corto diálogo) ha podido interpretar lo anterior gracias a los conocimientos culturales que posee, que expresado en forma proposicional sería: «Don Quijote luchaba contra molinos de viento. Creía que eran verdaderos enemigos. Su visión de la realidad era falsa. Por lo tanto, era un loco o un ingenuo.»

En resumen, los trabajos del estructuralismo nos sirven para desarrollar la línea de análisis oracional, comentada en las págs. 22 y 23, y la pragmática para el desenvolvimiento de la lingüística oracional, sobre todo, la de los géneros profesionales, que analizamos en la segunda parte del capítulo cuatro. Añadamos a todo lo dicho, que, en su búsqueda de la equivalencia, el traductor debe evitar el uso innecesario de términos calcados o de préstamos[5] y no dejarse arrastrar o seducir por la «tentación paronímica»,[6] es decir, por la atracción que se siente ante las palabra homófonas u homógrafas y por las construcciones sintácticas paralelas de la lengua de partida, sin someterlas previamente a un escrutinio crítico.

2. El traductor y el español jurídico

Para que la búsqueda de la equivalencia sea más fructífera, estimamos que el traductor del español jurídico debe contar con una formación basada en al menos tres parámetros facilitadores de su labor. La familiarización con estos parámetros se asienta en la creencia de que la primera fase de la traducción, la que antes hemos llamado «la comprensión del significado», resulta más sencilla cuando el traductor sabe lo que cabe esperar de un texto jurídico. Los parámetros a los que nos referimos son: el ordenamiento jurídico, el proceso lingüístico ascendente y el proceso lingüístico descendente. A continuación comentamos brevemente cada uno de ellos:

a)   *El ordenamiento jurídico (the legal system - le système/ordre juridique)*

Aquí el traductor debe estar familiarizado con los conceptos básicos del Derecho (el Civil, el Penal, el Administrativo, el Mercantil, etc.), y las cuatro jurisdicciones: la Civil, la Penal,[7] la Contencioso-administrativa y la de lo Social.[8] A lo largo de este libro, presentamos el lenguaje de estas cuatro jurisdicciones: los capítulos siete y ocho abordan el del Derecho Civil, el nueve, el del Penal, y el diez, el del Administrativo y el del Trabajo o de lo Social.

b)   *El proceso lingüístico ascendente (bottom-up processing - procès ascendant)*

Entre los modelos que existen para explicar la comprensión del significado de las unidades del lenguaje destacan dos, que en nuestra opinión son complementarios. Uno es ascendente, que comporta la identificación de las unidades mínimas de significación del lenguaje para relacionarlas paulatinamente con aquellas que están por encima de ellas hasta completar el texto. El proceso de comprensión iría desde el reconocimiento de los fonemas y morfemas hasta el texto en su totalidad. Por tanto, la comprensión plena sería el último eslabón de una larga cadena de descodificación de unidades lingüísticas, cada vez mayores, en las que se van integrando. Para este proceso estimamos que existen tres técnicas que pueden ayudar al traductor: los campos semánticos, las combinaciones léxicas y los sinónimos y antónimos.

c)   *El proceso lingüístico descendente (top-down processing - procès descendant)*

Además del modelo anterior de comprensión del significado, existe otro, el opuesto, llamado descendente, en el que la comprensión comenzaría con la identificación de las unidades mayores que nos son familiares, a saber, los géneros jurídicos, tales como la sentencia, el contrato o la ley, gracias a la cual se generarían expectativas significativas en cuanto al léxico y la sintaxis, su macroestructura organizativa y su modalidad discursiva, conforme indicamos en la pág. 126. La comprensión sería entonces un proceso por el cual se van confirmando las expectativas y reduciendo el grado de incertidumbre hasta llegar a un acuerdo. Según este modelo, el hablante hace uso de sus conocimientos previos, agrupados en esquemas, que se activan con las señales exteriores. El dominio de los distintos géneros del español jurídico es fundamental, ya que el conocimiento que el traductor tenga de ellos facilita la macroestructura generadora de expectativas, necesarias en la comprensión del significado del texto.

3. **Los jueces como lingüistas. La interpretación de los enunciados de las leyes y de las cláusulas de los contratos**

En cierto sentido, la labor que realizan los jueces y los traductores presenta algunos paralelismos. Los jueces juzgan, lo que equivaldría a decir que deliberan sobre los asuntos y dictan resoluciones judiciales *(make court orders, deliver decisions - rendent des décisions de justice)*;[9] en este contexto «deliberar» *(deliberate - délibérer)* significa reflexionar atenta y detenidamente sobre la razón que le asiste a alguno en un asunto o sobre su culpabilidad. Para poder adoptar las aludidas resoluciones judiciales, que deben estar debidamente motivadas *(reasoned - motivées)*, tienen que interpretar, en primer lugar, los textos en los que basan sus decisiones, labor que suele presentar escollos, no siempre fácilmente salvables. Por otra parte, los traductores, para poder optar por la expresión más feliz en la lengua meta o de llegada, deben interpretar en toda su extensión y profundidad el significado de la unidad léxica o sintáctica de los *enunciados* de la lengua origen o de partida.

Tanto en un caso como en otro la interpretación *(construction, interpretation - interprétation)* consiste en la asignación de un significado a un enunciado, el cual se puede definir como la oración o conjunto de oraciones que aparecen dentro de un contexto. Los enunciados en su manifestación escrita suelen coincidir con los párrafos, que son segmentos del discurso que se presentan separados por un punto y aparte, porque se consideran unidades suficientemente diferenciadas. Tanto los traductores como los juristas «traducen» en su labor interpretativa, pero a la traducción que hacen los jueces se la llama «traducción interna», mientras que la de los traductores recibe el nombre de «traducción externa». En esta traducción interna los jueces utilizan categorías lingüísticas (semántica, traducción, subjuntivo, indicativo, etc.) y son muy conscientes de ellas, como se puede comprobar en los ejemplos que siguen, extraídos de una sentencia:

... para «conseguir por arte de birlibirloque una sentencia favorable», es decir, por medios ocultos o fuera de lo ordinario, en la más correcta traducción semántica.

... en sus descalificaciones de la justicia puso el verbo en <u>presente de indicativo</u> y no en <u>subjuntivo</u>, con lo que aleja toda idea de posibilidad.

De acuerdo con el artículo 3.1 del Código Civil (CC), las normas se interpretarán según el sentido propio de sus palabras, en relación con el contexto, los antecedentes históricos y legislativos, y la realidad social del tiempo en que han de ser aplicadas, atendiendo fundamentalmente al espíritu y finalidad de aquéllas, y desde la entrada en vigor de la Constitución la interpretación de las leyes ha de inspirarse en los valores y principios que proclama la Constitución (Latorre, 1968/2000: 80). Los jueces aplican, además, en muchísimas ocasiones la interpretación lógica, teniendo muy en cuenta los *efectos* que produciría una interpretación u otra (Ruiz Vadillo, 1991: 106). De acuerdo con esta lógica, unas veces la interpretación es más restrictiva, y otras, más extensiva.[10] Por ejemplo, cuando la norma dijo «parientes» está claro que quiso decir «descendientes», ya que el término «parientes» abarca también a los ascendientes, los descendientes y los colaterales; en este caso la interpretación es restrictiva. La interpretación sería extensiva cuando los jueces estimaran que las normas dijeron menos de lo que realmente quisieron decir, por ejemplo, cuando dijeron «hijos» en vez de «hijos y descendientes», ya que sería ilógico no incluir a los nietos y a los hijos de éstos.[11]

Antes hemos dicho que los jueces interpretan las unidades léxicas y las construcciones sintácticas de los *enunciados*, y no podía ser de otra forma, dado que un enunciado es una o varias oraciones dentro de un contexto. Por ejemplo, la oración «La mesa está en contra» puede parecer absurda en un primer intento de interpretación, a no ser que se le dé un sentido figurado a «mesa». Sin embargo, si esta oración aparece dentro del enunciado «La mesa está en contra. No puede aceptar, porque no son razonables, ninguna de las propuestas que le han hecho los miembros de la comisión», adquiere plena validez, porque las palabras «propuestas» y «miembros de la comisión» activan la acepción número tres del *DRAE*: «En las asambleas políticas, colegios electorales y otras corporaciones, es el conjunto de personas que las dirigen con diferentes cargos, como los de presidente, secretario, etc.».

Al hablar de la interpretación según el sentido propio de las palabras, hay que distinguir las palabras técnicas, exclusivamente monosémicas (cohecho, albacea, alevosía, etc.), de las semitécnicas, tal como se explica en el punto siguiente. Estas palabras semitécnicas son polisémicas y por tanto necesitan del contexto para su interpretación. Sin embargo, algunas de las que son exclusivamente técnicas también necesitan del contexto porque con el tiempo su significado se ha ido ampliando; por ejemplo, la palabra «hipoteca» se puede referir tanto a la finca que responde del pago de una deuda, como al gravamen que pesa sobre aquélla con el cual responde de la citada deuda.

El contexto se suele caracterizar como un conjunto de variables externas a la oración, agrupadas en tres bloques:

a)   El bloque I está formado por el entorno físico, temporal y local inmediato en el que los interlocutores efectúan la transacción o comunicación.

b)   El bloque II, también llamado cotexto, está constituido por el entorno verbal en que está colocado el enunciado que estamos interpretando, es decir, lo que precede y lo que sigue; así, como la palabra «juicio» es polisémica, el cotexto en el que esté enclavada nos ayudará a determinar su significado.

c)   El bloque III, de tipo extralingüístico, está formado por las convenciones de la sociedad, en general, y del mundo de la judicatura, en particular, con sus escalas de valores, usos y costumbres y, por supuesto, las expectativas profesionales y culturales que los interlocutores han adquirido por procedimientos cognoscitivos e interactivos.

Los tribunales y los operadores jurídicos cuentan con las ayudas interpretativas que les ofrecen las leyes. En el Código Civil estas ayudas aparecen con una serie de verbos como «considerar», «reputar», «entender», etc.:

a)   *Considerar*

Artículo 767 del CC. La expresión de una causa falsa de la institución de heredero o del nombramiento de legatario será considerada como no escrita, a no ser que del testamento resulte que el testador no habría hecho tal institución o legado si hubiere conocido[12] la falsedad de la causa.

Artículo 769 del CC. Cuando el testador nombre unos herederos individualmente y otros colectivamente, como si dijere: «Instituyo por mis herederos a X. y a X. y a los hijos de X.», los colectivamente nombrados se considerarán como si lo fueran individualmente, a no ser que conste de un modo claro que ha sido otra la voluntad del testador.

b) *Reputar*

Artículo 30 del CC. Para los efectos civiles, sólo se <u>reputará</u> nacido el feto que tuviere figura humana y viviere veinticuatro horas enteramente desprendido del seno materno.
Artículo 376 del CC. Se <u>reputa</u> principal, entre dos cosas incorporadas, aquella a que se ha unido otra por adorno, o para su uso de perfección.

c) *Entender*

Artículo 751 del CC. La disposición hecha genéricamente en favor de los parientes del testador <u>se entiende</u> hecha en favor de los más próximos en grado.
Artículo 675 del CC. Toda disposición testamentaria deberá <u>entenderse</u> en el sentido literal de sus palabras, a no ser que aparezca claramente que fue otra la voluntad del testador. En caso de duda se observará lo que aparezca más conforme a la intención del testador según el tenor del mismo testamento.
Artículo 714.2 de la LEC. Se <u>entenderá</u> que el deudor presta su conformidad a los hechos alegados por el ejecutante si deja pasar el plazo de diez días sin evacuar el traslado o se limita a negar genéricamente la existencia de daños y perjuicios...

Con frecuencia el verbo «entender» va seguido de una oración restrictiva iniciada con «sin perjuicio de lo previsto en» *(subject to, without prejudice to - sans préjudice de)*:

Lo dispuesto en el párrafo anterior <u>se entiende</u> sin perjuicio de lo previsto en la ley sobre apreciación por el tribunal, de oficio, de su falta de jurisdicción o de competencia.
Lo dispuesto en este artículo <u>se entiende</u> sin perjuicio del destino que deba darse al remanente cuando se hubiera ordenado su retención en alguna otra ejecución singular o en cualquier proceso concursal.

Hasta aquí nos hemos fijado en la interpretación de las normas legislativas para la cual el artículo 3.1 del Código Civil da unas pautas claras. En lo que se refiere a la interpretación de las cláusulas de los contratos *(the construction or interpretation of contracts - l'interprétation des conventions)*, el Código Civil español, siguiendo muy de cerca al Código Civil francés, dedica nueve artículos (1281-1289), que se pueden ordenar de acuerdo con dos tipos de criterio: los de carácter subjetivo y los de carácter objetivo (Lasarte, 1996: 348-50). Con el criterio subjetivo, la intención común de las partes contratantes *(the common aims of the parties - la commune intention des par-*

ties contractantes) es lo más importante. Si los términos de un contrato son claros y no dejan duda alguna sobre la intención de los contratantes, hay que determinar el sentido literal de sus cláusulas, pero si las palabras empleadas parecen entrar en conflicto con la intención evidente de las partes, prevalece la intención sobre la expresión literal. Dicho con otras palabras, la interpretación subjetiva trata de descubrir cuál ha sido la intención común de las partes contratantes más que detenerse a averiguar el sentido literal de las palabras *(the literal meaning of the words - le sens littéral des termes)*.

Los criterios de interpretación objetiva se pueden reducir a las siguientes reglas: cuando una cláusula es ambigua, es decir, susceptible de significar dos cosas diferentes, se entenderá en el sentido más adecuado para que produzca efecto *(the sense which best permits it to produce some effect - avec lequel elle peut avoir quelque effet)*; las palabras ambiguas se entenderán en el sentido que más convenga a la materia del contrato *(are to be understood in the sense best adapted to the subject-matter of the contract - doivent être pris dans le sens qui convient le plus à la matière du contrat)*; lo que es ambiguo del contrato se interpreta de acuerdo con el uso o la costumbre del país en donde se haya celebrado el contrato *(in accordance with the customs and practices of the country in which the contract was agreed - par ce qui est d'usage dans le pays où le contrat est passé)* supliendo en éstos la omisión de cláusulas que de ordinario suelen establecerse. En caso de duda, el contrato se interpretará en contra de quien redactó («*contra proferentem*», *least favourable to the party which framed - contre qui a rédigé)* las cláusulas oscuras.

En resumen, las trabas más importantes que encuentran los jueces —y los demás operadores jurídicos— en la interpretación de los enunciados son dos: la imprecisión léxica y la ambigüedad sintáctica. En las unidades léxicas reside una gran parte del significado que buscan los jueces en su interpretación; en este capítulo estudiaremos la clasificación de la terminología jurídica, la estructura de las unidades léxicas y los problemas de su definición; en el siguiente, examinaremos los problemas traductológicos del vocabulario del español jurídico, y en el cuatro, las cuestiones sintácticas.

4. La terminología jurídica

En este punto pretendemos clasificar las unidades léxicas atendiendo a su grado de especialidad. A estos efectos, llamamos terminología al conjunto de términos o vocablos propios de una profesión, ciencia o materia. Siguiendo este criterio, distinguimos tres tipos de vocabulario: el técnico, el subtécnico y el general de uso frecuente en Derecho. A éstos tres habría que añadir un cuarto grupo: el de los términos técnicos no jurídicos. Dado que los procesos judiciales pueden versar sobre cualquier actividad humana, el léxico que abarcan es muy amplio. En el mundo contemporáneo son especialmente frecuentes los litigios relacionados con materias muy complejas, como la ciencia médica, las operaciones financieras, bursátiles o bancarias, los efectos de los compuestos químicos, los avances en la industria aeronáutica, los últimos descubrimientos de la tecnología, la ingeniería o la informática y un sinfín de especialidades y técnicas, a cual más densa y sofisticada. Muchos de estos términos se emplean, sobre todo en el *Boletín Oficial del Estado*, en su versión inglesa (Calvo, 1980: 66-69), a veces con traducción y a veces sin ella:

... lingotes para tubo *(wire bar)*
... los programas necesarios de *software* para la realización de dichos trabajos...
... para todas las prestaciones de *handling* en el aeropuerto...
... el importe del *stock* final, esto es, el que exista al final del ejercicio...

Todo esto, naturalmente, añade gran diversidad al lenguaje propio de las actuaciones judiciales, sin olvidar que, con el tiempo, alguna parte de este inmenso vocabulario termina instalándose en el propio texto de las leyes.

4.1. EL VOCABULARIO TÉCNICO. LA UNIVOCIDAD

Este grupo está formado por palabras técnicas, exclusivas del mundo jurídico, aunque muchas de ellas, como por ejemplo «hipoteca» *(mortgage - hypothèque)* o «pleito» *(action, suit, lawsuit - procès)*, pueden utilizarse, por analogía, en el lenguaje común:

Ha hipotecado (esto es, ha puesto en peligro de malograr) su porvenir con ese trabajo que ha aceptado.
El pleito (la discordia) entre esas familias arranca de varias generaciones.

Las unidades léxicas de este grupo se llaman «términos» y sus significados están definidos de forma unívoca dentro de una *teoría* (Cabré, 1993); los términos se caracterizan por: *a)* su monosemia, o univocidad, con lo cual, gracias a la gran precisión de sus definiciones y a su gran estabilidad semántica, se obtiene una mayor seguridad jurídica; y *b*) su carácter medular, ya que, si no se entienden, difícilmente se puede comprender la materia que se estudia. Dado que algunos especialistas reservan la voz *terminología* sólo para las unidades léxicas de este grupo, podemos decir que, en un sentido amplio, la terminología jurídica es todo el vocabulario técnico utilizado por la profesión, mientras que, en sentido estricto, sólo comprende las palabras de este grupo técnico. En él se pueden distinguir unidades léxicas simples y unidades compuestas.

a) *Unidades simples*

ADIR *(accept [an inheritance] - accepter un héritage)*: manifestar la voluntad de adquirir la herencia, de forma simple o a beneficio de inventario.

ALBACEA *(executor - exécuteur)*: persona que, por voluntad del testador o por designación del juez, interviene en la ejecución de un testamento.

COHECHO *(bribery or attempted bribery of a judge or public servant - subornation, pot de vin)*: delito que comete el que soborna, o procura sobornar, a un juez o funcionario público.

EXHORTO *(letter of request - commission rogatoire)*: comunicación que envía un juez a otro para que realice algún trámite en sustitución suya.

IMPENSAS *(impensa; expenses incurred by a tenant for upkeep or improvement of property - impenses)*: gastos en que incurre el inquilino o arrendatario.

INTERDICTO *(interdict, proceedings brought to determine right of possession - action possessoire)*: juicio posesorio, es decir, aquel que se promueve para determinar el derecho a la posesión de una cosa, sobre todo por impago de un crédito o cuando surge una disputa entre el dueño de una finca y el inquilino o arrendatario.

OTROSÍ *(furthermore, moreover - en outre)*: en lenguaje forense significa «además» y se emplea delante de los distintos apartados de una exposición o argumentación. Como sustantivo significa cada uno de los apartados o pretensiones que siguen al principal en una demanda.

b) *Unidades compuestas*

CADUCIDAD DE LA INSTANCIA *(presumption of discontinuance, staying of proceedings for want of prosecution - forclusion)*: archivo de las actuaciones decretado por el juez cuando, pasado cierto plazo, las partes han dejado de realizar gestiones. En tal caso, se presume que los litigantes han abandonado sus pretensiones. Sin embargo, a diferencia de la prescripción, que es definitiva, como indicamos en la pág. 250, la caducidad de la instancia no impide a las partes retomar el pleito en un momento posterior. CARGA DE LA PRUEBA *(burden of proof - charge de la preuve)*: obligación que recae en una de las dos partes en un litigio de demostrar fehacientemente la verdad de lo que alega contra el interés de su oponente; en las causas penales, salvo excepciones, le corresponde a la parte acusadora, ya que en caso de insuficiencia probatoria la presunción de inocencia favorece al procesado; procede del latín *onus probandi*. LUCRO CESANTE *(loss of earnings - manque à gagner)*: ganancia que se deja de percibir como consecuencia del acto u omisión de un tercero y que da derecho a indemnización; en el cálculo de la cuantía de la indemnización fijada por el tribunal, se contrapone a «daños emergentes», que se dividen entre las lesiones personales sufridas y los daños o pérdidas materiales ocasionados; procede de *lucrum cessans*, término latino que también se suele utilizar en francés.

4.2. EL VOCABULARIO SEMITÉCNICO. LA EQUIVOCIDAD

El segundo grupo, llamado «vocabulario semitécnico», y también «subtécnico», está formado por unidades léxicas del lenguaje común que han adquirido uno o varios nuevos significados dentro del español jurídico, como en los ejemplos que siguen del verbo «deducir», sacados todos de la LEC de 2000, en los que vemos, además de los significados generales de «inferir» y «descontar», el jurídico de «alegar»:

DEDUCIR[1] *(deduce, infer - déduire)*: inferir.

... las diligencias de ordenación [...] que permiten <u>deducir</u> que la actuación correspondiente deben realizarla aquéllos...

DEDUCIR[2] *(deduct - déduire)*: descontar.

... sistema que se complementa <u>deduciendo</u> del avalúo el importe de las cargas subsistentes...

DEDUCIR[3] [jur.] *(plead, raise a plea, put in a plea, set up a plea - alléguer)*: alegar, presentar las partes sus defensas o alegaciones.

Esta pretensión se <u>deducirá</u> en el tribunal que conozca del asunto
El plazo para <u>deducir</u> demanda contra la resolución es de 30 días hábiles.

DEDUCIR (TESTIMONIO)[4] [jur.] *(issue, deliver - alléguer, présenter un témoignage)*: librar, presentar testimonio, a los efectos de incoar un procedimiento.

El Juez ha ordenado <u>deducir</u> testimonio de la declaración de un testigo por apreciar que en la misma existen indicios de comisión de un delito.
El Tribunal que enjuició los hechos ha decidido <u>deducir</u> testimonio contra el padre que agredió a una de las victimas.

Este vocabulario, que es polisémico, se ha formado en la mayoría de los casos por extensión del significado mediante el proceso de analogía, añadiendo nuevas acepciones al significado original. Además de ser muy amplio, es probablemente este grupo el más difícil de dominar por la equivocidad que nace de las polisemias, por las connotaciones y por las sinonimias de muchas palabras. Sus significados se activan siempre dentro de un *contexto*, mientras que los términos del grupo anterior son monosémicos y se entienden dentro de una *teoría* o de un campo del saber. La lista de este grupo es muy larga; a continuación comentamos los significados de «disponer», «instruir», «proveer», «prescripción», «auto» y «reconvención»:

DISPONER[1] *(order, arrange - ordonner, arranger)*: arreglar, organizar.
DISPONER[2] [jur.] *(provide, order, stipulate, determine, establish - ordonner, stipuler, déterminer, établir)*: ordenar, estipular, establecer, determinar.
DISPONER[3] [jur.] *(make use of - disposer de)*: hacer uso de.

<u>Han dispuesto</u> las mesas de forma tal que todos puedan verse entre sí.
El juez <u>ha dispuesto</u> que la empresa le aporte una certificación de...
No puede <u>disponer de</u> la herencia de su padre hasta que cumpla 18 años.

INSTRUIR[1] *(instruct, train - instruire, enseigner)*: formar, educar, explicar, aleccionar.
INSTRUIR[2] *(inform - instruire [quelqu'un de quelque chose])*: informar o comunicar formalmente la situación de las cosas, los resultados de lo actuado o las medidas que conviene tomar para el buen fin de una empresa.

INSTRUIR[3] [jur.] *(investigate [a case] - instruire)*: investigar judicialmente; formar el sumario en un asunto penal tomando declaración a los implicados y testigos.

Las sesiones prácticas suelen instruir más que muchas conferencias magistrales.
Al agente especial se le ha instruido de todos los posibles peligros que puede encontrar.
El juez que instruye esta causa penal es de los más rigurosos en cuestiones de procedimiento.

PROVEER[1] *(provide, supply - fournir, pourvoir)*: proporcionar, ofrecer, abastecer, aprovisionar.
PROVEER[2] [jur.] *(give a ruling or an interim ruling, make an interim order - disposer que, décider que, prononcer)*: dictar un juez o tribunal una resolución que a veces es sentencia definitiva.
PROVEER[3] [jur.] *(fill [a position] - pourvoir une vacance)*: cubrir [una vacante]; esta acepción es muy corriente en el lenguaje jurídico-administrativo.

El poderdante está obligado a proveer de fondos al procurador, conforme a lo establecido...
El tribunal proveerá a esta petición ordenando la suspensión de las actuaciones...
La vacante que ha dejado el Sr. Martínez no se proveerá hasta dentro de dos años.

PRESCRIPCIÓN[1] *(prescription, order - prescription)*: mandato, orden; receta.
PRESCRIPCIÓN[2] [jur.] *(prescription, adverse possession - prescription acquisitive)*: modo de adquisición o extinción de un derecho real o acción de cualquier clase por el transcurso del tiempo en las condiciones previstas por la ley. (Véase la pág. 250.)
PRESCRIPCIÓN[3] [jur.] *(limitation, barring of an action by the statute of limitations - prescription)*: extinción de un derecho, una acción, o una responsabilidad por haber transcurrido el tiempo señalado para ello por la ley.

Se ha quedado en la cama por prescripción médica...
La oposición del demandado podrá fundarse en que posee la finca en virtud de prescripción...
La oposición a la ejecución fundada en títulos no judiciales se admite, entre otras causas, por la prescripción o caducidad del derecho del ejecutante.

AUTO[1] *([allegorical] religious play - auto)*: drama religioso de breves dimensiones.
AUTO[2] [jur.] *(order - ordonnance)*: resolución de un juez.
AUTOS[3] [jur.] *(court record - les dossiers en matière civile)*: conjunto de actuaciones o de documentos que se producen en un juicio o en una causa; son frecuentes las expresiones como «el caso de autos», «la noche de autos», etc., en alusión a los hechos juzgados o los sucesos que forman la base de las actuaciones ante el tribunal.

A Calderón principalmente se debe el auge que tuvieron los <u>autos</u> sacramentales en el siglo XVII.
El juez instructor dictó un <u>auto</u> de prisión contra el imputado por la gravedad de los hechos.
Los juristas saben muy bien que lo que no está en <u>autos</u> no está en el mundo.
«¿Dónde se encontraba Vd. en la <u>noche de autos?</u>» le preguntó el abogado al testigo.

RECONVENCIÓN[1] *(scolding, chiding, reprimand - reproche, réprimande)*: riña, reprensión, reprimenda.
RECONVENCIÓN[2] [jur.] *(counterclaim, set off - demande reconventionnelle)*: demanda que entabla el demandado al contestar al que promovió el juicio.

La Sala de lo Penal anuló los autos del magistrado con severas <u>reconvenciones</u> por «las medidas innecesarias, inadecuadas, desproporcionadas, irresponsables e irrazonables».
Se prohíbe la <u>reconvención</u> que no guarde relación con las pretensiones del actor.

4.3. EL VOCABULARIO GENERAL DE USO FRECUENTE EN DERECHO

El tercer grupo, que es el más copioso, está formado por las palabras del léxico común que, sin perder su significado propio, como en el grupo anterior, anidan esporádicamente en la especialidad o en sus aledaños. Las palabras de este vocabulario, que comprende también el «relacional», citado en la pág. 25, no son técnicas en el sentido estricto del término, porque conservan su significado primitivo, pero, por su elevado índice de presencia en el campo de interés, son tan imprescindibles como las de los otros dos subgrupos.

Uno de los verbos del vocabulario general que tiene un uso muy frecuente en el español jurídico es el verbo «practicar». Se emplea con el significado de «efectuar», «llevar a cabo» o «realizar» *(carry out, perform - réaliser, effectuer)*, en expresiones tales como «practicar una prueba», «practicar las actuaciones», «practicar detenciones», «practicar una redada», «practicar una autopsia», «practicar una citación», «practicar diligencias», etc. También es muy corriente el sustantivo «práctica»:

Citación para la práctica de diligencias preliminares.
La práctica de la prueba tendrá lugar durante la sesión.
Las prácticas fraudulentas pueden constituir un delito muy grave.

Igualmente pertenecen a este grupo sustantivos como «oficina», «autoridad», «plazo», «medida», «escrito», «pretensión», «audiencia» y «motivo», entre otros muchos, y verbos como «configurar», «notificar», «incorporar», «regular», «estimar», «apreciar», «resolver», «declarar» y un largo etcétera, junto a sus formas nominales (configuración, notificación, incorporación, regulación, etc.):

Es una medida que no ha gustado a nadie.
No existe motivo aparente que justifique la comisión de ese robo.
Esta ley configura una justicia civil nueva.
Al notificar la resolución a las partes, se indicará si es firme.
El voto particular, con la firma del autor, se incorporará al libro de sentencias.
La nueva ley pretende regular materias hasta ahora carentes de regulación legal.

Con algunas de las anteriores voces se han formado palabras compuestas que pertenecerían al segundo grupo, o vocabulario subtécnico, tales como:

MEDIDA PROVISIONAL *(interlocutory order/provision, temporary measure - mesure provisoire)*.
MEDIDA CAUTELAR *(injunction, provisional order - mesure conservatoire)*.
MEDIDA COERCITIVA *(coercive measure, restraining order - mesure coercitive)*.
MEDIDAS DE APREMIO *(means of enforcement - mesures de contrainte)*.
MOTIVO DE NULIDAD *(grounds for striking out/setting aside/revoking [an order, etc.] - motif de nullité)*.
MOTIVO DE DENEGACIÓN *(grounds for refusal - motif de refus)*.

4.4. OTROS REGISTROS LINGÜÍSTICOS

Las características que hemos apuntado se refieren al lenguaje que utilizan los operadores jurídicos. Pero también hay otros registros que se observan en el mundo jurídico, sobre todo en el judicial: el de las expresiones coloquiales de algunos testigos, lleno de expresiones coloristas, no exentas en ocasiones de errores sintácticos, el de los peritos, y el marginal o de germanía *(thieves' cant, underworld slang - argot, français vulgaire)*:

a) *El registro de los profesionales y expertos*

Las leyes mandan o prohíben *algo* en consonancia con la justicia y para el bien de los ciudadanos. Ahora bien, este «algo» puede pertenecer a cualquier esfera de la realidad, desde el mundo de la ecología al de la economía, la medicina o la tecnología. La ordenación jurídica de estos sectores de la vida está aportando cada vez más vocabulario técnico a cada una de las especialidades del Derecho. Así, por ejemplo, cualquier regulación de los delitos ecológicos, de las autorizaciones y prohibiciones de las operaciones financieras, del aborto legal utiliza un léxico muy técnico o especializado, ya que no se puede obviar que, aunque las normas jurídicas, por su propia naturaleza, son de tipo general, van dirigidas en la mayoría de los casos a destinatarios muy concretos y exigen una definición y una terminología muy precisas.

b) *Las jergas del hampa y de los delincuentes*

Lo primero que llama la atención son los distintos nombres que se aplican a la policía como cuerpo o al guardia individual: «la bofia», «la pasma», «la chusma», «los maderos», «los perros», «agua», «estupa», «guripa», «nacional», «picoleto» y algunos más. He aquí algunos otros términos de este grupo:

CAMELLO *(pusher, dealer - revendeur de drogue, dealer)*.
CACO/CHORIZO *(thief, tea-leaf, crook, pickpocket - filou, piqueur, tireur, chourreur)*.
COMERSE EL MARRÓN *(carry the can, be the fall guy, face the music - tout prendre dans la greule)*.
ESTIRAR LA PATA *(snuff [it], croak, peg out, kick the bucket - casser sa pipe, tourner de l'oeil, clampser, passer l'arme à gauche)*.
HACERSE UN CANUTO *(roll/smoke a joint - se rouler un joint, se rouler un pet)*.

MANGAR *(swipe, nick - chaparder, chiper, piquer)*.
MONO *(cold turkey - le manque)*.
TRINCAR *(nick, nab, pick up, bust - barboter, chiper)*.
CHIRONA/SOMBRA *(nick, clink, jug - tôle, violon)*.
CHIVARSE *(shop, grass, squeal, sing, spill the beans, tip off - rapporter, cafarder, moucharder)*.
CHIVATO *(snitch, grass, nark, stool pigeon - rapporteur, mouchard)*
CHUTARSE/PICARSE *(shoot up, give oneself a fix - se shooter, se piquer)*.
CARGARLE EL MUERTO A UNO *(stitch somebody up, double-cross somebody, pin the blame on somebody - tout mettre sur le dos de quelqu'un, tout faire retomber sur quelqu'un)*.
PASAPORTAR A UNO/CARGARSE A UNO *(bump somebody off, take somebody out, whack somebody, blow somebody away - descendre quelqu'un)*.
HAMPA *(underworld, gangland - pègre, racaille)*.
BOFIA/PASMA *(cops, fuzz, rozzers - les flics, les poulets, les keufs)*.

c)   *Las expresiones coloquiales*

A pesar de la tendencia del español jurídico hacia el vocabulario culto y las expresiones grandilocuentes, no faltan, como en todas las profesiones, palabras, giros y expresiones coloquiales:

A LA SOMBRA *(in the nick/clink, in jug, behind bars - sous les verrous, en tôle, au violon, à l'ombre)*: encarcelado.
DAR CARPETAZO *(shelve, close the file on, put on the back burner - classer une affaire)*: archivar un asunto sin darle el curso normal ni terminar de tramitarlo.
EMPAPELAR *(book, sue, take to court, have up - traîner devant les tribunaux)*: formar causa criminal a uno o abrirle expediente.
EN CAPILLA *(on death row, in the condemned cell - en chapelle)*: en espera de la ejecución de la pena de muerte, en el llamado «corredor de la muerte».

5.   **La estructura de las unidades léxicas del español jurídico**

Las unidades del léxico jurídico, como las del léxico general, pueden ser simples («efecto») y compuestas («efecto de comercio»):

5.1. LAS PALABRAS SIMPLES

A modo de ejemplo analizamos la palabra «efecto», por ser un término muy utilizado en el mundo del Derecho, como unidad simple, como unidad compuesta y como unidad compleja («a estos efectos», «surtir efectos», etc.). En la LEC de 2000 este sustantivo aparece 310 veces; el verbo «efectuar», 96; y el adjetivo «efectivo», 70.

EFECTO[1] *(effect, consequence, result - effet, conséquence, résultat)*: consecuencia, resultado.

El abogado, con su obcecación, ha conseguido el efecto contrario al deseado.

EFECTOS[2] [jur.] *(belongings, goods, chattels, contents, stock - effets, outils, ustensiles)*: objeto, artículo; se suele usar en plural con el sentido de «enseres», «utensilios», «instrumentos», etc.

Antes de la venta, entregó al comprador una relación de todos los efectos existentes en la tienda.

EFECTO[3] [jur.] *(security, draft, bill, instrument - effet)*: documento o valor mercantil; se usa con frecuencia en plural con el sentido de «títulos», «valores» o «documento de crédito».

Los ladrones no se llevaron dinero efectivo, sólo efectos, que ya han sido anulados.

EFECTO[4] [jur.] *(effect, coming into effect, commencement, inception - effet)*: comienzo, entrada en vigor; esta acepción aparece sobre todo en la expresión «con efecto de» utilizada en contratos, pólizas de seguro y nombramientos.

El efecto de este seguro es de 1 de febrero de 2001.

5.2. LAS PALABRAS COMPUESTAS

Es muy elevado el número de palabras compuestas en el español jurídico: «falso testimonio» *(perjury - faux témoignage)*, «acoso sexual» *(sexual harassment - harcèlement sexuel)*, «robo a mano armada» *(armed robbery - vol à main armée)*, etc. Antes de entrar en una clasificación de estas palabras, conviene mencionar un tipo de unidades léxicas, formadas por palabras simples amalgamadas, como «compraventa», «poderdante», «francotirador», «todoterreno», que para unos son unidades simples y para otros, palabras compuestas amalgamadas. Las pautas más frecuentes que siguen las palabras compuestas no amalgamadas del español jurídico son las siguientes:

a) *Nombre + adjetivo.* Éste es el grupo más abundante:

EFECTO DEVOLUTIVO *(status of an appeal or objection pending before a higher court while proceedings continue in the lower - effet dévolutif)*: el de un recurso cuyo conocimiento corresponde por ley al tribunal superior, sin que se interrumpan las actuaciones del inferior mientras se resuelve. Véanse las notas 39 y 40 de la pág. 268.

EFECTO RETROACTIVO *(retroactive effect, backdating - effet rétroactif)*: el que produce consecuencias a partir de un momento anterior a la decisión de que se trate; por ejemplo, cuando tras unas negociaciones entre patrono y empleados, se acuerda una subida salarial que abarca un período de tres meses anteriores a la firma del pacto.

EFECTO SUSPENSIVO *(effect of halting proceedings or delaying enforcement of a judment pending the outcome of the appeal - effet suspensif)*: el de un recurso que por ley provoca la paralización de las actuaciones del tribunal de instancia mientras el superior resuelve sobre la resolución impugnada. Véanse las notas 39 y 40 de la pág. 268.

EFECTOS COTIZADOS *(quoted/listed securities - effets cotés)*: valores ofrecidos para su negociación en Bolsa.

EFECTOS PERSONALES *(personal effects/belongings - effets personnels)*: bienes o enseres personales.

AMPARO JUDICIAL *(protection of the court - protection judiciaire).*

APROPIACIÓN INDEBIDA *(misappropriation, embezzlement - distraction de biens).*

COSA JUZGADA *(res judicata - affaire jugée)*: situación en la que se encuentra un asunto cuando ha recaído sentencia firme sobre el fondo; por operación del principio *non bis in idem* («no se puede proceder dos veces en la misma causa»), la resolución produce efectos permanentes para las partes litigantes, que jamás podrán volver a someter la misma cuestión a la consideración de los tribunales.

EXPROPIACIÓN FORZOSA *(compulsory purchase order, expropriation - expropriation forcée)*: resolución administrativa por la que los particulares quedan obligados a ceder parte de sus terrenos al ayuntamiento u otro organismo público para que éste pueda acometer unas obras de interés general; a cambio, los afectados reciben una compensación económica.

JUEZ INSTRUCTOR *(examining magistrate - juge d'instruction)*: juez encargado de llevar a cabo la instrucción en los procesos penales.

PODER NOTARIAL *(power of attorney - procuration)*: instrumento en el que se constar la facultad que alguien da a otra persona ante notario para que en lugar suyo y representándole pueda ejecutar actos.

PRUEBA TESTIFICAL *(testimony, witness evidence, hearing of witnesses - témoignage)*: medio de prueba que consiste en las declaraciones de los testigos examinados ante el tribunal y sus respuestas a las preguntas que se les formulan.

RAZÓN SOCIAL *(firm - entreprise)*: empresa.

VISTA ORAL *(public hearing, trial proper - audience publique)*: audiencia pública; es la fase del juicio o proceso celebrada oralmente ante el tribunal, en la que las partes, por medio de sus abogados, exponen sus pretensiones y los argumentos jurídicos que tienen por convenientes, practican las pruebas y citan a declarar a sus testigos, con oportunidad para ambas partes de interrogar a los llamados por su oponente.

b)   *Nombre + de + nombre*

EFECTO DE COMERCIO *(commercial instrument, draft, bill - effet commercial)*: título negociable que es pagadero a la vista o a un vencimiento próximo.

ESTADO DE DERECHO *(rule of law - état de droit)*: organización jurídica del Estado mediante principios y técnicas que tienden a limitar el poder de los gobernantes.

FUNDAMENTOS DE DERECHO *(legal reasons for decision - fondements juridiques)*: también llamados «fundamentos jurídicos», son los razonamientos jurídicos mediante los que los jueces, al redactar las sentencias, aplican las normas y preceptos de las leyes vigentes a los hechos considerados probados tras la celebración del juicio correspondiente.

ALLANAMIENTO DE MORADA *(housebreaking, breaking and entering - violation de domicile)*: delito que consiste en entrar por la fuerza en la casa de alguien sin su consentimiento, normalmente con la intención de robar, causar destrozos o efectuar un registro ilegal.

REPERTORIO DE JURISPRUDENCIA *(law reports - répertoire de jurisprudence)*: compilaciones ordenadas de sentencias de los distintos tribunales para consulta de los especialistas interesados en conocer, para fines prácticos, el detalle de las resoluciones judiciales publicadas con anterioridad y los motivos jurídicos de las mismas.

c) *Nombre + preposición distinta a «de» + nombre*

EFECTO A LA VISTA *(bill payable at sight - effet exigible à vue).*
FALSEDAD EN DOCUMENTO PÚBLICO *(misrepresentation in a public record, making/uttering a false instrument - faux en écriture publique).*
LIBERTAD BAJO FIANZA *(bail - mise en liberté sous caution).*
ROBO CON ESCALO *(burglary - cambriolage).*

d) *Nombre + nombre*

COCHE BOMBA *(car bomb - voiture piégée).*
FECHA LÍMITE/TOPE *(deadline - date limite).*

e) *Expresión verbal*

CAUSAR/PRODUCIR EFECTO *(come into force, become operative - produire effet, faire effet).*
PONER EN EFECTO, LLEVAR A EFECTO *(carry into effect, carry out, give effect to, perform - donner effet à, mettre à exécution).*
TENER EFECTO *(take effect - avoir effet, être en vigueur).*

f) *Otras expresiones*

A EFECTOS DE *(for the purposes of, with a view to, with respect to - à l'effet de, en vue de, pour l'application de).*
A EFECTOS LEGALES *(for legal purposes - à effets de droit, à effet légal).*
CON EFECTOS DESDE *(with effect from - avec effet de).*
SIN EFECTO *(ineffective, of/to no avail, without legal effect - sans effet).*

5.3. LAS PALABRAS COMPLEJAS

Son palabras complejas aquellos sintagmas nominales largos cuyas unidades mantienen una relación léxica estable y estricta de forma tal que se pueden memorizar («dar marcha atrás», en vez de «desdecirse»; «dar la espalda a alguien» por « rechazar»; «estirar la pata» por «morir», etc.). En el español jurídico también se encuentran muchas palabras complejas:

ADMITIR A TRÁMITE *(give leave/permission to proceed - autoriser à agir en justice, admettre à un appel)*.

DILIGENCIAS PARA MEJOR PROVEER *(ruling postponing final judgement until further or better evidence is produced - mesure/décision prise dans le but d'obtenir de plus amples informations)*.

EXCEDERSE EN EL USO DE SUS ATRIBUCIONES *(act ultra vires, exceed one's duty, go beyond one's brief - sortir/dépasser de sa compétence)*.

PASAR A DISPOSICIÓN JUDICIAL *(be brought before a magistrates' court - traduire quelqu'un devant une juridiction)*.

5.4. LAS PALABAS DERIVADAS. LOS PREFIJOS, LOS SUFIJOS Y LAS DESINENCIAS. LAS SERIES LÉXICAS

En la pág. 26 hemos comentado la audacia que tienen los operadores jurídicos para formar nuevas palabras de acuerdo con sus necesidades («alienidad», «originación», «imperatividad», etc.). Como se ve, los sufijos *-ad* y *-ción* son muy corrientes; sin embargo, hay uno, el sufijo *-al*, que es muy característico del español jurídico:

> La presente Ley se dicta en virtud de los títulos <u>competenciales</u> que la Constitución Española atribuye en exclusiva al Estado en el artículo 1.º del párrafo 1...
> Se considera, asimismo, que concurre interés <u>casacional</u> cuando las normas cuya infracción...

Los términos *competencial* y *casacional* son un claro exponente de la facilidad con que el español jurídico forma nuevas palabras, aplicando las reglas lógicas de la lengua, y el sufijo *-al*[13] con su significado de «relacionado con» es muy productivo en el español jurídico (judicial, jurisdiccional, constitucional, ambiental, etc.). Cada día es mayor el número de palabras acabadas en *-al*, sobre todo por influencia del inglés (educacional, operacional, etc.), algunas de las cuales, como «negocial», aún no están recogidas en los diccionarios:

> Los sujetos de carácter sindical en sus diferentes niveles organizativos tendrán legitimación <u>negocial</u> cuando reúnan determinados requisitos.

Las palabras «negocio», «negociar», «negociación», «negociable», «negocioso», «negociante», «negociador», etc., ocurren con naturalidad en el español común; en cambio, *negocial* no está registrada como palabra en los diccionarios habituales, ni se conoce su uso en el español cotidiano. Con esta facilidad para la creación de palabras con los recursos léxico-morfológicos del lenguaje, abundan en el español jurídico series léxicas formadas a partir de una base, como han recogido Henríquez y de Paula (1998: 179-190):

> admitir: inadmitir, inadmisibilidad, inadmisión, inadmisible, etcétera,[14]
> culpa: exculpar, exculpatorio, exculpación, inculpar, inculpado, inculpatorio, etc.,
> propio: apropiar, expropiar, expropiante, expropiatorio, etc.

El significado de la mayoría de estas palabras es transparente semánticamente, esto es, se puede deducir sin mucha dificultad a partir del de sus componentes. Sin embargo, en muchos casos, como afirman Henríquez y de Paula, los términos resultan tan forzados, que da la impresión de que «el lexicógrafo no ha pasado por allí».

Los principales recursos morfológicos con que cuenta el español jurídico para formar palabras derivadas son los prefijos, los sufijos y las desinencias del participio de presente y de pasado:

> Prefijos: cooficial, desafiliar, desregulación, inimputable, preaviso, contracautela, contrabando, contraaviso, etc.
> Sufijos: absolutorio, admisibilidad, inadmisión, causación, cesionario, lesivo, gravamen, oneroso, etc.
> Participio de presente: demandante, recurrente, endosante, concordante, enervante, discrepante, cedente, proponente, querellante, causante, etc.
> Participio de pasado: encausado, imputado, procesado, [parte] recurrida, etc.

Debido a que en la mayoría de los actos jurídicos hay un sujeto activo y otro pasivo,[15] el participio de presente y el de pasado son muy convenientes para expresar la relación entre este par de agentes (querellante y querellado, demandante y demandado, exhortante y exhortado, ejecutante y ejecutado, etc.):

> Los exhortos se remitirán directamente al órgano exhortado... Cumplimentado el exhorto, se comunicará al exhortante su resultado...
> Si la sentencia fuese de condena dineraria, el ejecutado no podrá oponerse a la ejecución provisional [...]. Con estas normas, la Ley permite una eficaz tutela del derecho del acreedor ejecutante...

En ocasiones, el sujeto pasivo no se forma con el participio pasado sino con el sufijo -*ario*: «donante y donatario», «concedente y concesionario», «mandante y mandatario». A veces, el beneficiario de la acción del verbo se forma con el sufijo -*ista*, como en el ejemplo que sigue, comentado en la nota 31 en la pág. 44:

> El derecho a la prestación de alimentos entre parientes habrá de regularse por la ley nacional común del alimentista y del alimentante.

Cuando existen verbos que expresen la reciprocidad de acciones se suele emplear el sufijo -*or* en los dos casos: «deudor y acreedor», «vendedor y comprador», etc.

5.5. LAS PALABRAS PARASINTÉTICAS

Por último, no se pueden pasar por alto las palabras parasintéticas que existen en el español jurídico. Estas palabras se forman anteponiendo un prefijo a una base formada por un nombre más un sufijo, base que no existe como nombre independiente. Por ejemplo, la palabra «excarcelar» es parasintética porque se ha formado con el prefijo «ex» añadido a la base *carcelar*, que no existe como palabra independiente. También son parasintéticas «enajenar», «endeudar» y muchas otras.

6. El significado de las unidades léxicas del español jurídico. La definición. La intensión y la extensión

La imprecisión léxica está relacionada con la naturaleza resbaladiza del significado de las unidades léxicas. Es tan cambiante y escurridizo el valor semántico de las palabras que nos vemos obligados a negociaciones constantes en la conversación diaria para no incurrir en equívocos, o para deshacerlos cuando se producen. Piénsese, por ejemplo, cuántas veces tenemos que preguntar a nuestro interlocutor qué ha querido decir con tal o cual expresión o a qué se refiere determinado comentario suyo. Y con la misma frecuencia nosotros mismos, ante la cara de asombro con la que nos miran, nos vemos obligados a reformular parte de nuestra intervención o a precisar el alcance de algún término que espontáneamente nos ha salido. Para dar un ejemplo que ilustra la ambigüedad provocada por el significado general o el técnico de una sola palabra, imagínese la confusión que podríamos provocar si dijéramos de repente a nuestro oyente,

«Por cierto, ¿te han contado que la pobre Lola ha perdido el juicio?». Alertados por la expresión de horror del amigo, tendríamos que aclarar el sentido de la frase, diciendo algo así como «¡No, hombre! ¡tranquilo! No es que se haya vuelto loca. Lo que quiero decir es que ya ha salido la sentencia en el pleito ese por la herencia, y a Lola no le han dado la razón. Ha perdido». Analicemos en primer lugar algunas cuestiones relacionadas con esta imprecisión léxica:

a) *El significado literal de las palabras*

En el art. 675 de la LEC de 2000 se dice que «toda disposición testamentaria deberá entenderse en el sentido *literal* de sus palabras, a no ser que aparezca claramente que fue otra la voluntad del testador». La pregunta que inmediatamente nos planteamos es si existe el «sentido literal» de las palabras, esto es, el que corresponde a un enunciado interpretado en un contexto cero. Pero, ¿es posible el contexto cero? La hipótesis de tal contexto se nos presenta con relativa frecuencia a todos los traductores cuando, tras luchar infructuosamente con alguna oración o párrafo cuya traducción nos han solicitado, optamos por consultar las dudas con el que nos ha encargado la labor y éste, que habitualmente sabe de lingüística lo imprescindible, nos insta a que le demos el sentido literal. El lingüista Searle (1969) estima que lo que llamamos «significado literal» de una oración no es más que el sentido que aplicamos a dicha oración de acuerdo con el contexto que asumimos en el momento de la emisión, o el que está más ampliamente aceptado dentro de la comunidad epistemológica o de conocimientos a la que pertenecemos. Por ejemplo, el enunciado «La potencia es lo que importa» tiene distintos significados según nos encontremos en la esfera de los deportes, las matemáticas, la física, la filosofía o cualquier otro dominio cognoscitivo.

b) *La definición: la intensión y la extensión*

Tanto en la traducción interna de los jueces como en la externa de los traductores está en juego la caracterización del significado, cuestión que a lo largo de la historia ha preocupado a todos los estudiosos del lenguaje, ya sean los filósofos griegos o medievales, los traductores de la Escuela de Toledo o los lingüistas y filósofos de nuestra época. A los griegos, con su dicotomía metodológica llamada «naturaleza-convención», les preocupaba qué era el significado, cuestión que también fue abordada por los filósofos medievales con sus inacabables estudios sobre los *modi significandi* (Robins, 1975).

La visión del significado en la Escuela de Traductores de Toledo, a la fuerza, tuvo que ser más culturalista y menos ontológica. En el siglo XX, filósofos como Wittgenstein (1968) y Quine (1968), o lingüistas como Greimas (1966), Nida (1965, 1975) o Austin (1962), entre otros muchos, han indagado en la naturaleza del significado, desde distintas perspectivas.

Un buen portavoz del estructuralismo, Greimas, con la visión funcionalista de la realidad que tuvo este paradigma lingüístico, llegó a la conclusión de que el significado sólo se podía entender a través de una traducción interna, que se consigue por medio de la definición.

En el preámbulo de la LEC de 2000 se asegura que esta nueva versión del texto legal «opta por definir de forma precisa qué debe entenderse por providencias y autos». La verdad es que no aparece la definición en el sentido tradicional de la palabra, esto es, una ecuación lógica en la que el *definiendum*, o cosa que se va a definir, equivale al *definiens* o definidor, el cual consta del *genus* o clase, más la *differentia*, o conjunto de rasgos diferenciales, mientras que al género más la diferencia se la llama la «especie». He aquí el texto del artículo pertinente:

1. Las resoluciones de los tribunales civiles se denominarán providencias, autos y sentencias.
2. En los procesos de declaración, cuando la Ley no exprese la clase de <u>resolución</u> que haya de emplearse, se observarán las siguientes reglas:

1.ª Se dictará <u>providencia</u> cuando la resolución no se limite a la aplicación de normas de impulso procesal, sino que se refiera a cuestiones procesales que requieran una decisión judicial, bien por establecerlo la ley, bien por derivarse de ellas cargas o por afectar a derechos procesales de las partes, siempre que en tales casos no se exija expresamente la forma de auto.
2.ª Se dictarán <u>autos</u> cuando se decidan recursos contra providencias, cuando se resuelva sobre admisión o inadmisión de demanda, reconvención y acumulación de acciones, sobre presupuestos procesales, admisión o inadmisión de la prueba, aprobación judicial de transacciones y convenios, anotaciones e inscripciones registrales, medidas cautelares, nulidad o validez de las actuaciones y cualesquiera cuestiones incidentales, tengan o no señalada en esta ley tramitación especial.
3.ª Se dictará <u>sentencia</u> para poner fin al proceso, en primera o segunda instancia, una vez que haya concluido su tramitación ordinaria prevista en la Ley. También se resolverán mediante sentencia los recursos extraordinarios y los procedimientos para la revisión de sentencias firmes.

Como se ve, las definiciones de los términos de interés presuponen un conocimiento técnico previo, de suerte que no las comprenderá fácilmente el lector que no esté familiarizado con los conceptos jurídicos de «resolución judicial», «normas de impulso procesal», «cuestiones procesales», entre otras muchas expresiones jurídicas de las que está salpicado el texto. Sin embargo, se entiende fácilmente que las sentencias son resoluciones judiciales que ponen fin al proceso; los autos son resoluciones judiciales que deciden recursos contra providencias, etc.

Pero, a pesar de la importancia de la definición en una ciencia como el Derecho, las palabras «definir» o «definición» aparecen pocas veces como tales en los textos jurídicos. Las definiciones suelen ir introducidas por una serie de voces, entre las que destacan los verbos «ser», «considerarse, «entenderse» o «reputarse». A modo de ilustración, reproducimos a continuación las definiciones de «documentos públicos», «días hábiles», «horas hábiles», «nacido», «criatura abortiva» y «emancipado», «cláusulas abusivas» y «profesional»:

1. Documentos públicos:

    Artículo 1216 del CC. Son documentos públicos los autorizados por un Notario o empleado público competente, con las solemnidades requeridas por la ley.

2. Días hábiles, horas hábiles:

    Artículo 130 de la LEC. Las actuaciones judiciales habrán de practicarse en días y horas hábiles. 2. Son días hábiles todos los del año, excepto los domingos, los días de fiesta nacional y los festivos a efectos laborales en la respectiva Comunidad Autónoma o localidad. También serán inhábiles los días del mes de agosto. 3. Se entiende por horas hábiles las que median desde las ocho de la mañana a las ocho de la tarde, salvo que la ley, para una actuación concreta, disponga otra cosa.

3. Nacido:

    Artículo 30 del CC. Para los efectos civiles, sólo se reputará nacido el feto que tuviere figura humana y viviere veinticuatro horas enteramente desprendido del seno materno.

4. Criatura abortiva:

    Artículo 745 del CC. Son incapaces de suceder: Las criaturas abortivas, entendiéndose por tales las que no reúnan las circunstancias expresadas en el artículo 30.

5. Emancipado:

Artículo 319 del CC. Se reputará para todos los efectos como emancipado al hijo mayor de dieciséis años que con el consentimiento de los padres viviere independientemente de éstos; los padres podrán revocar este consentimiento.

6. Cláusulas abusivas:[16]

Artículo 10 bis. 1. Se considerarán cláusulas abusivas todas aquellas estipulaciones no negociadas individualmente que en contra de las exigencias de la buena fe causen, en perjuicio del consumidor, un desequilibrio importante de los derechos y obligaciones de las partes que se derivan del contrato. En todo caso se considerarán cláusulas abusivas los supuestos de estipulaciones que se relacionan en la disposición adicional de la presente Ley.

7. Profesional:

Se entenderá por profesional, a los efectos de esta disposición adicional, la persona física o jurídica que actúa dentro de su actividad profesional, ya sea pública o privada.

De todas formas, el intento de definición de esta palabras no ha sido muy feliz en nuestra opinión por varias razones: 1) repetir el nombre de lo definido *(profesional)* en la definición *(actividad profesional)*; 2) utilizar *actúa* con *actividad*; los verbos «ejercer», «dedicarse», «hacer», «obrar» y/o «trabajar» tienen muchos sinónimos que habrían valido; 3) emplear el indicativo *actúa* cuando parece más apropiado, dentro de las normas del español, el subjuntivo *actúe*. Quizás habría sido mejor redactar la definición partiendo de las que da el *DRAE* o el *DUE*: «Se dice de quien ejerce un empleo, facultad u oficio con derecho a retribución».

Hemos dicho que la palabra «definir» o «definición» raras veces aparece como tal en los textos jurídicos. Sin embargo, en las leyes más recientes, como la del Plan Hidrológico Nacional de 2001, las definiciones se presentan de forma clara en el artículo 3:

Artículo 3. Definiciones
A los efectos de la presente Ley se entenderá por:

a) **Acuíferos compartidos**: aquellas unidades hidrogeológicas situadas en los ámbitos territoriales de dos o más Planes de cuenca.

b) **Transferencia**: la norma específica que autoriza el paso de recursos hídricos de un ámbito territorial de planificación hidrológica a otro distinto. Las conexiones entre diferentes sistemas de explotación dentro de un mismo ámbito territorial de planificación se ajustarán a lo dispuesto en su correspondiente Plan Hidrológico de cuenca.

c) **Trasvase**: la autorización concreta de volúmenes que se acuerde transferir cada año o en cada situación concreta.

d) **Infraestructuras de trasvase**: las obras e instalaciones que resulten precisas para ejecutar cada autorización.

e) **Transferencias de pequeña cuantía**: transferencias entre diferentes ámbitos territoriales de la planificación hidrológica cuyo volumen anual no exceda de 5 hm³.

f) **Reservas hidrológicas por motivos ambientales**: los ríos, tramos de río, acuíferos o masas de agua sobre los que, dadas sus especiales características o su importancia hidrológica, se ha constituido una reserva para su conservación en estado natural, de acuerdo con el procedimiento establecido en la presente Ley.

Las definiciones que acabamos de ver, en las que se expresan los rasgos, atributos o características de lo definido, se llaman «definiciones intensivas» o «por intensión», ya que según la semántica y la lógica formal, la intensión es el conjunto de rasgos significativos, atributos o cualidades que abarca un término o concepto. Por el contrario, la «definición extensiva» o «por extensión»[17] consiste en la enumeración de los referentes concretos a los que se puede aplicar el término que se quiere definir, ya que en semántica se llama extensión al número de objetos denotados por un signo o subsumidos en él. De esta manera, si tomamos por ejemplo un término como «Derecho», podríamos decir que una definición por intensión comprendería los atributos abstractos propios de esta noción, es decir, una serie de principios y preceptos morales o convencionales que rige las relaciones entre los ciudadanos. En cambio, una definición por extensión del mismo término abarcaría todas las manifestaciones concretas a las que es de aplicación, por ejemplo, el Derecho Civil, el Derecho Penal, el Derecho Administrativo, etc.

Como se ve, la definición intensiva es más abstracta, mientras que la extensiva tiende hacia la concreción. Y como es de esperar, la intensión y la extensión están inversamente relacionadas: cuanto mayor es la intensión de un signo, tanto menor es su extensión. Por ejemplo, las unidades léxicas «robo con escalo» *(burglary - cambriolage)* y «robo a mano armada» *(armed robbery - vol à main armée)* tienen más intensión que «robo» y en consecuencia su extensión es menor. No es difícil entender por qué es así: conforme se van sumando más rasgos significativos a un término mediante la calificación, se va reduciendo paralelamente su ámbito de aplicación, o lo que es lo mismo, al incluir más atributos se aumenta la intensión al tiempo que se excluyen más posibilidades de referencia, reduciendo así la extensión, y a la inversa.

Como consecuencia previsible de lo que acabamos de exponer, el lector colegirá fácilmente que en una actividad práctica como el Derecho, cuyo ámbito de aplicación es coextensivo con la realidad humana misma, tiene mucho más peso el caso concreto que las elucubraciones abstractas o la especulación teórica. Naturalmente, esto no significa que la ciencia jurídica, y por ende el vocabulario con que ésta se expresa, no cuente con un amplísimo léxico para abarcar las situaciones generales, hipotéticas o supuestas; lo que quiere decir es que las definiciones extensivas o por extensión no son escasas. Como ejemplos típicos, sirvan estas definiciones, claramente extensivas, de la palabras «ingresos», extraída de un contrato, y la de «bienes inmuebles» del art. 334 del Código Civil:

> Se entienden como «ingresos» todos los sueldos, salarios y jornales, así como las primas, las pagas extraordinarias, los premios y los pluses. Son bienes inmuebles las tierras, edificios, caminos y construcciones de todo género adheridas al suelo.[18]

Asimismo, en el Código Penal español no faltan las definiciones por extensión. He aquí la de «moneda» y la de «llaves»:

> A los efectos del artículo anterior se entiende por «moneda» la metálica y el papel moneda de curso legal. A los mismos efectos se considerarán moneda las tarjetas de crédito, las de débito y los cheques de viaje (art. 385 del Código Penal).
> Se consideran «llaves» las tarjetas, magnéticas o perforadas, y los mandos o instrumentos de apertura a distancia y son llaves falsas las ganzúas u otros instrumentos análogos y las llaves legítimas perdidas por el propietario u obtenidas por un medio que constituya infracción penal (art. 387 del Código Penal).

Por las mismas razones expuestas arriba, las definiciones por extensión también son muy frecuentes en los códigos de otros países; por ejemplo, en los Estados Unidos la palabra *enterprise* está definida por extensión *(enterprise includes any individual, partnership, corporation, association, or other legal entity and any union or group of individuals associated in fact, although not an illegal entity)*. Las definiciones en este país normalmente las precisa el legislador en la ley o remite a fuentes de autoridad; no obstante, a veces a los tribunales superiores les corresponde entrar en tales definiciones para refinarlas o delimitarlas mejor, evitando así caer en el absurdo o la injusticia.

Como anécdota ilustrativa, recordemos el caso del delincuente norteamericano a quien se le condenó por numerosos delitos, entre ellos su pertenencia a una banda criminal dedicada a provocar incendios y al tráfico de estupefacientes. El tribunal de apelación revocó la sentencia condenatoria dictada por el tribunal de instancia alegando que la palabra *enterprise* no era de aplicación a una entidad ilegal *(illegal entity)*. Posteriormente, el Tribunal Supremo revocó a su vez el fallo del tribunal de apelación, restableciendo la condena al razonar que la acepción dada a *enterprise* debe entenderse en un sentido amplio que abarque tanto las actividades legales como las ilegales.

Notas

1.   El concepto de «naturalidad» ya ha sido mencionado en el punto 2 del capítulo anterior, con el sentido de «tendencia a buscar lo sencillo y a huir de lo rebuscado y lo afectado».

2.   La segunda fase de la labor de los jueces es adoptar resoluciones en forma de sentencias, autos, providencias, etc.

3.   Véanse los puntos 5 y 6 del capítulo tres.

4.   Véase el punto 8 del capítulo nueve sobre el lenguaje utilizado en la práctica de la prueba.

5.   Términos como «teoría del caso», «cómplice posterior al hecho», etc. *(theory of the case, accessory after the fact)*, que se oyen en algunas películas norteamericanas de temática judicial, son calcos traducidos del inglés norteamericano completamente superfluos porque no añaden nada al español y lo empobrecen al desalojar las expresiones genuinas españolas como «versión de los hechos», «encubridor», etcétera.

6.   Véase la pág. 85 sobre la paronimia.

7.   Una buena parte de los problemas de comprensión y traducción de los textos jurídicos reside en que no se insiste en la etapa formativa del traductor en la clara separación existente entre los asuntos civiles y los penales.

8.   La quinta jurisdicción —la militar— la omitimos en este libro por sus características en cierta manera atípicas y dado su escaso interés para el lector no especializado.

9.   Véanse las combinaciones léxicas más frecuentes de la palabra «juez» en la pág. 189.

10.   También acuden los jueces a la analogía para llenar los huecos de la ley, teniendo en cuenta que el juez tiene que fallar siempre. Se basa la analogía en entender que de una norma legal o del conjunto de ellas pueden extraerse principios que son aplicables a casos que no están previstos en la ley (Latorre, 1968/2000: 83). En un ordenamiento jurisprudencial *(case law - droit jurisprudentiel)*, como el del *common law*, se emplea el adjetivo *constructive* con el sentido de «analógico» o «como lo entendería la ley». Por ejemplo, *constructive dismissal* (despido analógico) ha de enten-

derse en el sentido de que aunque no hubo despido, es como si lo hubiera habido porque al trabajador se le sometió a lo que hoy se llama «acoso psicológico» *(hounding, mobbing, unreasonable psychological pressure - harcèlement psychologique)* que le obligó a dejar la empresa.

11.   En todos los países existe esta interpretación lógica o pragmática, para evitar las consecuencias absurdas que podría tener una interpretación *ad pedem litterae*. Por ejemplo, de acuerdo con una ley federal norteamericana, era delito deambular por los alrededores de un lugar prohibido *(in the vicinity of a prohibited place)*; el acusado manifestó que cuando fue detenido no se encontraba en los alrededores *(in the vicinity of)* sino dentro del lugar prohibido *(in the prohibited place)*, por lo que no había cometido delito alguno, en su opinión. Para no caer en un absurdo, el tribunal acordó que la interpretación que se debía dar a ese párrafo era «*in or in the vicinity of*», basándose en lo que en el Derecho norteamericano se llama «Regla de Oro» *(Golden Rule)*, según la cual la interpretación de una construcción sintáctica se puede modificar para evitar caer en el absurdo, la contradicción o la incoherencia (Solan, 1993: 65 y ss.).

12.   Parece más lógico el uso de «hubiera» en vez de «hubiere» en la secuencia temporal con «habría», ya que abarca el futuro hipotético, y no el pasado ni el potencial, perfecto o no.

13.   El sufijo «-al» suele competir con «-ivo» en la formación de palabras y a veces los dos pueden ser sinónimos, como por ejemplo en «objetivos operacionales» y «objetivos operativos» (González García, 1999). El significado de las palabras «emocional» y «emotivo», según el *DRAE*, es «relativo a la emoción», aunque «emotivo» también tiene el significado de «que produce emoción». Sin embargo, lo más normal es que tengan significados distintos: «-al» suele significar «relacionado con», mientras que «-ivo» expresa «que produce el fin contenido en el nombre o verbo»: «educativo» (que educa), «educacional» (relacionado con la educación), etc. A pesar de todo, como no todas las palabras admiten el sufijo «-al», el sufijo «-ivo» se emplea con frecuencia con los dos significados; por ejemplo, «caritativo»: que ejercita la caridad; perteneciente o relativo a la caridad; «especulativo»: que tiene aptitud para especular, perteneciente o relativo a la especulación, etc.

14.   De toda esta serie, el *DRAE* sólo recoge «inadmisible».

15.   En el Derecho Tributario el sujeto pasivo es el contribuyente *(taxpayer - contribuable concerné)*.

16.   Este texto y el de «profesional» están sacados de un Proyecto de ley sobre condiciones generales de la contratación obtenido en Internet.

17.   No se debe confundir el término «definición extensiva» con el de «interpretación extensiva» utilizado en el punto 3 de este capítulo.

18.   En cambio, los bienes muebles quedan definidos por intensión: «... en general todos los que se puedan transportar de un punto a otro sin menoscabo de la cosa inmueble a que estuvieren unidos».

CAPÍTULO 3

LOS PROBLEMAS TRADUCTOLÓGICOS DEL VOCABULARIO DEL ESPAÑOL JURÍDICO

1. La polisemia
2. La homonimia
3. La paronimia. Los falsos amigos
4. El lenguaje figurado. Las metáforas léxicas. La personificación
5. Recursos lingüísticos utilizados para un mejor conocimiento del vocabulario jurídico (I). Los campos semánticos: la sinonimia, la hiperonimia, la hiponimia y la antonimia
6. Recursos lingüísticos utilizados para un mejor conocimiento del vocabulario jurídico (II). Las locuciones o combinaciones léxicas frecuentes

1. La polisemia

Un fenómeno natural de todas las lenguas es la polisemia, que consiste en que una sola unidad léxica pueda tener o transmitir un abanico de significados, como le ocurre a la palabra «derecho», que examinamos a continuación. La polisemia es uno de los medios más ricos que se conocen para la ampliación y la innovación del léxico de una lengua y, como tal, es una fértil fuente de ambigüedad comunicativa, es decir, uno de los recursos preferidos por la estilística para la creación de figuras del lenguaje, juegos de palabras, chistes,[1] etc. El origen de la mayoría de los términos polisémicos reside en una analogía entre dos conceptos que permite que la denominación de uno pase a la del otro. Para demostrar que el español jurídico es igual de polisémico que el español común, presentamos aquí algunas polisemias de las palabras «derecho» y «deponer»:

a) *Derecho*

DERECHO[1] *(right - droit)*; en esta primera acepción es sinónimo parcial de «privilegio o prerrogativa» y antónimo de «obligación» *(duty, obligation - devoir, obligation)*; aparece como un compuesto fijo o institucional en la expresión «derechos y obligaciones»; se usa en expresiones como «derechos adquiridos» *(acquired rights - droits acquis)*, «derecho de asilo» *(right of sanctuary - droit d'asile)*; suele combinarse con los siguientes verbos:

Le <u>asiste</u> el derecho de...
<u>Tiene</u> todo el derecho a...
Ha <u>ejercitado</u> su derecho a...
Ha <u>hecho dejación de</u> sus derechos.
Ha <u>hecho valer</u> sus derechos.
Ha <u>renunciado</u> a sus derechos.
<u>Reclama</u> sus derechos.
No quiso <u>invocar</u> sus derechos ante sus hermanos.
Sus derechos han <u>prescrito</u>.

DERECHO[2] *(right - droit)*; como variante del anterior, se emplea en la expresión «derecho real» *(real right, interest - droit réel)*, que es el dominio que tiene una persona sobre un bien inmueble, y que es transmisible *(transferable - transmissible)*.

DERECHO[3] *(tax, fee, duty - droit)*; en este caso es sinónimo parcial de «impuesto», sobre todo en plural, como en las expresiones «derechos reales», que es el impuesto que grava las transmisiones de bienes y otros actos civiles.

DERECHO[4] *(duty, dues - droit)*: tanto que se paga, con arreglo a arancel, por la introducción de una mercancía o por otro hecho consignado por la ley. Así, se habla de «derechos aduaneros» *(customs duties - droits de douane)*, «derechos de navegación» *(shipping dues - droits de navigation)*, «derechos de aterrizaje» *(landing fees - droits d'atterrissage)*, etc.

DERECHO[5] *(fees - droit)*: cantidades que cobran ciertos profesionales, como los notarios, los abogados, los procuradores o los arquitectos, a cambio de sus servicios y que también se llaman «honorarios» o «minuta», como en «derechos notariales» *(notary's fees - frais de notaire)*. Pertenece igualmente a esta acepción la expresión «derechos de autor» *(royalties - droits d'auteur)* cuando se refiere no al derecho en sí sino al canon o regalía pagado al autor por la explotación de su obra.

DERECHO[6] *(law - droit)*: conjunto de principios, normas y reglas que rigen el comportamiento humano en toda sociedad civil y que, sistematizados en un ordenamiento jurídico, determinan lo que puede y no puede hacer cada particular en las situaciones en las que están en juego los intereses de los demás; suele equivaler a «justicia» o «razón». Esta acepción y las que siguen se suelen escribir con letra mayúscula en el uso de los juristas; en el *DRAE* y el *DUE*, en cambio, aparece el término sistemáticamente con minúscula. Suele combinarse con los siguientes verbos:

<u>Corresponder</u> en Derecho.
<u>Ser conforme a</u> Derecho.
<u>Reclamar</u> en Derecho.

DERECHO[7] *(law - droit)*: ciencia o disciplina que estudia los principios y preceptos mencionados en la acepción anterior; en la presente acepción también se aplica a cada una de las ramas especializadas en las que se divide la ciencia y profesión del Derecho, como el Derecho Administrativo, el Derecho Civil, el Derecho Penal, el Derecho Romano, etc.

DERECHO[8] *([faculty/school of] law - droit)*: en las universidades, facultad dedicada al estudio de las ciencias jurídicas.

b) *Deponer*

DEPONER[1] DE UN CARGO O EMPLEO *(remove from office; depose - relever de, démettre de ses fonctions)*: destituir, separar o apartar a uno de su empleo, cargo o funciones.

DEPONER[2] *(depose, depone, swear/state/declare upon oath - déposer)*: dar testimonio, testificar, atestiguar, declarar, jurar o afirmar solemnemente.

DEPONER[3] LAS ARMAS *(lay down one's arms - déposer les armes)*: entregar las armas, rendirse.

Por último, merecen un comentario especial dentro de este epígrafe aquellas polisemias en las que se aprecia una disparidad considerable entre varias acepciones de la misma palabra. Examinemos «sancionar» y «arbitrar». El verbo «sancionar» se aplica a dos acciones no ya distintas, sino aparentemente contradictorias entre sí: la de autorizar, aprobar, ratificar o dar fuerza de ley a una disposición (como cuando se dice que «El pleno sancionó las medidas adoptadas por la comisión de trabajo»), y la de castigar, penalizar, aplicar una sanción, por ejemplo, «El tribunal de justicia sancionará a los Estados miembros que incumplan alguno de los artículos del Tratado».

Para entender este fenómeno, hay que acudir a la etimología del término: en latín *sancire* significaba «consagrar, hacer sagrado», y *sanctio-onis* era la acción o efecto de dicho verbo, es decir, que era equivalente a «consagración». Como lo sagrado es lo que no se debe violar, el concepto pasó a asociarse con la propia idea de la ley, que es «inviolable» en tanto en cuanto rige a todos por igual, por lo que todos deben respetarla y obedecerla. De esta manera, «sancionar» era tanto como declarar el carácter inviolable de una decisión o costumbre, es decir, que significaba «decretar, ordenar, amparar con la autoridad inviolable de la ley», o sea, «autorizar, aprobar, dar fuerza de ley», que es uno de sus significados actuales. De ahí al otro significado no hay más que un paso: para garantizar la inviolabilidad de la ley, se imponían determinadas penas a los que la infringieran, por lo que empezó a aplicarse el verbo «sancionar» al acto de penalizar las infracciones de las normas, y el sustantivo «sanción» al castigo en sí, tal como seguimos haciendo en la actualidad.

Ocurre algo parecido con el verbo «arbitrar», que puede significar «resolver, decidir judicialmente, resolver un tercero de manera pacífica un conflicto entre dos partes» y «reunir, allegar o encontrar medios o recursos para un fin determinado». De nuevo hay que remontarse a la etimología para entender cómo un único término puede abarcar conceptos en apariencia tan alejados entre sí. En latín *arbiter* significaba originalmente «espectador, observador; testigo», de donde pasó a adquirir el sentido de «observador imparcial que actúa de juez en una disputa». Si nos fijamos en la nota de independencia de criterio presente en el significado original, entenderemos mejor por qué, por un lado, llamamos «árbitro» al justo mediador entre dos partes en conflicto (en lo judicial, lo diplomático o lo deportivo) y al mismo tiempo describimos como «arbitraria» una decisión cuando la adopta a su capricho un particular o un organismo desentendiéndose de los intereses o derechos de los demás. Puesto que el «arbitrio» es la decisión del «árbitro», es lógico que una de sus acepciones modernas sea la de «medio extraordinario que se propone para el logro de algún fin» *(DRAE)*. Naturalmente, quien «arbitra» tal recurso o medio es el responsable —superior jerárquico, comisión, organismo, etc.— encargado de asegurar el fin en cuestión, por lo que también se trata de una actuación independiente, esta vez desempeñada en razón de un cargo. Según esto, el verbo «arbitrar» abarca los significados de «indagar, examinar, observar», de «resolver con autoridad y con criterio independiente a la luz de lo observado» y de «determinar, aplicar o designar los medios o remedios necesarios para lograr el fin deseado», es decir, que es de aplicación no sólo a la decisión en sí, sino también a los medios materiales necesarios para hacerla efectiva.

2. La homonimia

Un fenómeno próximo a la polisemia, aunque diferente, es el de la homonimia. Dos palabras son homónimas cuando sus significantes son iguales y sus significados completamente diferentes, porque no tienen ninguna nota semántica en común, debido sobre todo a que su etimología es dispar. Por ejemplo, «pata» (de silla) y «pata» (hembra del pato) son palabras homónimas; en cambio, «ala» (de avión), «ala» (de un edificio) y «ala» (derecha o izquierda de un partido político) son polisémicas porque tienen algún sema o nota semántica en común.[2] Dos homónimos clásicos del mundo del Derecho son «casar» (desposar, unir en matrimonio), derivado de «casa», y «casar» (anular, abrogar, derogar), derivado del latín *cassare* (romper). También son homónimos «fallar» (tener un fallo o defecto, no acertar) y «fallar» (decidir, resolver, sentenciar, determinar un litigio); en esta acepción la palabra mantiene la forma antigua del verbo, que después adoptó la de «hallar», por lo que «fallar» literalmente es «encontrar», como *find* en inglés en el mismo sentido judicial.

En puridad, sólo son homónimos aquellos términos que, debido a cambios fonéticos más o menos fortuitos o al simple azar de su identidad pese a proceder de orígenes distintos, coinciden plenamente en su forma, al tiempo que conservan sentidos claramente diferenciados. Si no es así, estamos ante un caso de polisemia, que es la multiplicidad de acepciones de un único término, es decir, cuando la misma palabra se emplea con distintos significados. Sin embargo, la diferencia entre polisemia y homonimia no está siempre clara, porque, ¿son homónimos, en el lenguaje común, una «mano» (capa de pintura) y una «mano» (del brazo)? Y la misma pregunta se podría hacer respecto de «sancionar» (dar fuerza de ley a una disposición) y «sancionar» (aplicar una sanción o castigo), o de «arbitrar» (decidir o dar una sentencia en algún litigio) y «arbitrar» (allegar o encontrar medios o recursos para satisfacer las necesidades públicas), que hemos comentado arriba como polisémicas.

Dado que los problemas de las polisemias y de las homonimias son complejos, los traductores deberíamos acostumbrarnos a dudar de nuestro instinto lingüístico y acudir siempre a los diccionarios y demás libros de consulta para evitar los errores de apreciación.

3.   La paronimia. Los falsos amigos

Se llaman «parónimos»[3] los vocablos que están emparentados, o que se parecen entre sí, bien porque se han derivado de la misma raíz, o porque se aprecia entre ellos alguna semejanza formal. Muchísimos términos del español jurídico, del francés jurídico y del inglés jurídico proceden del mismo tronco común y consecuentemente sus significados son iguales, análogos o muy semejantes, como se puede apreciar en los ejemplos siguientes:

CONNIVENCIA *(connivance - connivence)*: equivale a consentimiento pasivo o cooperación para la comisión de un delito.
COMPLICIDAD *(complicity - complicité)*: cooperación en la perpetración de un delito.
DIFAMACIÓN *(defamation - diffamation)*: acto de desprestigio, de palabra o por escrito, de la buena reputación o fama de alguien.
JURISDICCIÓN *(jurisdiction - juridiction)*:[4] autoridad o ámbito de competencia de un juez, tribunal u organismo judicial o cuasijudicial

Hay razones históricas que justifican este parentesco. En primer lugar, el Derecho francés y el español se basan en el romano, escrito en latín. En esta lengua, que era la única culta y la lengua de la Iglesia, escribió en 1187 Glanvill su *Tractatus legibus et consuetudinibus regni angliae*, en el que se establecen las bases del sistema jurídico inglés. Además, de todos es sabida la gran influencia que el francés ha tenido en el inglés desde que Guillermo el Conquistador se proclamó rey de Inglaterra en 1066 y estableció el francés como lengua oficial,[5] y la enorme importancia que ha tenido el Código Civil de Napoleón en el Derecho español, el alemán y el italiano, entre otros muchos.

Por otra parte, reciben el nombre de «falsos amigos» *(false cognates, false friends - faux amis)* aquellas palabras pertenecientes a distintas lenguas que, aunque procedan de la misma fuente, han conservado o han adquirido diferentes significados, de manera que no se traducen adecuadamente entre sí. Por ejemplo, la voz «parsimonia» tradicionalmente se ha empleado en el español común como sinónimo de «lentitud, indolencia, desgana», aunque su significado clásico coincida con el del vocablo latino de idéntica forma del que procede, es decir, «frugalidad, prudencia en el manejo del dinero, moderación en el esfuerzo o el gasto». En el inglés actual su parónimo, *parsimony*, suele entenderse en el sentido claramente negativo de «tacañería, cicatería». En este caso, es fácil trazar el esquema semántico que relaciona estas acepciones entre sí: por un lado, la lentitud es producto de la voluntad de escatimar el esfuerzo, mientras que, por el otro, la tacañería, que nace del instinto ahorrativo, se manifiesta en la lentitud con la que el roñoso hurga en sus bolsillos o abre el puño cerrado. Sin embargo, no coincide exactamente el empleo habitual de los términos en los dos idiomas, por lo que el traductor incauto que representara el uno por el otro en su versión habría caído en la trampa de los falsos amigos.

El lenguaje común está lleno de falsos amigos: por ejemplo, no es lo mismo «estar constipado» *(to have a cold - être enrhumé)* que *to be constipated* en inglés o *être constipé* en francés (padecer estreñimiento). Algunos ejemplos muy graciosos de falsos amigos surgen en regiones en las que dos o más lenguas están en contacto, lo que produce un bilingüismo muy relativo. En los barrios chicanos de algunas ciudades norteamericanas se dan casos de falsos amigos fonéticos, como la traducción «cortar la grasa», en vez de «cortar el césped», por *cut the grass*. Y con efecto humorístico el novelista uruguayo Mario Benedetti, en su obra *Gracias por el fuego*, ambientada en Nueva York, inventó o recordó una delirante versión española del letrero de una tienda de comestibles. En el inglés original se decía *groceries and delicatessen* («ultramarinos y charcutería fina») mientras que en español rezaba «groserías y delicadezas».

Lógicamente, dados los orígenes y la evolución muy diferentes de las dos lenguas, la mayoría de los falsos amigos de carácter jurídico ocurren entre el español y el inglés, aunque también hay bastantes entre el español y el francés, pese a su proximidad y raíces comunes. Por ejemplo, «demandante» es *demandeur*, pero «demandado» no es *demandé* sino *défendeur*, ya que la palabra francesa *demandé* significa «persona por quien preguntan, sobre todo por teléfono»; en cambio, *défenseur* significa «abogado defensor». En cuanto al inglés, no hay problema con el equivalente a «demandante», que es *plaintiff* o *claimant*, palabras de raíz completamente distinta a la de su homólogo español.[6] Los pares que se forman con el verbo «recurrir» son «recurrente» y «recurrido» (o «parte recurrida») en español, *appellant* y *appellee* (o *respondent*) en inglés, pero en francés son *l'appelant* y *l'intimé*.

Tres palabras problemáticas a causa de la paronimia son «prorrogar» en español, *prorogue* en inglés y *proroger* en francés. El inglés *prorogue* significa «aplazar», «diferir», «suspender», «interrumpir», como en la expresión *to prorogue a session of Parliament*. En cambio, el verbo francés *proroger* tiene los dos significados: el de «prorrogar»,«ampliar un plazo», etc., como en *proroger un traité*, y «suspender o aplazar una sesión», como en *proroger une assemblée*.[7] De todas formas, no resulta difícil reconciliar entre sí los distintos usos del vocablo, ya que cuando se suspende una sesión, se amplía un plazo o se añade un período suplementario al reglamentario de un juego, el efecto último en todos los casos es el mismo: el de prolongar la actividad en el tiempo. Y esta idea de la extensión nos la confirma el uso peculiar del término cognado *prorogate*, habitual en el Derecho escocés, donde significa «ampliar o extender la competencia o jurisdicción de un juez o tribunal». De hecho, es muy frecuente esta extensión por analogía de los significados de una palabra desde los contextos espaciales a los temporales, y a la inversa.

También pueden considerarse falsos amigos, hasta cierto punto, las palabras «sentencia» en español, *sentence* en inglés y *sentence* en francés, ya que según las definiciones dadas por los diccionarios, «sentencia» es la resolución de un juez en un juicio, *sentence* es la pena *(punishment - peine)* que se impone a un condenado en un juicio penal inglés, y *sentence* es un laudo arbitral *(arbitration award)* en la jurisdicción francesa. Esto quiere decir que, de los tres parónimos, el vocablo español es el más amplio semánticamente hablando, puesto que «sentencia» abarca la decisión judicial en toda su extensión, tanto en la jurisdicción civil o contencioso-administrativa como en la penal, y desde la primera hasta la última instancia, incluidas las consecuencias de la resolución, tanto si el fallo es absolutorio como si es condenatorio. Teniendo esto en cuenta, el traductor del inglés al español no corre apenas riesgo de equivocarse si elige «sentencia» como equivalente de *sentence* en un original inglés o francés, aunque siempre está abierta la posibilidad de afinar más si escoge un término más preciso, como «pena, condena, fallo, resolución, laudo, decisión, etc.», según el caso. En cambio, el traductor que en su versión inglesa de un original español elija *sentence* por «sentencia», sin tener en cuenta el contexto ni medir las consecuencias semánticas de su decisión, corre el riesgo estadísticamente mucho mayor de equivocarse, ya que la voz inglesa sólo se aplica a la pena (encarcelamiento, multa, pérdida de derechos civiles o profesionales, u otra pena no privativa de la libertad) impuesta como consecuencia de un fallo condenatorio pronunciado por un juez o tribunal de lo penal. En otras palabras, en los países de habla inglesa, si no se condena a la persona acusada de un delito, no se pronuncia *sentence* alguna, sino que lo que se dicta es un *verdict of not guilty* o *acquittal* (fallo absolutorio en lo penal), *judgment for the plaintiff* (fallo condenatorio en lo civil) o *judgment for the defendant* (fallo absolutorio en lo civil). Incluso en el caso de que se trate de un fallo condenatorio en lo penal, en inglés se distingue entre esta decisión del juez o jurado *(verdict of guilty* o *conviction)* y el castigo en sí que es su consecuencia *(sentence)*.

Dos palabras que a veces han causado problemas o situaciones complicadas al pasarlas de una lengua a otra son «atender» y «asistir», *attendre* y *assister* en francés y *attend* y *assist* en inglés (Alcaraz,

1994/2000: 88). En el año 1991 una mala traducción (Serna, 1991: 4) fue la causante de un profundo malestar entre Francia y los Estados Unidos que, en cierto momento, tuvo ribetes de escándalo, y que, sin duda, ha dejado una estela de daño moral.

En el centro de esta discordia se encontraban el actor francés Gérard Depardieu, protagonista de *Cyrano de Bergerac*, su infancia de supuesto violador, los redactores de la revista norteamericana *Time*, y la palabra francesa *assisté*. En un perfil claramente halagador del actor galo presentado por el semanario, se hablaba de su infancia y de su terrible adolescencia, bordeando siempre el abismo de lo lícito y de lo ilícito. En un momento del artículo, basado en una entrevista en la que el actor se había expresado en su francés nativo, recogía *Time* que en su juventud había *assisted at* una violación. Ante semejante afirmación, no tardó en llegar la reacción airada de la estrella, quien aclaró que había dicho que de niño había *assisté* a una violación, es decir que la había «presenciado», pero sin intervenir en ella. En esas circunstancias, la traducción más correcta al inglés habría sido *he had been present at a rape* o *he had witnessed a rape*. En cuanto al verbo *assist* elegido por *Time* en su versión, el diccionario Webster lo define como *to give assistance, help or support*, cuyos sinónimos son, entre otros, *abet, aid*, con sus connotaciones de «incitar, conspirar, instigar, provocar, coadyuvar, colaborar, ayudar», etc. La reacción negativa de la opinión pública norteamericana, y en especial la feminista, ante el popular protagonista de *Cyrano* no se hizo esperar. Se pidió la rectificación a *Time* y se demostró, con cinta magnetofónica en mano, que cuando el hecho al que hacía referencia la publicación él tenía sólo nueve años. Sin embargo, la revista, en un alarde de prepotencia e ineptitud, zanjó la cuestión afirmando que no merecía la pena la rectificación ya que lo que estaba en juego en la traducción era sólo cuestión de matiz.

He aquí otros falsos amigos entre el español, el inglés y el francés:

ACTOR. En español jurídico equivale a «demandante» o «acusador», acepciones éstas que no se encuentran en inglés *(actor)* o francés *(acteur)*. Sin embargo, en algunos textos jurídicos ingleses anteriores al siglo XVIII, la palabra *actor* tenía el mismo significado que en el castellano actual, acepción que ya tenía su ancestro latino común *actor* en el Derecho romano, donde también significaba el letrado que representaba al demandante, e incluso el fiscal en su función de acusador público. En cambio, en el inglés jurídico de nuestros días, se llama *actor* al autor de cualquier acto, ya sea lícito o no.

ARRESTO. Según el Código Penal y la Ley de Enjuiciamiento Criminal, el sustantivo «arresto» se emplea en el sentido de «pena» o «sanción», como en la frase «el arresto de siete a veinticuatro fines de semana es una pena menos grave». La palabra «arresto» en el sentido de «detención» se usa casi exclusivamente en la milicia. Lo mismo se puede decir del verbo «arrestar». Sin duda, el mal uso generalizado dado a la voz «arrestar» en el castellano actual es atribuible sobre todo a las traducciones de las novelas y películas policíacas procedentes de los países anglófonos. Las palabras «arresto» y «arrestar» no deben aplicarse nunca a la actividad de la policía, que detiene a los sospechosos o a los delincuentes. Para poner un ejemplo gráfico, es posible que un mando superior de la Guardia Civil ordene el «arresto» de un miembro de la Benemérita por razones disciplinarias, pero tratándose de un ciudadano de a pie, tendría que contentarse con ordenar su «detención».

DETENER, DETENCIÓN, DETENIDO. El verbo español «detener» se traduce al inglés por *arrest*, y por *arrêter* al francés; la «orden de detención» en inglés es *warrant for/of arrest* y *le mandat d'arrêt*, en francés. Parece que existen más problemas entre el español y el inglés que entre nuestra lengua y el francés. En inglés, la «detención» es *arrest*, y el «detenido» es *person under arrest* o *arrested person*; en esta lengua existen también las palabras *detain, detention* y *detainee*, que normalmente equivalen a «detener», «detención» y «detenido», o a «retener», «retención» y «retenido». En muchos contextos, el matiz del término *detain* es que prosigue la interrogación policial o *questioning* de un sospechoso sin que éste haya sido acusado formalmente de delito alguno. En tal supuesto, la fórmula eufemística empleada por la policía es que el *detainee* «is helping police with their enquiries». El español, más contundente en estos casos, evita el rodeo, quizás porque si nos dijeran que alguien «estaba ayudando a la policía en sus pesquisas», entenderíamos que se trataba de la cooperación desinteresada de un espontáneo o de la actuación no solicitada de un entrometido. Sea como fuere, el equivalente que nos parece más natural es «la policía sigue interrogando a un sospechoso» o «la policía mantiene retenido a un sospechoso de haber cometido el delito».

EVICCIÓN. En español es la obligación que incumbe al comprador de una cosa de entregarla a un tercero, titular de un derecho sobre ella anterior a venta. Por el contrario, en inglés *eviction* (*expulsion* en francés) equivale a «desahucio», que es cuando el dueño de una casa o finca desaloja de la misma al inquilino, mediante orden judicial, por impago del alquiler u otra causa justificada.

MAGISTRADO. El significado de la palabra española «magistrado» y el de la francesa *magistrat* son distintos del de *magistrate* en inglés. Mientras que los magistrados españoles y los *magistrats* franceses son jueces de carrera de categoría superior, el *magistrate* inglés es el juez titular del tribunal de primera instancia llamado precisamente *magistrates' court*, con competencias esencialmente de jurisdicción penal. Puede tratarse de un juez lego, como en España el juez de paz, asistido, en caso necesario, de un asesor licenciado en Derecho, pero en las ciudades y juzgados importantes se trata de un juez de carrera. En este segundo caso, se llama *district judge*, y con anterioridad a 1999 *stipendiary magistrate*, ya que, a diferencia del lego, cobra un sueldo o «estipendio», como juez profesional que es.

4. El lenguaje figurado. Las metáforas léxicas. La personificación

Algunos juristas se resisten a admitir que haya metáforas en el español jurídico. Para Martín del Burgo (2000: 169-170) la metáfora «en el lenguaje jurídico es una perturbación, un quiste llamado a la extirpación», y añade: «el estilo metafórico invita a dar a cualquier cosa cualquier nombre menos el suyo; [...] la metáfora es como intrusa entrando de rondón sin permiso de nadie». Como se ve, existe prejuicio sobre el uso del lenguaje figurado en el español jurídico porque a juicio de algunos las figuras retóricas son florituras, meras frivolidades que pueden ser, además, fuente de imprecisión. Sin embargo, en la pág. 18 hemos visto que en los fundamentos de una sentencia se hablaba de «la justicia como horizonte de equilibro», «la Constitución como armonía por excelencia», etc.[8] Algunos jueces, como el norteamericano Benjamin Cardozzo (Cruz, 1999: 303), han bendecido este tipo de lenguaje, aunque también han avisado de los peligros que se corren con su uso excesivo.

Una de las primeras metáforas que viene a la mente del lector del español jurídico es «la justicia es ciega». La metáfora, que es el núcleo principal del lenguaje figurado, es un tropo que consiste en trasladar el sentido recto de las voces a otro figurado, en virtud de una comparación tácita. Todos somos conscientes de que las metáforas son un medio ideal para la formación de palabras, ya que en la que creamos vemos un elemento o rasgo que existe en la palabra de donde se ha formado. Por ejemplo, en la palabra «embotellamiento» en el sentido de «congestión de tráfico», cuando se acuñó se percibió el estrangulamiento producido por el cuello de la botella.

Si no hubiera metáforas en el español jurídico, ¿cómo se podría explicar el significado de unidades léxicas como «nuda propiedad» *(naked/bare/nude ownership - nue propriété)*, esto es, la de quien es su titular nominal pero no goza de su usufructo, cuando el único significado no figurado que da el diccionario de la palabra «nudo» es el de «desnudo», o sea «desprovisto de ropa»? Esta tendencia al lenguaje figurado es muy común en el español jurídico, al hablar, por ejemplo, de un «contrato leonino», queriendo expresar la idea de un pacto que contiene cláusulas muy exigentes y severas para una de las partes mientras que la otra parte contratante goza de todas las ventajas. Otra palabra de uso frecuente en el ámbito forense, pero con sentido distinto al habitual, es «postular» *(represent - représenter)* y su derivado «postulación». Para los juristas este término alude al derecho de audiencia *(right of audience - droit de plaider)* de los abogados y procuradores y, en general, a la representación de los litigantes ante los tribunales por medio de dichos profesionales. Y ello es así porque, además de tener el sentido recto o etimológico de «pedir, reclamar», la palabra «postular» significa «alegar, defender una postura, abogar». También hay que entender como metáforas o expresiones figuradas locuciones como «cadena perpetua» *(life imprisonment - réclusion criminelle à perpétuité, emprisonnement à vie)*, «el peso de la ley» *(the weight of the law - le poids de la loi)*, «el cuerpo del delito» *(corpus delicti - le corps du délit)*, «la carga de la prueba» *(the burden of proof - la charge de la preuve)*, «la pena capital» *(capital punishment, death penalty - la peine de mort)*, «delito de guante blanco» *(gentlemanly, white-collar offence - délinquance en col blanc)*, etc.

Muchas expresiones que en el pasado fueron metáforas, con el tiempo perdieron esta calificación y se convirtieron en metáforas muertas o fosilizadas.[9] El lenguaje cotidiano está lleno de ellas. Por ejemplo, cuando decimos que «comprendemos» algo, rara vez nos detenemos a pensar que la aludida operación mental debe su significado al sentido gráfico y físico del verbo «prender», por lo que nos representamos el acto intelectivo como si fuera el material de «apresar, capturar o asir». En cambio, dos sinónimos de «comprender» en el lenguaje coloquial como son «coger» y «captar» («Me contó un chiste pero no lo cogí» o «No sé si me captas lo que quiero decir»), quizás por no quedar disfrazados o enmascarados por un elemento de prefijación como el «com-» de «comprender», conservan nítidamente su carácter colorista y «suenan» más figurados o metafóricos aunque no lo sean.

Al matiz jurídico de muchas palabras le ocurre lo mismo. Por ejemplo, una sentencia judicial «determina» un pleito porque, amén de decidirlo y dejarlo juzgado, lo clausura, le pone fin o lo concluye definitivamente, puesto que la raíz *terminus* en latín significaba literalmente «linde, coto, confín, frontera», igual que la palabra española «término» en alguna de sus acepciones. Asimismo, en este capítulo hemos empleado varias veces la voz «resolver», generalmente en su sentido de «decidir, juzgar, sentenciar», que es probablemente el significado principal para los hispanohablantes. Sin embargo, este sentido tan habitual esconde un origen metafórico, ya que el significado recto de la raíz latina, *solvere*, era el de «disgregar, desligar, desatar, soltar, reducir una cosa a los elementos que la constituyen», o sea, «disolver».

En cambio, cuando en un texto jurídico leemos que un litigante pide que un contrato «se resuelva» o «sea resuelto», o vemos en una sentencia que un juez dicta la «resolución» de un contrato, es otro el sentido. Lo que quiere decir «resolver» en estos contextos no es «decidir» ni «juzgar», sino «anular, dejar sin efecto o eficacia». E igual ocurre con el adjetivo «resolutorio» en las expresiones «cláusula resolutoria» y «condición resolutoria», de uso muy frecuente en Derecho y que le resultarán familiares a cualquiera que alguna vez haya firmado un contrato de compraventa o una hipoteca. En estos casos es probable que los no juristas, engañados por la acepción habitual del término, no entiendan bien el sentido, mientras que los profesionales avezados, que sí lo entienden, posiblemente no se den cuenta de que tal uso de la palabra se aparta del empleo «normal».[10]

A continuación damos (marcados con el número 2) los significados figurados, de acuerdo con el uso común, de algunas palabras:

ESGRIMIR[1] *(wield, brandish - brandir, se servir de)*: blandir, empuñar.

ESGRIMIR[2]*(put forward, deploy, marshal, assemble - présenter)*: exponer, presentar, manifestar, hacer ver, sacar a relucir, utilizar (por ejemplo, razones, argumentos, pruebas, etc.).

La <u>amenazó</u> esgrimiendo una navaja.
El que formule oposición a la medida cautelar podrá <u>esgrimir</u> cuantos hechos y razones tenga por conveniente...

ZANJAR[1] *(open/dig a ditch - creuser un fossé)*: abrir zanjas en un sitio.
ZANJAR[2] *(settle, resolve, solve - régler)*: resolver, poner fin a (cuestiones, polémicas, etc.).

<u>Zanjaron</u> la acera para colocar nuevas conducciones de agua.

Cuando la cuestión o asunto litigioso puede <u>zanjarse</u> en un solo proceso...

VENTILAR[1] *(air, ventilate - ventiler)*: hacer correr el aire en algún sitio.

VENTILAR[2] *(settle, solve; air, make public - régler, résoudre)*: resolver, dirimir, manifestar, exponer públicamente (argumentos, puntos de vista, opiniones, posturas, etc.).

Se deben abrir las ventanas para <u>ventilar</u> las habitaciones aunque haga mucho frío.
Algunos litigios se <u>ventilan</u> ahora a través de procesos más rápidos.
Las partes <u>ventilaron</u> sus posturas ante el tribunal.

EXTINGUIRSE[1] *(be extinguished, go out, die away, fade - s'éteindre)*: apagarse, languidecer, morir.

EXTINGUIRSE[2] *(expire, be/become extinguished - expirer, s'éteindre)*: acabarse, vencer o prescribir un plazo o derecho.

El fuego <u>se extinguió</u> gracias al agua vertida por los bomberos.
Algunos derechos, como las servidumbres, nacen y <u>se extinguen</u> por el mero transcurso del tiempo.

ABORTAR[1] *(abort, have an abortion, suffer a miscarriage - avorter)*.[11]
ABORTAR[1] *(abort, crush, quell, thwart, frustrate, quash - avorter)*: malograr, hacer fracasar, impedir, frustrar.

<u>Abortó</u> probablemente por exceso de trabajo.
Los vigilantes de la prisión <u>abortaron</u> el intento de fuga de los internos.

EVACUAR[1] *(evacuate - évacuer)*: trasladar a los habitantes de un lugar a otro para evitarles daños o problemas ante una situación de emergencia.
EVACUAR[2] *(carry out - effectuer)*: cumplir, cumplimentar, efectuar, tramitar.

<u>Evacuaron</u> a toda la población por temor al desbordamiento del río.
El demandado dejó pasar el plazo de diez días sin <u>evacuar</u> el traslado del escrito de contestación.

Otra tendencia del lenguaje figurado en el español jurídico se percibe en las frecuentes personificaciones (Calvo, 1980: 214-215), que pueden considerarse como otro recurso, además de la nominalización y la voz pasiva, para despersonalizar u ocultar la identidad de los agentes de una decisión administrativa o judicial, al tiempo que se comunica un poco de calor humano o de viveza a las ideas abstractas y a los contextos áridamente burocráticos:

El Decreto 2046/1971, de 13 de agosto, instauró nuevos modelos para las placas de matrícula...
El presente Decreto establece un procedimiento acorde con las exigencias de los tiempos actuales y que al propio tiempo respeta el mismo principio de...

5. Recursos lingüísticos utilizados para un mejor conocimiento del vocabulario jurídico (I). Los campos semánticos: la sinonimia, la hiperonimia, la hiponimia y la antonimia

Uno de los principales recursos que ofrece la lingüística para un mejor conocimiento de las unidades léxicas del español jurídico es el de los *campos semánticos*. Las palabras o unidades léxicas que constituyen el vocabulario de una lengua o de un lenguaje de especialidad, como es el del Derecho, no existen afortunadamente en el vacío, dado que se relacionan de diversos modos con otras y tales relaciones nos sirven de ayuda para perfilar el significado de cada término.

Tan acostumbrados estamos todos a la organización alfabética de las palabras de un idioma propia de los diccionarios que cualquier otra nos parece pintoresca o extravagante. Sin embargo, no hay nada ilógico, en principio, en proponer una disposición diferente de los vocablos de una lengua para proceder a su análisis según otros criterios —por ejemplo, de acuerdo con su semejanza o desemejanza semántica— en lugar de dar tanta importancia al accidente de su parecido alfabético. De hecho, existen desde hace muchas décadas los diccionarios de sinónimos y antónimos, o los ideológicos, que habitualmente distribuyen el léxico de un determinado idioma en función de los significados de las voces y del contraste de los sentidos, más que de su forma ortográfica. Tal ordenación del vocabulario se llama su distribución por «campos semánticos».

Los campos semánticos están formados por palabras que se arraciman en sectores o familias, de acuerdo con la experiencia de los pueblos, de las personas particulares y de las comunidades científicas, en nuestro caso, la del mundo jurídico. A nuestro juicio, los campos semánticos jurídicos representan un instrumento muy útil para el traductor, quien debería esforzarse por dominarlos de forma tal que pudiera activarlos con rapidez, naturalidad y espontaneidad en el momento preciso. Por ejemplo, al enfrentarse al campo semántico de la palabra «pleito» *(action, proceedings, suit, lawsuit - procès)* le resultará sumamente útil haberse familiarizado con las unidades léxicas que constituyen este campo para que acudan de inmediato a su mente los términos clave, como los siguientes:

ACTOR *(plaintiff, claimant - demandeur)*.
ALEGAR *(plead, allege, state, argue - plaider, alléguer)*.
APELAR *(appeal,*[12] *object - interjeter appel, appeler, faire appel)*: es sinónimo parcial de «recurrir».
APREMIAR *(distrain, seize, threaten with seizure/confiscation - contraindre)*.
ASUNTO *(case, issue, matter, affair, subject - affaire)*.
CAUSA *(case, suit, lawsuit, proceedings - affaire, procès)*.
DEMANDADO *(defendant - défendeur)*.
DEMANDANTE *(plaintiff, claimant - demandeur)*.
JURISDICCIÓN *(jurisdiction, competence, venue - juridiction)*.
LITIGANTE *(litigant, party - plaidant)*.
LITIGAR *(litigate, plead, sue, bring proceedings - plaider, être en procès)*.
LITIGIO *(claim, litigation, lawsuit, suit, action, proceeding-s - litige)*.
PLEITO *(lawsuit, suit, claim, proceeding, action - procès)*.
PRETENSIÓN *(claim - prétention)*.
PROCESO *(case; proceeding-s, action, suit, matter, issue, trial, procedure - procès; procédure)*.
RECURRIR *(appeal - faire appel, se pourvoir)*.[13]
RECONVENCIÓN *(counterclaim, set-off - demande reconventionnelle)*.
SENTENCIA *(judgment, findings, ruling, decision, verdict; sentence - jugement, arrêt)*.
TRIBUNAL *(court; tribunal - tribunal, cour)*.

Los campos semánticos son abiertos y contingentes; son abiertos en el sentido de que se les puede ampliar constantemente, y contingentes porque se han formado siguiendo unos determinados criterios de relación léxica, aunque se podían haber utilizado otros. El que sean contingentes no significa que carezcan de solidez estable, aunque ésta no sea universal y permanente. En el campo semántico siempre hay una unidad léxica principal en torno a la cual giran todas las demás, de acuerdo con un *sistema de relaciones*. Las relaciones que vinculan a las palabras de un campo léxico son muchas. He aquí algunas, por ejemplo, con la palabra «pleito»: sinonimia («litigio», «proceso», etc.), antonimia («pacto», «avenencia», «acuerdo», etcétera), hiperonimia («disputa», «desavenencia», etc.), agencia («demandante», «demandado»), instrumento («sentencia»), etc. Analizaremos las tres más importantes:

a) *Sinonimia*

Se entiende por sinonimia la relación de identidad entre dos o más unidades léxicas. Entre las clasificaciones que se hacen de los sinónimos, distinguimos, para nuestros fines, la total y la parcial. La primera —por ejemplo, la que existe entre «causa», «pleito» y «litigio» o entre «actor» y «demandante»— no es la más habitual; la segunda, la que encontramos en palabras como «riña», «pelea», «pendencia», «altercado» y «reyerta», es la más frecuente. He aquí algunos sinónimos parciales de «anular», «tramitar» y «acuerdo»:

Anular: revocar, rescindir, cancelar, casar, invalidar, resolver, dejar sin efecto, abolir, abrogar, suspender, suprimir, neutralizar, etc.
Tramitar: sustanciar, gestionar, despachar, formalizar, preparar, cursar, instruir, diligenciar, etc.
Acuerdo: pacto, contrato, convenio, compromiso, concierto, transacción, acomodo, ajuste, avenencia, arreglo, etc.

El problema que existe con este tipo de sinonimia es que muchas de estas unidades léxicas que son sinónimas en el lenguaje común («anular un contrato», «rescindir un contrato», «resolver un contrato», «revocar un contrato», «invalidar un contrato», «dejar sin efecto un contrato», etc.), en el jurídico no siempre lo son.

b) *Hiperonimia e hiponimia*

Una forma de sinonimia parcial es la que existe entre un término general, llamado hiperónimo, que abarca semánticamente a otros, que son sus hipónimos. Por ejemplo, el término «árbol» es el hiperónimo de «roble», «pino», «haya», etc.; y la palabra «fruta», es el hiperónimo de «manzana», «naranja», «pera» y demás denominaciones concretas. Lo mismo se puede decir de la relación existente entre «resolución judicial», por una parte, y «sentencia», «auto» y «providencia», por otra; estos tres últimos son hipónimos del primero, ya que todas las sentencias, los autos y las providencias son resoluciones judiciales. Por la misma razón, en el ejemplo que hemos apuntado antes, «apelación» es uno de los hipónimos de «recurso», que es su hiperónimo.

c)   *Antonimia*

Son antónimos las palabras que expresan ideas opuestas, contrarias o complementarias. Esta oposición se marca de muchas maneras muy evidentes, que a veces en el lenguaje jurídico supera la pura formalidad morfológica («legal» e «ilegal»; «culpar» y «exculpar», etc.) para crear auténticas voces de uso puramente forense como «inadmitir» (negación procedimental de «admitir»). Desde una perspectiva semántica se pueden diferenciar los antónimos opuestos o polares, como «absolver y condenar» o «pacto y litigio», y los recíprocos o complementarios, como «deudor y acreedor», «demandante y demandado», etc. En estos últimos cada una de las partes es sujeto de su acción y objeto lógico de la del antónimo; y es que el lenguaje jurídico, por ser reflejo del conflicto entre partes, es terreno abonado para los antónimos recíprocos, como demuestran los ejemplos siguientes:

DEFENSA *(defence - défense)* y ACUSACIÓN *(prosecution - accusation, avocat de la partie adverse).*

DEMANDANTE *(claimant, plaintiff - demandeur)* y DEMANDADO *(defendant - défendeur).*

DEUDOR *(debtor - débiteur)* y ACREEDOR *(creditor - créancier).*

DEUDOR HIPOTECARIO *(mortgagor - débiteur hypothécaire)* y ACREEDOR HIPOTECARIO *(mortgagee - créancier hypothécaire).*

PRESTAMISTA *(lender - prêteur)* y PRESTATARIO *(borrower - emprunteur).*

CEDENTE *(assignor, licenser - cédant)* y CESIONARIO *(assign/assignee, licensee - cessionnaire).*

ARRENDADOR *(lessor - bailleur)* y ARRENDATARIO *(lessee, leaseholder - locataire).*[14]

En conclusión, la sinonimia, la antonimia, la hiperonimia y la hiponimia, aunque deben administrarse con la prudencia que aconsejan los límites siempre cambiantes del significado, son tres recursos muy útiles para el traductor.

6.   **Recursos lingüísticos utilizados para un mejor conocimiento del vocabulario jurídico (II).**
     Las locuciones o combinaciones léxicas frecuentes

En toda lengua existen, al margen de las frases hechas, los refranes, los clichés y los giros idiomáticos, ciertas locuciones o expresiones naturales en las que una palabra parece «arrastrar» otra, sin que las reglas sintácticas obliguen exactamente al hablante a preferir una forma a otra. Por ejemplo, solemos hablar de fotos o tomas «en blanco y negro», y no «en negro y blanco», pese a que las dos expresiones connotan exactamente lo mismo y a que no se aprecia ningún error gramatical en la versión «rara».

A este tipo de relaciones Coseriu (1977: 143-161) lo llama «relación de solidaridad», y en la tradición semántica inglesa (Halliday, 1973: 32), *collocation*, término que algunos han traducido por «colocación léxica», sin reparar en que dicho término en español suena a un acto consciente, cuando la realidad lingüística es que las palabras acuden juntas a la memoria, siempre las mismas y siempre en el mismo orden. Diríamos que más que de una elección, se trata de una imposición o hábito léxico, en el que no podemos variar el orden de los elementos sin llamar la atención de nuestros interlocutores, como se ve en los ejemplos siguientes: «perros y gatos», «sol y sombra», «ni a sol ni a sombra», «de la ceca a la meca», «sal y pimienta», «el bien y el mal», «cuchillo y tenedor», «a mesa y mantel», «la luna y las estrellas», «el ratón y el gato», «por delante y por detrás», «de arriba abajo», etc. Al traductor avezado no le extrañará que le recordemos que en algunos casos estas locuciones consolidadas en otros idiomas se articulan justo al revés, por ejemplo en inglés se dice *cat and mouse, cat and dog, black and white, back to front*, etc.).

Se llamen como se llamen, no hay duda de la existencia de tales locuciones frecuentes o regulares compuestas de palabras que, de forma horizontal (sintagmática o por contigüidad), mantienen una relación constante unas con otras. Por lo tanto, creemos que el traductor o estudiante interesado en el aprendizaje del léxico especializado debe considerarlas como un recurso y tenerlas en cuenta. Para cerrar este capítulo ofrecemos algunos ejemplos de combinaciones léxicas que se agrupan en torno al sustantivo «pleito».

CONOCER DE UN PLEITO *(hear a case - connaître d'une cause)*: juzgarlo.

DESISTIR DE UN PLEITO *(abandon or discontinue an action - se désister d'un procès)*: abandonarlo una vez comenzado.

ENTABLAR UN PLEITO *(bring an action, institute proceedings - entamer une action en justice)*: llevar a alguien a juicio.

GANAR UN PLEITO *(win a case - gagner un procès)*: obtener sentencia favorable.

PERDER UN PLEITO *(lose a case - perdre un procès)*: sufrir sentencia contraria.

PERSONARSE EN UN PLEITO *(be a party to a case - comparaître dans un procès)*: comparecer en él como parte.

PONER UN PLEITO A ALGUIEN *(bring an action or proceedings against sb - faire/intenter un procès contre)*: entablar un pleito.

PROMOVER UN PLEITO *(commence a civil action, bring an action or proceedings - faire/intenter un procès contre)*: igual que el sentido anterior.

SOBRESEER UN PLEITO *(dismiss a case, stay proceedings - surseoir à un jugement)*: archivarlo el juez competente.

El tribunal que <u>conozca del pleito</u> podrá acordar que el juicio se celebre...

El administrador representara a la herencia en todos los <u>pleitos que se promuevan</u>...

El tribunal decretará el <u>sobreseimiento</u> de un pleito cuando no sea posible determinar las pretensiones del actor.

En capítulos posteriores volveremos a considerar este fenómeno al analizar las relaciones léxicas formadas con algunos verbos de uso frecuente en el español jurídico, como «disponer», «pedir», «aprobar», «desaprobar», «preceptuar», «anular» y «prohibir».

Notas

1.   Por ejemplo, «El hombre *desciende* del mono, y el mono *desciende* del árbol».

2.   Se suele aplicar, por extensión, a las cosas que se prolongan a los lados o alrededor de algo, tanto en sentido literal como en el metafórico: es éste el rasgo común de las alas del avión, las de un edificio, las de un partido político, etc.

3.   Véase la pág. 50 sobre la «tentación paronímica».

4.   Véase la pág. 169 sobre las órdenes jurisdiccionales.

5.   El escudo de armas del Reino Unido contiene el lema en francés: *Dieu et mon Droit* («Dios y mi derecho»). Asimismo, el de la orden de la jarretera *(Order of the Garter)* lleva otro en el mismo idioma: *honni soit qui mal y pense* («a aquel que le parezca mal, ¡que le cubra el oprobio!»).

6.   El verbo *demand* significa más bien «exigir» y no es término técnico en el inglés jurídico, ni existen los teóricos sustantivos *demander* ni *demanded*. Pero el traductor debe ser consciente de las diferencias importantes de terminología —y de sistema— entre el Derecho inglés y el escocés: en el primero la pareja la forman *plaintiff/claimant* y *defendant*, y en el segundo, *pursuer* y *defender*.

7.   Sin embargo, la segunda acepción que da el *DRAE* de *prorrogar* es «suspender, aplazar».

8.   Véase la relación de imágenes recogidas por Calvo (1980: 312-314) extraídas del lenguaje jurídico-administrativo.

9.   En inglés se llaman *buried metaphors*.

10.   Precisamente una de las mayores dificultades a las que se enfrenta el tra-

ductor a la hora de clasificar el léxico, y también las estructuras sintácticas, es la de determinar su alcance y el ámbito de su uso, ya sea éste geográfico, gremial o de otra índole. Por efecto del hábito y la familiaridad, todos tendemos a creer que lo que solemos decir y oír decir en nuestro ambiente cotidiano es lo «normal», esto es, lo que forma parte del lenguaje común, salvo ciertos términos muy claros de argot o de jerga, o alguna expresión de rancio sabor regional. A estos efectos, nos consta, por ejemplo, que muchos juristas están convencidos de que las voces «excepción» y «excepcionar», que el *DRAE* define respectivamente como «título o motivo jurídico que el demandado alega para hacer ineficaz la acción del demandante; como el pago de la deuda, la prescripción del dominio, etc.» y «alegar excepción en el juicio», no son más que extensiones contextuales de «excepción» y «exceptuar», tal como se emplean en el español de todos los días.

11.   Como se dijo en el capítulo anterior, tanto el inglés como el francés tienen dos términos distintos para el aborto natural *(miscarriage - fausse couche)* y el provocado *(abortion - avortement)*.

12.   Véase la pág. 267 sobre los recursos.

13.   Véase la nota anterior.

14.   En este caso el término que denota el sujeto activo es ambiguo, ya que el verbo «arrendar» sirve tanto para expresar la idea de «dar en arriendo» como la de «tomar en arriendo». En consecuencia «arrendador» puede aplicarse al propietario que permite que otro tome en arriendo su finca o al que la toma. Como suele ocurrir en tales situaciones, sólo el contexto nos ayuda a deshacer la ambigüedad. En cambio, la voz «arrendatario» siempre se refiere al sujeto pasivo lógico y no al gramatical, es decir, alude exclusivamente al que toma en arriendo.

Capítulo 4

LA SINTAXIS. LOS GÉNEROS DEL ESPAÑOL JURÍDICO

1. Algunas pautas sintáctico-estilísticas del español jurídico
2. La hipotaxis y la parataxis en el discurso del español jurídico
3. El prescindible barroquismo retórico del español jurídico
4. La visión supraoracional del español jurídico. El discurso y el texto
5. Las modalidades discursivas del español jurídico
6. La tipología textual. Los géneros del español jurídico
7. Equilibrio entre precisión técnica y claridad comunicativa en el español jurídico

1. Algunas pautas sintáctico-estilísticas del español jurídico

En la pág. 22 y siguientes examinamos las tendencias léxico-estilísticas más importantes del español jurídico; en éste, abordaremos algunas de las sintáctico-estilísticas, que son las pautas de construcción más recurrentes y los rasgos sintácticos más repetidos de esta variedad del español.

a) *El futuro imperfecto de subjuntivo*

La inclinación hacia lo arcaizante del léxico del español jurídico, señalada en la pág. 24, también se percibe en su sintaxis. Uno de los rasgos más arcaizantes es el uso frecuente del futuro imperfecto de subjuntivo, que prácticamente ha desaparecido de la lengua común (Cartagena, 1999: 2969) y sólo se oye en refranes («Adonde fueres haz lo que vieres») y en frases hechas («Sea lo que fuere»), en el lenguaje bíblico («Al que buscare el reino de Dios y su justicia todo lo demás le será dado por añadidura»)[1] y en el jurídico. En los manuales que tratan de la modernización del español jurídico se dice que se debe abandonar este tiempo verbal y, sin embargo, su uso sigue muy arraigado en el Derecho español, sobre todo en los textos legislativos. Es comprensible, hasta cierto punto, que lo utilicen los profesionales del Derecho, quienes, de manera inconsciente, quedan influidos por el estilo del Código Civil, de 1889, época en la que al parecer era corriente el uso de este tiempo:

> Por la simple derogación de una ley no recobran vigencia las que ésta hubiere derogado.
>
> Si el deudor se personare por sí o por representante dentro de los cinco días siguientes a aquel en que se le requirió de pago y negare categóricamente la autenticidad de su firma o alegare falta absoluta de representación...

Sin embargo, no tiene mucho sentido que se mantenga esta forma antigua a lo largo del articulado del Código Penal de 1995; por ejemplo, el artículo 137, sobre el homicidio, dice «El que *matare* a otro será castigado, como reo de homicidio, con la pena de prisión de diez a quince años», en vez de utilizar el presente de subjuntivo «mate», que es lo que suena más natural[2] en el habla cotidiana y cabría esperar de un texto que responde a la sociedad del siglo xxi. El uso de este tiempo probablemente quiera transmitir la idea de solemnidad que irradió en su momento; pero hoy lo más que consigue es una ligera sonrisa de ironía y, es más, produciría hilaridad oír, por ejemplo, a un ministro o a un alto funcionario del Ministerio de Justicia decir por la radio o la televisión «El que *matare* a...». En muchas leyes modernas ha quedado patente que se puede escribir con registro solemne sin tener que recurrir a forzados recursos trasnochados. Lo mismo se observa en otra ley reciente, la Ley de Enjuiciamiento Civil de 2000, cuyo artículo 16 contiene un ejemplo muy *instructivo* de la facilidad con que el legislador mezcla presente y futuro de subjuntivo al referirse al mismo período de tiempo:

> Cuando la defunción de un litigante conste al tribunal y no se personare el sucesor en el plazo de los cinco días siguientes, se permitirá a las demás partes...

No sólo los legisladores y los jueces utilizan el futuro imperfecto de subjuntivo; también lo utiliza la Administración («si procediere», «si hubiere lugar», «cuando estimare oportuno», «si no comparecieren», etc.), como ha estudiado de Miguel (2000),[3] aunque predique su abolición, en aras de un lenguaje más claro y que les resulte más familiar a los administrados.

b) *El uso de la cláusula absoluta (o «ablativo absoluto»)*

De acuerdo con el *DRAE* el ablativo absoluto es una expresión elíptica sin conexión o vínculo gramatical con el resto de la frase a que pertenece, pero de la cual depende por el sentido (En silencio la casa, pudimos acostarnos. Muerto el perro, se acabó la rabia. Dicho esto, calló). En el habla común algunas expresiones de este tipo han adquirido rango de frases hechas, como «visto lo visto...» o «llegados a este punto...», pero debido probablemente a su concisión es un recurso muy frecuente en el lenguaje administrativo y en el jurídico, donde el tono lacónico resulta muy apropiado para la comunicación de normas, instrucciones, procedimientos y trámites, como se ve en los siguientes ejemplos:

> Cumplidos los trámites establecidos en el párrafo primero...
> Finalizado el plazo de presentación de solicitudes...
> Presentada la demanda en tiempo y forma...
> Visto el expediente...
> Oídas las partes...

Sin embargo, donde su uso parece más frecuente es en el lenguaje de las sentencias, en las que a algunos jueces no les parece mal encadenar auténticas series de cláusulas absolutas, como se puede ver en el párrafo que sigue, extraído de los antecedentes de hecho de una sentencia, que contiene cinco ablativos absolutos seguidos. En nuestra opinión, sin que se pueda llegar a afirmar que sea difícil entender el sentido de la oración, el abuso de la figura de construcción produce un efecto entrecortado que resulta incómodo al lector:

> Interpuesto dicho recurso en 29-01-00, formalizada la demanda por la parte recurrente en 07-06-00, presentado escrito de contestación de la Administración municipal demandada en 08-06-00, recibido a prueba el mismo recurso en 26-07-00 y practicadas las que se declararon pertinentes, procedieron las partes sucesivamente a formular sus respectivos escritos de conclusiones, la parte recurrente en 13-00-00 y la Administración municipal demandada en 16-01-00, quedando el recurso concluso para dictar sentencia el 21-04-01.

c) *El abuso del gerundio*

De acuerdo con María Moliner, el manejo del gerundio es uno de los puntos delicados del uso del español; su abuso revela siempre pobreza de recursos, y su empleo en algunos casos es francamente incorrecto. Se comenta con frecuencia el uso excesivo que se suele hacer de los gerundios en el lenguaje diario, y también los buenos estilistas previenen del efecto cacofónico producido por el uso de dos gerundios sucesivos, como en el ejemplo «Estando cazando se le disparó el arma».

Parece evidente que el empleo abusivo del gerundio en el español jurídico procede de la influencia del Derecho francés en el español. En el ejemplo que sigue, el redactor del artículo III del Código Civil francés no tiene reparo alguno en utilizar el gerundio dos veces en una misma oración, pero está claro que en español esta construcción no se toleraría y una buena traducción sustituiría ambos gerundios por sendas oraciones de relativo:

> Les lois concernant l'état et la capacité des personnes régissent les Français, même résidant en pays étranger.

Para la mayoría de los tratadistas, el uso desmedido del gerundio en algunos textos jurídicos produce un estilo hinchado y afectado, cuando no francamente incorrecto, con el que quiere disfrazar el escritor pedante o grandilocuente su falta de erudición e ingenio. Las manifestaciones más frecuentes del gerundio son las siguientes:

1. La forma durativa, cuando acompaña a «estar» u otro verbo equivalente:

> Estaba el fiscal exponiendo sus conclusiones cuando se produjo el apagón.

2. La expresión de una acción que acompaña a la expresada en la oración principal o coincide con ella; en este caso el gerundio transmite el significado de «a la vez que...», como en el ejemplo que sigue:

> El Registro de Condiciones Generales va a posibilitar el ejercicio de las acciones colectivas y a coordinar la actuación judicial, permitiendo que ésta sea uniforme...

3. Un uso incorrecto del gerundio es el que se llama «gerundio de posteridad», que se encuentra en oraciones como la que sigue:

> Se podrá recurrir al Presidente del Tribunal Superior [...] o al Juez de Primera Instancia, quienes decidirán oyendo al Registrador.[4]

Al leer la oración anterior se saca la impresión de que «deciden a la vez que oyen», lo cual es poco probable. Dado que la acción temporal del gerundio debe coincidir, como hemos dicho antes, con la del verbo de la oración principal, para que la expresión anterior hubiera tenido lógica y se hubiera entendido con mayor claridad, el redactor habría tenido que usar otra locución temporal, como por ejemplo «tras haber oído al registrador», o incluso la fórmula con el ablativo absoluto «oído el registrador», tal como acabamos de explicar arriba.

4. El gerundio del *BOE*. Se da este nombre a la construcción, por supuesto incorrecta, en la que se otorga al gerundio función adjetiva («resolviendo», «nombrando», «derogando», etc.):

> Decreto *nombrando* al General don Aniceto Martínez Ríos Inspector General de ...

Esta construcción, que fácilmente se puede evitar mediante una oración de relativo («Decreto <u>por el que se nombra</u>»), debe de ser un calco del francés, lengua en la que se encuentra con frecuencia el empleo del gerundio como el del ejemplo que sigue:

> Acquittement est la décision d'une cour d'assises <u>déclarant</u> non coupable un accusé traduit devant elle pour crime.

También puede haber influido la forma verbal inglesa acabada en *-ing*, que igualmente posee función adjetiva. Sin embargo, en esta lengua se suele usar un infinitivo en estas ocasiones, como se puede ver en el ejemplo que sigue:

> Loi <u>modifiant</u> le Code Civil et d'autres dispositions législatives
> An act <u>to amend</u> the Civil Code and other legislation.

De todas maneras, esta construcción, considerada ampulosa por algunos, y gramaticalmente dudosa o simplemente errónea por la mayoría, aparece mucho en el lenguaje jurídico, y es especialmente frecuente en las sentencias judiciales:

> La sentencia <u>desestimando</u> la excepción de falta de autorización administrativa para procesar, planteada como cuestión previa, y <u>acordando</u> no haber lugar a declarar nulidad de actuaciones...

5. La acumulación de gerundios. Dada su falta de nexo explícito con el resto de la oración a la que pertenence, y dada también la multiplicidad de funciones que es capaz de cumplir (la temporal, la de causalidad, la de consecuencia, la de instrumentalidad, etc.), mu-

chos estiman que en el gerundio reside gran parte de la ininteligibilidad de los textos jurídicos. Esta falta de claridad es mayor cuando se tiende a acumularlos, como en el ejemplo que sigue, sacado del artículo 571 del Código Penal:

Los que perteneciendo, actuando al servicio o colaborando con bandas armadas, organizaciones o grupos cuya finalidad sea la de subvertir el orden constitucional o alterar gravemente la plaza pública, cometan los delitos de estragos o de incendios tipificados en los artículos 346 y 351, respectivamente, serán castigados con la pena de prisión de quince a veinte años, sin perjuicio de la pena que les corresponda si se produjera lesión para la vida, integridad física o salud de las personas.

El empleo de los tres gerundios, uno detrás del otro, es un ejemplo manifiesto de abuso de esta forma verbal, que posiblemente sea la causa que impide la fácil comprensión del texto, junto con la presentación de todo el enunciado por medio de una oración-párrafo. Además, a esta sensación de ininteligibilidad contribuye también la supresión de las necesarias ligazones prepositivas que exigen cada uno de los segmentos. Únicamente está correctamente unido a la oración el tercer verbo («colaborando con»), mientras que han desaparecido las preposiciones «a» en el caso del primero de ellos («perteneciendo a bandas armadas») y «de» en el caso de la locución prepositiva («actuando al servicio de bandas armadas»).

Sería posible salvar estas dificultades mediante un cambio en el orden de los elementos, así: «Los que perteneciendo a bandas armadas, actuando a su servicio o colaborando con ellas...», pero entonces surgiría el problema de unir esta parte del artículo a la que hace referencia a «organizaciones o grupos, etc.». De todas formas, aunque la comprensión fuera aceptable, esta acumulación abusiva de gerundios es un síntoma claro de pobreza expresiva y falta de sensibilidad estilística. Martín del Burgo (2000-197), que defiende el gerundio en ciertos casos, por el valor económico que aporta desde un punto de vista gramatical, reconoce que «la sensibilidad de nuestros juristas ha situado como uno de sus puntos de mira el abatimiento de los gerundios, organizando contra ellos una *razzia*, una redada, cobrándose así las piezas más emblemáticas: los malditos resultandos y considerandos».

d) *Los sintagmas nominales largos*

Los sintagmas nominales largos constan normalmente de varios sustantivos unidos por preposiciones (*de, en, con, durante*, etc.) y uno o varios adjetivos y adverbios. Alternados con otros sintagmas de menor extensión darían variedad y estilo a la frase; sin embargo, al ser el período sintáctico largo la nota dominante del español jurídico, se pueden convertir en un inconveniente. Dicho esto, hay que reconocer que en la ciencia jurídica la precisión lo es todo, de forma que no siempre será posible conjugar la exigencia de exactitud con la economía y elegancia del estilo. Sirvan de ilustración los ejemplos siguientes que, aunque no sean de una calidad literaria indiscutible, tienen al menos el mérito de la claridad:

La ley no provee instrumentos procesales estrictamente circunscritos a las previsiones actuales de protección colectiva de los consumidores y usuarios. La difícil labor de los jueces jóvenes en viejos juzgados faltos de medios es digna de toda alabanza. Una nueva ley que afronte los numerosos problemas de imposible o muy difícil resolución con la ley del siglo pasado.

Aún se puede complicar más el sintagma nominal largo con oraciones de relativo, como se comprueba en el ejemplo siguiente, donde de nuevo no parece fácil mejorar la redacción, puesto que son imprescindibles cada uno de los elementos y aclaraciones:

Los alumnos podrán solicitar del Rector la revisión de los ejercicios en que consideren que se ha producido una aplicación incorrecta de los criterios específicos de corrección a que se refiere el apartado dos de la disposición quinta de la presente Orden (Whittaker y Martín Rojo, 1999: 155).

Los sintagmas nominales largos suelen ser fuente de confusión en el uso de la coma, conforme indicamos más abajo en el apartado g).

e)   *La adjetivación valorativa de lo expresado en sintagmas nominales largos*

En el apartado d) del punto 6 de este mismo capítulo hablaremos del discurso persuasivo del español jurídico que, como es sabido, tiene por objeto convencer al destinatario de las bondades contenidas en el mensaje. Ahora anticipamos aquí uno de los recursos de este tipo de discurso: el empleo de los adjetivos valorativos, que sirven para orientar la opinión del destinatario del mensaje. Como hemos visto, en el sintagma nominal de la parte superior de esta página, «la labor *de* los jueces jóvenes *en* juzgados faltos de medios» es valorada como *difícil*. En el preámbulo de la LEC de 2000 se encuentran abundantes sintagmas nominales cuyo punto de arranque es un adjetivo valorativo:

un rechazable reduccionismo cuantitativo y estadístico
la lógica y justificada manifestación de la contienda entre las partes
el incalculable valor de la Ley de Enjuiciamiento Civil, de 1881
la prolija complejidad de la Ley antigua
sus innumerables retoques y disposiciones extravagantes
una pronta tutela judicial en verdad efectiva
para acoger... con radical innovación
indebida dualidad de controversias sobre nulidad de los negocios jurídicos

Tras la lectura de los sintagmas anteriores podemos comprobar que su redactor valora como *rechazable* «el reduccionismo cuantitativo y estadístico»; *lógica y justificada* «la manifestación de la contienda entre las partes»; como *incalculable* el valor de la Ley de Enjuiciamiento Civil de 1881; como *prolija* «la complejidad de la Ley antigua», etc. Parece lógico que el redactor califica de forma favorable lo que le conviene, y de forma desfavorable lo que no cae dentro de sus proyectos. Este tipo de sintagmas encabezados por un adjetivo valorativo se encuentra en varios géneros[5] del español jurídico, como los preámbulos de las leyes, las conclusiones provisionales de la defensa y la acusación, etc.

f)   *La modalidad deóntica y el modo autoritario*

Se llama «modalidad» a la parte del significado de un enunciado que nos indica la actitud del hablante, en este caso, el operador jurídico (legislador, juez o letrado) respecto de la proposición que enuncia, con relación a 1) la verdad, 2) la obligación, 3) el permiso y 4) la conveniencia (Fowler, 1991: 85). La segunda y la tercera, que se llaman respectivamente la modalidad deóntica y la epistémica, son las dos que más nos interesan para el análisis del español jurídico. La deóntica alude al deber, la necesidad y la obligación; la epistémica, al permiso, la posibilidad, la especulación, la conjetura. Aunque se encuentran enunciados con modalidad epistémica («La universidad podrá convocar...», «podrá especificar el tipo de actividades», «podrán participar en el concurso», etc.), ni que decir tiene que al tratarse de un lenguaje normativo y exhortativo, la modalidad del español jurídico es deóntica en un alto grado, para lo que recurre, en gran medida, al futuro de obligación y a las expresiones de obligación («deber», «tener que», «haber de», «obligar», «compeler», «necesario», «imprescindible», «incumbencia», etc.):

La convocatoria del concurso <u>definirá</u> la plaza.
<u>Actuará</u> de secretario el vocal designado...
Las reclamaciones <u>deberán</u> formularse...
Los escritos <u>habrán de</u> presentarse en el plazo de diez días
Para la retirada de los documentos <u>será imprescindible</u> la presentación
del d.n.i.

g) *Las construcciones pasivas*

Otro rasgo muy característico del español jurídico es la abundancia de oraciones expresadas en voz pasiva:

Tienen derecho a que su caso <u>sea resuelto por el tribunal</u> que corresponda según normas predeterminadas.

Esta modalidad se llama «pasiva perifrástica» y a veces está expresada no con el verbo «ser» sino con «quedar», «estar» o «venir». Sin embargo, la pasiva más utilizada es la pasiva refleja («Los concursos... <u>se regirán</u>... y <u>se ajustarán</u> a los establecido...»). Esta forma pasiva, tal como anticipamos en la pág. 29, junto con la nominalización, tiende a ocultar la identidad del agente de la acción, con todas las connotaciones que comporta esta ocultación, de despersonalización, generalización, exención de responsabilidad, distanciamiento y estatismo, propios del que sabe que ostenta un poder frente a los ciudadanos. No obstante, existe en el español jurídico una pasiva refleja muy peculiar, poco utilizada en el lenguaje común y que para algunos es incorrecta, como la que se puede leer en el texto que sigue sacado de la Constitución:

Art. 117. La justicia emana del Pueblo y <u>se administra en nombre del Rey por Jueces y Magistrados</u>, etc.

Esta construcción es normal en el español jurídico pero no lo es en el español común, que habría utilizado la pasiva perifrástica («es administrada por...») o la activa como indicamos a continuación:

Art. 117. La justicia emana del Pueblo y <u>la administran, en nombre del Rey, Jueces y Magistrados,</u> etc.

Llamamos a esta pasiva «pasiva refleja mixta» o «pasiva refleja sintética», porque, al parecer, intenta compendiar o conjugar los valores de las dos pasivas: el sentido de generalización, universalidad, despersonalización, distancia, etc., que transmite lo que se predica en la pasiva refleja, con el de agencia de la pasiva perifrástica expresado con la preposición *por*:

Por el señor secretario se dará lectura al acta de la sesión...

h) *La ambigüedad sintáctica*

El español jurídico no está libre de las ambigüedades sintácticas del español común. A modo de ilustración citamos algunas de las que nacen por:

1. La complementación («Abundan en las listas del paro las mujeres y los hombres <u>de más de cuarenta años</u>»); en este caso no se sabe si el complemento debe interpretarse como común a dos elementos o sólo al último.
2. El orden sintáctico («Destrozó el camión la grúa»).
3. Las polisemias de muchas preposiciones y conjunciones; dos de estas conjunciones, la disyuntiva «o» y la copulativa «y» pueden ser causa de cierta confusión.

La conjunción «o» es, en principio, distributiva («La palabra *tribunal* nada dice del carácter unipersonal <u>o</u> colegiado del órgano jurisdiccional»); también sirve de presentador del desarrollo o explicación de lo dicho («La nueva Ley de Enjuiciamiento Civil sigue inspirándose en el principio de justicia rogada <u>o principio dispositivo</u>»). Sin embargo, a veces sólo el conocimiento de la realidad que se analiza ayudará a entender un sentido u otro; por ejemplo, al leer la oración «Los menores no tienen capacidad de obrar o de ejercicio», el valor que damos a «o» es el segundo, porque conocemos este concepto jurídico; en caso contrario habríamos dudado sobre el valor que deberíamos haberle asignado. Con frecuencia, como dice el *DUE*, más que disyunción entre los términos que une, expresa que la acción es aplicable tanto al uno como al otro, y puede usarse indistintamente «o» o «y» («La similitud de denominaciones entre Tribunales o/y entre instrumentos procesales no constituye un gran obstáculo»).

La conjunción «y», por su parte, es la conjunción copulativa por excelencia («La sociedad <u>y</u> los profesionales del Derecho reclaman un cambio <u>y</u> una simplificación de...»). Pero también tiene otros valores, entre los que destacamos el adversativo («Está acorralado por la policía y [<u>sin embargo</u>] se empeña en resistir») y el consecutivo, sobre todo cuando una de las oraciones es negativa y la otra es afirmativa: «Conocía bien al secretario y [<u>consecuentemente</u>] no se fiaba de él». Este valor consecutivo también ha sido fuente de confusión en la conjunción inglesa *and* en el párrafo que sigue:

Whenever any body of persons having legal authority to determine questions affecting the rights of subjects, <u>and having</u> the duty to act judicially, act in excess of their legal authority, they are subject to the controlling jurisdiction of the King's Bench Division exercised in these writs.

La interpretación que tuvo validez durante mucho tiempo fue la que consideró que se trataba de una cláusula restrictiva: «y a la vez tenga la obligación» *(and also having the duty)*. Es decir, el «órgano formado por personas» *(body of persons)* debía cumplir dos requisitos: *a)* contar con la autorización legal *(having legal authority)*, y *b)* estar obligado a actuar judicialmente *(having the duty to act judicially)*.

> Siempre que un órgano formado por personas <u>con</u> (que tengan) autorización legal para resolver asuntos que afecten a los derechos de los individuos y <u>con</u> (además) la obligación de actuar judicialmente se exceda en el uso de sus atribuciones legales, estará sometido a la jurisdicción de control del *King's Bench Division* ejercida por medio de estos autos.

Sin embargo, este significado cambió cuando la Cámara de los Lores *(The House of Lords)* determinó que el significado que se le debía asignar a *and having* era el de una oración consecutiva «y, que consecuentemente tenga» *(which accordingly has)*. Por tanto, el órgano no debe cumplir dos condiciones sino sólo una, «tener autorización legal» *(have legal authority)*, de la que, a su vez, dimana la otra «la obligación de actuar judicialmente» *(the duty to act judicially)*. Por consiguiente, en este contexto no tiene carácter restrictivo.

> Siempre que un órgano formado por personas <u>con</u> (que tengan) autorización legal para resolver asuntos que afecten a los derechos de los individuos <u>y, por tanto,</u> con la obligación de actuar judicialmente, se exceda en el uso de sus atribuciones legales estará sometido al control jurisdiccional del *King's Bench Division* ejercida por medio de estos autos.

i)   *La puntuación y el uso de las mayúsculas*

Dice el Magistrado Bayo (2001: 64) que «junto con el caos sintáctico, y muy ligado a él, los errores más frecuentes en los escritos forenses se deben al mal uso de los signos de puntuación, especialmente la coma». En el art. 127 de la Constitución da la impresión de que una coma no ha sido bien colocada:

Art. 127. Los Jueces y Magistrados, así como los Fiscales mientras se hallen en activo, no podrán desempeñar otros cargos públicos ni pertenecer a partidos políticos o sindicatos.

Por el lugar que ocupa la coma, o por la redacción del párrafo, da la impresión de que los únicos que tienen la restricción de desempeñar otros cargos son los fiscales. Habría quedado más claro si se hubiera situado la coma en otro sitio o si se hubiese colocado simplemente la restrictiva «mientras se hallen en activo» al final de la oración:

Art. 127. Los Jueces y Magistrados así como los Fiscales no podrán desempeñar otros cargos públicos ni pertenecer a partidos políticos o sindicatos mientras se hallen en activo.

La coma es causante de algunos problemas de interpretación, sobre todo cuando el sujeto está formado por un sintagma nominal muy largo; en muchos de estos casos inadvertidamente se coloca una coma entre el sujeto y el verbo, como indicamos a continuación:

Los instrumentos procesales estrictamente circunscritos a las previsiones actuales de protección colectiva de los consumidores y usuarios, no han sido eficaces...

También es problemática la coma en las construcciones parentéticas, sobre todo, las aposiciones y las oraciones explicativas de relativo:

Los procesados, que escucharon impertérritos la lectura de la sentencia, protestaron ruidosamente al final del acto.
Los procesados que escucharon impertérritos la lectura de la sentencia protestaron ruidosamente al final del acto.

En el primer caso protestaron todos, y en el segundo, algunos.
Otra cuestión importante de la redacción de textos jurídicos es el uso arbitrario de las mayúsculas,[6] como hemos advertido en el prólogo del libro. En las sentencias el uso de las mayúsculas es completamente aleatorio e incluso se salta la congruencia que, al parecer, establecen sus propios redactores al principio de sus documentos; así, en un mismo párrafo la «Jurisprudencia» va con mayúscula y la «ley» con minúscula; el Vigente Estatuto, unas veces con mayúscula y otras con minúscula; el «Libros de Actas» con mayúscula, etc.
Pero las leyes tampoco se libran de esta incongruencia. En el art. 117 de la Constitución, antes citado, «el Pueblo» y «los Jueces y

Magistrados» van en mayúscula, y «el poder judicial», en minúscula, así como «la policía judicial» (art. 126); la «ley» y la «justicia» están escritas con minúscula, menos en el art. 121, en el que de repente «la Administración de Justicia» va con letra mayúscula, así como la palabra «Ley»:

> Art. 121. Los daños causados por error judicial, así como los que sean consecuencia del funcionamiento anormal de la Administración de Justicia, darán derecho a una indemnización a cargo del Estado, conforme a la Ley.

2. La hipotaxis y la parataxis en el discurso del español jurídico

Al hablar de las relaciones que las oraciones mantienen entre sí dentro del discurso comunicativo, se suelen emplear dos términos: parataxis e hipotaxis. La hipotaxis o subordinación es una relación sintáctica de tipo jerárquico; la oración principal, que asume el papel de núcleo, se llama subordinante y las demás, subordinadas. La parataxis comprende la coordinación y la yuxtaposición. Las construcciones sintácticas de la mayoría de los registros del EPA o español profesional y académico (el científico, el económico, el comercial, el técnico, etc.) tienden a ser paratácticas, o al menos suelen mostrar un grado menor de subordinación y de complejidad sintáctica; en cambio, el español jurídico se aleja en este punto de la norma general y se desliza hacia la hipotaxis.

a) *La hipotaxis. Los recursos anafóricos*

Tres rasgos que llaman la atención de las construcciones hipotácticas del español jurídico son la desorbitada extensión de las oraciones y el exagerado uso de incisos y de cláusulas o proposiciones restrictivas y, como consecuencia de estas tres características, la innecesaria complejidad sintáctica. Aparece así lo que se llama la «oración-párrafo», que no es infrecuente en los tres tipos de lenguaje jurídico que hemos citado: el de las leyes, el de las sentencias y el de la Administración.

La «oración-párrafo» que sigue, de 99 palabras, es *excesivamente* larga; para poder entender lo que realmente quiere decir hay que leerla dos o tres veces, lo cual va contra todo principio de economía y funcionalidad comunicativa:

La nueva Ley de Enjuiciamiento Civil sigue inspirándose en el principio de justicia rogada o principio dispositivo, del que se extraen todas sus razonables consecuencias, con la vista puesta, no sólo en que, como regla, los procesos civiles persiguen la tutela de derechos e intereses legítimos de determinados sujetos jurídicos, a los que corresponde la iniciativa procesal y la configuración del objeto del proceso, sino en que las cargas procesales atribuidas a estos sujetos y su lógica diligencia para obtener la tutela judicial que piden, pueden y deben configurar razonablemente el trabajo del órgano jurisdiccional, en beneficio de todos.

Inevitablemente, al ser tan larga, la oración anterior está llena de *oraciones restrictivas* que dificultan no sólo la comprensión de la frase como unidad, sino también la apreciación de las relaciones entre sus partes. En concreto, el lector no especializado probablemente no se da cuenta de que la cláusula que dice «a los que corresponde la iniciativa procesal y la configuración del objeto del proceso» no es más que una definición de las expresiones técnicas anteriores «el principio de justicia rogada o principio dispositivo», que además significan lo mismo. O sea, que para el jurista avezado se trata de una información superflua, mientras que para el lector común representa una dificultad añadida, ya que por culpa del alejamiento de las frases entre sí, nada en la construcción le indica que se trata de una redundancia.

Asimismo la redacción enmarañada de la segunda mitad de la oración obliga al lector a volver varias veces sobre sus pasos, por ejemplo, para caer en la cuenta de que el «su» de «su lógica diligencia» no se refiere a las «cargas procesales», como en un principio es fácil que crea, sino a «estos sujetos»; y al llegar a la serie de tres verbos en tercera persona del plural («piden, pueden y deben») más de un lector se perderá hasta comprender que en realidad no forman un grupo unido, sino que el sujeto del primero es «los sujetos», mientras que el de los otros dos es «las cargas procesales».

Pero esa tendencia estilística hacia la hipotaxis también se encuentra en oraciones más cortas. La que sigue, aunque sólo consta de 37 palabras, tiene tres restrictivas. Así, para indicar que «La ley representa un esfuerzo de actualización y unificación al articular y regular con coherencia los cambios sustanciales que introduce» (20 palabras en nuestra versión, que no incluye ninguna subordinación), el texto afirma lo siguiente:

La Ley configura una Justicia civil nueva en la medida en que, a partir de nuestra actual realidad, dispone, no mediante palabras y preceptos aislados, sino con regulaciones plenamente articuladas y coherentes, las innovaciones y cambios sustanciales.

En la redacción adoptada salta a la vista la expresión entrecortada; como se puede observar, el flujo natural de la oración queda interrumpido varias veces por medio de restrictivas, alguna excesivamente larga:

a partir de nuestra actual realidad
no mediante palabras y preceptos aislados
sino con regulaciones plenamente articuladas y coherentes

Se podría justificar el estilo ampuloso y recargado de subordinadas que caracteriza la oración analizada, afirmando que el exceso es propio de la solemnidad o grandilocuencia de las exposiciones de motivos de las leyes, pero no de las leyes en sí. Sin embargo, también se encuentra en el articulado de las propias leyes, como se comprueba al leer el artículo 228.1 de la LEC de 2000 (incidente excepcional de nulidad de actuaciones):

228.1.   No se admitirán con carácter general incidentes de nulidad de actuaciones. Sin embargo, excepcionalmente, quienes sean parte legítima o hubieran debido serlo podrán pedir por escrito que se declare la nulidad de actuaciones fundada en defectos de forma que hayan causado indefensión, siempre que, por el momento en que se produjeron, no hubiera sido posible denunciar esos defectos antes de recaer resolución que ponga fin al proceso y que ésta no sea susceptible de recurso ordinario ni extraordinario.

Ahora bien, a diferencia del ejemplo anterior, es preciso reconocer que el artículo que hemos reproducido, pese a su extensión y complejidad, está bien redactado. La ligazón entre sus elementos y el orden de su presentación respetan el fluir natural del pensamiento: articulación de la regla general, anuncio de la existencia de la excepción y descripción de las condiciones en las que ésta será aceptada. Si acaso, se podría criticar el cambio brusco de la referencia temporal de futuro a pasado («el momento en que se produjeron»; «no hubiera sido posible»), seguido de la vuelta a la secuencia lógica («que ponga fin al proceso»; «que ésta no sea susceptible»). En otras palabras, siempre que las exigencias de la técnica jurídica no estén reñidas con los principios de orden y claridad exigibles a cualquier redactor culto, no es razonable pedir que los legisladores abandonen por completo los hábitos de composición propios de su profesión. Es natural que una ley suene a redacción legislativa.

Por otra parte, una de las consecuencias de las construcciones hipotácticas es el excesivo uso de recursos anafóricos (de Miguel, 2000), tales como «dicho», «mencionado», «citado», «expresado», «indicado», «referido», «aludido», etc.) y el abuso de «el mismo», «la misma», etc., que, como señala Sánchez Montero (1996), debe evitarse en aras de la claridad y la limpieza del estilo siempre que no sea imprescindible. Estos tres ejemplos están sacados de textos legislativos en donde hay cierto abuso de esta construcción:

> ... el receptor está obligado a entregar la copia de la resolución o la cédula al destinatario de la misma,
> ... se suspenderá por tres días la discusión y votación de la misma.
> ... que decidan sobre la suspensión, el sobreseimiento o la reanudación de la misma,

Habrían quedado mejor de esta manera:

> ... el receptor está obligado a entregar la copia de la resolución o la cédula a su destinatario.
> ... se suspenderá por tres días su discusión y votación.
> ... que decidan sobre su suspensión, sobreseimiento o reanudación.

Sin embargo, el estilo hipotáctico no es siempre confuso. El párrafo largo, si está bien construido, como el que sigue, puede ser muy agradable:

> La ineludible tensión entre el bien jurídico de la libertad, en cualquiera de sus manifestaciones, y especialmente, en cuanto incumbe a la libertad de expresión e información, y el derecho al honor y al respeto debido a las Instituciones y a las personas que las encarna, afectante al ejercicio de las funciones y competencias públicas, ha de situarse en principio en una preferencia del primero sobre el segundo, lo que no significa la preterición de este último que pervive siempre, aunque su precisa configuración haya de acomodarse a las importantes exigencias de la invocada libertad de expresión y con ella inseparablemente unida, al menos, en potencia, del derecho a la crítica.[7]

b) *La parataxis*

La parataxis, formada por la acumulación de oraciones coordinadas y yuxtapuestas, normalmente breves, suele ser garantía de inteligibilidad, desiderátum reconocido actualmente en la mayoría de los preámbulos de las leyes civiles, las penales y las administrativas. Aunque no son muchos, se pueden encontrar algunos párrafos en la LEC de 2000 construidos con estilo paratáctico o con un uso mínimo de la subordinación. Ya hemos visto un ejemplo en la primera oración del artículo 228.1 citado arriba. He aquí otros ejemplos:

Art. 984. La ejecución de la sentencia en los juicios sobre faltas corresponde al órgano que haya conocido del juicio. Cuando no pudiera practicar por sí mismo todas las diligencias necesarias, comisionará al Juez de la circunscripción en que deban tener efecto, para que las practique.
Art. 976. La sentencia es apelable en el plazo de los cinco días siguientes al de su notificación. Durante este período se hallan las actuaciones en Secretaría a disposición de las partes.
Art. 137 (Código Penal). El que matare a otro será castigado, como reo de homicidio, con la pena de prisión de diez a quince años.

Cuando son excesivamente largas, ya hemos visto lo ininteligibles que resultan por estar plagadas de subordinación sintáctica y de estilo farragoso o discontinuo. Prieto (1991: 181-182) ha comprobado que, salvo raras excepciones,[8] la sintaxis de las leyes y de las sentencias está llena de oraciones muy largas cuya inteligibilidad es dudosa. Pone el ejemplo del artículo 40.1 del Estatuto de los Trabajadores, formado por 88 palabras:

> Movilidad geográfica. 1. Los trabajadores, salvo los contratados específicamente para prestar sus servicios en empresas con centros de trabajo móviles o itinerantes, no podrán ser trasladados a un centro de trabajo de la misma empresa que exija cambios de residencia, a no ser que existan razones técnicas, organizativas o productivas que lo justifiquen o bien contrataciones referidas a la actividad empresarial y lo permita la autoridad laboral, previo expediente tramitado al efecto, que deberá resolverse en el improrrogable plazo de treinta días, entendiéndose que el silencio administrativo tendrá carácter positivo.

Más adelante, Prieto demuestra que la embrollada oración anterior se podría haber transformado en otras de unas 30, 20 y 10 palabras mediante un esfuerzo de puntuación y de tabulación:

1. Los trabajadores no podrán ser trasladados a otros centros de trabajo de la empresa que exijan cambio de residencia, salvo los contratados por empresas con centros de trabajo móviles o itinerantes.
2. Sin embargo, la autoridad laboral podrá autorizar dichos traslados por razones técnicas, organizativas o productivas a solicitud de la empresa interesada.
3. La solicitud se resolverá en el plazo de treinta días; de no existir resolución expresa dentro de este plazo, se considerará estimada.

Parece obvio que la inteligibilidad de estas oraciones se debe a su sencillez sintáctica: en la primera sólo hay una oración de relativo («que exijan») y un sintagma preposicional («salvo los contratados por empresas con centros de trabajo móviles o itinerantes»); la segunda sólo contiene una conjunción coordinante de tipo adversativo-concesivo; y la tercera está formada por dos oraciones yuxtapuestas. La exigencia de tabulación y de orden esquemático[9] muy estricto a la que nos hemos referido antes se puede comprobar en el estilo legislativo adoptado desde hace años en el Reino Unido. Los artículos *(sections)* se expresan con un número en negrita; cada uno de los apartados de un artículo está indicado con un número entre paréntesis; las divisiones de estos apartados van señaladas con letras entre paréntesis; y las subdivisiones posteriores, con números romanos en minúscula y entre paréntesis, tal como se aprecia en el artículo primero de la Ley de Educación Superior de 1985 *(Further Education Act 1985)*, que sigue a continuación:

(1) For the purposes of this Act goods are supplied through a further education establishment if they result—

(a) from its educational activities;
(b) from the use of its facilities and the expertise of persons employed at it in the fields in which they are so employed;
(c) from ideas of a person employed at it, or of one of its students, arising out of its educational activities.

(2) For the purposes of this Act services are supplied through such an establishment—

(a) if they are provided by making available—

(i) its facilities;
(ii) the expertise of persons employed at it in the fields in which they are so employed;

(b) if they result—

(i) from its educational activities;
(ii) from ideas such as are mentioned in subsection (1) (c) above, etc.

Como se ve, gracias al sistema de numeración y de sangría, se aprecia en seguida y de forma gráfica la relación de interdependencia de cada uno de los apartados y subapartados del artículo. Además, el articulado es sencillo, con predominio de los períodos cortos organizados paratácticamente, y se hace un uso mínimo de la subordinación, sin que los elementos dejen de fluir con naturalidad.

c) *Los anacolutos*

El anacoluto es la pérdida del rigor sintáctico o la incoherencia en la construcción de las oraciones. En los manuales de retórica aparece tratado como una figura del lenguaje, mientras que en los libros de gramática suele ser considerado como un error en la construcción sintáctica. Esta figura la utiliza, por ejemplo, Virginia Woolf en *Mrs. Dalloway* en la técnica del monólogo interior, que busca expresar la *simultaneidad* de tres actividades que los seres humanos son capaces de realizar a la vez: pensar, decir y hacer cosas. Pero una cosa es un recurso literario manejado voluntariamente y con maestría por un escritor vanguardista, y otra muy distinta un error sintáctico grave que se desliza por inadvertencia en un texto jurídico. En este segundo tipo de texto, lo que el lector pide es inteligibilidad y congruencia y no hay lugar, o no debería haberlo, para el descuido expresivo o la falsa grandilocuencia. Por desgracia, el anacoluto es muy frecuente en los textos de los juristas, en los que se encuentran desde incongruencias en el régimen preposicional hasta segmentos oracionales «colgados en el aire», esto es, sin asideras a otros elementos de la oración. Ya hemos visto un ejemplo en la pág. 108, cuando comentamos el mal uso del régimen preposicional en la expresión «Los que perteneciendo, actuando al servicio o colaborando con bandas armadas».

Estos fallos son más frecuentes en las sentencias por la tendencia al uso incontrolado del gerundio. En una reciente, el «debo acordar y acuerdo»[10] del fallo va seguido de una serie de párrafos numerados que comienzan por un infinitivo (declarar, condenar, etc.), lo cual es correcto. Sin embargo, otros párrafos intercalados comienzan por un gerundio («condenando», por ejemplo) que, utilizado como verbo principal, da la sensación de que la oración está incompleta.

Sin embargo, los ejemplos más espectaculares de anacoluto son, sin duda, los que surgen de las construcciones sintácticas, ya que la incongruencia entre las cláusulas o segmentos de la oración lleva a la destrucción total o parcial del sentido, al no disponer el lector de las pistas que le ayuden a subsanar mentalmente el defecto estructural. A continuación comentamos dos ejemplos. El primero está extraído del texto de una sentencia:

Ante lo que el hecho de la hipotética reversibilidad de esta situación dice tanto como lo que podría también afirmarse cuando cualquier otra lesión alcanza, posteriormente, la curación.

En una frase anterior a esta oración, que arbitrariamente cierra párrafo, nos aclaran que, tras la intervención de uno de los médicos acusados de haber practicado un aborto sin contar con la autorización preceptiva, la víctima quedó estéril. Lo más preocupante del caso es que los dos médicos fueron condenados a dos años de prisión. Si es duro ir a la cárcel por practicar un aborto clínico, a solicitud de la madre de la paciente, a una joven disminuida psíquica que había sido violada, mucho más duro debe de ser para los condenados no entender los motivos de los magistrados responsables porque éstos sean incapaces de redactar una sentencia[11] mínimamente comprensible, a pesar de que la Ley de Enjuiciamiento Criminal de 1882 establece que las sentencias deben ser claras, precisas y congruentes.

La imprecisión del fragmento citado viene dada por tres factores: en primer lugar, la deficiente puntuación,[12] al comenzar no ya la oración, sino el párrafo al que pertenece, como si se tratara de una subordinada; en segundo lugar, la confusión introducida por la expresión «el hecho de la hipotética reversibilidad»: o es un hecho o se trata de una hipótesis, y como el sentido parece indicar lo segundo, mucho mejor hubiera sido escribir «la hipotética (o la supuesta) reversibilidad»; y tercero, y más importante, la construcción inadecuada de la segunda mitad de la oración, donde no existe el esperado paralelismo entre los sujetos de los verbos «dice» y «podría... afirmarse». Es de suponer que el significado es algo así como «respecto de la hipótesis de la reversibilidad de esta lesión (concreta) se puede decir lo mismo que de cualquier otra lesión que alcanza posteriormente la curación». Si esto es así —aunque la frase está tan mal redactada que no se puede asegurarlo— el anacoluto se debería a la confusa construcción verbal y a la relación inapropiada entre verbos y sujetos.

El segundo texto es de una diligencia de ordenación:

Secretario sr/a. D/doña ...
En ... a ... de ... de dos mil ...
El oficio recibido a los autos de su razón, expídase cédula de citación al agente judicial para la citación del acusado y oficios al centro penitenciario y comisaría de policía para el traslado del acusado a este juzgado.

El reto es mayor en este segundo texto; nosotros mismos fuimos incapaces de descifrarlo sin la ayuda de un informante experto, quien nos aseguró que es la fórmula habitual con la que los secretarios judiciales comunican la inminente apertura de la vista oral.

Aquí, son dos los anacolutos, que hemos indicado con el subrayado. Consisten en todos los casos en la omisión de verbos, algo por otra parte bastante frecuente en el habla natural, siempre y cuando se supriman por obvios, es decir, cuando se sobreentiendan habitualmente. Por ejemplo, si la jefa administrativa se acerca con un sobre en cada mano a una subalterna y le dice, «Toma, esto al archivo, y esto a la papelera», la empleada entiende perfectamente que su superior le está pidiendo que guarde lo primero y tire lo segundo. Pero en el caso de la diligencia de ordenación, que es un documento público, aunque reservado, extraña la ligereza con la que se suprimen precisamente las partes de la oración más operativas para su recta comprensión. No se entiende muy bien qué ventaja lingüística o administrativa pueda haber en esta práctica. En todo caso, el mensaje misterioso cobra toda su claridad si rectificamos las omisiones, reconstruyendo el inicio del texto así: «ordeno que se una el oficio recibido a los autos a los que va dirigido (o al procedimiento o expediente con el que está relacionado), que se expida cédula ... y que se envíen los documentos pertinentes al centro penitenciario, etc.».

3. El prescindible barroquismo retórico del español jurídico

El adjetivo «retórico», con un sentido despectivo, se puede aplicar al lenguaje rebuscado o excesivamente cargado de innecesarias construcciones complejas. Por ejemplo, el párrafo que sigue no es fácilmente comprensible en la primera lectura; el lector que quiera conocer plenamente lo que ha leído tendrá que volver hacia atrás para analizar la dependencia de unas relaciones con otras:

Es necesaria una Ley de Enjuiciamiento Civil nueva, que, respetando principios, reglas y criterios de perenne valor, acogidos en las leyes procesales civiles de otros países de nuestra misma área cultural, exprese y materialice, con autenticidad, el profundo cambio de mentalidad que entraña el compromiso por la efectividad de la tutela judicial, también en órdenes jurisdiccionales distintos del civil, puesto que esta nueva Ley está llamada a ser ley procesal supletoria y común.[13]

La comprensión de esta larga oración subordinada resulta ardua en una primera lectura, no sólo por la cantidad de argumentos contenidos en ella, que la mente difícilmente puede retener en la memoria inmediata (la Ley de Enjuiciamiento Civil, los principios, reglas y criterios de perenne valor, las leyes procesales civiles de otros

países de nuestra misma área cultural, el profundo cambio de mentalidad, el compromiso por la tutela judicial, etc.) sino también por las dos formas verbales nominales («respetando» y «acogidos»), cuyos sujetos no son fáciles de asignar, y por una oración parentética, cuya comprensión no es fácil en una primera lectura. La inteligibilidad del párrafo habría sido mayor si hubiera sido redactado con dos copulativas o con oraciones yuxtapuestas. Además, las mismas ideas se podrían haber expresado con un lenguaje más sobrio y austero, sin caer en expresiones floridas o redundantes como «criterios de perenne valor», «exprese y materialice, con autenticidad» (creemos que nada se puede materializar «con mentira»), o «el profundo cambio de mentalidad que entraña el compromiso por (¿no sería más bien «con»?) la efectividad de la tutela judicial».
A veces, esta retórica llega a alcanzar tintes poéticos. En el preámbulo de la LEC de 2000 se dice:

> Así, la realidad del proceso disolverá la imagen de una Justicia lejana, aparentemente situada al final de trámites excesivos y dilatados, en los que resulta difícil percibir el interés y el esfuerzo de los Juzgados y Tribunales y de quienes los integran.

Siguiendo a Prieto (1991: 187) «ni la literatura culta ni la prosa inflada han de tener sitio en el lenguaje de la ley; no es por ello un estilo adecuado el del Preámbulo de la Ley de Bases de Régimen Local»:

> La implantación de un cimiento tan sólido de convivencia, que vale tanto como decir de futuro, por fuerza deja de producir beneficiosos efectos a lo largo y ancho del ser nacional insuflando nueva savia y nuevas energías en los últimos reductos de la organización social; en una palabra, regenerando un tejido social desatendido cuando no decrépito y lacerado por los sucesivos embates de cuantos vicios y abusos asolaron nuestra vida pública, transformándola en campo de agramante[14] de quienes disputaban el dominio de las instituciones para satisfacción de privados intereses

Como indicamos por medio del subrayado, todo el texto está lleno de vagos recursos retóricos, con predominio de las expresiones emotivas y los tópicos morales, más propios del lenguaje político-mitinero o del drama sentimental que del austero discurso jurídico.
El barroquismo también se percibe en un uso muy reiterativo de locuciones prepositivas (por ejemplo, «sobre la base de», «con la excepción de», «al objeto de», «de cara a») que podrían ser sustituidas, en aras de la claridad y de la variedad, por otras simples o al menos diferentes («mediante», «excepto», «salvo», «para»). También

debe considerarse efecto del barroquismo la tendencia actual —no restringida al lenguaje forense pero muy extendida en él— a preferir el término abstracto al concreto y el más largo al más breve, con empleo, por ejemplo, de «rigurosidad» por «rigor», «causalidad» por «causa», «causación» por «hecho de haber causado/ocasionado», «intencionalidad» por «intención» o «la razonabilidad» por «lo razonable», como hemos anticipado en las págs. 21 y 27. Y jueces hay que, en su afán de dotar a sus sentencias de mayor colorismo y singularidad, llegan a extremos delirantes. Citemos a modo de ejemplo auténticos ataques bajo la línea de flotación del idioma como «con habitualidad» por «habitualmente», «la ajenidad a la concreta ejecución del hecho enjuiciado» por «la falta de vinculación con el delito», «el hecho habilitante de la autorización prescriptiva» por «la autorización prescriptiva», «la eventualidad de la ilicitud de una conducta» por «su posible ilicitud», «la necesariedad» por «la necesidad», y un muy largo etcétera.

Creemos que tales excesos lingüísticos son injustificados, puesto que ni aclaran el sentido, ni embellecen el discurso ni facilitan en nada la ardua labor de comprensión de un tipo de textos ya de por sí complejo y denso. Sin embargo, hay que insistir en que casi todos los ejemplos que hemos comentado pertenecen a textos actuales, por lo que no es probable que la realidad lingüística que describimos vaya a cambiar mucho en un futuro próximo. En consecuencia el traductor y el analista de textos jurídicos deben estar preparados para enfrentarse a problemas y peculiaridades muy parecidos a los que se han analizado aquí.

4. La visión supraoracional del español jurídico. El discurso y el texto

El examen que hasta ahora hemos hecho del español jurídico en este capítulo y en el anterior se ha basado en una metodología oracional, atendiendo fundamentalmente a dos de sus componentes esenciales: el léxico y la morfosintaxis. Al enfoque que analiza el lenguaje más allá del límite oracional, esto es, el lenguaje contextualizado en una situación comunicativa, se le llama lingüística supraoracional, y la meta de esta lingüística es el análisis de la *competencia comunicativa*, que también se denomina *competencia discursiva*.[15] Esta denominación está relacionada con dos conceptos clave de la lingüística supraoracional: el discurso y el texto, que normalmente son utilizados como términos sinónimos, aunque como veremos a continuación, comportan matices diferentes (Alcaraz, 1990: 119-124).

El término «discurso» lo empleamos aquí en el sentido de *lenguaje en acción*, a saber, el flujo lingüístico que transmite una información con el fin de llevar a cabo funciones instrumentales propias del lenguaje, exentas de cualquier consideración de tipo sociocultural o institucional, tales como la narración, la descripción, la exposición, la argumentación, la exhortación, etc., que desarrollamos en el punto siguiente.

Cuando el mismo flujo del lenguaje es analizado desde la *función comunicativa interpersonal* que cumple, ya sea de tipo cultural, social, profesional o académico, nos encontramos ante un «texto». Para clasificar los textos se utilizan los términos «tipos textuales» o «géneros» (Swales, 1990; Bhatia, 1993). En el contexto de la lingüística y de la traductología se entiende por «género profesional» (y también «tipo textual») el conjunto de textos escritos u orales del mundo profesional y académico, ajustados a una serie de convenciones organizativas, formales y estilísticas, que los profesionales de cada especialidad son capaces de producir y de entender sin mayor dificultad dentro de las comunidades epistemológicas o de saberes a las que pertenecen (por ejemplo, los jueces, los físicos, etc.), y que comentamos en el punto 6 de este capítulo.

5. Las modalidades discursivas del español jurídico

Hemos dicho antes que cuando utilizamos el lenguaje para una función instrumental concreta, como la información, la descripción, la solicitud o la persuasión, lo llamamos discurso. En el caso del español jurídico las principales modalidades discursivas o formas de elocución son la narrativa, la descriptiva, la expositiva, la persuasiva y la exhortativa.

a) *El discurso narrativo*

El discurso narrativo pretende relatar ordenadamente una serie de acontecimientos reales o supuestos, ocurridos en el tiempo y el espacio, relacionándolos unos con otros de acuerdo con la secuencia temporal, el encadenamiento de causas y efectos, el establecimiento de hipótesis, el esclarecimiento de móviles y oportunidades, etc. Esta modalidad es muy frecuente en el discurso utilizado por los jueces en la parte de las sentencias llamada «antecedentes de hechos», «relato de hechos» o «exposición de hechos», que hace unos años era conocida con el nombre de «resultados». Para esta clase de narración de hechos, la forma verbal más utilizada es el pretérito indefinido, aunque este tiempo puede alternar con el presente histórico. Lo vemos en los dos ejemplos siguientes:

> La Gerencia Municipal de Urbanismo <u>inició</u> actuaciones por infracción urbanística, y entre ellas <u>acordó</u> la demolición de obras ejecutadas sin licencia municipal.
> El día 31 de julio <u>hace</u> en una radio local unas declaraciones injuriosas y un día después <u>envía</u> a la prensa una nota en la que descalifica...

b) *El discurso descriptivo*

Al narrar hechos, se puede también *describir* el marco en el que tienen lugar y a los personajes que allí actúan; en este sentido, «describir» equivale a pintar con palabras, esto es, crear una imagen pictórica por medios lingüísticos. Aunque esta modalidad discursiva es más propia del lenguaje literario, se encuentra también en el español jurídico, normalmente acompañando al discurso narrativo, para representar a una persona, una escena, un lugar o una cosa, ofreciendo sus rasgos o atributos más importantes, por ejemplo:

> El presunto delincuente es rubio y de complexión fuerte; su edad puede estar en torno a los veinte años; tiene una cicatriz muy marcada en la comisura derecha del labio superior, etc.

Esta modalidad discursiva es la que utiliza también un policía judicial *(a police officer - un officier de police judiciaire)* cuando redacta un atestado *(police report - constat de police)*, documento en el que describe la situación de un hecho que ha observado. También se emplea en la descripción de inmuebles, terrenos, fábricas, plantas industriales, etc., que se encuentran en las escrituras notariales de compraventa, y las páginas del *Boletín Oficial del Estado* están llenas de descripciones de aparatos, dispositivos, sustancias o productos aprobados por la Administración para el uso o consumo de los ciudadanos.

c) *El discurso expositivo*

El objeto de este discurso es doble: por un lado, transmitir un *mensaje informativo* con referencia a personas, objetos y procedimientos; y, por otro, construir *argumentos* lógicamente ordenados, de forma que se perciba la relación entre cada una de las partes y el todo. Por esta razón, también se le llama discurso informativo o explicativo. En algunas ocasiones, se pueden apreciar zonas de coincidencia entre el discurso descriptivo y el expositivo, ya que los dos ofrecen datos; sin embargo, sus metas son distintas, puesto que el expositivo ofrece información, a modo de razones y explicaciones lógicas y sistemáticas, que pueden abarcar las hipótesis, las presunciones o las deducciones, mientras que el descriptivo se limita a la representación de los objetos, escenas y cuadros de la realidad observable. El discurso expositivo, que es propio del ensayo, es probablemente el más utilizado en el español jurídico. Los autores de doctrina jurídica se sirven de él, y también lo emplean los jueces en los fundamentos jurídicos *(legal reasons, points of law - fondements juridiques)* de las sentencias. En las oraciones que siguen, sacadas de uno de estos últimos, se construye un argumento de forma lógica y razonada:

> Los Estatutos son la norma institucional básica de cada Comunidad Autónoma, pieza esencial del Estado que los reconoce y ampara como parte integrante del Ordenamiento Jurídico. No hay, pues, laguna legal porque tratándose de una norma excepcional, lo que no se haya regulado específicamente, queda sujeto al artículo 14 de la Constitución.

Para organizar los argumentos de una forma lógica y sistemática, el discurso expositivo hace uso de unas tácticas especiales puestas al servicio de un objetivo primordial, que es el de aclarar y relacionar entre sí los elementos discretos de la realidad, acomodándolos y encajándolos en una sola tesis o exposición sin fisuras. Estas tácticas incluyen la deducción, la ampliación, la *reductio ad absurdum*, la definición, la explicación, la ejemplificación, la identificación, el contraste, la clasificación y la enumeración, entre otras. Para no ser prolijos, nos contentaremos con indicar algunos usos frecuentes, que el lector podrá ampliar fácilmente acudiendo a su propia experiencia:

Definición: «ser», «constituir», «representar», «significar», «consistir», «tipificar», etc.

Ejemplificación: «por ejemplo», «a saber», «como», «del tipo», «entre otros», «es decir», «pongamos por caso», «para ilustrarlo», etc.

Contraste: «en cambio», «a diferencia de», «sin embargo», «por otra parte», «no es lo mismo», «sin parangón», «sin paralelo alguno» y similares.

Deducción: «por lo tanto», «de ahí que», «en consecuencia», «esto nos lleva a concluir», «la única explicación razonable es», «coherentemente con esto», «no hace falta ser un lince para ver», etc.

Reductio ad absurdum: «nadie en su sano juicio creería que...», «no tiene ni pies ni cabeza», «no encaja», «resulta absurdo», «es humanamente imposible», «inconsistente», «inconcebible», «increíble», «a todas luces imposible», «da risa», «carece de toda lógica» y muchos más.

d) *El discurso persuasivo*

Otra modalidad discursiva muy frecuente en el español jurídico es la persuasión. Algunos estiman que esta modalidad es una simple variación de la exposición porque las dos explotan la organización sistemática y lógica del discurso y ambas emplean las mismas técnicas de desarrollo discursivo antes citadas. Por ejemplo, el género oral «conclusiones definitivas del fiscal» está formado por el discurso persuasivo para convencer al jurado o al tribunal,[16] ya que para persuadirles tendrá que explicarles, por ejemplo, los pasos que siguieron los presuntos delincuentes para cometer su delito *(análisis procedimental)*, *definir* algunos conceptos relacionados con la ley y el orden, dar algún *ejemplo* de lo que es socialmente correcto e incorrecto, *contrastar* las conductas delictivas con las no delictivas, etc., en suma, utilizar las técnicas retóricas del discurso expositivo.

Sin embargo, aunque las técnicas y los objetivos generales de la exposición y de la persuasión sean iguales, sus objetivos específicos son distintos, dado que el discurso expositivo pretende *aclarar* mientras que el persuasivo quiere *influir* en la conducta del receptor por medio del mensaje que se le envía, en el que no faltan elementos emotivos, lúdicos, connotativos, etc. Esta modalidad discursiva tiene algunos rasgos lingüísticos especiales, como la adjetivación valorativa expresada en la pág. 109. Otros recursos son el empleo de adverbios y expresiones de opinión («evidentemente», «parece claro que», etcétera) y las conjunciones consecutivas (consecuentemente, por consiguiente, etc.). Hay quien defiende, sin embargo, que sólo existe el discurso persuasivo, porque incluso el discurso más expositivo, por su aspiraciones de objetividad e imparcialidad, no tiene otro fin que convencer al destinatario del mensaje.

e) *El discurso exhortativo*

El discurso exhortativo es aquel mediante el cual alguien que tiene autoridad o derecho intenta inducir a otro con palabras, razones o ruegos a que haga o deje de hacer una cosa. Los verbos que suelen acompañar al discurso exhortativo son «mandar», «pedir», «rogar», «solicitar», «aconsejar», etc.

f) *El discurso dispositivo*

Si el discurso exhortativo es el del ruego, el dispositivo es el del mandato. Con este discurso, el que tiene autoridad dispone, ordena o manda. El exhorto, que comentamos en la pág. 184, contiene lógicamente discurso exhortativo. Dos palabras típicas anunciadoras del discurso dispositivo son el «Dispongo» de los decretos y el «Mando» de las sentencias. A veces los límites entre el discurso expositivo y el exhortativo no están claros, por ejemplo, en la expresión «sabed» de la fórmula de sanción real de las leyes:

> Juan Carlos, rey de España, a todos los que la presente vieren y entendieren, <u>sabed</u>: que las Cortes han aprobado y yo vengo en sancionar la siguiente Ley:

6. La tipología textual. Los géneros del español jurídico

Conforme afirmábamos en la pág. 125, cuando el flujo del lenguaje es analizado desde la función comunicativa interpersonal que cumple, ya sea de tipo cultural, social, profesional o académico, nos encontramos ante un género profesional, término que procede, según la opinión de la mayoría de los comentaristas, de la crítica literaria (Fowler, R., 1991: 227). Igual que cada profesión, especialidad científica o sector social y comercial tiene su jerga y su léxico propios, las necesidades de la comunicación práctica y la misma inercia de su diario quehacer les suelen llevar a consolidar unos formatos concretos para el intercambio de cada aspecto de la información propia de su gremio o comunidad lingüística. Estos formatos o tipos textuales son lo que modernamente entendemos por «géneros». Aprovechemos para recalcar que, lo mismo que se habla del lenguaje pictórico, musical, corporal o cinematográfico, la palabra «texto» se suele emplear en la lingüística contemporánea para referirse a cualquier manifestación de la expresión humana organizada en forma de mensaje para ser emitido a un público o destinatario concreto con una finalidad determinada. Y por la misma razón, se puede hablar sin contradicción de un género o tipo textual oral y de un género o tipo textual escrito.

En el español jurídico son géneros escritos la ley, el contrato, la providencia, el auto, la sentencia, el certificado, el poder notarial, la partida de nacimiento, la póliza de seguros, las conclusiones provisionales del fiscal, etc., y son orales, la deposición,[17] la prueba testifical, las intervenciones de los abogados ante los tribunales, las conclusiones finales del fiscal o del abogado defensor, etc.[18] Los géneros judiciales, los que utilizan los jueces magistrados y tribunales, los clasificamos en tres grupos, que comentamos en la pág. 181: *a*) géneros judiciales de contenido jurisdiccional, como las providencias, los autos y las sentencias; *b*) géneros judiciales de comunicación judicial, como las notificaciones, los emplazamientos y otros, y *c*) géneros judiciales de auxilio judicial, como el exhorto o la comisión rogatoria.

A continuación señalamos cinco de las convenciones formales y estilísticas compartidas por todos los géneros:

a) *La macroestructura*

Es el gran marco organizador de las partes, las secciones y las subsecciones de un género profesional; por ejemplo, una sentencia, tiene cuatro partes, que desarrollamos en la pág. 261: el encabezamiento *(heading - entête)*, los antecedentes de hecho *(facts in issue - raisons en fait, points de fait)*, los fundamentos de Derecho *(legal reasons for decision, points of law - fondements juridiques)* y el fallo *(ruling, finding, judgment, decision; «held» - dispositif de jugement)*; en las sentencias de lo penal y lo social, detrás de los antecedentes de hecho hay otra sección llamada «los hechos probados» *(facts as found - fait constants, faits pertinents et concluants, faits dont la preuve n'est plus à faire)*.

A efectos de ilustración, analizamos seguidamente el género llamado «título universitario», cuya macroestructura organizativa es muy similar en inglés *(University Degree o Diploma)*, aunque el orden en el que aparecen los elementos sea diferente. Exponemos a continuación la estructura maestra o configuración de las pautas rectoras de dicha clase de documento:

1. *Autoridad que otorga el título:*

Juan Carlos I, Rey de España, y en su nombre el Rector de la Universidad Complutense...
The Board of Trustees of the University of Cincinnati...

2. *Justificación:*

: ... considerando que, conforme a las disposiciones y circunstancias prevenidas por la legislación vigente.
... on the recommendation of the Faculty of the Division of Graduate Studies and Research of the University.

3. *Objeto del documento o acto jurídico, expresado con un verbo performativo.* Son verbos *performativos* o *realizativos* aquellos que, como «acuerdan», «prometen», «derogan», «estiman», «desestiman», etcétera, expresan de forma explícita el propósito de la acción del verbo:

... expide el presente título de...
... does hereby confer upon John Smith the degree of...

4. *Privilegios del título:*

... que faculta al interesado para disfrutar los derechos que a este título otorgan las disposiciones vigentes.
... with all the rights and privileges appertaining thereto.

5. *Lugar y fecha de la expedición:*

En Madrid a 12 de junio de mil novecientos noventa y ocho.
Given at Cincinnati, this twelfth day of June, nineteen hundred and ninety-eight.

6. *Firma:*

El Rector.
The Chairman of the Board of Trustees.

En el punto 2 (*c*) del capítulo dos, en la pág. 51, decíamos que el conocimiento de los géneros jurídicos ayuda al traductor, porque le permite emprender la labor dentro de un marco previo de expectativas léxicas, sintácticas y de organización discursiva, etc. Es frecuente achacar la incomprensión del contenido de un texto y la labor defectuosa del traductor a su desconocimiento del vocabulario técnico. Sin embargo, se ha podido comprobar en estudios empíricos que la falta de familiarización del destinatario del mensaje con la macroestructura del género al que pertenece contribuye en gran medida a la incomprensión del original y a las versiones deficientes o poco naturales. Hay que tener en cuenta que en el texto *todo* transmite significado, incluida la macroestructura.

A veces la macroestructura habitual muestra un paralelismo organizativo bastante aproximado en las dos lenguas, como el que acabamos de ver en el caso del título universitario, pero en otras muchas ocasiones la disposición de los elementos propios del mismo género no coincide. Por ejemplo, los certificados expedidos en español y en inglés tendrán elementos comunes, tales como la identificación explícita del propósito del texto («Por la presente certifico que...»; *This is to certify that...*), la mención del destinatario («y para que así conste en donde convenga»; *To whom it may concern*) o la identidad y función del firmante. Pero estos elementos no suelen colocarse en el mismo orden ni expresarse mediante las mismas estructuras sintácticas. Por ejemplo, el equivalente español de la fórmula inglesa *to whom it may concern*, que aparece en la parte superior del documento, no es «a quien concerniere», sino «para que conste en donde convenga ...» (O «a los efectos oportunos ...»), elemento que aparece en el último párrafo. Asimismo en español se escribe en primer lugar el nombre de la persona que certifica, indicando también su rango académico o su función profesional (por ejemplo «el Dr. Juan Martínez Pérez, secretario de este centro»), seguido de la palabra «certifica», etc., mientras que en el certificado inglés el nombre y el título profesional de quien firma van al pie del documento, o bien se emplea al principio la fórmula *I the undersigned John Smith, Clerk of the Records Office, hereby certify that...*, variante mucho menos frecuente en el uso actual.

En resumen, la familiaridad del traductor con el género en cuestión, es decir, con las convenciones profesionales y las expectativas lingüísticas de los receptores hablantes de la lengua meta, evita casi siempre la incomprensión y la incertidumbre, mejorando así el grado de aceptabilidad de la versión propuesta.

b) *La función comunicativa. El verbo performativo*

Todos los géneros no sólo tienen una misma macroestructura, sino también una misma función comunicativa, que suele expresarse, tal como hemos dicho, por medio de alguno de los verbos realizativos o performativos utilizados en todos los géneros jurídicos. De esta manera, si el texto en cuestión es un contrato, aparecerá cerca del principio una fórmula como «reunidos de una parte... y de otra..., pactan (o «acuerdan») como sigue...». En cambio, en el caso de una declaración unilateral, el verbo será «manifiesta», «declara» o «afirma». Por su parte, en un testamento o en una escritura pública, aparecerán verbos como «otorgar», «disponer», «dar», «legar» y otros similares.

c) *La modalidad discursiva*

Cada género o cada una de sus partes tiene una modalidad discursiva específica (narración, descripción, argumentación, etc.). Así, la parte de la sentencia que se llama «hechos probados» está redactada con la modalidad narrativa, los fundamentos de Derecho, con la expositiva, etc.

d) *El nivel léxico sintáctico*

Tras analizar varias muestras o ejemplares de un género, por ejemplo, las sentencias, se puede comprobar que la organización sintáctica de todos los textos sigue pautas muy similares, y el vocabulario que forma parte de esas pautas es muy recurrente.

e) *Las convenciones sociopragmáticas. La cortesía lingüística*

Los géneros jurídicos tienen convenciones sociopragmáticas comunes. Con el nombre de convenciones sociopragmáticas aludimos a las muchas estrategias que se emplean en la ordenación de los mensajes. Una de estas estrategias es, por ejemplo, la elección de determinada información para «tema» (complementario de «rema») como punto de arranque. Así, los tres mensajes que siguen contienen la misma información aunque sus temas son distintos, con lo que se producen distintos matices semánticos:

El detenido pasó a disposición judicial ayer.
Ayer pasó a disposición judicial el detenido.
Pasó a disposición judicial el detenido ayer.

Otro aspecto muy importante de los géneros jurídicos es la cortesía lingüística. La cortesía en general, es la demostración o acto con que se manifiesta la atención, el respeto o el afecto que tiene una persona a otra (abrir la puerta a alguien, ceder el paso, etc.). La cortesía lingüística forma parte de la cortesía general y desde el célebre trabajo de Brown y Levison en 1987 no han cesado los estudios sobre los rasgos de la cortesía lingüística. He aquí algunos rasgos de la cortesía que se aprecian ante los jueces, que ostentan el Poder Judicial, y ante la Administración, como brazo del Poder Ejecutivo:

1. *El tratamiento.* Los jueces son «señorías», y los jefes de los servicios o departamentos de la Administración son «ilustrísimos». En el saludo que a éstos se escribe en el encabezamiento de las instancias o recursos a ellos dirigidos se les llama «Ilustrísimo Señor» o «Ilustrísima Señora» y en el desarrollo del escrito se les trata de «Vuestra Ilustrísima» o «V.I.». La fórmula de despedida contiene aún mayores síntomas de cortesía de poder; se emplea «Lo que comunico a V. para su conocimiento y efectos» si lo escribe un órgano superior de la Administración a otro inferior o a un administrado. En el pasado, el administrado se despedía utilizando fórmulas como «Es gracia

que espera alcanzar del recto proceder de V.I., cuya vida Dios guarde muchos años» o con «No obstante, V.I., con su superior criterio, resolverá». Los juristas resuelven la cuestión de la cortesía con la frase «como mejor proceda en Derecho». 2. *El administrado*. Para hablar de uno mismo ante la Administración, el ciudadano suele emplear la tercera persona: «Juan Martínez Pérez ante V.I. comparece y expone con el debido respeto: que le ha sido denegado el permiso de ...». También puede uno hablar de sí mismo como «el infrascrito, el que suscribe o el abajo firmante». 3. *Los tiempos verbales*. Algunos prefieren o exigen el uso del condicional con su valor tentativo: «Podría hablar con Vd....?»,[19] «Me gustaría decirle...»).

Estas fórmulas y las anteriores ponían de relieve que el administrado reconocía una situación de «subordinación» respecto del poder que ostenta la Administración (de Miguel, 2000). Sin embargo, es justo reconocer que poco a poco todo se va simplificando y que la mayoría de las fórmulas anteriores pertenecen a un pasado trasnochado. En la actualidad, la Administración facilita impresos a los ciudadanos, se han suprimido muchas de estas fórmulas, pudiéndose emplear «Vd.» en vez de «V.I.» y las despedidas se pueden reducir a un lacónico «Salúdole». Sin embargo, el que aún las sigan utilizando algunos es un signo inequívoco de que el administrado percibe un gran desequilibrio de poderes (Whittaker y Martín Rojo, 1999). Calvo afirmaba en 1980 (202) que «si bien los tratamientos y títulos han perdido en gran parte el valor de honra que tenían en los Siglos de Oro... sin embargo, la máquina burocrática actual exige su correcta aplicación, porque un tratamiento o un título mal aplicados son mirados como señal de incultura».

7. Equilibrio entre precisión técnica y claridad comunicativa en el español jurídico

Como resumen de lo dicho en estos cuatro primeros capítulos, se puede afirmar que, en líneas generales, muchos textos del español jurídico se han «oscurecido» innecesariamente, para dar la impresión de contener conceptos misteriosos y complejos que, por no poderse expresar de otra forma, son inaccesibles al común de los mortales.[20]

La situación del español jurídico es similar a la del inglés jurídico, como dijimos en el punto 2 del capítulo uno. Sin embargo, en el

Reino Unido desde hace tiempo existen varias organizaciones como la del *Plain English Campaign*[21] que abogan por el uso del lenguaje corriente en el mundo de las leyes y de los jueces, ya que sólo ven en la opacidad y el oscurantismo el mantenimiento o la defensa a ultranza del privilegio de una profesión, como muchas otras, arropada en un lenguaje inextricable e inaccesible al ciudadano medio. La presión de estos grupos se ha visto reflejada en las simplificaciones recogidas en las nuevas leyes que salen del Parlamento.

Los defensores de la *Plain English Campaign* tienen enfrente a los que estiman que se debe dejar el lenguaje jurídico como está y permitir que progrese y cambie a medida que surjan nuevas necesidades. Los avalistas de esta última posición, en su defensa de un lenguaje jurídico profesional y especializado, afirman que el lenguaje jurídico aporta unas garantías que no ofrece el lenguaje cotidiano, ya que los términos, una vez que se han consolidado («hipoteca», «requisitoria», «instrucción», «recurso», etc.), adquieren significados muy precisos, con los que los derechos subjetivos están mejor garantizados.

Notas

1.   En una versión más moderna se dice «Buscad el reino de Dios y su justicia y...».
2.   Recordemos la naturalidad azoriniana comentada en la pág. 20.
3.   Véase el punto 2 del capítulo diez.
4.   Apartado 9 del art. 10 del Proyecto de Ley sobre condiciones generales de la contratación.
5.   Véase el punto 6 de este capítulo.
6.   Véase el amplio comentario que se hace sobre las dudas de los autores en el uso de las mayúsculas contenidas en las págs. 9-12 del Prólogo de este libro.
7.   Texto extraído de los fundamentos de Derecho de la sentencia del Tribunal Supremo de 21 de enero de 1988, cuyo ponente fue Enrique Ruiz Vadillo.
8.   La Ley 8/1985 de 3 de julio, Reguladora del Derecho a la Educación.
9.   Este orden esquemático de carácter jurídico es tan importante que está recogido en la llamada función «esquema» *(outline)* de muchos procesadores de textos, para que los profesionales del Derecho puedan redactar sus escritos con cierta comodidad.
10.   Véase el punto 4 (*b*) en el capítulo uno en la pág. 25.
11.   En este caso, el término «sentencia» se puede entender tanto en el sentido gramatical como en el jurídico.
12.   Véase la pág. 113.
13.   Cuando se le pidió a varios lectores universitarios que resumieran el contenido de este párrafo tras una primera lectura pidieron más tiempo para leerlo por segunda vez a fin de descubrir las concordancias.
14.   Campo de agramante: lugar en que hay muchas riñas o disputas.
15.   Véase el punto 3 del capítulo uno sobre *competencia lingüística* en la pág. 22. Varias son en la actualidad las corrientes lingüísticas (análisis del discurso,

análisis conversacional, lingüística del texto, etc.) que abordan el estudio del lenguaje desde una perspectiva supraoracional. Una de las que más aceptación tienen, por sus muchas ramificaciones sociológicas, cognitivas, etc., es la pragmática, término acuñado por Morris en 1938.

16. Véase el punto siguiente.

17. Declaración hecha verbalmente ante un juez o tribunal.

18. Desde otro punto de vista, los géneros jurídicos se clasifican en: *a*) normativos (leyes, decretos, resoluciones de la Administración, etc.); *b*) jurisdiccionales (sentencias, demandas, etc.); *c*) privados (contratos, testamentos, pólizas de seguros, etcétera); y *d*) de divulgación (el artículo periodístico, las novelas policiacas, etc.).

19. Aunque sea anecdótico, a modo de ilustración cabe mencionar que en cierta ocasión alguien se acercó a un persona revestida de autoridad y le preguntó «Puedo hablar con Vd.?» Ofendido, por no haber utilizado «¿Podría...?» Le respondió «Inténtelo.»

20. Véase la pág. 21.

21. R. E. Rothenberg (1981): *The Plain-Language Law Dictionary*. Nueva York: Penguin Books. C. Felsenfeld (1981): *Writing Contracts in Plain English*. St. Paul (Minnesota): West Publishing Co. M. K. Freedman (1990): *Legalese. The Words Lawyers Use and What They Mean*. Nueva York: Dell Publishing. E. Alcaraz, 1994/2001: capítulo 5.

CAPÍTULO 5

EL LENGUAJE DE LA CONSTITUCIÓN ESPAÑOLA. EL PODER LEGISLATIVO Y EL EJECUTIVO

1. El Derecho. El Derecho Constitucional

De las seis acepciones dadas al término «Derecho» en las páginas 82-83, la que aquí nos interesa es la sexta. De acuerdo con ella, el Derecho *(law - le droit)* es el conjunto de principios, preceptos y reglas *(principles, precepts and rules - principes, préceptes et règles)* a que están sometidas *(subjected - soumises)* las relaciones humanas en toda sociedad civil, y a cuya observancia pueden ser compelidos los individuos por la fuerza; suele equivaler, en un sentido amplio, a «justicia» o «razón».[1] En esta acepción el Derecho hay que entenderlo como «una superestructura que refleja las relaciones humanas de intereses económicos, de clase de tradiciones, de sentimientos, esto es, una expresión objetivada de la vida» (Rodríguez-Aguilera, 1969: 11).

Una de las primeras bifurcaciones que se pueden hacer en el estudio del Derecho es la de Derecho Público *(public law - droit public)* y Derecho Privado *(private law - droit privé)*. El primero, que tiene como protagonista al Estado y a cuantos entes *(bodies, institutions - établissements, organismes, institutions)* representan a los poderes públicos *(public authorities - pouvoirs publics)*, tutela *(protects - protège)* directamente los intereses públicos o generales. Está formado por el conjunto de normas *(set of rules - ensemble de règles)* que atañen a la organización y funcionamiento del Estado *(the state, the government - l'État)*,[2] de la Administración *(administration - administration)*, de los entes autonómicos *(autonomous or self-governing communities, regional parliaments or assemblies - communautés autonomes)*, los locales y los públicos *(local and public authorities - collectivités autonomes, locales et publiques)*,[3] y a sus relaciones con los ciudadanos *(private persons, citizens, «the governed» - personnes privées, citoyens)*. El Derecho Público abarca el Derecho Constitucional *(constitutional law - le droit constitutionnel)*, el Administrativo *(administrative law - le droit administratif)*, el Penal *(criminal law - le droit pénal)*, el Procesal *(rules of procedure, judge's rules, rules of the court - le droit judiciaire)*, etc.

El Derecho Privado *(private law - droit privé)* es el conjunto de normas que atañen a las actividades de las personas físicas *(individuals - particuliers)* o jurídicas *(juristic persons, legal entities - personnes morales)* entre sí, o a las de los entes públicos cuando actúan como particulares. El Derecho Privado abarca todas las ramas del Derecho Civil *(civil law, private law - droit civil)* y el Mercantil *(business law, commercial law - droit commercial)*.

También se puede subdividir el Derecho en sustantivo *(substantive law - le droit substantif)* y adjetivo *(adjective law - le droit adjectif)*. El primero trata de los derechos y obligaciones *(rights and duties - droits et devoirs)* de las personas físicas y jurídicas. Dos ejemplos claros de Derecho sustantivo son el Código Civil *(Civil Code, rules of civil law - le code civil)* y el Código Penal *(Criminal Code, rules of criminal law - le code pénal)*; el segundo, también llamado Derecho Procesal, es el que regula los procedimientos *(procedures - les procédures)* utilizados por los tribunales en la administración del Derecho sustantivo. La Ley de Enjuiciamiento Civil *(rules of civil procedure - code de procédure civile)* y la Ley de Enjuiciamiento Penal *(rules of criminal procedure - code de procédure pénale)* son las muestras más representativas de esta subdivisión del Derecho.

A la rama del Derecho Público que estudia las Constituciones *(constitutions - constitutions)* se la llama Derecho Constitucional *(constitutional law - Droit constitutionnel)*. La constitución de un Estado consta de los principios fundamentales sobre los cuales se ordenan su organización y funcionamiento político; estos principios definen los poderes que se otorgan a las autoridades que van a regirlo *(govern it - le régir)* y las limitaciones que se imponen a esos poderes con el fin de que, frente a ellos, queden asegurados los derechos fundamentales de las personas y de los grupos sociales. En consecuencia, toda ley concreta del Estado debe emanar de la Constitución, o estar en armonía con ella, razón por la cual se suele decir que la constitución de una nación representa su «ley de leyes» *(law of laws - loi de lois)*.

2. La Constitución española. El Tribunal Constitucional

La Constitución española fue aprobada por referéndum *(adopted by referendum - adoptée par référendum)* el 6 de diciembre de 1978. Es la norma suprema del ordenamiento jurídico español *(supreme law of the Spanish legal system - règle suprême du système juridique espagnol)*, sobre la que se asientan las demás leyes y disposiciones, que nunca deben vulnerarla. Por un lado, determina la concepción del Estado, organiza los poderes públicos y define sus funciones y sus relaciones; y por otro, proclama y ampara *(proclaims and protects - proclame et protège)* los derechos fundamentales y las libertades públicas civiles *(human rights and civil liberties - droits de l'homme et des citoyens, et des libertés fondamentales)* de los ciudadanos. Consta de un preámbulo *(preamble - préambule)* seguido de diez títulos *(titles, parts - titres)* más uno preliminar, con un total de 169 artículos *(sections/articles - articles)*.[4]

De acuerdo con la Constitución de 1978 (Merino-Blanco, 1996: 47), España es un Estado unitario *(unitary state - état unitaire)* constituido por unos entes territoriales *(territorial entities - entités territoriales)*, llamados Comunidades Autónomas *(autonomous or self-governing communities - communautés autonomes)*, que ejercen las competencias *(exercise powers - exercent des compétences)* atribuidas a ellas por la Constitución, con lo que tienen facultades legislativas *(power to legislate - faculté de légiférer)* en un amplio abanico de asuntos.

El Tribunal Constitucional es fundamentalmente el órgano encargado de velar por *(oversee, supervise - veiller à)* la constitucionalidad de las leyes *(constitutionality of Acts of Parliament - constitutionnalité des lois)*, esto es, de garantizar que éstas sean conformes a la Constitución. Se puede decir, por tanto, que es el intérprete supremo *(supreme arbiter - interprète suprême)* de la Carta Magna. Sus sentencias tienen valor de cosa juzgada *(res judicata, judgement having force of law, the authority of a final decision - chose jugée)* a partir del día siguiente al de su publicación en el *Boletín Oficial del Estado* y obligan *(are binding on - s'imposent à)* a los Poderes Públicos y a todas las autoridades administrativas y jurisdiccionales; contra ellas no cabe recurso alguno *(these decisions are unappealable - ne sont susceptibles d'aucun recours)*.

Se compone el Tribunal Constitucional de doce miembros nombrados por el Rey *(appointed by the King - nommés par le roi)* para un mandato de nueve años y se renueva por terceras partes cada tres años. El Presidente del Tribunal tiene voto dirimente de calidad *(casting vote - voix prépondérante)* en caso de empate *(in the event of a tie - en cas de partage)*. Todos los miembros del Tribunal Constitucional tienen deberes y privilegios similares a los de los miembros de la carrera judicial. No obstante, conviene aclarar, desde el principio, que el Tribunal Constitucional no es un órgano del Poder Judicial, que analizaremos en el capítulo siguiente; es un órgano del Estado, que se rige *(is governed - est régi)* por la Constitución y por su propia ley orgánica *(organic law[5] - loi organique)*,[6] la cual regula las normas de su funcionamiento *(lays down the rules governing its proceedings - détermine ses règles de fonctionnement)* y el procedimiento que se sigue ante dicho tribunal *(procedure in matters heard before it - la procédure qui est suivie devant lui)*.

La «justicia constitucional», esto es, el principio según el cual un tribunal puede controlar la constitucionalidad de las leyes nacidas en el seno de las Cortes Generales, es decir, la cámara de los representantes de la soberanía popular, es muy reciente, ya que se remonta a *(dates back to - remonte jusqu'à)* 1803, año de la resolución del Tribunal Supremo de los Estados Unidos llamada *Marbury v Madison*. Su ponente, el Presidente del Supremo, *Justice* John Marshall, dejó bien claro que el Tribunal Supremo de su país tenía en última instancia la prerrogativa *(prerogative - prérogative)* del control de la constitucionalidad de las leyes.[7] Mediante esta prerrogativa, el Supremo puede invalidar *(overrule, invalidate - invalider)* por inconstitucionales las leyes del Congreso federal y las de las Asambleas legislativas *(legislative bodies - corps législatifs)* de cada estado y también los actos *(acts, decisions - actes)* del Gobierno, de la Administración y de los Jueces. Esta función, en palabras del mencionado juez Marshall, es decisiva para asegurar los derechos fundamentales y las libertades públicas civiles de los ciudadanos. Como intérprete de la Constitución, el Tribunal Constitucional tiene las siguientes funciones (Merino-Blanco, 1994: 98):

a)   El control de las constitucionalidad de las normas con fuerza de ley *(rules having force of law - à caractère de loi)*.

b) La tutela *(protection - la protection)* de los derechos y libertades fundamentales reconocidos en los artículos 15-30 y 161 de la Constitución.

c) La verificación de la legalidad *(legality - la légalité)* de las leyes aprobadas por las Comunidades Autónomas.

d) El control de la distribución de poderes *(distribution of power - la distribution de pouvoirs)* de los distintos órganos del Estado.

El Tribunal Constitucional también es competente para conocer de los recursos de amparo por violación de los derechos y las libertades *(appeals brought on grounds of violation of rights and liberties - protection contre la violation des droits de l'homme et des libertés fondamentales)*, de los conflictos de competencias *(conflict concerning jurisdiction and competence - conflits de compétence)* entre el Estado y las Comunidades Autónomas *(autonomous or self-governing communities - communautés autonomes)* o los de éstas entre sí, y de las demás materias que le atribuyan la Constitución o las leyes orgánicas.

En Francia *le Conseil Constitutionnel* tiene, al parecer, más competencias que el Tribunal Constitucional de España.[8] En cambio, en el Reino Unido la Cámara de los Lores *(The House of Lords)*, que es el Tribunal Supremo de este país, no puede controlar directamente la constitucionalidad de las leyes, porque el Parlamento es la expresión soberana de la voluntad popular *(popular will - volonté populaire)*, aunque sí tiene potestad para dilucidar asuntos constitucionales, o de cualquier otro aspecto del Derecho, al resolver las cuestiones de Derecho de interés público *(matters of law of general public interest - questions de droit d'intérêt public)* referidas para su decisión por los tribunales inferiores. En los Estados Unidos *The U.S. Supreme Court* es a la vez Tribunal Supremo y Constitucional y, en esta segunda condición, es conocido en todo el mundo por la influencia que ha ejercido en la vida norteamericana al interpretar la constitucionalidad de leyes federales y estatales relacionadas con los derechos civiles, el aborto, la aplicación de la pena de muerte, etc.

3. La Corona. Las Cortes Generales. El Poder Legislativo

El Rey es el Jefe del Estado *(Head of State - Chef d'État)*, símbolo de su unidad y permanencia *(the symbol of the unity and the permanence of the State - le symbole de l'unité et la continuité de l'État)*, y como tal arbitra y modera el funcionamiento regular de las instituciones. También es el Jefe de las Fuerzas Armadas *(commander-in-chief, head of the armed forces - le chef des armées)* y asume la más alta representación del Estado español en las relaciones internacionales. La persona del Rey es inviolable *(inviolable - inviolable)* y no está sujeta a responsabilidad. Sus actos han de ser refrendados *(must be endorsed - doivent être contresignés)*, careciendo de validez sin dicho refrendo.

De acuerdo con la Constitución de 1978 (Merino-Blanco, 1996: 47), España es un Estado unitario *(unitary state - État unitaire)* constituido por unos entes territoriales *(territorial entities - entités territoriales)*, llamados Comunidades Autónomas *(autonomous or self-governing communities - communautés autonomes)*, que ejercen las competencias *(exercise the powers - exercent les compétences)* atribuidas a ellas por la Constitución, que incluyen facultades legislativas *(power to legislate - faculté de légiférer)* en un amplio abanico de asuntos.

El Poder Legislativo (Carbonell, 1995: 105) es el primer poder del Estado, el que ostenta la representación de los ciudadanos. Ni el Poder Ejecutivo puede tomar decisión alguna que vaya en contra de la voluntad general, ni el Poder Judicial aplicar más Derecho que el que emana de esa voluntad popular. La soberanía nacional reside en el pueblo, quien la ejerce por medio de sus representantes en las Cortes Generales. Están formadas por el Congreso de los Diputados *(lower house, chamber of deputies - l'assemblée nationale)* y el Senado *(upper house, senate - le sénat).*[9] Los diputados *(members of Parliament, mps*[10] *- députés)* del Congreso y los senadores *(senators - sénateurs)* son elegidos para un mandato de cuatro años por sufragio directo *(by direct suffrage - au suffrage direct)* y no están ligados por mandato imperativo *(are unbound by any external allegiance - ne sont pas tenus par mandat impératif)*. Mientras que los diputados son elegidos en representación de cada provincia, según el sistema de listas cerradas, la representación de los senadores es territorial.

Los diputados y los senadores gozan del privilegio de inviolabilidad, mediante el cual ninguno de ellos puede ser perseguido judicialmente, investigado, detenido, retenido o juzgado *(prosecuted, investigated, arrested, detained or tried - poursuivi, recherché, arrêté, détenu ou jugé)* por la manifestación de sus opiniones en el ejercicio de sus funciones *(in the discharge of their duties - dans l'exercice de ses fonctions)*. También gozan del privilegio de inmunidad parlamentaria *(Parliamentary privilege - immunité parlementaire)*, mediante la cual no pueden ser objeto de detención ni de medida alguna privativa de libertad, salvo en caso de delito flagrante *(being caught red-handed -*

flagrant délit) o de sentencia condenatoria *(conviction - condamnation)* firme.

4. El ordenamiento jurídico

Se entiende por ordenamiento jurídico *(legal system - système/ordre juridique)* el conjunto de normas jurídicas *(laws, legal rules - règles de droit)* que, dispuestas de acuerdo con unos principios, se aplican en un lugar y un tiempo determinados para garantizar la convivencia pacífica, construida sobre el valor de la justicia. Las fuentes *(sources - sources)* del ordenamiento jurídico español, a tenor de lo que dispone el artículo 1 del Código Civil, son la ley *(law, legislation - loi)*, la costumbre *(custom and usage - les us et coutumes)* y los principios generales del Derecho. La costumbre sólo regirá en defecto de ley aplicable *(in default of an applicable law - par défaut d'une loi applicable)*, siempre que no sea contraria a la moral o al orden público *(decency or public order - à la moralité ou à l'ordre public)*. A su vez, los principios generales del Derecho se aplicarán en defecto de ley o costumbre. Añade el citado artículo que la jurisprudencia *(case law, decided law, precedent - droit de précédents, jurisprudence)* complementará el ordenamiento jurídico con la doctrina *(doctrine, authoritative or persuasive decisions - doctrine)* que, de modo reiterado, establezca el Tribunal Supremo al interpretar y aplicar los textos legales *(wording of the extant laws - les textes du droit)*, la costumbre y los principios generales del Derecho.[11]

En los países anglosajones la jurisprudencia es una de las fuentes principales del Derecho.[12] En cambio, en el Derecho continental la Revolución francesa proclamó la supremacía de la ley aprobada por el parlamento o las asambleas legislativas *(legislative bodies - corps législatifs)*, por lo que a los jueces «se les asigna únicamente la misión de *aplicar* la ley, mientras que su *creación* queda reservada al Poder Legislativo» (Latorre, 1965/2000: 35). Tres son las fuentes básicas del Derecho inglés: El *common law*,[13] la Equidad *(equity - Equité)* y el Derecho legislado *(statute law, enacted law - droit écrit /positif)*, que son las leyes *(statutes, Acts - lois)* aprobadas por los parlamentos o asambleas legislativas de cada país de habla inglesa así como las disposiciones del Ejecutivo y de las Agencias Administrativas, tales como *The Internal Revenue Service* o *IRS* (Agencia Tributaria), llamada *Inland Revenue* en Gran Bretaña, *The Immigration and Naturalization Service* o *INS* (Servicio de Inmigración y Naturalización), *The Atomic Energy Commission* o *EAC* (la Comisión de Energía Nuclear), etc.

Common law es el nombre histórico reservado para el conjunto de principios doctrinales contenidos en las resoluciones *(judgments, decisions - décisions)* adoptadas por los jueces, que han creado precedente *(set or established precedents - faisant autorité)*.[14] La *equity* no significa simplemente «equidad», que es un concepto fundamental en cualquier sistema jurídico y que combina las ideas de justicia, conciencia e igualdad de trato en su administración, sino que aludía en sus orígenes a la facultad otorgada a los jueces de apartarse en sus resoluciones de la letra estricta de la ley cuando ésta estaba reñida con la justicia natural o cuando su aplicación en un caso concreto produciría un resultado injusto. Con el tiempo, los principios de la *equity* quedaron determinados, por lo que ha perdido una parte de su carácter discrecional, pero sigue siendo una parcela propia del Derecho inglés, sólo invocable por quien ha actuado en un asunto de acuerdo con los preceptos de la justicia natural más que con los de la ley.[15]

5. La leyes y sus clases

La ley *(law, statute, act - loi)* es la norma jurídica suprema *(supreme rule of law - règle de droit suprême)* de carácter general e impersonal, aplicable a todos *(applicable to everybody - applicable a tous)*, elaborada y aprobada *(adopted - adoptée, votée)* por las Cortes Generales *(Parliament - Parlement)*. El Rey, en el plazo de quince días, la sanciona *(ratifies it, gives it the royal assent - sanctionne)* y la promulga *(promulgates, enacts - promulgue)* ordenando su inmediata publicación en el *Boletín Oficial del Estado (publication in the Official Gazette - publication au Journal Officiel)*. Ésta es la acepción técnica de la palabra «ley»; en su sentido más amplio, equivale a cualquier norma jurídica, especialmente cuando está escrita, como cuando decimos «infringir la ley» *(break the law - enfreindre la loi)*.

La iniciativa legislativa corresponde al Gobierno, al Congreso y al Senado.[16] Cada uno de los textos que elabora el Congreso o el Senado para ser aprobado como ley se llama «proposición de ley» *(draft bill - proposition de loi)*. El texto aprobado por el Gobierno y sometido *(submitted to the consideration of - soumis)* a las Cortes Generales para su aprobación como ley se llama «proyecto de ley» *(bill - projet de loi)*, los cuales previamente se deliberan en el Consejo de Ministros *(are discussed by the cabinet - sont délibérés en Conseil de Ministres)*, tras haber recibido el dictamen jurídico del Consejo de Estado *(upon the advice of the council of state/privy council - après avis du Conseil d'État)*.[17]

La leyes se clasifican, en principio, en orgánicas y ordinarias. De acuerdo con el artículo 81.1 de la Constitución, son leyes orgánicas (*«organic laws»*, *general Acts of Parliament - lois organiques*) las que regulan el desarrollo de los derechos fundamentales y de las libertades públicas, las que aprueban los Estatutos de Autonomía de cada Comunidad Autónoma y el régimen electoral general *(general electoral regime - régime électoral général)* y las demás cuestiones previstas en la Constitución, por ejemplo, las condiciones y modalidades de referéndum previstas por la Constitución, las formas de ejercicio y requisitos de la iniciativa popular *(private members' bills got up by popular initiative - initiative populaire)* para la presentación de proposiciones de ley, etc. La aprobación, modificación o derogación *(approval, modification or repeal - approbation, modification ou dérogation)* de las leyes orgánicas exigirá mayoría absoluta *(absolute majority - majorité absolue)* del Congreso, en una votación final sobre el conjunto del proyecto. Aquí residen los dos grandes rasgos definitorios de las leyes orgánicas: la materia *(subject-matter - matière)* que regulan, y el requisito de mayoría absoluta exigido para su aprobación, modificación o derogación.

Además de las leyes ordinarias, existen otras dos modalidades de leyes: los decretos-leyes *(decrees-laws, orders in council - décrets-loi)* y los decretos legislativos *(legislative decrees, delegated legislation - décrets législatifs)*. Los primeros los dicta el Gobierno por razones de urgencia o necesidad y deben ser convalidados *(validated, approved - validés)* por el Parlamento antes de treinta días desde la fecha de su promulgación *(enactment - promulgation)* por el Gobierno. Estos decretos-leyes no pueden afectar a cuestiones tales como la organización de las instituciones del Estado, los derechos o las libertades civiles contenidas en el Título I de la Constitución. Los decretos legislativos, en cambio, son leyes redactadas por el Gobierno, a petición del Parlamento, de acuerdo con los límites marcados por éste. Las Cortes autorizan al Gobierno a promulgar decretos legislativos, por ejemplo, para el desarrollo de una «ley de bases» *(framework law - loi cadre)* aprobada por el Parlamento, o la refundición en un solo texto *(consolidation - refonte et unification de textes législatifs)*, de disposiciones legislativas *(legislation - dispositions législatives)* que se encuentran dispersas *(scattered - dispersées)*.

6. La ley y su macroestructura

La ley es el género jurídico por excelencia, y de ella salen los reglamentos. En toda ley existe un mandato para ser cumplido, que se expone de una forma abstracta y general; el decreto *(decree - décret)*, la orden ministerial *(ministerial order - arrêté, ordre ministériel)* y el reglamento *(rule, set of rules, order, regulations - règlement)* descienden a particularidades o detalles. He aquí algunas expresiones relacionadas con la ley:

LEY DE AUTORIZACIÓN *(enabling Act, delegated legislation - loi d'habilitation)*: la que delega el desarrollo de determinados preceptos a otras instituciones del Estado de acuerdo con las normas fijadas en esta ley.

LEY DE BASES *(framework law - loi cadre)*: la que sólo contiene las normas generales sobre una materia.

LEY DE EXCEPCIÓN *(emergency legislation, Special Powers Act - mesures d'exception)*: ley o medida de urgencia, con supresión momentánea de algunas garantías constitucionales, adoptada para hacer frente a una crisis (desórdenes sociales graves, terrorismo, invasión o amenazas procedentes desde el exterior).

LEY DE ORDEN PÚBLICO *(public order Act - loi d'ordre public)*: la encaminada a endurecer la represión de los desórdenes en momentos de tensión social; por su naturaleza coercitiva y de supresión o recorte de las libertades, este tipo de legislación constituye la excepción en los países democráticos.

LEY DE PLENOS PODERES *(act providing for emergency powers - loi de pleins pouvoirs)*: como la anterior, ley de excepción en la que se concentra todo el poder necesario para un fin determinado en manos de una persona o grupo. Sólo se suele invocar en casos de emergencia nacional (invasión, guerra, rebelión militar).

LEY DE PRESUPUESTOS *(budgetary provisions, Act controlling public spending or the national budget - loi de finances, loi budgétaire)*: la adoptada por el Gobierno para la gestión de la economía nacional de acuerdo con su programa y con las exigencias del mercado; suele anunciar cambios y reajustes en el precio de algunos bienes y servicios y en las previsiones del gasto público.

LEY DE PROTECCIÓN DE DATOS PERSONALES *(privacy Act, data protection Act - loi sur la protection des renseignements personnels)*: limita el uso que legítimamente pueden hacer los organismos y servicios públicos y las empresas privadas de los datos de los particulares (nombre, DNI, dirección, teléfono, información bancaria, etc.) que obran en su poder. Rige, en principio, el derecho a la intimidad, por lo que la venta u otro abuso de esta información privilegiada constituye delito, al margen del derecho que le da al afectado a demandar al infractor.

LEY DE PROTECCIÓN DEL CONSUMIDOR *(consumer protection Act - loi sur la protection du consommateur)*: la que regula las condiciones de venta de los productos al público y está encaminada a evitar el engaño, la confusión y el abuso en los contratos comerciales.

LEY EN VIGOR *(law in force - loi en vigueur)*: la que está vigente en un momento concreto, es decir, que rige y no ha sido derogada.

LEY MARCO *(skeleton law, framework law - loi cadre)*: la que determina las bases y limita el ámbito de ciertas relaciones que han de establecerse con más detalle en el futuro.

LEY MARCIAL *(martial law, articles of war - loi martiale, état de siège)*: la de orden público, una vez declarado el estado de guerra. Concede poderes muy amplios a las autoridades militares, con notable incremento de la dureza y supresión de garantías constitucionales.

LEY ORGÁNICA *(organic law, ordinary Act of Parliament - loi organique)*: la que se deriva inmediatamente de los principios establecidos en la constitución de un Estado, regulando cada materia concreta de forma minuciosa y detallada.

Las leyes se publican en el *Boletín Oficial del Estado* y su macro-estructura consta de las siguientes secciones:

a)   Nombre de la ley y número por el que se la conoce:[18]

Ley 15/2001 de 9 de julio del Plan Hidrológico Nacional

b)   Fórmula de sanción real *(royal assent and enacting words/ clause - le dispositif)*:

Juan Carlos, rey de España, a todos los que la presente vieren y entendieren, sabed: que las Cortes han aprobado y yo vengo en sancionar la siguiente Ley

c)   Exposición de motivos *(preamble - exposé de motifs d'une loi)*:

El artículo 45.2 de la Constitución Española establece que «los poderes públicos velarán por la utilización racional de todos los recursos naturales, con el fin de proteger y mejorar la calidad de vida y defender y restaurar el medio ambiente, apoyándose en la indispensable solidaridad colectiva». Constituyendo el agua un recurso natural, su disponibilidad debe ser objeto de una adecuada planificación que posibilite su uso racional en armonía con el medio ambiente. Si bien la planificación es una técnica que goza de...

d)   Cuerpo de la ley:

El cuerpo de la ley contiene las disposiciones generales *(general provisions - provisions générales)* presentadas en forma de artículos *(sections - articles)*; éstos suelen agruparse en capítulos *(chapters - chapitres)*, títulos *(titles - titres)* y, a veces, dentro de estos títulos se distinguen secciones *(articles - sections)*. He aquí parte del Título Preliminar de la citada ley:

TÍTULO PRELIMINAR

ARTÍCULO 1.   *Objeto de la Ley*

El objeto de la presente Ley es la regulación de las materias a que se refiere el artículo 43 de la Ley 29/1985, de 2 de agosto, de Aguas, como contenido del Plan Hidrológico Nacional, así como el establecimiento de aquellas previsiones normativas necesarias para garantizar su cumplimiento.

ARTÍCULO 2.   *Objetivos de la ley*

1. Son objetivos generales de la presente Ley:
   a) Alcanzar el buen estado del dominio público hidráulico, y en particular de las masas de agua.
   b) Satisfacer las demandas de aguas presentes y futuras a través de un aprovechamiento racional, sostenible, equilibrado y equitativo del agua, que permita al mismo tiempo garantizar la suficiencia y calidad del recurso para cada uso y la protección a largo plazo de los recursos hídricos disponibles, etc.

ARTÍCULO 3.   *Definiciones*[19]

e)   Las disposiciones adicionales, transitorias, derogatorias y finales

La última parte de la ley consta de una serie de disposiciones que reciben distintos títulos:[20]

1.   Las adicionales *(additional provisions, schedules - dispositions additionnelles)* tienen como objeto aportar las modificaciones y ajustes técnicos de la práctica actual necesarios para la correcta aplicación de la nueva ley.

Se introducen las siguientes modificaciones en la Ley 29/1987 de 19 de julio General para la Defensa de [...] La letra *b*) del apartado 1 del artículo 2 queda redactada de la forma siguiente: «La protección de sus legítimos intereses económicos y sociales; en particular, frente a la inclusión de cláusulas abusivas en los contratos a que hace referencia el artículo 10 bis de la presente Ley.»

2. Las transitorias *(temporary provisions - dispositions transitoires)* afirman qué disposiciones de qué leyes serán de aplicación mientras no se redacten y aprueben las anunciadas en las disposiciones finales.

DISPOSICIÓN TRANSITORIA. Aplicación y adaptación. Los contratos celebrados antes de la entrada en vigor de esta Ley... podrán inscribirse en el Registro de..., salvo que, por norma expresa, se determine su obligatoriedad, en cuyo caso deberán hacerlo a partir de su entrada en vigor.

3. Las derogatorias *(repealing provisions - dispositions dérogatoires)* tienen como propósito indicar cuáles son las disposiciones que quedan sin valor a la entrada en vigor de la ley que se promulga.

Queda derogado el punto 2 de la Disposición Adicional Segunda de la Ley 36/1988 de 5 de diciembre de...

4. Las finales *(closing provisions - dispositions finales)* anuncian la preparación de nueva legislación que incidirá en alguna parte de la materia tratada en la presente ley, o que ésta hace necesaria.

Se autoriza al Gobierno para dictar las disposiciones de desarrollo o ejecución de la presente Ley, en las que podrán tomarse en consideración las especialidades de los distintos sectores económicos afectados.
La presente Ley entrará en vigor a los veinte días de su publicación en el Boletín Oficial del Estado.

7. El Poder Ejecutivo. El Gobierno

El Gobierno dirige *(oversees and controls - détermine et conduit)* la política interior y exterior, la Administración civil y militar y la defensa del Estado, y responde ante *(is answerable to - est responsable devant)* el Congreso de los Diputados solidariamente de su gestión política. El Presidente del Gobierno[21] dirige la acción del Gobierno *(directs the government's affairs - dirige l'action du gouvernement)*. Tras las elecciones generales, el Rey propone al Congreso de los Diputados un candidato a Presidente de Gobierno, quien expondrá a la Cámara su programa y pedirá su confianza. Si la obtiene, el Rey lo nombrará para un mandato de cuatro años.

El Presidente del Gobierno, previa deliberación del Consejo de Ministros *(after consulting the cabinet - après délibération au Conseil des Ministres)* y bajo su exclusiva responsabilidad, podrá proponer la disolución *(dissolution - dissolution)* del Congreso, del Senado o de las Cortes Generales, que será decretada *(decreed, announced - prononcée)* por el Rey.

Las normas jurídicas adoptadas al amparo de las leyes se llaman «reglamentos», los más conocidos de los cuales son los decretos, las órdenes ministeriales y las instrucciones y circulares. Los decretos se llaman «reales decretos» porque son sancionados por el Rey, tras su aprobación por el Consejo de Ministros. Las órdenes ministeriales las firma un ministro, y las instrucciones y las circulares, otros altos cargos *(senior officers or civil servants - hauts fonctionnaires)* de la Administración.

8.　El Derecho de la Unión Europea. El Derecho Comunitario

La adhesión *(accession - adhésion)* de España a las Comunidades Europeas por medio del Tratado de Adhesión *(Treaty of Accession - Traité d'Adhésion)* de 1986 ha significado una cesión parcial de soberanía *(partial cession of sovereignty - cession partielle de souveraineté)*, por lo que la legislación europea tiene efecto directo y supremacía *(direct effect and supremacy - effet direct et suprématie)* sobre la legislación española. Éste es uno de los pilares en el que se basa la Unión Europea, lo que significa que, de acuerdo con las resoluciones *(rulings - arrêts, jugements)* del Tribunal Constitucional, cualquier conflicto que surja entre la legislación española y la europea deberá ser resuelto por los tribunales ordinarios en favor de ésta. El Derecho Comunitario *(Community law - législation communautaire)* es un Derecho supranacional que prevalece *(prevails - prévaut)* sobre el Derecho interno de cada uno de los demás países comunitarios, y está formado por las fuentes jurídicas primarias y las secundarias o derivadas.

Las *fuentes primarias* del Derecho Comunitario son el tratado de la Comunidad del Carbón y del Acero, CECA *(European Coal and Steel Community, ECSC - Communauté Européenne du Charbon et de l'Acier, CECA)* de 1953, el de la Comunidad Europea de la Energía

Atómica *(European Atomic Energy Community, EURATOM - Communauté Européenne de l'Energie Atomique)* de 1957 y el de la Comunidad Económica Europea *(European Economic Community, EEC - Communauté Économique Européenne, CEE)* de 1957, también llamado el Tratado de Roma *(Treaty of Rome - Traité de Rome)*. Estos tratados fundacionales han sido seguidos por el Acta Única Europea *(Single European Act - Acte Unique Européen)* de 1987, el Tratado de Maastricht de 1992, el de Amsterdam de 1997, y los de Niza de 2000; estos últimos han modificado algunos artículos del Tratado de la Unión y han fijado el número de miembros para el Comité de las Regiones, el Comité Económico y Social, el Parlamento, la ponderación de votos, etc. A partir del Tratado de Maastricht, las Comunidades Europeas se llaman la Unión Europea *(European Union - l'Union Européenne)*. En el Consejo Europeo de diciembre de 2001 se aprobó la Declaración de Laeken (Bélgica), en uno de cuyos puntos se menciona «el camino hacia una Constitución para los ciudadanos europeos».

El intento que ha habido en la primera década del siglo XXI para establecer una Constitución Europea que reemplace con un solo texto los tratados existentes todavía no ha llegado a buen puerto, aunque sí ha habido varias fases de importancia (además del Tratado de Niza): la Convención Europea de 2003, la Conferencia Intergubernamental (CIG) 2003/2004, y la Constitución Europea (firmada en octubre de 2004). Tras el «no» de varios países y después de varios años de reflexión, en junio de 2007 los dirigentes de la UE acordaron otorgar un mandato para una nueva Conferencia Intergubernamental con el cometido de elaborar un nuevo Tratado para la Reforma, texto firmado por los Jefes de Estado y de Gobierno de los 27 Estados miembros de la Unión Europea en el Tratado de Lisboa de diciembre de 2007.

El objetivo fundamental de estos tratados comunitarios ha sido el establecimiento de una comunidad independiente con derechos y facultades soberanas. De acuerdo con estos tratados, los países miembros se comprometen a promulgar las leyes concretas *(enact specific legislation - promulguer les lois nécessaires)* dirigidas al cumplimiento de las disposiciones de los tratados de la Unión Europea.

El *Derecho comunitario derivado o secundario* está formado por cinco tipos de actos jurídicos (reglamentos, directivas, etc.) que dictan el Consejo de Ministros y la Comisión, de acuerdo con las facultades que les otorgan los tratados:

a) Los reglamentos *(regulations - règlements)*, destinados a garantizar la uniformidad legal imprescindible entre los estados miembros, son directamente aplicables y obligatorios para todos los ciudadanos de derecho de los mismos, y producen efectos inmediatos desde su entrada en vigor, que es la fecha que se señala o a los 20 días de su publicación en el *Diario Oficial*. El Tribunal de Justicia, con el fin de reforzar el «efecto directo» *(direct effect - effet direct)* de los reglamentos comunitarios, ha prohibido que se reproduzcan en normas nacionales lo dispuesto en los Reglamentos.

b)   Las directivas *(directives - directives)* no son en principio de aplicación directa, ya que son instrucciones o directrices que se dan a los países miembros a fin de que armonicen sus leyes con las comunitarias en un plazo fijado, utilizando el instrumento legal *(statutory instruments - dispositions légales)* elegido por cada país (ley, decreto, orden ministerial, etc.). Por ejemplo, en la transposición de la Directiva 93/13/CEE del Consejo de 5 de abril de 1993 sobre cláusulas abusivas, España optó por efectuar la incorporación por medio de una Ley, como se dice en la exposición de motivos *(explanatory statement - exposé de motifs d'une loi)* que sigue:

> EXPOSICIÓN DE MOTIVOS. La presente Ley tiene por objeto la transposición de la Directiva 93/13/CEE del Consejo de 5 de abril de 1993 sobre cláusulas abusivas en los contratos celebrados con consumidores, así como la regulación de la condiciones generales de la contratación [...]. Se ha optado por llevar a cabo la incorporación de la Directiva citada mediante una Ley de Condiciones Generales de la Contratación...

Pasado el plazo sin que se haya producido la incorporación, las directivas tienen efecto directo vertical, es decir, los particulares pueden interponer acciones ante los tribunales directamente contra el Estado que haya incumplido.

c)   Las decisiones *(decisions - décisions)* son actos jurídicos *(legally binding agreements or decisions - actes juridiques)* dirigidos a un particular, empresa o Estado al que obligan, y sólo vinculan al destinatario.

d)   Las recomendaciones *(recommendations - recommandations)*.

e)   Los dictámenes *(opinions - avis)*, de carácter no obligatorio.

Las principales instituciones y órganos de las Comunidades Europeas son :

1.   El Consejo de Ministros *(The Council of Ministers - Le Conseil des Ministres)*, constituido por los Ministros correspondientes de los Estados miembros; en ocasiones, el Consejo de Ministros está

formado por los Jefes de Estado y de Gobierno de los Estados miembros, denominándose entonces Consejo Europeo *(The European Council - Le Conseil Européen)*.

2. La Comisión Europea *(The European Commission - La Commission Européenne)*, órgano ejecutivo de las Comunidades, formado por 27 comisarios *(commissioners - commissaires)*.

3. El Parlamento Europeo *(The European Parliament - le Parlement Européen)*, cuyos diputados son elegidos por sufragio universal directo y secreto de todos los ciudadanos, con un mandato de cinco años. Además del poder deliberante, el Parlamento dictamina muchas cuestiones y puede interponer moción de censura contra la Comisión, interpelar *(summon - interpeller)* a los Comisarios y al Consejo de Ministros.

4. El Tribunal de Justicia de las Comunidades Europeas *(The European Court of Justice - La Cour de Justice des Communautés Européennes)*, con sede *(based - installée, siégeant)* en Luxemburgo, está encargado de velar *(in charge of ensuring - chargée de veiller à)* por el respeto al Derecho comunitario *(Community law - droit communautaire)* en su interpretación y su aplicación *(in its interpretation and enforcement - dans son interprétation et son application)*. Está formado por 27 jueces, auxiliados por 9 Abogados Generales *(Advocates-General - Avocats-Généraux)*; los Abogados Generales, antes de que los jueces dicten sentencia *(render their decisions - rendraient leur décisions)*, emiten dictámenes razonados *(reasoned opinions - opinions motivées)* sobre las demandas correspondientes.

5. El Tribunal de Cuentas *(The Court of Auditors - La Cour d'Auditeurs)*, compuesto por 27 miembros, que examina las cuentas de la totalidad de los ingresos y gastos de la Comunidad.

6. El Tribunal de Primera Instancia *(The Court of First Instance - La Cour de Première Instance)*, que existe desde 1989, y cuya función principal es aliviar la labor del Tribunal de Justicia. Este tribunal entiende, entre otras materias, de las demandas y de los procedimientos *(the proceedings - les procédures)* incoados por *(brought by - entamées par)* los funcionarios *(staff - fonctionnaires)* de las Comunidades, así como de determinados tipos de demandas interpuestas por personas físicas o jurídicas *(natural or legal persons - personnes physiques ou morales)*, contra cualquier institución comunitaria, pero no tiene competencias para conocer *(hear, try - juger)* de las presentadas por los Estados miembros ni para resolver los recursos o cuestiones con carácter prejudicial *(references for preliminary rulings - les questions préjudicielles)*, instados por los tribunales nacionales *(submitted by national courts - soumis par des cours nationales)*, que son competencia exclusiva del Tribunal de Justicia.

Son órganos auxiliares el Comité Económico y Social *(The European Economic and Social Committee - Comité Économique et Social Européen)*, el Comité de las Regiones *(The Committee of the Regions - Comité des Régions)*, el Banco Europeo de Inversiones *(The European Investment Bank - Banque Européenne d'Investissement)*, y el Banco Central Europeo *(The European Central Bank - Banque Centrale Européenne)*.

9. El campo semántico de la palabra «ley»

Tras este breve repaso a los principios básicos de la legislación, pasamos a considerar de forma más detallada algunos de los términos más frecuentes del Derecho. Parece oportuno empezar por la palabra más general, «ley» *(law, Act - loi)*, que es el núcleo de un amplio campo semántico y aparece, además, en unidades léxicas compuestas y complejas. Al tratarse de un campo semántico vasto, nos limitaremos a ofrecer a continuación una selección de algunos de los términos y combinaciones más frecuentes en torno al concepto principal de «ley»:

ANTEPROYECTO DE LEY *(draft bill - avant-projet de loi)*.

ANTICONSTITUCIONAL *(unconstitutional - anticonstitutionnel)*.

ARTÍCULO [DE UNA LEY] *(section; article - article)*.

ASAMBLEA LEGISLATIVA *(legislative assembly/body, legislature - assemblée législative, corps législatif)*.

CÁMARA LEGISLATIVA *(house, chamber - assemblée législative, chambre législative)*.

CAPÍTULO [DE UNA LEY] *(chapter, part - chapitre)*.

CÓDIGO *(code, consolidating act - code)*.

CONSTITUCIÓN *(constitution - constitution)*.

COSTUMBRE *(custom, practice - coutume)*.

DECRETO *(decree, judgment, decision - décret)*.

DISPOSICIÓN *(provision - disposition)*.

ENMIENDA *(amendment - amendement)*.

ESTATUTO *(statute, by-law, regulation - statut)*.

ILEGAL *(illegal, unlawful - illégal)*.

ILEGALIDAD *(illegality, unlawfulness - illégalité)*.

LEGAL *(legal, lawful - légal)*.[22]

LEGALIDAD *(legality, lawfulness - légalité)*.

LEGALISTA *(legalistic - légaliste)*.

LEGALIZAR *(legalize, make legal - légaliser)*.

LEGISLADOR *(lawgiver, lawmaker, legislator - législateur)*.

LEGISLAR *(legislate - légiférer)*.

LEGISLATURA *(life of a parliament, session, term - législature)*.
LEY *(law, Act, enactment, statute - loi)*.
PLEBISCITO *(plebiscite - plébiscite)*.
PREÁMBULO [DE UNA LEY] *(preamble - préambule)*.
PROCEDIMIENTOS LEGALES *(legal proceedings or procedures - procédés légaux)*.
PROYECTO DE LEY *(bill - projet de loi)*.
RECOPILACIÓN *(compilation - compilation)*.
REFERÉNDUM *(referendum - référendum)*.
REGLAMENTO *([set of] rules, regulations - règlement)*.
TÍTULO [DE UNA LEY] *(part, title - titre)*.

10. Las combinaciones léxicas frecuentes de la palabra «ley»

a) *Verbos que suelen acompañar a la palabra «ley»*

Los verbos «cumplir» *(comply with - s'assujettir à)* y «someterse a» *(submit to - se soumettre à)* tienen un alto grado de probabilidad de aparecer en expresiones en donde la palabra «ley» sea objeto o complemento gramatical:

> Manifestó su voluntad de <u>cumplir [los requisitos exigidos por] la ley</u>.
> Todos, los nacionales y los extranjeros, deben <u>someterse a las leyes</u> del país en que vive.

He aquí otros verbos de uso frecuente en este contexto:

ABOLIR *(abolish - abolir)* una ley.
ABROGAR *(repeal, abrogate - abroger)* una ley; este término no se usa frecuentemente en español; en su lugar se emplean «derogar» o «abolir».
ACATAR *(obey, comply with - respecter)* las leyes.
ANULAR *(annul, set aside, remove from the statute-book - annuler)* una ley.
APLICAR *(apply, enforce - appliquer)* una ley.
APROBAR *(adopt, pass - adopter)* una ley.
ATENERSE *(abide by - s'en tenir à)* a lo que diga la ley.
BURLAR *(cheat, thwart, get round - tourner)* la ley.
CONTRAVENIR *(breach, contravene, violate, transgress - contrevenir à)* las leyes.
DEROGAR *(repeal - abroger, rapporter)* una ley.
DEJAR SIN EFECTO *(annul, abolish, repeal, set aside - laisser sans effet)* una ley.

DICTAR *(establish, lay down, bring in/out - faire la loi)* la ley.
EVADIR *(evade, get round - éluder)* la ley.
HACER CAER EL PESO DE LA LEY *(bring the full weight of the law to bear - faire retomber le poids de la loi)*.
INFRINGIR *(infringe, breach - enfreindre)* una ley.
INTERPRETAR *(interpret, construe - interpréter)* una ley.
INVALIDAR *(strike out, overrule, annul - rendre nul, annuler)* una ley.
OBSERVAR *(observe, comply with - observer, respecter)* las leyes.
PONER EN VIGOR *(introduce, put in place, lay down, bring in - mettre en vigueur)* una ley.
PROMULGAR *(promulgate, enact - promulguer)* una ley.
QUEBRANTAR *(breach, break, infringe - transgresser)* una ley.
REFORMAR *(amend - amender)* una ley.
REFRENDAR *(ratify - ratifier)* una ley.
RESPETAR *(respect, obey, comply with, abide by - respecter)* la ley.
REVOCAR *(revoke - révoquer)* una ley.
SANCIONAR *(sanction, ratify - sanctionner)* una ley.
SUJETARSE A *(abide by - s'en tenir à)* la ley.
TRANSGREDIR *(transgress, infringe - enfreindre, transgresser)* una ley.
VULNERAR *(violate, breach, infringe - violer, transgresser)* una ley.

La palabra «ley» también puede aparecer como sujeto gramatical de otros verbos. Así, las leyes pueden...

AUTORIZAR *(authorize - autoriser)*.
DEROGAR *(repeal - abroger)*.
DISPONER, ESTABLECER, ORDENAR, FIJAR, etc. *(provide - disposer)*.
ENTRAR EN VIGOR *(come into force - prendre effet)*.
INVALIDAR *(invalidate, overrule, quash, nullify - invalider, infirmer)*.
MANDAR *(command - ordonner)*.
ORDENAR *(order - ordonner)*.
PERMITIR *(allow - permettre)*.
PRESCRIBIR *(prescribe, lay down - prescrire)*.
PROHIBIR *(prohibit, forbid - interdire)*.
PROSCRIBIR *(proscribe, forbid, ban - interdire)*.
REVOCAR *(revoke, reverse - révoquer)*.
SURTIR EFECTO *(take effect - prendre effet, produire son effet)*.

b)   *Adjetivos que suelen acompañar a la palabra «ley»*

He aquí algunos de los muchos adjetivos que suelen acompañar a la palabra «ley». Las leyes pueden ser...

ARBITRARIAS *(arbitrary - arbitraires)*.

DESPÓTICAS *(despotic, tyrannical - despotiques)*.
DRACONIANAS *(draconian, harsh - draconiennes)*.
ESTRICTAS *(strict - strictes)*.
IMPLACABLES *(implacable - implacables)*.
INAPLICABLES *(unenforceable, inapplicable - inapplicables)*.
INFLEXIBLES *(inflexible - inflexibles)*.
INHUMANAS *(inhuman - inhumaines)*.
INJUSTAS *(unfair - injustes)*.
JUSTAS *(fair - justes)*.
OPORTUNAS *(appropriate - opportunes)*.
OPRESIVAS *(oppressive - oppressives)*.

11. La expresión del mandato legislativo. Sinónimos parciales de «disponer»

La «ley» se puede definir como el «precepto» dictado por la suprema autoridad, en que se manda o prohíbe algo en consonancia con la justicia y para el bien de los gobernados. En este sentido, «ley» y «precepto» son sinónimos. No obstante, también se suele decir que las leyes incluyen, contienen o constan de «preceptos» *(precepts, rules - préceptes)*:

Esta Ley contiene nuevos preceptos que regulan esa materia...

La acción de dictar preceptos se llama «preceptuar» *(lay down, establish - établir)*.

El artículo 23 preceptúa que no se puede solicitar amparo cuando...

Sin embargo, este verbo se utiliza muy poco; el que se emplea con mayor regularidad es «disponer», que aparece en el primer párrafo de los decretos con la palabra «dispongo». He aquí el significado del verbo «disponer» y algunos de sus sinónimos parciales:

DISPONER *(provide, order, stipulate, determine, establish - disposer, ordonner, stipuler, déterminer, établir)*; mandar con autoridad lo que ha de hacerse.

Constituido el tribunal en la forma que dispone esta Ley, el Juez o Presidente declarará que se procede a celebrar vista pública.

DETERMINAR *(determine, settle - déterminer)*: tiene el matiz de «definir o fijar los términos».

El Libro II de la presente Ley, dedicado a los procesos declarativos, comprende las reglas para determinar el proceso que se ha de seguir.

ESTABLECER *(state, lay down, establish - établir)*: tiene el matiz de «plantear» o «exponer».

Para evitar indebidas paralizaciones o retrasos del proceso penal se establece expresamente la responsabilidad civil por daños y perjuicios derivados de la dilación suspensiva.

ESTIPULAR *(stipulate, specify - établir)*: es sinónimo parcial de «disponer», pero a diferencia de éste no se aplica a los contenidos dogmáticos de los textos legales, sino que se emplea con la idea de «determinar, establecer o concretar» condiciones, precios, plazos, etc., por ejemplo, en un contrato.

El acreedor percibirá en dicho caso las rentas vencidas y no satisfechas, si así se hubiese estipulado, y los frutos, rentas y productos posteriores.

FIJAR *(establish, set - fixer, indiquer)*: tiene el matiz de «concretar» o «puntualizar».

Los abogados y peritos fijarán sus honorarios con sujeción a las normas reguladoras de su estatuto profesional.

MANDAR *(order - ordonner)*: resalta la idea de que el precepto lo ha dictado un superior jerárquico u otra autoridad y que la orden es perentoria.

La resolución que declare la falta de competencia mandará remitir todos los antecedentes al tribunal inmediato superior.

ORDENAR *(order - ordonner)*: es equivalente a «mandar».

Se dispone que se comunique la existencia de la ejecución y, además, se ordena que en el anuncio de la subasta se exprese la situación posesoria del inmueble.

PRECISAR *(specify - spécifier)*: connota exactitud en los detalles y circunstancias.

El tribunal precisará el régimen a que han de estar sometidas, determinando, en su caso, la forma, cuantía y tiempo en que deba prestarse caución por el solicitante.

PRESCRIBIR[1] *(prescribe - prescrire, ordonner)*: disponer u ordenar lo que ha de regir o debe hacerse. Este verbo tiene la particularidad de contar con dos significados jurídicos distintos, según se emplee como transitivo o intransitivo. En esta primera acepción es transitivo.

La norma prescribe el modo en que han de presentarse los documentos.

PRESCRIBIR[2] *(lapse, be statute-barred - prescrire)*: extinguirse por el transcurso del tiempo o por operación de la ley. En esta segunda acepción, se aplica a los derechos, los delitos, etc.[23]

De acuerdo con la legislación española, el homicidio prescribe a los veinte años, pero en el Derecho inglés no prescribe jamás.

REGULAR *(regulate - régler)*: tiene el matiz de «controlar, ajustar, determinar» de acuerdo con una regla, norma o principio; el sustantivo derivado es «regulación».

Esta ley introduce numerosas innovaciones para regular de modo más completo y racional materias y cuestiones diversas.

De todos los verbos anteriores se derivan sustantivos, muchos de los cuales han nacido por el recurso de la nominalización:[24] «determinación» *(determination - détermination)*, «disposición» *(provision - disposition)*, «estipulación» *(stipulation - stipulation)*, «prescripción» *(prescription - prescription)*, «regulación» *(regulation - réglementation, régularisation)*, etc. Del verbo «ordenar» salen dos sustantivos de significado jurídico: «ordenación» *(arrangement, organization - arrangement, aménagement)* y «ordenamiento»; se emplea este último en la expresión «ordenamiento jurídico» *(legal system - système/ordre juridique)*. Muchos de estos nombres suelen ir acompañados de verbos[25] como «constar», «figurar», «constatarse», «existir», etc.

Lo dispuesto en este capítulo será aplicable al caso en que deje de pagarse una parte del capital del crédito o los intereses, y siempre que tal estipulación conste inscrita en el registro.

Sin embargo, no todos tienen el mismo grado de utilización. Probablemente el que más se emplea sea «disposición» *(provision - disposition)*; las disposiciones se «dan» o se «dictan« y se pueden «aprobar» *(pass, approve - approuver, adopter)*, «anular» o «derogar» *(repeal - abroger)*; también se pueden «infringir» *(infringe, breach, violate - enfreindre)*. Asimismo, esta palabra se encuentra en la expresión frecuente «salvo disposición en contra» *(unless otherwise stated, subject to any provision to the contrary - sauf dispositions contraires)*.

Notas

1. La acepción séptima (la ciencia o disciplina que examina estos principios y preceptos) y la octava (Facultad que abraza el estudio del Derecho en sus diferentes órdenes) nos interesan en tanto en cuanto nacen de la sexta.
2. La palabra inglesa *government* normalmente equivale a «gobierno», como en *the Government of Spain* (el Gobierno de España). No obstante, en algunos contextos equivale a «Estado», como en las expresiones *the organs of government* (los órganos del Estado) o *government bonds* (bonos del Estado); a veces equivale a «Administración» como en *the Federal Government* (la Administración federal). Lo que en español se llama «el gobierno», en inglés norteamericano es *the Administration or the Executive*, que está formado por *the President and the Cabinet*; el término *state* se refiere también a cada uno de los estados (Iowa, California, Maryland, etc.) y a lo que es «estatal» en este sentido, en oposición a lo federal *(federal o national)*. Véase la nota 1 del capítulo diez sobre la traducción al inglés de la palabra «Administración».
3. También se suele decir *conseils régionaux et municipalités*.
4. En la tradición anglosajona las leyes *(Acts, statutes)* suelen articularse en *sections* más que en *articles*. También se ha adoptado la costumbre de usar la denominación *articles* para referirse a los artículos de los distintos tratados de la Unión Europea. En consecuencia, aconsejaríamos a los traductores que utilizaran «artículo» como equivalente de la palabra inglesa *section* en expresiones como *section 4(1) of the Public Order Act*. Sin embargo, por respeto a las tradiciones de otros países en materia de Derecho, al traducir al inglés se suele emplear el término *article* en lugar de *section*. También debe tener en cuenta el traductor que la palabra «artículo», cuando se encuentra en una Ley de Enjuiciamiento Civil o Penal, se llama *rule* en inglés. Por tanto, «artículo» puede equivaler a *section, rule* y también a *article* especialmente en el Derecho Comunitario y el Internacional redactados en inglés.
5. La unidad léxica *organic law* es el calco que se emplea en muchos textos ingleses para traducir la expresión francesa *loi organique* y la española «ley orgánica», ya que dicho concepto no existe como tal.
6. LO 2/1979 de octubre de 1979 (LOTC).
7. Hay que apuntar que en los Estados Unidos cualquier juez estatal o federal tiene también la prerrogativa del control de la constitucionalidad de las leyes.
8. Por ejemplo, las leyes orgánicas, antes de su promulgación, deben ser presentadas ante el Consejo Constitucional, quien en el plazo de un mes ha de pronunciarse respecto de su constitucionalidad. En los casos de urgencia el plazo se reduce a ocho días.
9. En Francia, el Parlamento *(le Parlement)* está formado por la Asamblea nacional y el Senado *(l'Assemblée Nationale et le Sénat)*; en el Reino Unido, el Parlamento *(Parliament)* comprende la Cámara de los Comunes y la Cámara de los Lores *(the House of Commons and the House of Lords)*, y en los Estados Unidos, el Congreso *(Congress)* está constituido por la Cámara de Representantes y el Senado *(the House of Representatives and the Senate)*.

10. *MP* se pronuncia /empi/ y es la forma abreviada de *Member of Parliament*.

11. Por ejemplo, de acuerdo con Federico de Castro (1972: 139), la doctrina del abuso de Derecho se ha impuesto en nuestro ordenamiento jurídico gracias a la jurisprudencia.

12. Véase *El inglés jurídico* (Alcaraz, 1994/2000: 5-13).

13. Los tratadistas suelen distinguir entre los ordenamientos jurídicos *(legal systems - systèmes/ordres juridiques)* de *common law* y el de Derecho continental. Normalmente no traducen el término *commom law* al español, para evitar las ambigüedades que podrían surgir de términos tales como «derecho consuetudinario», «derecho común inglés», etc.

14. Véase el punto 4 del capítulo diez, en la pág. 334.

15. Ésta es una peculiaridad del Derecho inglés: la naturaleza «casuística» de algunas resoluciones judiciales. Dada la gran fuerza atribuida a los precedentes o la jurisprudencia *(case law - droit des précédents)*, es frecuente que los propios litigantes invoquen, además de los textos legales, las decisiones adoptadas anteriormente por los tribunales superiores en pleitos similares por su materia y fundamentos de Derecho, decisiones a las que se otorga valor vinculante (Atienza, 1993: 6). Consecuentemente, los jueces, al dictar sentencia *(give judgement - rendre le jugement/l'arrêt)*, vienen obligados a determinar si el principio doctrinal o *ratio decidendi* de la sentencia *(ruling, judgment - jugement)* invocada se ajusta o no al asunto del que conoce o, lo que es lo mismo, si los hechos concretos que ahora juzgan son asimilables a los determinados en las sentencias que han dado lugar a la creación de los precedentes, y que se llaman «sentencias creadoras de jurisprudencia» *(leading cases - cas d'espèce faisant autorité)*.

16. De acuerdo con el art. 87 de la Constitución, las Comunidades Autónomas podrán solicitar del Gobierno la adopción de un proyecto de ley, o remitir a la Mesa del Congreso una proposición de Ley. La Constitución también reconoce la iniciativa popular para la presentación de proposiciones de ley, mediante el respaldo de no menos de 500.000 firmas acreditadas.

17. El Consejo de Estado, como supremo órgano consultivo del Gobierno *(chief advisory body to the government - conseiller du gouvernement)*, debe dar su asesoramiento *(advice - avis)* sobre los proyectos de ley, sobre determinados decretos *(decrees, orders - certains décrets)* y sobre algunas otras cuestiones jurídicas.

18. Todas las leyes inglesas tienen dos nombres: el largo, que es el explicativo, y el corto, que sirve para citarla *(the long and short titles of an Act)*.

19. Véanse las definiciones dadas en el punto 6 *(b)* del capítulo dos al hablar de la definición en la pág. 73 y ss.

20. Los ejemplos que siguen han sido tomados de otras leyes.

21. El cargo similar a Presidente de Gobierno en Francia es *Le premier ministre* y en el Reino Unido *The Prime Minister*.

22. La palabra «legal» puede ser equivalente a «reglamentario» *(set, regulation, standard - réglementaire)* y a «jurídico» *(legal, concerning law or a law - juridique)*.

23. Véanse el punto 8 del capítulo siete y el 6 del capítulo ocho, en donde se trata con mayor amplitud esta segunda acepción del verbo «prescribir» y su correspondiente sustantivo «prescripción».

24. Véase el punto 4 *(e)* del capítulo uno, en la pág. 29.

25. Gran parte de las combinaciones léxicas de los sustantivos que siguen han sido extraídas del *DUE*.

CAPÍTULO 6

EL LENGUAJE DE LOS JUECES, LOS FISCALES Y LOS ABOGADOS

1. La justicia. El Poder Judicial y el Consejo General del Poder Judicial

En el capítulo anterior estudiamos el lenguaje del Poder Legislativo y del Ejecutivo; en éste, analizaremos el tercer poder del Estado, el Judicial *(the judiciary, the justice system - le pouvoir judiciaire)*. A estos efectos, «Poder Judicial» equivale a «la justicia y su administración». El término «justicia» *(justice, fairness, law, equity, justice system - justice, équité, droit),* al igual que la palabra «derecho», citada en las págs. 82-83, tampoco se escapa a la polisemia, ya que puede tener, por lo menos, las siguientes acepciones:

a)   La cualidad de lo justo, la manera justa de obrar, el trato justo; esta acepción coincide con la definición de la virtud de la justicia, a saber, dar a cada uno lo que le corresponde o pertenece:

La justicia de esa resolución nunca fue cuestionada.

b)   La aplicación del Derecho, pronunciando sentencia y, en su caso, castigando al condenado en un juicio:

Aunque tarde, se ha hecho justicia con los culpables.

c)   La organización de que dispone el Estado para reprimir y castigar los delitos y dirimir las diferencias entre los ciudadanos *(settle differences - régler les différends)*, de acuerdo con la ley y el Derecho; en este sentido es equivalente a «sistema de justicia» y, en su caso, a «Poder Judicial».

Un representante de la justicia se personó inmediatamente en el lugar de los hechos.

Al clasificar la justicia, se usan, entre otros, los siguientes términos:

JUSTICIA CONMUTATIVA *(commutative justice - justice commutative)*: la que regula la igualdad o proporción que debe haber entre las cosas, o que corrige la desigualdad en las transacciones habidas entre dos personas.

JUSTICIA DISTRIBUTIVA *(distributive justice - justice distributive)*: la que establece la proporción en que deben distribuirse las recompensas y los castigos, de forma que cada uno dé y reciba según sus méritos o su derecho.

JUSTICIA GRATUITA *(legal aid - assistance judiciaire gratuite)*: la que provee a los ciudadanos sin recursos para litigar de los profesionales necesarios para acceder a la tutela judicial efectiva y ver adecuadamente defendidos sus derechos o intereses legítimos.

JUSTICIA MILITAR *(military law, martial law - justice militaire)*: la que se rige por el Código de Justicia Militar.

JUSTICIA ORDINARIA *(the ordinary courts, the civil courts, the courts of law or of records - justice ordinaire)*: alude a la jurisdicción común, no a la que se rige por algún fuero especial.

JUSTICIA SOCIAL *(social justice - justice sociale)*: la que busca mayor igualitarismo en la distribución de la riqueza entre los ciudadanos.

En lo que al Poder Judicial se refiere, las líneas maestras que lo conforman están contenidas en el Título VI de la Constitución y en la Ley Orgánica del Poder Judicial. De acuerdo con la Constitución, la justicia emana del pueblo *(emanates/flows from the people - émane du peuple)* y la administran, en nombre del Rey, jueces y magistrados integrantes del Poder Judicial, independientes, inamovibles *(irremovable from office - inamovibles)*, responsables y sometidos *(subject - soumis)* únicamente al imperio de la ley *(the rule of law - l'état de droit)*; los jueces y los magistrados no podrán ser separados, suspendidos, trasladados ni jubilados *(dismissed/removed/relieved, suspended, transferred or retired - détachés, suspendus, mutés ou mis à la retraite)* sino por alguna de las causas previstas y con las debidas garantías jurídicas *(in accordance with the safeguards provided by the law, in due process of law[1] - avec l'ensemble des formalités prévues par la loi à remplir)*.

El Consejo General del Poder Judicial *(General Council of the Judiciary[2] - Conseil Supérieur de la Magistrature)* es el órgano máximo de gobierno del Poder Judicial y su función fundamental es garantizar la neutralidad y la independencia *(guarantee the neutrality and independence - garantir la neutralité et l'indépendance)* de los jueces. El Consejo está integrado por el Presidente del Tribunal Supremo *(the Supreme Court - la Cour de Cassation)*, que lo preside, y por veinte miembros nombrados por el Rey, de los cuales 12 serán jueces y magistrados, y los otros ocho, abogados y juristas de reconocida competencia *(recognised standing - de compétence reconnus)*; su mandato *(mandate - mandat)* dura cinco años y no pueden ser reelegidos, salvo el Presidente. El Presidente del Consejo General del Poder Judicial, que, como acabamos de decir, es también Presidente del Tribunal Supremo, es la primera autoridad judicial de la nación y ostenta la representación *(represents - a la représentation)* del Poder Judicial.

Entre las competencias del Consejo destacan los nombramientos *(appointments - nominations)* de los jueces y magistrados, su formación y actualización *(training and periodical retraining - formation et mise à jour ou recyclage)*, su promoción *(promotion - promotion)* y su régimen disciplinario *(disciplinary system - régime disciplinaire)*, así como la inspección *(inspection - inspection)* de los juzgados y tribunales. Todos los años remite el Consejo una memoria *(report - rapport)* al Parlamento informándole del funcionamiento de los tribunales y, en su caso *(where appropriate - le cas échéant)*, proponiéndole la adopción de medidas legislativas *(suggesting the need for new legislation to be passed - lui proposant les mesures législatives à prendre)*. Otra competencia importante que tiene el Consejo es la propuesta *(the nomination of a candidate - la proposition)*, por mayoría de tres quintos, del nombramiento del Presidente del Tribunal Supremo y del Consejo General del Poder Judicial, que realizará el Rey.

2. Los órganos jurisdiccionales. El personal jurisdiccional

Los órganos del Estado que tienen la función de juzgar *(adjudicate - juger, statuer)* y de ejecutar *(enforce - appliquer, faire exécuter)* lo juzgado se llaman órganos jurisdiccionales *(courts - organes juridictionnels)*. Si son unipersonales *(courts in which a single judge sits - tribunaux composés d'un juge)* se denominan «juzgados», y si son colegiados *(courts in which a bench of judges sits - tribunaux composés de plusieurs juges)*, «tribunales».[3] Son órganos colegiados, por ejemplo, el Tribunal Supremo, los Tribunales Superiores de Justicia o las Audiencias Provinciales; son órganos unipersonales, los Juzgados de Primera Instancia e Instrucción, los de lo Social, etc.

Sin embargo, desde hace mucho tiempo en el uso cotidiano de los juristas se ha empleado la palabra «tribunal» para referirse a cualquier órgano jurisdiccional; y con la promulgación de la Ley de Enjuiciamiento Civil de 2000, en aras de la simplificación y para evitar el uso constante de la expresión «juzgados y tribunales», se ha confirmado oficialmente este uso del término, que nada dice de su carácter unipersonal o colegiado. Consecuentemente, un tribunal es un órgano jurisdiccional formado por uno o varios jueces, cuya misión es adoptar una resolución judicial *(give judgment on a matter - rendre une décision de justice)* destinada a zanjar los litigios *(settle contentious issues - trancher les litiges)* entre las partes *(parties, litigants - parties)*.

Se llama personal jurisdiccional a los funcionarios *(officers of the court - fonctionnaires)* encargados de desempeñar las funciones asignadas a los órganos jurisdiccionales. El personal jurisdiccional puede ser «juzgador» y «no juzgador». En la carrera judicial, esto es, la del personal juzgador, hay tres categorías o escalones: el de los jueces *(judges - juges)*, el de los magistrados *(senior judges - magistrats)* y el de los magistrados del Tribunal Supremo *(Supreme Court judges - magistrats de la cour suprême ou cour de cassation)*. Sin embargo, en el texto de las leyes, el término genérico empleado para referirse a la persona que desempeña la función juzgadora en cualquier caso concreto es el de «juez».[4]

El personal no juzgador desempeña las tareas necesarias para que los jueces y magistrados puedan cumplir con la misión de juzgar y de ejecutar *(try issues and enforce judgment - juger et appliquer ou exécuter)* lo juzgado. Este personal está formado por el Secretario Judicial, los oficiales, los auxiliares y los agentes judiciales *(officers of the court and court officials, court bailiffs - fonctionnaires de justice, huissiers, agents d'exécutions)*. Una figura muy importante de los órganos jurisdiccionales es el Secretario Judicial *(clerk of the court*[5] *- greffier en chef)*, que, además de encargarse de forma exclusiva de la adecuada ordenación del proceso *(effective case management - gestion effective du procès)*, es el depositario de las actas de la jurisdicción *(keeper of the court's records - dépositaire des actes de la juridiction)*, dirige el funcionamiento de la Secretaría Judicial *(court office - greffe)* y asume la responsabilidad del funcionamiento de los servicios administrativos. Entre estos servicios destacan la redacción de las actas *(the writing up of the records - la rédaction des actes)* y la colaboración con el juez en las vistas *(assisting the judge at public hearings - l'assistance au juge lors des audiences)*. Además, la presencia del Secretario Judicial como fedatario público *(to swear as a witness to proceedings - officier ministériel [habilité à recevoir les déclarations sous serment])* es tan importante que cualquier acto o trámite realizado en su ausencia *(any procedure or formal step conducted in his/her absence - tout acte ou formalité accomplie en son absence)* puede ser declarado nulo *(may be set aside as void - peut être frappé de nullité)*.

Otra figura importante del personal no juzgador es el «Oficial del Juzgado» *(clerk, bailiff*[6] *- huissier)*, que tiene asignadas muchas funciones: informa a los interesados *(keeps interested persons informed - porte à la connaissance des personnes intéressées)* de las diligencias *(formalities, proceedings - actes de procédure)* y de las resoluciones judiciales *(court orders - décisions de justice)*; al iniciarse un proceso judicial *(at the commencement of proceedings - au début d'une procédure en justice)* expide las notificaciones *(issues service - délivre convocations en justice)*,[7] y una vez dictada la sentencia *(when judgment has been delivered - une fois que la décision de justice est rendue)*, la notifica a las partes *(he notifies the parties - il délivre les significations)* y se encarga de ejecutar la resolución judicial *(he is responsible for its enforcement - il est chargé de l'exécution)*, ya sean embargos *(orders for seizure or attachment - saisies)*, desahucios *(orders for eviction - expulsions)*, etc.

3. Los órdenes jurisdiccionales. Los juzgados y los tribunales

La pregunta que se le plantea a un lego en Derecho es cuál es la jurisdicción competente *(which court is competent/has jurisdiction - quelle est la juridiction compétente)* para resolver los distintos litigios que surgen en las relaciones humanas o, dicho con otras palabras, «a qué tribunal hay que dirigirse» *(which court does one approach - à quel tribunal s'adresser)*.[8] El término «jurisdicción» se puede entender en varios sentidos. En primer lugar, como la función del Estado dirigida a la resolución de conflictos con arreglo a Derecho; en segundo lugar, es el poder *(powers - pouvoir)* que tienen los tribunales para conocer o entender de procesos *(hear cases, adjudicate upon matters - connaître d'une cause ou d'un procès)* y adoptar las resoluciones *(make decisions, deliver judgment - rendre des décisions)* correspondientes; en este sentido, es sinónimo de «autoridad» o de «competencia» *(authority or competence - autorité ou compétence)*; en tercer lugar, se refiere a la clase de poder; por ejemplo, jurisdicción civil, jurisdicción penal, etc.; y, en cuarto lugar, al territorio o zona geográfica *(venue, court centre - lieu de jugement)* en donde se ejerce dicho poder o donde se interpone una demanda *(the proceedings are brought - le procès est entamé)*. Estos cuatro significados del término «jurisdicción» se encuentran también en francés e inglés.

La jurisdicción u orden jurisdiccional civil entiende de los litigios *(actions, proceedings - litiges)* que surgen entre las personas, ya sean físicas *(individuals - particuliers)* o jurídicas *(juristic/artificial persons - personnes morales)*. Entre estos litigios destacan las demandas de divorcio *(divorce proceedings/cases - les demandes en divorce)*, los desacuerdos sobre los lindes de una propiedad *(disagreement over property boundaries - les désaccords sur les limites d'une propriété)*, los conflictos respecto a la ejecución de un contrato *(disputes concerning the performance of a contract - les conflits sur l'exécution d'un contrat)*, la disputa por el pago de una pensión de alimentos *(payment of maintenance - versement d'une pension alimentaire)* tras un divorcio, una desavenencia entre el dueño *(landlord, owner - propriétaire)* de una vivienda y su inquilino *(tenant - locataire)*, o entre un comerciante *(a trader - un commerçant)* y un cliente *(a customer - un client)*, etc.[9]

Cuando uno es víctima de un delito *(offence, crime - infraction)*, ya sea en forma de robo *(theft - vol)* o de agresión y lesiones *(assault, battery, grievous bodily harm or gloh - assaut et blessures)*, el orden jurisdiccional será el Penal.[10] En cambio, si la autoridad administrativa se niega, por ejemplo, a conceder un permiso de obra *(refuses building or planning permission - refuse de délivrer un permis de construire)*, será el orden jurisdiccional Contencioso-administrativa la que entenderá del asunto.[11] En lo que a lo laboral se refiere, las disputas por incumplimiento de un contrato de trabajo *(breach of an employment contract - rupture d'un contrat de travail)* y todos los litigios que surjan entre empleadores y empleados *(employers and employees - employeurs et salariés)* se zanjan ante los Tribunales de lo Social.[12]

De lo anterior se deduce que existen cuatro órdenes jurisdiccionales *(jurisdictions - juridictions, ordres juridictionnels)* principales: el civil, el penal, el contencioso-administrativo y el de lo social.[13] Antes de proceder a la clasificación de los juzgados y tribunales, conviene entender las divisiones geográficas, a efectos jurisdiccionales, del territorio español. Siguiendo a Merino-Blanco (1996: 80-94), estas divisiones son: municipios *(municipalities - municipalités)*, partidos judiciales *(judicial districts - arrondissements)*, provincias *(provinces - départements)*, comunidades autónomas *(autonomous or self-governing communities - communautés autonomes)* y territorio nacional *(the territorial jurisdiction of the state - le territoire national)*. En los esquemas de las páginas 196 y 197 se puede apreciar, de forma simplificada, la organización de los tribunales españoles.

De acuerdo con este reparto, el ejercicio de la potestad jurisdiccional se atribuye, en concreto, a los siguientes juzgados y tribunales:

a)   *Juzgados de Paz*

En cada municipio *(municipality - municipalité)* donde no exista un Juzgado de Primera Instancia e Instrucción, habrá un Juzgado de Paz, que llevará de forma gratuita *(unpaid, without stipend, free of charge - entièrement gratuite)* un juez de paz *(justice of the peace - juge de paix)*, quien puede no haber recibido formación jurídica alguna. Es elegido por el Pleno del Ayuntamiento y nombrado por el Tribunal Superior de Justicia de la Comunidad Autónoma. Estos jueces son competentes para resolver los asuntos menores del orden civil *(minor civil matters - questions mineures d'ordre civil)* y las faltas *(minor offences, misdemeanours - délits mineurs)* en el orden penal, dentro de los límites marcados por la ley. Sus atribuciones en estos ámbitos tienen en realidad un carácter prácticamente testimonial y anecdótico. En aquellas poblaciones donde no existen Juzgados de Primera Instancia, los jueces de paz son también los encargados del Registro Civil, donde se encargan de expedir partidas de nacimiento y de defunción, certificados de matrimonio, etc.

b)   *Juzgados de Primera Instancia e Instrucción*

Se trata de dos tipos de juzgados distintos (Juzgados de Primera Instancia y Juzgados de Instrucción). Ahora bien, en las pequeñas ciudades suelen estar constituidos como juzgados mixtos, que desempeñan conjuntamente las funciones atribuidas a ambos. En las grandes ciudades, por el volumen de trabajo, estos juzgados suelen permanecer separados. Los Juzgados de Primera Instancia e Instrucción *(first instance courts of civil matters and of criminal investigation and proceedings - les tribunaux d'instance et d'instruction)* son tribunales unipersonales que examinan los asuntos por primera vez *(investigate a matter for the first time - examinent une affaire pour la première fois)*. Tienen jurisdicción en el territorio de un partido judicial *(judicial district - arrondissement)* en materia civil y en material penal, y carecen de competencias en asuntos de lo social o lo administrativo *(social or administrative matters - affaires sociales ou administratives)*.[14]

En materia civil, los Juzgados de Primera Instancia conocen en primera instancia, por medio de los procedimientos indicados en el capítulo ocho (ordinario, verbal, monitorio y cambiario, y otros especiales), de todos los asuntos de la jurisdicción voluntaria *(non-contentious business - juridiction volontaire)*, asuntos matrimoniales *(matrimonial causes - affaires matrimoniales, affaires touchant l'état conjugal)*, sucesiones *(probate, successions - successions)*, protección del derecho al honor, a la intimidad personal y familiar y a la propia imagen *(protection of the right to one's good name, personal and family privacy, and the control over one's personal image - la protection du droit à l'honneur, à l'intimité personnelle et familiale et à la propre image)*, reclamaciones de deudas *(actions for debts - réclamations de créances)*, cuestiones contractuales *(contractual matters - affaires contractuelles)*, etc. También conocen de los recursos interpuestos frente a sentencias dictadas por los Juzgados de Paz y frente a los laudos arbitrales *(awards - sentence arbitrale, sentence d'arbitrage)*, etc.

Uno o varios jueces de primera instancia, llamados Jueces Encargados del Registro Civil, tienen a su cargo el Registro Civil *(oversee the registry offices - ont la responsabilité de l'enregistrement de l'état civil)*, en el que constan los actos concernientes al estado civil, tales como los nacimientos, los matrimonios, las emancipaciones, las defunciones, las naturalizaciones, etc.

En el orden penal *(in criminal matters - en matière pénale)*, los Juzgados de Instrucción entienden de la instrucción *(preliminary enquiries and investigation into criminal matters; approx. committal proceedings, pre-trial proceedings - l'instruction)* de causas que juzgarán las Audiencias Provinciales y los Juzgados de lo Penal. Además, conocen en primera instancia de los juicios de faltas y de los recursos interpuestos frente sentencias dictadas por los Juzgados de Paz. Por último, también corresponde a estos juzgados dictar las sentencias de conformidad *(sentence following a plea of guilty, plea bargaining - plaidoyer de culpabilité)* en los denominados juicios rápidos.

c) *Juzgados de Familia*

En muchas ciudades, algunos de los Juzgados de Primera Instancia se han especializado en Juzgados de Familia regidos por un juez de familia *(judge in family proceedings - juge aux affaires familiales)*. Conocen, fundamentalmente, de cuestiones de derecho matrimonial y relaciones paterno-filiales.

d) *Juzgados de lo Mercantil. Juzgados de Marca Comunitaria*

Los Juzgados de lo Mercantil entraron en funcionamiento en septiembre de 2004. Son competentes para conocer en el orden civil y en primera instancia de algunas materias que en un principio estaban atribuidas a los Juzgados de Primera Instancia. Se trata de asuntos principalmente relacionadas con el tráfico mercantil y el Derecho Concursal, como quiebras *(bankruptcies - faillites)*, suspensiones de pagos *(temporary receivership, bankruptcy protection - cessation de paiements, règlement judiciaire)*, concursos de acreedores *(bankruptcy proceedings - union des créanciers)*, etc. También conocen de litigios promovidos al amparo del derecho de sociedades, competencia desleal *(unfair competition - concurrence déloyale)*, propiedad intelectual e industrial *(intellectual and industrial property - propriété intellectuelle et industrielle)*, transportes *(transport - transports)*, publicidad *(publicity - publicité)*, condiciones generales de la contratación *(general contract conditions - conditions générales du cahier des charges)* y Derecho Marítimo *(Maritime Law - droit maritime)*.

Los Juzgados de lo Mercantil de la ciudad de Alicante, tienen además la competencia para conocer en primera instancia de cuestiones sobre marca comunitaria *(Community trademark - marque communautaire)* que se susciten en todo el territorio español. Cuando estos juzgados actúan en estos asuntos reciben en nombre de Juzgados de Marca Comunitaria.

e) *Juzgados de lo Penal*

Desde 1989, dentro de cada partido judicial existe uno o varios Juzgados de lo Penal, que son los competentes para conocer en primera instancia de los delitos menos graves y de los delitos leves, sancionados con penas privativas de libertad no superiores a cinco años y multas no superiores a diez años.

f) *Juzgados de Violencia sobre la Mujer*

Estos juzgados se han creado recientemente con el objetivo de poner fin a la violencia sobre la mujer, dotando a la justicia de una mayor celeridad y efectividad, así como otorgando un trato especial a las víctimas de este tipo de delitos. Los Juzgados de Violencia sobre la Mujer son los encargados de instruir las causas por delitos de violencia sobre la mujer y de acordar las órdenes de protección a las víctimas, que incluyen una orden de alejamiento *(non-molestation order - mesure ou ordre d'éloignement)* del agresor respecto de la víctima y, en algunos casos, incluso medidas propias del orden civil respecto de los hijos, como la fijación de una pensión provisional de alimentos *(provisional maintenance allowance, temporary alimony - pension alimentaire provisoire)*, la atribución del uso de la vivienda familiar *(allocation of the use of the family dwelling - attribution de l'usage de la maison familiale)* y un régimen de visitas *(visitation rights - régime de visites)*. En el supuesto de la denominada «conformidad premiada», estos Juzgados, al igual que los Juzgados de Instrucción, serán los encargados de dictar la sentencia.

En el orden civil estos juzgados también conocen en primera instancia de los procedimientos de separación y divorcio *(separation and divorce - séparation et divorce)*, y demás asuntos de familia *(other family matters - autres questions de famille)*, como por ejemplo, la guarda y custodia de menores *(custody of children - garde des enfants)*, la paternidad *(paternity - paternité)*, la protección del menor *(protection of minors - protection des mineurs)*, etc., cuando estos litigios deriven de una situación previa de maltrato de la que esté conociendo el Juzgado de Violencia sobre la Mujer y en ellos sean parte la víctima y el agresor.

g)   *El Tribunal del Jurado*

Pese a que la existencia del jurado *(jury - jury)* ya se preveía en la Constitución Española de 1978, su creación no se produjo hasta 1995. Básicamente, existen dos modelos o clases de jurados, a saber: *a)* el modelo anglosajón, en el que los miembros del jurado únicamente deciden sobre la inocencia o culpabilidad del acusado *(jurors decide on the accused's innocence or guilt - le juré décide l'innocence ou la culpabilité des accusés)*, correspondiendo al magistrado o juez la redacción de la sentencia y la aplicación de los aspectos más técnicos del Derecho; y *b)* el modelo escabinado, en el que las deliberaciones se realizan con la intervención y participación de jueces o expertos en Derecho, redactándose de manera conjunta la sentencia. A la vista de esta distinción, el modelo español es predominantemente anglosajón.

El Tribunal del Jurado se constituye, fundamentalmente, en el ámbito y en la sede de la Audiencia Provincial. En España, el Tribunal del Jurado conoce en primera instancia de los delitos de homicidio *(homicide, murder - homicide volontaire)*, allanamiento de morada *(breaking and entering, unlawful entry - effraction)*, omisión del deber de socorro *(breach of the statutory duty of care - non-assistance à personne en danger)*, incendios forestales *(forest fire - feu de forêt)*, así como de determinados delitos relacionados con la corrupción de los funcionarios públicos *(corrupt practices of public officials - corruption de fonctionnaires)*, tales como la infidelidad en la custodia de presos *(breach of trust in the custody of prisoners - infidélité dans la garde de détenus)*, el cohecho *(bribery - corruption)*, malversación de caudales públicos *(embezzlement, misappropriation of public funds - malversation, détournement de fonds)*, fraude *(fraud - fraude)*, exacción ilegal *(illegal levying - prélèvement illégal)*, y trafico de influencias *(exercise of undue influence - trafic d'influence)*.

Los jurados españoles están formados por 20 personas elegidas al azar de entre todos los integrantes del censo electoral de cada provincia. Una vez se dispone de estas 20 personas, se procede a la insaculación *(balloting - tirage au sort des jurés)*, sacando el Magistrado de una urna hasta un total de 11 papeletas, 9 jurados ordinarios y dos suplentes. Una vez elegidos los jurados, éstos prometen o juran *(affirm or take an oath - prêtent serment)* el cargo y comienzan las sesiones del juicio oral.

h) *Juzgados de Menores.*

Los Juzgados de Menores son órganos cuyas competencias se limitan fundamentalmente al conocimiento de los delitos y las faltas cometidos por menores de 18 años y mayores de 14, ya que los menores de 14 están siempre exentos de responsabilidad penal. Estos juzgados están regidos por un Juez de menores *(judge sitting on a youth court panel, judge in proceedings against juveniles - juge des enfants)*.

i) *Juzgados de Vigilancia Penitenciaria*

La función principal del Juez de Vigilancia Penitenciaria *(judge responsible for the welfare and supervision of prisoners - juge d'application des peines)* es la aplicación de las penas y la vigilancia de los derechos de los penados *(safeguarding of the rights of prisoners - assurer la protection des droits des détenus)* durante la ejecución de la pena *(during enforcement of sentence - pendant l'exécution de la peine)*. Es el encargado de llevar el cómputo de los días de prisión cumplidos y pendientes de cumplir por cada uno de los presos bajo su responsabilidad, función que combina con visitas periódicas para cerciorarse del estado de salud de los internos *(inmates - détenus)*, su comportamiento y el correcto funcionamiento del régimen interno de la cárcel.

j) *Juzgados Centrales de Instrucción, de lo Penal, de Vigilancia Penitenciaria y de Menores*

En estos Juzgados, el adjetivo «central» alude a la localización geográfica de estos órganos, que tienen su sede en Madrid. Estos Juzgados desempeñan las funciones propias de los Juzgados que hemos venido mencionando cuando se trata de instruir o enjuiciar causas por delitos cometidos en el territorio de varias Audiencias Provinciales o cuya competencia corresponde a la Audiencia Nacional. Los Juzgados Centrales de Instrucción, creados en 1977, se encargan de la instrucción de los procesos penales que se sustancian en el Juzgado Central de lo Penal o en la Audiencia Nacional, ambos con sede en Madrid. El Juzgado Central de lo Penal fue creado en 1988 y tiene jurisdicción en todo el territorio nacional para los delitos sancionados con penas de prisión inferiores a siete años.

k) *Juzgados de lo Social*[15]

Los Juzgados de lo Social *(employment/industrial tribunals, tribunals for disputes concerning labour - conseils de prud'hommes)* son competentes en cada provincia para conocer de los litigios individuales *(individual actions - litiges individuels)* que surgen entre empleadores y empleados *(employers and employees - employeurs et employés)*. Tales disuputas suelen entablarse por desacuerdos salariales *(wage disputes - litiges sur les salaires)*, despidos improcedentes *(unfair dismissals - licenciement abusif, congédiement sans cause juste et suffisante)*, permisos *(leave of absence - congés)*, horas extraordinarias *(overtime rates and conditions - heures supplémentaires)*, etc. También son competentes para conocer de las cuestiones sobre prestaciones de Seguridad Social *(social security benefits - prestations de sécurité sociale)*, como el reconocimiento de incapacidades, pensiones de viudedad, etcétera, así como de todo aquello relacionado con los sindicatos de trabajadores *(trade unions - syndicats des travailleurs)*.

l) *Juzgados de lo Contencioso-administrativo*[16]

Los Juzgados de lo Contencioso-administrativo conocen en primera o única instancia de los recursos contencioso-administrativos dirigidos a impugnar las resoluciones o los actos administrativos *(challenging administrative acts or decisions - contester les décisions ou les actes administratifs)*, como, por ejemplo, la liquidación del impuesto sobre la renta *(income tax return - le montant de l'impôt sur le revenu)*, la denegación de una solicitud del permiso de obras *(refusal of building or planning permission - refus de permis de construire)*, o la solicitud de reparación por los daños causados por una obra pública *(repairs arising out of damage caused by public works - réparation d'un dommage causé par des travaux publics)*, entre otros muchos supuestos.

m) *Tribunales Superiores de Justicia (uno por cada Comunidad Autónoma)*

Existe un Tribunal Superior de Justicia *(High Court of Justice - Cour Supérieure de Justice)* por cada Comunidad Autónoma, creados en el año 1985 en sustitución de las Audiencias Territoriales. Estos tribunales son, en principio, de segunda instancia *(second instance courts, appellate courts - tribunaux de deuxième instance)* y, como tales, conocen de los recursos interpuestos *(hear the appeals brought - examinent les recours en appel formés)* en asuntos civiles, penales, contencioso-administrativos y sociales contra las resoluciones dictadas por *(decisions of - décisions rendues par)* los tribunales situados en cada Comunidad Autónoma, de acuerdo con lo que marque la ley. Sin embargo, también tienen jurisdicción de primera instancia en asuntos penales relacionados con las actuaciones de las autoridades y los representantes autonómicos, y en materia administrativa, en los recursos contenciosos administrativos contra los órganos de la Administración del Estado.

n) *Audiencia Nacional*

Este tribunal, cuya sede está en *(based in - installé à, siégeant à)* Madrid, tiene jurisdicción en todo el territorio nacional en asuntos penales, administrativos y sociales. La Sala de lo Penal entiende de los delitos de terrorismo *(terrorism - terrorisme)*, tráfico de drogas *(drug trafficking - trafic de drogues/de stupéfiants)*, falsificación y blanqueo de dinero *(counterfeiting and laundering of money - contrefaçon et blanchiment d'argent)*, etc. La Sala de lo Contencioso-administrativo tiene jurisdicción en los recursos contra las resoluciones y actos administrativos de los Ministros y Secretarios de Estado. La Sala de lo Social tiene jurisdicción en los litigios por convenios colectivos *(collective bargaining agreements - conventions collectives)* cuyo ámbito de aplicación comprenda todo el territorio nacional.

o)   *El Tribunal Supremo*

El Tribunal Supremo *(supreme court - cour de cassation)*, con sede en Madrid, es el más alto tribunal del ordenamiento jurisdiccional *(court hierarchy - l'ordre judiciaire)*. La función principal de este tribunal no es volver a juzgar un asunto *(retry a case - rejuger une affaire)* sino asegurar que las resoluciones judiciales impugnadas *(judgments or orders that have been challenged - les décisions en justice contestées)* se adoptaron *(were reached - ont été prises)* conforme a Derecho *(in accordance with the correct rules of law - en conformité avec les règles de droit)*. Entre las competencias del Tribunal Supremo[17] destacan el recurso de casación y el de revisión. El objeto del recurso de casación *(third-instance appeal, appeal on a matter of law of general public importance - pourvoi en cassation)* es el de solicitar al máximo órgano judicial que se pronuncie sobre la interpretación correcta de una cuestión de Derecho, dudosa o disputada, que ha surgido en las instancias inferiores. En cambio, el objeto del llamado «recurso extraordinario de revisión» *(special appeal by way of judicial review - recours en révision)* es, excepcionalmente, volver a juzgar un proceso penal o civil a la luz de nuevos hechos *(in the light of fresh facts or evidence - à la lumière de nouveaux faits)*.

El ordenamiento civil de Francia y de Inglaterra y Gales es comentado en las págs. 268-271, y el penal, en las págs. 312-316.

4. El Ministerio Fiscal

El Ministerio Fiscal *(the public prosecution service - le ministère public, le parquet)*, de acuerdo con el art. 124 de la Constitución, tiene por misión la defensa de la legalidad *(the upholding of the law - la défense de la légalité)* y la promoción de la acción de la justicia *(the inception of the application of justice - la promotion de l'action de la justice)*, que es la acción que se ejerce sobre el presunto autor de un delito *(the person supposed to have committed an offence - auteur présumé d'une infraction)*, con el propósito de hacerlo comparecer ante un tribunal penal *(bring him before a magistrates' court or court of criminal jurisdiction - à le traduire devant une juridiction pénale)*. Otra misión fundamental de la fiscalía es defender la legalidad *(uphold the law - défendre la légalité)*, los intereses de los ciudadanos *(the rights of citizens - les droits des citoyens)* y el interés público tutelado por la ley *(the public interest protected by the law - l'intérêt public protégé par la loi)*, así como velar por la independencia de los tribunales *(to ensure the independence of the courts - veiller à l'indépendance des cours et tribunaux)* y procurar ante éstos la satisfacción del interés social. La fiscalía puede actuar de oficio *(as of right, on its own initiative, by inherent right - d'office)* o a petición de los interesados *(at the request of the parties, ex parte - à la demande des intéressés).*

En materia civil también interviene el Ministerio Fiscal en determinados casos previstos por la ley *(certain cases provided by law - certains cas prévus par la loi)*, como en los procedimientos relacionados con el estado civil de las personas físicas *(the civil status of natural persons - l'état civil des personnes physiques)*, en tutelas, filiaciones y adopciones *(wardship, affiliation and adoption cases - tutelles, filiations et adoptions)*, para la protección de menores *(the protection of minors - la protections des mineurs)*, etc.

En Francia el Ministerio Fiscal es muy similar al español, y los fiscales se llaman *magistrats du ministère public (parquet).* En los países anglófonos en los que rige el *common law*, la situación es distinta. En el Reino Unido, el Ministerio Público *(Crown Prosecution Service - le ministère public)* no existió hasta el año 1985, en que fue creado por *The Prosecution of Offences Act* (especie de refundición de la Ley de Enjuiciamiento Criminal). Las 31 fiscalías que forman el Ministerio Fiscal de Inglaterra y Gales las dirige el Fiscal Jefe o *Director of Public Prosecution*, conocido por las siglas *DPP*, quien, a su vez, depende del Fiscal General o *Attorney-General*, responsable político en última instancia ante el Parlamento. Como la fiscalía aún no tiene competencia para actuar en muchas cuestiones ante los tribunales superiores, con frecuencia el *DPP* encarga, mediante contrato, los servicios de la representación o de la acusación del Estado a abogados *(barristers)* que no pertenecen a la fiscalía.

En los Estados Unidos la fiscalía se llama *The District Attorney's Office* y es el garante *(guarantor - répondant)* de la ley y el orden *(law and order - la loi et l'ordre)*. En muchos estados es un cargo elegido por sufragio universal, y en otros es nombrado por el Gobernador del estado, con la aprobación de la asamblea legislativa *(legislature - corps législatif)*. El fiscal de la jurisdicción federal también puede recibir el nombre de *District Attorney*, pero su denominación oficial es la de *United States Attorney*.

5. La abogacía

La abogacía *(legal profession - la profession d'avocat)* es una profesión liberal. Para poder ejercer *(practise - exercer)*, los profesionales del Derecho deben acreditar su condición de licenciados en Derecho por alguna universidad oficialmente reconocida e inscribirse *(join a professional association, pay their professional dues - se réunir en corporation ou en corps)* en el colegio de abogados *(bar association - barreau)* de su distrito judicial. La expresión «colegiarse [en el Colegio de Abogados]» es *to be called to the bar* en inglés y *être reçu au barreau* en francés. El abogado aconseja a sus clientes, les informa de sus derechos y obligaciones y defiende sus intereses, para lo que aboga a su favor *(acts as their counsel for sb, represents them at trial - plaide pour ou en faveur de quelqu'un)* ante los tribunales de justicia. En esta defensa de los intereses, el abogado defensor *(counsel for the defence - défenseur, avocat de la défense)* alega *(submits, pleads, alleges, argues - allègue)* hechos, méritos, disculpas, etc., cada uno de los cuales constituye un «alegato» *(submission, plea - plaidoirie, soumission)*.

Un colaborador de los abogados es el procurador de los tribunales *(solicitor, legal representative - avoué)*, que es un profesional del Derecho encargado de representar a las partes ante los órganos jurisdiccionales. Sin embargo, pese al papel subordinado del procurador en relación con el abogado, lo cierto es que las normas exigen que las partes sean representadas por procurador en todos los actos de tramitación de los procesos (notificaciones, instrucciones, comunicaciones de providencias, autos y plazos, emplazamientos, pruebas y un largo etcétera), actuaciones que, por regla general, no puede cumplir el interesado por sí solo y que no son de la competencia del abogado.

En Inglaterra y Gales la abogacía tiene dos ramas, la de los *barristers* y la de los *solicitors* y, consecuentemente, existen dos colegios profesionales de abogados: *The Bar Council* para los primeros y *The Law Society* para los segundos. Los *solicitors* son letrados cuya función principal es asesorar a sus clientes en la solución de los problemas jurídicos que tengan. Cuando el problema legal debe resolverse en los tribunales superiores, los que actúan son los *barristers*, que gozan del monopolio o derecho exclusivo de actuación o audiencia *(exclusive right of audience - droit exclusif de plaider)* ante los tribunales superiores. En los Estados Unidos, a diferencia de Inglaterra y Gales, sólo existe una clase de profesionales de la abogacía, que se llaman *attorneys*. Aclaremos que las palabras *solicitor* y *barrister* son términos profesionales que sirven para identificar la función y categoría de cada jurista, pero en el acto del juicio el abogado que se dirige al tribunal en nombre y representación de su defendido —tanto si se refiere al representante del demandante como al del demandado, o al fiscal o al abogado defensor en un proceso penal— se llama *counsel*, o a veces *counselor* en los Estados Unidos.

Otra vez más hay que señalar la asimetría de los sistemas continental y anglosajón. Si bien es compatible, hasta cierto punto, el papel del procurador y el del *solicitor* inglés, hay una diferencia fundamental, y es que mientras en España el particular se pone en primer lugar en manos de un abogado, quien le facilita en seguida un procurador a efectos de representación legal, en Inglaterra es al revés. Allí el cliente se dirige primero a su *solicitor* y éste lo pone en contacto con el abogado *(barrister, advocate)* en caso necesario. De hecho, el nombre de *solicitor* se debe a la función de este profesional, que está capacitado para *solicit* (es decir, «procurar, solicitar, buscar») a los clientes. Esto lo hace, naturalmente, colgando una placa en el portal de su bufete; pero también tiene derecho a «solicitar» la colaboración de quien tenga certificación para poder defender a su cliente ante los tribunales; tal autorización sólo la ostentan los *barristers*, que son juristas que han superado la oposición o examen de acceso pertinente. En cambio, el *barrister* no puede relacionarse directa ni comercialmente con el cliente, sino que tiene que esperar la llamada de su colega *solicitor*.[18]

En consecuencia, la situación final del particular es, hasta cierto punto, comparable en ambos sistemas: cuenta con un «procurador» *(solicitor)* quien lo representa legalmente, tanto en los actos jurídicos privados como procesalmente ante los tribunales, y además con un «abogado» *(barrister, advocate)* encargado de dirigirse al tribunal en nombre suyo en las fases orales. Lo único que cambia —y no es poco— es la posición relativa de los dos juristas en ambos sistemas. Digamos por último que, así como en español solemos llamar «abogados» a nuestros representantes legales, en inglés la gente suele hablar de su *lawyer*,[19] término que abarca desde el procurador hasta el juez, pasando por el abogado, ya que lo que dice en el fondo es «jurista» o «profesional del Derecho».

6.   Los géneros jurisdiccionales

Como acabamos de ver, la función fundamental de un tribunal es adoptar resoluciones judiciales *(reach judicial decisions, make court orders - rendre des décisions de justice)*. En la pág. 130 afirmamos que, desde una perspectiva lingüística, los profesionales en su comunicación utilizan tipos textuales o géneros, que pueden ser orales o escritos. Ahora ordenamos aquí en tres grupos los principales géneros jurisdiccionales, esto es, los dictados por los órganos jurisdiccionales. Los hemos agrupado bajo tres epígrafes: los de comunicación, los de auxilio procesal y los de contenido jurisdiccional.

a)   *Géneros jurisdiccionales de comunicación judicial*

Una gran parte de estas resoluciones de impulso procesal *(court-driven initiatives, directions for case management - l'initiative du procès, le déclenchement de l'action)* consiste en actos de comunicación. Los actos de comunicación son aquellos mediante los cuales el juzgado se comunica con las partes. Estos actos puede realizarlos el Tribunal directamente con las partes (por correo certificado, a través del servicio común de notificaciones y embargos, mediante edictos...) o bien, a través de un procurador. El nombre genérico que se da a todos los actos de comunicación es el de «notificación» *(notifications - notification)*, que significa el hecho de poner un acto procesal *(bring a court order or decision on a procedural matter - acte de procédure)* en conocimiento de una persona *(to somebody's notice - à la connaissance d'une personne)*. Los actos procesales son los trámites y formalidades *(procedural formalities - formalités)* previstos por la ley que deben cumplir las partes, sus representantes y los tribunales de justicia para garantizar la marcha o evolución correcta de un proceso *(proper conduct of proceedings - le bon déroulement de la procédure)*.

La LEC de 2000, en su art. 162, ha introducido novedades en los actos de comunicación, ya que prevé la posibilidad de efectuarlos por medios electrónicos, siempre que los juzgados y tribunales, por una parte, y las partes o los destinatarios de los actos de comunicación, por otra, dispongan de medios electrónicos que permitan el envío y la recepción de escritos y documentos, de forma tal que esté garantizada la autenticidad de la comunicación y de su contenido y quede constancia fehaciente *(reliable evidence - preuve aveuglante)* de la remisión y recepción íntegras y del momento en que se hicieron.

Los actos de comunicación más importantes emanados de los órganos jurisdiccionales son las notificaciones, las citaciones, los emplazamientos y los requerimientos, los cuales sacan su nombre del verbo performativo[20] de cada uno de ellos, a saber, «notificar», «citar», «emplazar» y «requerir».

La «notificación» es el acto de comunicación por el que el Juzgado da notifica a las partes de una resolución, diligencia o actuación. Normalmente es un escrito remitido por correo ordinario *(ordinary post - lettre simple)* o certificado con acuse de recibo *(with a certificate of acknowledgement of receipt - par lettre recommandée avec demande d'avis de réception)*. El responsable de preparar y enviar estos actos de comunicación es el secretario judicial, o el funcionario que éste designe, de acuerdo con las formalidades exigidas por la ley *(in accordance with the legally established formalities - selon les formalités exigées par la loi)*.

La «citación» es un acto del tribunal mediante el que se ordena a alguien que comparezca físicamente ante el tribunal *(appear befote the court - de se présenter devant une juridiction)*, bien personalmente, o bien a través de sus representante procesal, en un día y a una hora determinados, para realizar un determinado acto procesal, de acuerdo con las formalidades establecidas por la ley. Por ejemplo, a través de una citación se le notifica a alguien a que comparezca en calidad de demandado o de testigo *(as defendant or witness - comme défendeur ou comme témoin)*.

El «emplazamiento» *([writ of] summons - assignation)* es el acto de comunicación, remitido *(served - délivrée)* por el secretario del órgano jurisdiccional, mediante el cual se exhorta a una determinada persona para que realice un determinado acto procesal en un plazo estipulado. Por ejemplo, mediante un emplazamiento, el tribunal informa al demandado que se ha interpuesto una demanda contra él *(has brought proceedings against him - qu'un procès est engagé contre lui, qu'on a déposé une demande contre lui)*, y le insta a contestarla en el plazo de 20 días.[21]

El «requerimiento» es el acto mediante el cual el tribunal ordena, conforme a la ley, que se realice una determinada conducta o inactividad. Por ejemplo, mediante un requerimiento se requiere a la parte para que en lo sucesivo modere su conducta *(moderate his behaviour in the courtroom - modère son comportement devant les tribunaux)* en la sala bajo apercibimiento de expulsión *(on pain of ejection - sous peine d'expulsion)*, o se requiere a la parte actora para que en el plazo de diez días acompañe escritura de poder original que acredite su representación procesal *(prove his representation - prouve sa représentation)*, bajo apercibimiento de archivo de los autos *(on pain of the discontinuation of proceedings - sous peine de nullité de la procédure engagée)*.

Otros actos de comunicación también importantes son los «oficios» y los «mandamientos», que son comunicaciones del juzgado con personas distintas a las partes, y cuya función es la de pedir a estas personas u organismos determinada información, o bien requerirles para que efectúen una determinada actuación. Estos actos reciben el nombre de mandamientos *(order, warrant - mandat, ordre)* cuando van dirigidos a determinadas autoridades, tales como registradores, notarios, corredores de comercio o agentes del juzgado. Se llaman «oficios» *(official letters or communiqués - communications)* cuando van dirigidos a autoridades no judiciales y funcionarios distintos de los mencionados para los mandamientos. El acto por el cual el juzgado emite un mandamiento o un oficio se denomina «librar» *(issue - ouvrir la procédure, délivrer un mandat)*:

Líbrese mandamiento al Registro de la Propiedad n° *** de Madrid a fin de que por el mismo se proceda a expedir certificación de cargas de la finca de los deudores.

Líbrese oficio a la Policía Local de Alicante a fin de que se remita al Juzgado el atestado instruido como consecuencia de los hechos ocurridos el día ***, a las *** en la Calle ***, con número ***.

Líbrese oficio a la entidad **CAJA DE AHORROS DEL MEDITE-RRÁNEO** para que proceda al embargo del saldo positivo existente en la cuentas corrientes del deudor D. ***, por importe de ***.

Los interesados también podrán impulsar el proceso *(drive the matter forward - déclencher l'action en justice)* mediante propuestas *(submissions, proposals - propositions, soumissions)*, peticiones o solicitudes *(petitions, motions, requests - pétitions, requêtes, suppliques)*, como la petición de medidas cautelares *(injunction - mesures conservatoires)*,[22] que el tribunal podrá estimar o desestimar *(allow or dismiss - admettre ou refuser)*. Contra la desestimación *(order dismissing a claim for relief - refus d'acceptation)* cabe el recurso de reposición[23] *(an appeal for reversal can be brought - on peut entamer un recours gracieux)*.

b)   *Géneros jurisdiccionales de auxilio judicial*

Se llama «auxilio judicial» *(judicial cooperation - coopération judiciaire)* a la colaboración que deben prestarse los tribunales entre sí para las actuaciones *(proceedings - actes de procédure)* que hayan de efectuarse fuera de la circunscripción del tribunal que conozca del asunto. Los tribunales están obligados a prestarse auxilio en las actuaciones que, habiendo sido ordenadas por uno, requieran la colaboración de otro para su práctica.

El género judicial que emplea un tribunal para solicitar el auxilio de otro es el «exhorto».[24] Por exhorto *(letter of request - commission rogatoire interne)* se entiende la comunicación que envía un juez a otro para que verifique alguna actuación en su lugar, utilizando discurso exhortativo, como el expuesto en la pág. 129.[25] La macroestructura de los exhortos suele constar de las siguientes secciones: *a)* la designación de los tribunales exhortantes y exhortados; *b)* la indicación del asunto que motiva la expedición del exhorto; *c)* la designación de las partes, así como de sus representantes y defensores; *d)* la indicación de las actuaciones cuya práctica se interesa; *e)* el plazo en que deben efectuarse las actuaciones interesadas, y *f)* los documentos que deberán acompañarse para el cumplimiento del exhorto.

Se llama «comisión rogatoria» *(rogatory commission, letter of request - commission rogatoire)* a la solicitud internacional de cooperación judicial por la que un tribunal nacional solicita de otro extranjero la realización de determinadas diligencias, o viceversa. Por ejemplo, la solicitud que remite un juez a otro juez o a un funcionario de la policía judicial *(police officer at the service of the court - officier de la police judiciaire)* para que en su nombre proceda a llevar a cabo diligencias de instrucción *(take steps in connection with the preliminary enquiry - mesures d'instruction)*, como interrogar a personas implicadas en un procedimiento judicial *(people involved in proceedings - personnes impliquées dans une procédure judiciaire)*, a testigos y peritos *(ordinary and expert witnesses - témoins et experts)*, etc. La macroestructura de las comisiones rogatorias modernas es similar a la del exhorto; no obstante, aún se ven algunas formadas por un párrafo-oración de más de cien palabras, lleno de comas y de oraciones restrictivas, que dificultan su inteligibilidad.

c)   *Géneros jurisdiccionales de contenido jurisdiccional*

Los tres géneros judiciales de contenido jurisdiccional son las providencias, los autos y las sentencias.[26] Se llaman «resoluciones de contenido jurisdiccional» *(court orders and decisions - décisions juridictionnelles)* porque entran a resolver las solicitudes y pretensiones suscitadas por las partes a lo largo del proceso. Desde un punto de vista lingüístico, se trata de tres géneros[27] judiciales que comparten las siguientes funciones:

a)   Determinar si se ajustan o no a Derecho las cuestiones de forma y fondo sometidas a la consideración del tribunal mediante los escritos *(applications and pleadings - requêtes et plaidoiries)* de las partes.

b)   Resolver conforme a Derecho *(in accordance with law, in due form of law - d'accord avec loi, conformément à loi)* sobre las controversias suscitadas por las partes hasta dejar definitivamente juzgado el pleito. Para las demás decisiones, según el criterio convencional, el juez debe resolver «en conciencia» *(according to his conscience - suivant sa conscience et intime conviction)*, es decir, de acuerdo con la «sana crítica» *(in a spirit of wholesome/healthy criticism - saine critique)*.[28]

c)   Garantizar el impulso procesal adecuado *(proper procedural momentum, effective case management - l'initiative du procès, le déclenchement de l'action)* en cada fase del procedimiento *(at each stage of the proceedings - dans chaque phase du procès)*.

Se resuelven por providencia *(writs, instructions, orders - measures)*[29] los actos procesales de puro trámite *(mere procedural formalities - pures formalités)*. He aquí algunos ejemplos ilustrativos:

Cuando [...] no hubiere persona que legalmente la represente o asista para comparecer en juicio, el tribunal le nombrará, mediante providencia, un defensor judicial.
Cuando en un proceso civil se ponga de manifiesto un hecho que ofrezca apariencia de delito [...], el tribunal civil, mediante providencia, lo pondrá en conocimiento del Ministerio Fiscal.
El tribunal ante quien se formule la solicitud en el caso del apartado anterior la rechazará de plano mediante providencia.
Si se tratase de un juicio verbal, el tribunal por medio de providencia hará nuevo señalamiento para la vista, citando a las partes y al tercero llamado al proceso.

Son cuestiones de trámite *(purely formal matters of procedure - actes de procédure)* la verificación de la identidad y la capacidad *(legal capacity - capacité d'ester en justice)* de los litigantes y sus representantes legales, la recepción de los documentos de interés para el pleito, la proposición de testigos y de pruebas *(the production or discovery or disclosure of evidence - la proposition de témoins et de preuves)* o como se indica a continuación, un defecto de forma (la falta de la firma del abogado):

... y como quiera que adolece del defecto consistente en la falta de firma del abogado en la demanda [...]. Notifíquese esta resolución a las partes, a quienes se hará saber que contra la misma cabe recurso de reposición ante este mismo juzgado, en el plazo de cinco días.

Los autos *(orders,[30] interlocutory orders - ordonnances)* son decisiones motivadas *(reasoned decisions - décisions motivées)* de los jueces, magistrados o tribunales, esto es, resoluciones debidamente fundamentadas mediante argumentación jurídica, que no resuelven *(decide - décident)* sobre el fondo de la cuestión *(the merits of the case - le fond du procès)*, aunque sí sobre intereses legítimos de las partes que deben ser protegidos (Colonna, 1995: 19):

El tribunal oirá al demandante en el plazo de diez días y resolverá mediante auto lo que proceda.
Las partes podrán solicitar la suspensión del proceso, que será acordado, mediante auto, por el tribunal, siempre que no perjudique al interés general o a tercero.

El sobreseimiento[31] de una causa *(order of discontinuance, order of no case to answer, non-suit - ordonnance de non-lieu)* y la puesta en libertad *(discharge, acquittal, release - ordonnance de mise en liberté)* se dictan mediante auto. He aquí la macroestructura de un «auto de sobreseimiento»[32] (Aguirre y Hernando, 1997: 64):

1. *El encabezamiento (heading - entête)*

Auto de Sobreseimiento

Auto

del Sr. Juez del Juzgado de Instrucción de...

A 25 de noviembre de 2001

2. *Los hechos (facts in issue - raisons en fait, points de fait)*

I. Hecho

ÚNICO.   Iniciadas las presentes Diligencias Previas, se han practicado las actuaciones que se estimaron necesarias y pertinentes, apareciendo de lo actuado que aun estimando que los hechos podían ser constitutivos de delito, no ha sido posible determinar la autoría del mismo.

3. *Razonamientos jurídicos (legal reasons for decision - fondements juridiques)*

II. Razonamientos jurídicos

ÚNICO.   A tenor de lo dispuesto en la regla 1.ª del apartado 5 del artículo 789 de la Ley de Enjuiciamiento Criminal es procedente acordar el sobreseimiento provisional y ordenar el archivo de la/s parte/s personada/s, al Excmo. Señor Fiscal de la Audiencia a efectos de lo prevenido en el párrafo 2.º del n.º 5 del mismo artículo.

4. *Dispongo («I therefore hold», finding, ruling, disposal of the case - dispositif)*

En atención a lo expuesto

Dispongo

SE ACUERDA EL SOBRESEIMIENTO PROVISIONAL Y ARCHIVO de las presentes Diligencias Previas n.º____. Remítanse las actuaciones al Ministerio Fiscal, previa notificación, en su caso, a la/s parte/s persona/s, y si fueran devueltas con el «Visto» procédase al archivo, haciendo las oportunas anotaciones en los Libros correspondientes. Así lo acuerdo, mando y firmo.[33]

La sentencia y su macroestructura son analizadas en la pág. 261.

7. El campo semántico de la palabra «justicia»

A continuación presentamos una serie de palabras que pertenecen al campo semántico de la «justicia»:

AJUSTE DE CUENTAS *(settling of scores - règlement de comptes)*: acto de tomarse la justicia por su mano o vengarse.

AJUSTICIAR *(execute - exécuter)*: aplicar a un reo la pena de muerte.

ARBITRARIEDAD *(arbitrariness, injustice, unjust act - acte arbitraire)*: conducta o actitud caprichosa en la resolución de una disputa, con manifiesto desprecio de la justicia, la razón o las leyes, y que suele implicar un abuso de poder o autoridad.

AUDIENCIA *(court, courtroom - cour, palais de justice)*: tribunal de justicia colegiado y que entiende en los pleitos o en las causas de determinado territorio; edificio en que se reúne; vista o acto público o privado en que el tribunal oye a las partes.

CLEMENCIA *(mercy, clemency - clémence)*: compasión o moderación al aplicar justicia.

EQUIDAD *(equity, natural justice - équité)*: justicia natural; tendencia a dirimir las disputas con arreglo a la conciencia o a lo que humanamente parece más justo y razonable en el caso concreto, más que por aplicación de las normas del derecho positivo.

INJUSTICIA *(miscarriage of justice, injustice - injustice)*: acto o proceder contrario a las leyes o a los principios de la equidad.

JUSTICIABLE *(justiciable - justiciable)*: se dice de las personas o de los hechos que son susceptibles de someterse a la acción de los tribunales de justicia.

PRETENSIÓN *(claim - prétention)*: derecho que alguien cree tener sobre una cosa.

TORTICERO *(unjust, unfair - inéquitable, arbitraire)*: injusto, ilegal, antijurídico; desprovisto de razón o justicia.

TRIBUNAL DE JUSTICIA *(court, tribunal - cour, tribunal)*: órgano jurisdiccional; se aplica indistintamente al lugar, al órgano en sí o a los jueces que lo componen, tanto si es uno sólo como si son varios.

VERDUGO *(executioner - bourreau)*: ejecutor de la justicia; funcionario judicial que ejecuta las penas de muerte.

8. Las combinaciones léxicas más frecuentes de la palabra «justicia»

El término «justicia» aparece con cierta frecuencia en las siguientes combinaciones léxicas:

ADMINISTRAR JUSTICIA *(administer justice, apply the law - rendre/ administrer la justice)*.

CITAR ANTE LA JUSTICIA *(summon before a court - assigner en justice)*.

DECLARAR ANTE LA JUSTICIA *(give evidence in court - déposer devant la justice)*.

DEPONER ANTE LA JUSTICIA *(make a statement, give evidence, testify - déposer devant le juge)*.

FALSEAR LA JUSTICIA *(pervert the course of justice - fausser la justice)*.

HACER JUSTICIA *(do justice - faire/rendre justice)*.

HUIR DE LA JUSTICIA *(escape from justice, abscond - éviter de/fuir la justice)*.

MANIPULAR LA JUSTICIA *(manipulate the law for one's own ends - manipuler la justice)*.

OBRAR/PROCEDER EN JUSTICIA *(proceed in accordance with the law, act in due form of law - agir en justice)*.

PEDIR JUSTICIA *(ask for/seek justice - demander justice, aller en justice)*.

PONER A DISPOSICIÓN DE LA JUSTICIA *(bring to justice, bring before a court, remand - mettre à la disposition de la justice)*.

RECURRIR A LA JUSTICIA *(have recourse to law, go to law - avoir recours à la justice)*.

SER DE JUSTICIA *(be fair/right - être juste)*.

SUSTRAERSE A LA ACCIÓN DE LA JUSTICIA *(abscond, jump bail, fail to surrender to custody - se soustraire à la justice)*.

TOMARSE LA JUSTICIA POR SU MANO *(take the law into one's own hands - se faire soi-même justice, se venger)*.

9. Las combinaciones léxicas más frecuentes de la palabra «juez» (I). Adjetivos

He aquí algunos adjetivos que se suelen emplear al hablar de los jueces, los magistrados y los tribunales.

Los jueces, los magistrados y los tribunales pueden...

ser *(can be - peuvent être)*...
tener fama de *(have the reputation of - avoir la réputation de)*...
pasar por *(pass for - passer pour)* ...
ser tenidos por *(be taken as - être considérés comme)*...

ABIERTOS *(open-minded - ouverts)*.
ACCESIBLES *(approachable - accessibles)*.
ARBITRARIOS *(arbitrary - arbitraires)*.
ATOLONDRADOS *(impetuous - écervelés)*.
BUEN JUICIO, DE *(sensible - sensés)*.
CAUTOS *(careful, cautious - prudents)*.
COMEDIDOS *(moderate - modérés)*.
COMPRENSIVOS *(understanding - compréhensifs)*.
CORRUPTOS *(corrupt - corrompus)*.
CUMPLIDORES *(reliable - sérieux)*.
DECENTES *(decent - décents)*.
DEPRAVADOS *(depraved, morally corrupt - dépravés)*.
DÉSPOTAS *(despotic - despotiques)*.
DIGNOS *(honourable - dignes)*.
DISTANTES *(aloof, distant - distants)*.
ECUÁNIMES *(even-tempered - d'humeur égale)*.
EQUILIBRADOS *(well-balanced - équilibrés)*.
EQUITATIVOS *(fair, equitable, even-handed - équitables)*.
FRÍVOLOS *(frivolous - frivoles)*.
HONESTOS, HONRADOS *(honest - honnêtes)*.
IMPARCIALES *(impartial - impartiaux)*.
IMPLACABLES *(implacable - implacables)*.
IMPRUDENTES *(imprudent - imprudents)*.
INCORRUPTIBLES *(incorruptible - incorruptibles)*.
INDIGNOS *(unworthy - indignes)*.
INDISCRETOS *(indiscreet - indiscrets)*.
INJUSTOS *(unfair - injustes)*.

INSENSATOS *(foolish, senseless - insensés)*.
INSOBORNABLES *(incorruptible - incorruptibles)*.
INTACHABLES *(impeccable, irreproachable, unimpeachable - irréprochables)*.
ÍNTEGROS *(upright - intègres)*.
INTRANSIGENTES *(intransigent - intransigeants)*.
INTRATABLES *(impossible - intraitables)*.
JUSTICIEROS *(vengeful - justiciers)*.
JUSTOS *(just, fair, equitable - justes)*.
LIBERALES *(open-minded, liberal - libéraux)*.
MESURADOS, MODERADOS *(moderate, restrained - mesurés, modérés)*.
OBJETIVOS *(objective - objectifs)*.
PARCIALES *(partial - partiels)*.
PONDERADOS *(balanced - modérés, mesurés)*.
PRECAVIDOS *(cautious - prévoyants, avisés)*.
PREVARICADORES *(deliberately biassed/ biased - prévaricateurs)*.
PROBOS *(righteous - probes)*.
PRUDENTES *(prudent - prudents, sages)*.
RAZONABLES *(reasonable, fair - raisonnables)*.
RECTOS *(upright - droits)*.
RESERVADOS *(reserved - réservés)*.
RÍGIDOS *(unbending, over-strict - rigides)*.
RIGUROSOS *(strict - rigoureux)*.
SENSATOS *(sensible - sensés)*.
SEVEROS *(severe - sévères)*.
SOBRIOS *(sober, moderate - sobres)*.
TOLERANTES *(tolerant - tolérants)*.
VENALES *(venal, corrupt - vénaux)*.

10. Las combinaciones léxicas más frecuentes de la palabra «juez» (II). Verbos y sustantivos

Hemos dicho que la función principal de los jueces es «resolver» *(decide - rendre décisions de justice, résoudre)* y se justifica porque este verbo aparece 153 veces en la LEC de 2000. Al resolver, los tribunales adoptan una serie de medidas concretas, entre las que se encuentran las siguientes:

ABSOLVER *(acquit - absoudre)* a un procesado.

ACCEDER *(agree to, accede to - accéder)* a lo solicitado.

ADMITIR *(accept, admit - admettre, accepter)* la acumulación de procesos.

ADMITIR A TRÁMITE *(give leave/permission to proceed - autoriser à agir en justice, admettre à un appel)*.

ANULAR *(annul, quash, overturn - annuler)* sentencias.

ARCHIVAR *(order to lie on the file, decide not to pursue or proceed with - archiver)* una denuncia.

ATENERSE A *(abide by - s'en tenir à)* los hechos probados y el Derecho que haya de aplicarse.

CONDENAR *(convict, sentence - condamner)* a un procesado.

CONDENAR EN COSTAS *(order costs to be borne by - condamner aux dépens)*.

CONOCER DE CAUSAS *(try cases, hear matters - juger des affaires)*.

DECLARAR CULPABLE O INOCENTE *(find guilty or not guilty - déclarer coupable ou innocent)*.

DESESTIMAR *(dismiss, refuse - surseoir)* peticiones o derechos.

DICTAR SENTENCIAS *(give/deliver judgments - rendre des verdicts/jugements/arrêts)*.

DIRIMIR *(settle - régler)* controversias o discrepancias.

ENMENDAR *(rectify, correct, vary - corriger)* sentencias.

ESTIMAR UN RECURSO *(allow an appeal - faire droit à un recours)*.

EXCULPAR *(exonerate, excuse - disculper, exonérer, dispenser)*.

FALLAR *(rule, find - prononcer un jugement)*.

INCOAR *(commence, bring, enter, open - engager, instruire une action)*.

INSTRUIR SUMARIOS *(conduct the preliminary investigation into a case - instruire une affaire)*.

PONER SENTENCIAS: equivale a «dictar sentencias».

RECONOCER DERECHOS *(acknowledge rights - reconnaître des droits)*.

REVOCAR *(revoke, quash, overturn, set aside - révoquer)*.

SENTENCIAR *(sentence, give judgment, deliver verdicts - juger, condamner)*.[34]

SOBRESEER *(dismiss, stay actions - surseoir)* causas o querellas.
TOMAR DECLARACIONES *(hear evidence, receive depositions - recueillir témoignages)*.

De otra parte, ante un juez *(before a magistrate/judge - devant un juge)*, magistrado o tribunal se puede:

APELAR *(appeal - appeler, faire appel)*.
DECLARAR *(testify, give evidence - déclarer)*.
DEPONER *(depose - déposer)*.
MANIFESTAR *(declare, state - manifester)*.
RECURRIR *(appeal - appeler, faire appel)*.
SUPLICAR *(petition - supplier)*.

Con los verbos anteriores se pueden formar un buen número de sustantivos, como «admisión», «resolución», «desestimación», «denegación», etc.:

ADMISIÓN *(admission, admissibility - recevabilité)* y su antónimo INADMISIÓN.

Esta ley regula con mayor precisión los motivos de <u>inadmisión</u> a trámite.

RESOLUCIÓN *(decision, judgment, ruling, order - résolution)*.

La indebida tardanza en la <u>resolución</u> de los litigios es causa de desconfianza en la justicia.

DESESTIMACIÓN *(dismissal - déboutement)*.

Al demandado se le notificó la <u>desestimación</u> de su petición esta mañana.

DENEGACIÓN *(refusal - déboutement)*.

Medita recurrir la <u>denegación</u> de la licencia de obras.

De todas formas, el sustantivo más utilizado es «resolución» *(decision, court order, ruling - résolution, décision en justice)*; en la LEC de 2000 aparece 330 veces.

Las <u>resoluciones</u> ponen fin al proceso.
La apelación se reafirma como plena revisión jurisdiccional de la <u>resolución</u> apelada...

11. La expresión de la «petición». Sinónimos parciales del verbo «pedir»

A los tribunales acuden los ciudadanos para pedir justicia *(seek legal remedies - demander justice)* y el simple verbo «pedir» *(ask, seek, request, petition - demander)* es el más empleado.

PEDIR *(ask, seek, request, petition - demander)*: invitar o decir a alguien que haga algo.

> Cuando la defunción de un litigante conste al tribunal, se permitirá a las demás partes <u>pedir</u> que se emplace a sus sucesores ...

La justicia que se pide puede ser el reconocimiento de un derecho *(acknowledgement of a right - reconnaissance d'un droit)*, la reparación *(redress - redressement)* por el agravio *(grievance - grief, tort, dommage)* que se le haya causado al perjudicado, la indemnización por daños y perjuicios *(dammages - damages-intérêts)*, etc. He aquí algunos sinónimos parciales de «pedir»:

DEMANDAR *(ask seek, request - demander)*: su uso remite a un contexto jurídico.

> Esta ley mira, ante todo y sobre todo, a quienes <u>demandan</u> o pueden <u>demandar</u> tutela jurisdiccional para sus derechos e intereses legítimos.

Este verbo tiene, además, el significado de «entablar una demanda» *(sue, bring proceedings - poursuivre, demander en justice)*.

EXHORTAR *(urge - disposer, exhorter)*: tiene el matiz de «insistencia» o «ahínco».

> El tribunal podrá <u>exhortar</u> a las partes o a sus representantes para que lleguen a un acuerdo que ponga fin al litigio.

EXIGIR *(demand, require - exiger)*: naturalmente se sobreentiende que las partes se «exigen» algo unas a otras y no al tribunal, al que «se pide», «se ruega», «se suplica», etc.

> La sentencia establecerá los datos, y requisitos necesarios para poder <u>exigir</u> el pago ...

INSTAR *(urge - prier, demander, insister)*: tiene, como «exhortar», el matiz de «insistencia» o «ahínco».

Los sujetos reconocidos podrán instar la ejecución de la sentencia.

INTIMAR *(call on - sommer)*: requerir, exhortar, pedir algo a alguien de forma imperativa, esto es, con autoridad o poder.

Se le intimará con la imposición de multas por cada mes que transcurra sin ... deshacerlo.

SOLICITAR *(request - demander, solliciter)*: tiene el matiz de «respeto».

Solicitada la ejecución provisional, el tribunal la despachará.

SUPLICAR *(beg, implore, crave, request - supplier)*: es sinónimo de «rogar», aunque para algunos tiene un matiz de servilismo excesivo.

Al juzgado suplica que sea tenido por personado en la causa seguida contra...

RECLAMAR *(claim, require - réclamer)*: tiene el matiz de «defensa de algún derecho de que el reclamante ha sido o está amenazado de ser desposeído».

Entabló la demanda para reclamar el pago de la deuda.

REIVINDICAR *(claim, demand - revendiquer)*: es sinónimo de «reclamar», aunque se aplica preferentemente al campo de lo laboral:

El sindicato reivindica una serie de mejoras salariales.

REQUERIR *(demand, require - requérir, prier)*: es sinónimo de «exigir»:

El demandado requiere al actor que remita copia de las declaraciones de dos testigos

IMPLORAR *(beg, implore, request - implorer)*: al tener el matiz de suplicar por caridad o con lloros, no es el más indicado para la solemnidad que requiere la justicia; se emplea más cuando la parte implorante ha perdido la esperanza de convencer con razones y pide clemencia más que justicia:

El procesado se reconoció culpable e <u>imploró</u> perdón.

ROGAR *(beg, humbly crave, plead - prier)*: tiene el matiz de que se pide algo con humildad o como favor o gracia.

<u>Ruego</u> al tribunal tenga a bien concederme un aplazamiento de la vista para preparar mejor mi defensa.

PRETENDER *(intend, aim, seek - prétendre à)*: tiene el matiz de marcarse algo como objetivo, siendo consciente de la dificultad de la empresa. No es término técnico pero aparece con frecuencia en el lenguaje jurídico:

No es realista <u>pretender</u> convencer al jurado si no se aportan pruebas fehacientes.

Todos los verbos anteriores poseen los sustantivos correspondientes, muchos de los cuales han nacido por el recurso de la nominalización: He aquí algunos:[35]

PETICIÓN *(claim, petition, request - demande, requête, pétition)*. Suele ir acompañado de verbos como «presentar», «hacer», «dirigir», «cursar», «estimar», «desestimar», «denegar», «rechazar», etc.

PRETENSIÓN *(claim - prétention)*. Suele ir acompañado de verbos como «hacer valer», «hacer constar», «tener», etc.

SOLICITUD *(application, petition - demande, requête, pétition)*. Suele ir acompañado de verbos como «presentar», «hacer», «dirigir», «cursar», «estimar», «desestimar», «denegar», «rechazar», etcétera.

INSTANCIA[1] *(application, official request - demande, requête, pétition)*. Cuando equivale a «formulario, escrito formal dirigido a un órgano administrativo o judicial», suele ir acompañado de verbos como «presentar», «hacer», «dirigir», «cursar», «estimar», «desestimar», etc. Se emplea en expresiones como «a instancia de parte» *(at the request of one of the parties - sur requête de la partie)*. INSTANCIA[2] *(instance - instance)*. Cuando se refiere al órgano jurisdiccional, a lo actuado ante él o a la fase procesal concreta, equivale a «rango» o «grado» y suele ir acompañado por un adjetivo ordinal («primera instancia, segunda instancia», «última instancia», etc.).

REQUERIMIENTO *(request, summons - demande, requête, pétition)*. Suelen acompañar a este sustantivo, entre otros, los verbos «presentar», «aceptar» y «denegar».

Ámbito territorial de los órganos judiciales (jurisdicción ordinaria).

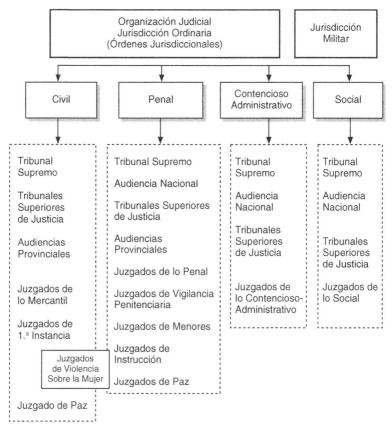

El Poder Judicial en España.

Notas

1. La expresión inglesa *in due process of law* aparece por primera vez en las diez primeras enmiendas de la Constitución norteamericana, conocidas como *The Bill of Rights*, con el significado de «procedimiento judicial de salvaguardia de las libertades individuales» *(la procédure judiciaire de sauvegarde des liberté individuelles)*.

2. En inglés norteamericano se puede emplear la expresión *The Judicial Council*. En inglés británico también valdría la expresión *The Lord Chancellor's Office/Department*.

3. En inglés británico el término *court* equivale tanto a «juzgado» como a «tribunal». Si se quiere poner de relieve que es un órgano unipersonal se dice *a one-judge court*; sólo si se quiere resaltar que el órgano es colegiado se dice *a bench of judges*. En los Estados Unidos se emplea en algunos estados la palabra *judgeship* para referirse al juzgado. En francés, los términos *tribunal* y *cour* también equivalen a «tribunal» y «juzgado»; *cour* suele aplicarse a los tribunales superiores, como *la cour de cassation, la cour des comptes, les cours d'appel*, etc.

4. Por ejemplo, en el Preámbulo de la LEC leemos que «el reparto acaba determinando el *juez* ordinario que conocerá de cada asunto».

5. La traducción al inglés del término «secretario judicial» por *clerk of the court* es sólo aproximada, ya que no existe una figura con sus mismas funciones en el organigrama de la administración de la justicia en los países del *common law*.

6. Lo que se ha dicho antes sobre la traducción al inglés del término «Secretario Judicial» por *clerk of the court*, es ahora aplicable a la de «oficial del juzgado» por *marshal* o *bailiff*, ya que tampoco coinciden plenamente las funciones de unos y otros. En inglés norteamericano se puede emplear el término *marshal* para «oficial del juzgado».

7. En francés, a las «notificaciones» en materia civil se las llama *assignations*, y *citations*, en materia penal.

8. Éste es el título de uno de los ficheros del sitio del *Ministère de la Justice Française* en Internet.

9. Véanse los capítulos siete y ocho.

10. Véase el capítulo nueve.

11. El capítulo diez aborda el lenguaje de la jurisdicción contencioso-administrativa y la de lo social.

12. Véase el significado de «zanja» en la pág. 93.

13. La quinta jurisdicción, que es la militar, al regirse de acuerdo con procedimientos y normas especiales, no será tratada en este libro.

14. Véase el capítulo diez.

15. Véase el capítulo diez.

16. Véase el punto 4 del capítulo diez sobre los recursos administrativos y el 5 del mismo capítulo sobre el recurso contencioso-administrativo.

17. En Francia existen dos tribunales supremos, el de los asuntos contencioso-administrativos, que es *Le conseil d'État*, y el de las otras jurisdicciones, que es *La cour de cassation*.

18. De todas formas, la situación está cambiando mucho, ya que cada vez más se conceden a los *solicitors* el derecho de actuar ante los tribunales, que en el pasado pertenecía sólo a los *barristers*.

19. Está bastante arraigado en la cultura inglesa hablar de *my doctor*, para las cosas de la salud, y *my solicitor*, para las cuestiones jurídicas (testamentos, contratos, etc.).

20. Como dijimos en la pág. 133, son verbos *performativos* o *realizativos* aquellos que, como «acordar», «prometer», «derogar», «estimar», desestimar», etc., expresan de forma explícita el propósito del enunciado.

21.   En francés, el acto de notificación que hace una de las partes a la otra del resultado de un juicio o de un acto procesal se llama *signification*.

22.   Las medidas cautelares son aquellas en las que un juez ordena hacer o dejar de hacer algo, a petición de una de las partes, para evitar un mal irreparable.

23.   En el recurso de reposición se pide al tribunal que reconsidere la resolución adoptada y que la reforme en el sentido de las tesis expuestas por el recurrente.

24.   El verbo «exhortar» significa instar o rogar encarecidamente a alguien para que haga o deje de hacer algo. Normalmente quien exhorta tiene autoridad moral o cierto derecho para hacerlo.

25.   Hasta la LEC de 2000, el género jurídico que utilizaba un tribunal para solicitar auxilio judicial a otro superior se llamaba «suplicatorio» y, si se dirigía a otro inferior, «carta-orden». Desde la promulgación de esta ley, el único género que se utiliza en el orden civil para la solicitud de auxilio judicial es el exhorto.

26.   El artículo 206.1 de la LEC de 2000, que trata de las resoluciones judiciales, dice lo siguiente: Las resoluciones de los tribunales civiles se denominarán providencias, autos y sentencias.

27.   Véase el punto 6 del capítulo cuatro, en la pág. 130.

28.   En inglés equivaldría aproximadamente a «*by applying to the evidence the standard of <u>healthy or wholesome criticism</u>, esto es, in accordance with the reasonable experience of the average right-minded person*.

29.   En los procesos de declaración, cuando la ley no exprese la clase de resolución que haya de emplearse, dictará *providencia* cuando la resolución no se limite a la aplicación de normas de impulso procesal, sino que se refiera a cuestiones procesales que requieran una decisión judicial, bien por establecerlo la ley, bien por derivarse de ellas cargas o por afectar a derechos procesales de las partes, siempre que en tales casos no se exija expresamente la forma de auto.

30.   El término inglés *order* también equivale a veces a «sentencia», como en *adoption order* (sentencia de adopción).

31.   «Sobreseer» es suspender la tramitación de una causa por entender el tribunal que no hay motivo para seguir adelante con ella o por no existir suficientes pruebas. El *DRAE* da este verbo como intransitivo («sobreseer en la causa»), aunque también reconoce que se puede usar como transitivo. Sin embargo, el uso más corriente en la práctica es este último («sobreseer la causa»), como aclara el *DUE*.

32.   Véase el punto 7 del capítulo nueve.

33.   Véase la pág. 28 sobre el uso de tripletes.

34.   «Sentenciar» se traduce por *sentence - condemner* cuando equivale a «condenar, imponer una pena al condenado» y por *give judgement - juger* cuando significa «dictar una resolución o fallo».

35.   Gran parte de las combinaciones léxicas de los sustantivos que siguen han sido extraídas del *DUE*.

CAPÍTULO 7

EL LENGUAJE DEL DERECHO CIVIL

1. El lenguaje del Derecho Civil. El Código Civil

El propósito fundamental del Derecho Civil[1] *(civil law - le droit civil)* es ordenar las relaciones *(relationships - les liens)* entre particulares y dar soluciones acordes con el Derecho a los conflictos *(disputes, litigations - les litiges)* que surjan entre ellos. Los conceptos básicos que conforman el Derecho Civil español están contenidos en el Código Civil *(Civil Code - le code civil)* de 1889, siguiendo el modelo del Código Civil francés, que había sido promulgado *(enacted - promulgué)* por Napoleón casi cien años antes, en 1804. Aunque el Código Civil se ha ido actualizando con el paso del tiempo, muchos de sus artículos, como el 612, nos recuerdan la sociedad rural para la que fue redactado:

Artículo 612. El propietario de un enjambre de abejas tendrá derecho a perseguirlo sobre el fundo ajeno, indemnizando al poseedor de éste el daño causado. Si estuviere cercado, necesitará el consentimiento del dueño para penetrar en él. Cuando el propietario no haya perseguido, o cese de perseguir el enjambre dos días consecutivos, podrá el poseedor de la finca ocuparlo o retenerlo. El propietario de animales amansados podrá también reclamarlos dentro de veinte días, a contar desde su ocupación por otro. Pasado este término, pertenecerán al que los haya cogido y conservado.

Este código napoleónico se marcó varios objetivos, entre los que sobresalen dos: evitar cualquier tipo de ruptura con la tradición jurídica francesa, y ofrecer las normas *(rules - règles)* de forma escrita, en un lenguaje inteligible para el ciudadano medio. La inteligibilidad del lenguaje del Código Civil francés nace sobre todo de la sencillez de su sintaxis y de la sistematización lógica y racional de los conceptos jurídicos. Dos rasgos característicos de esta sintaxis son el uso muy frecuente del presente simple *(obligent, disposent, régissent, etc.)* y del futuro simple *(donneront lieu, dressera, dénoncera, etc.)* en sus formas activas y también en las pasivas *(sont régis, seront accordés,* etcétera), y la sencillez de las oraciones:

> Article 21-3: Sous réserve des dispositions prévues aux articles 21-4 et 26-3, l'intéressé acquiert la nationalité française à la date à laquelle la déclaration a été souscrite.

Si la oración es compuesta, como la que sigue, el grado de subordinación no suele ser muy alto, con lo que la comprensión está asegurada:[2]

> Article 21-5: Le mariage déclaré nul par une décision <u>émanant</u> d'une juridiction française ou d'une juridiction étrangère <u>dont</u> l'autorité est reconnue en France ne rend pas caduque la déclaration <u>prévue</u> à l'article 21-2 <u>au profit</u> du conjoint <u>qui</u> l'a contractée de bonne foi.

Para la ordenación de las normas jurídicas, tanto el código español como el francés utilizan unos párrafos numerados, llamados artículos *(sections, articles - articles),*[3] que exponen de forma racional y lógica los derechos y las obligaciones *(rights and duties - les droits et devoirs)* de los ciudadanos en los principales ámbitos de la vida, a saber, el Derecho de Familia, las sucesiones *(succession, inheritance - les successions),* la propiedad y demás derechos reales sobre bienes muebles e inmuebles *(ownership and rights over real estate and moveable property - la propriété de biens meubles ou immeubles),* los contratos *(contracts - les contrats),* etc.

El Código Civil español consta de cuatro libros *(books - livres)*, precedidos de un Título Preliminar *(a preliminary title - un titre préliminaire)*, que trata de las normas jurídicas, su aplicación y eficacia *(the rules of law, their application and their effect - la loi et ses applications et effets)*. A semejanza del Código francés, el Código español también tiene una ordenación interna muy coherente; los cuatro libros antes citados constan de títulos; los títulos, de capítulos *(chapters - chapitres)*; los capítulos, de secciones *(articles - sections)*; y las secciones, de artículos *(sections - articles)*;[4] los artículos están numerados de forma general y correlativa, con independencia del libro, título, etc., en que se encuentren.

El Libro I trata del Derecho de las personas[5] *(law of persons - le droit des personnes)*, a saber: el disfrute de los derechos civiles *(the enjoyment of private rights[6] - la jouissance des droits civils)*; el nacimiento y la extinción de la personalidad civil, tanto el de las personas físicas *(individuals, natural persons - particuliers)* como el de las jurídicas *(juristic, legal or artificial persons - personnes morales)*; el domicilio *(domicile - le domicile)*; el matrimonio y las relaciones personales entre los cónyuges *(marriage and personal relationships between spouses - le mariage et les liens entre les époux)*; la nulidad *(annulment of marriage - la nullité du mariage)*, la separación *(separation agreement, judicial separation order - la séparation de corps, la séparation des époux)* y el divorcio *(divorce - le divorce)*; la filiación *(affiliation cases, paternity suits - la filiation)*, la patria potestad *(«patria potestas», parental authority, rights of custody - l'autorité parentale)* y las relaciones paterno-filiales *(relations between parents and children - les liens entre les parents et leurs enfants)*; la tutela *(guardianship - la tutelle)*, la curatela *(curatorship - la curatelle)*, la guarda *(custody - la garde)*, el acogimiento *(fosterage - le placement familial)* de los menores o incapacitados y el defensor judicial *(guardian appointed by the court - sauvegarde de justice)*. El Libro II examina la propiedad *(property rights, ownership - la propriété)* y los demás derechos reales *(real rights generally - les droits réels)*. El Libro III analiza los diferentes modos de adquisición y pérdida de la propiedad *(methods of acquiring and losing rights of ownership - les modes d'acquisition et perte de la propriété)*; un apartado especial merecen las sucesiones *(inheritance, successions, probate - les successions)*. El Libro IV aborda las obligaciones y los contratos *(contract law and general law of duties[7] - les obligations et les contrats)*.

2. El Derecho de las personas. La emancipación

Como hemos dicho antes, el Libro I del Código Civil, que consta de doce títulos, trata del Derecho de la persona. En este punto comentaremos sólo el lenguaje del Título I y el II de este libro, referidos respectivamente a la nacionalidad, y al nacimiento y la extinción de la personalidad civil, y en los que siguen examinaremos el vocabulario del matrimonio y de su disolución, el de la filiación y las relaciones paterno-filiales, el de las sucesiones, el de los derechos reales, la propiedad y la adquisición y la pérdida de la propiedad y el de los contratos.

Se llama «nacionalidad» *(nationality - nationalité)* el vínculo jurídico y político *(legal and political relationship or bond - le lien juridique et politique)* que une *(uniting - rattache)* a una persona con un Estado determinado y le confiere *(entitles him or her to - confère)* derechos y obligaciones. Entre los derechos destacan el de voto *(right to vote - le droit de vote)* y el de acceder a las funciones públicas *(the right to enter public service - le droit d'accéder à des fonctions publiques)*. Tienen la nacionalidad española de origen *(Spanish nationality by birth - la nationalité espagnole d'origine)*, entre otros, los nacidos de padre o madre españoles. De acuerdo con el artículo 11 de la Constitución, ningún español de origen puede ser privado de *(deprived of - privé de)* su nacionalidad. El Código Civil recoge las normas referidas a la adquisición y la pérdida *(acquisition and loss - l'acquisition et perte)* de la nacionalidad española por parte de los que no la tengan de origen.

El Título II del Libro I trata de la persona, que es por antonomasia el objeto central del Derecho Civil. Es «persona» todo ser apto de ser titular de derechos y obligaciones *(rights and duties - droits et devoirs/obligations)*. El Derecho concede personalidad o capacidad jurídica a las personas naturales o físicas *(individuals, natural persons - particuliers)*, entendiendo por «personalidad jurídica» *(legal personality - capacité juridique)*[8] la aptitud para ser titular de derechos y obligaciones; tienen personalidad jurídica todas las personas desde el momento de su nacimiento. El Derecho distingue entre «capacidad jurídica», que es la que acabamos de comentar, y «capacidad de obrar», por ejemplo, la de formalizar un contrato *(enter into a contract - conclure un contrat)*, hacer testamento *(make a will - faire un testament)*, la de comparecer ante los tribunales *(capacity to be a party in legal proceedings - capacité d'ester en justice)*, etc. Esta capacidad tiene ciertas limitaciones de acuerdo con las llamadas «circunstancias modificativas de la capacidad», por ejemplo, los menores de edad *(children, minors - les mineurs)*, los incapacitados por sentencia judicial y los disminuidos psíquicos *(mentally disordered persons, people of unsound mind - personnes dont les facultés sont altérées)*, entre otros, no tienen capacidad de obrar. En este caso, se habla de incapacidad *(disability, incapacity - incapacité)*, que es el estado en que se encuentra la persona privada por la ley *(prevented by law - privée par la loi)* o por decisión judicial *(by court order - sur décision de justice)* del ejercicio de ciertos derechos por sí mismas. Estas personas deberán realizar los actos jurídicos a través de su representantes legales (padres, tutores, curadores...).

Con independencia de que el Derecho concede la personalidad jurídica a los seres humanos en sus dos géneros, también atribuye esta personalidad jurídica a unos entes abstractos, tales como las sociedades, las fundaciones, las corporaciones, etc., a los que el Derecho llama, como hemos dicho antes, «personas jurídicas o morales» *(juristic/artificial persons - personnes morales)*, en contraposición con las personas físicas.

La minoría de edad *(minority - minorité)*, conforme hemos anticipado, es una de las circunstancias modificativas de la capacidad de obrar. Sin embargo, la emancipación confiere a los menores una capacidad jurídica casi completa *(a nearly complete capacity to act - une capacité juridique presque complète)*. La emancipación *(emancipation - émancipation)* de un hijo menor *(a minor - un enfant mineur)* es el adelanto de muchos de los efectos o beneficios de su mayoría de edad *(age of majority - majorité)*, con lo que se pone fin a la patria potestad *(parental authority - l'autorité parentale)* que los padres ejercen *(exercise - exercent)* sobre él. El menor se emancipa por el matrimonio, por concesión de quienes ejercen la patria potestad o por una decisión judicial al cumplir dieciséis años *(when he or she is 16 years old - lorsqu'il a atteint 16 ans)*.

3. El vocabulario del matrimonio y de su disolución

El matrimonio es la unión estable *(stable union - union stable)* entre dos personas, acordada en la forma civil o religiosa legalmente prevista por una declaración solemne *(solemn promise - une déclaration solennelle)* ante la autoridad competente, e inscrita en el registro civil *(registry office - bureau de l'état civile)*. Al ser el matrimonio un acuerdo de voluntades, tiene la consideración legal de un negocio bilateral que otorga a los cónyuges *(spouses - époux, conjoints)* derechos y deberes recíprocos, como el de respeto mutuo, el de fidelidad *(fidelity - fidélité)*, el de contribución a las cargas del matrimonio *(contributions to the upkeep of the matrimonial home - contributions aux charges du mariage)*, a la educación y la manutención *(maintenance and education - éducation et entretien)* de los hijos, etc.

Con anterioridad al año 2005 se consideraba que sólo podían contraer matrimonio personas de distinto sexo (matrimonio heterosexual). Sin embargo, a raíz de la ley de modificación del Código Civil promulgada ese mismo año (Ley 13/2005 de 1 de julio de modificación del Código Civil en materia de matrimonio), se introdujo un nuevo párrafo en el art. 44 de este texto legal según el cual «El matrimonio tendrá los mismos requisitos y efectos cuando ambos contrayentes sean del mismo o de diferente sexo». Así, desde la entrada en vigor de esta ley se ha autorizado en España el matrimonio homosexual.

En España se distinguen, básicamente, dos modos, llamados «regímenes», de constituir la sociedad matrimonial: el régimen de «sociedad de gananciales» *(community of assets, joint disposal of matrimonial assets - communauté d'acquets, société d'acquets)*, que es el más frecuente, y el de «separación de bienes» *(own-assets agreement - séparation de biens)*. En la mayor parte del país, si el matrimonio no indica lo contrario en el momento del enlace, se presume que el régimen de aplicación es el de gananciales. Según este régimen, se considera que todos los bienes que entren a formar parte del patrimonio de una pareja casada, desde el momento de su formación hasta el de su disolución, pertenecen por partes iguales *(belong jointly to - appartiennent à parts égales)* a ambos cónyuges. Esto no impide que en el matrimonio acogido al régimen de gananciales también pueda haber bienes privativos *(private property - biens propres appartenant à l'un ou l'autre des époux)*, que son, por ejemplo, los adquiridos por cada uno de ellos antes del matrimonio o los recibidos en herencia después de contraído éste. En el régimen de separación de bienes, sin embargo, cada esposo tiene sus propios bienes y dispone libremente de ellos *(freely disposes of - dispose librement)*.

La promesa de matrimonio no produce obligación de contraerlo y las demandas en que se pretenda su cumplimiento no se admitirán a trámite *(will not be given leave to proceed - ne seront pas acceptées)*. Sin embargo, el incumplimiento sin causa de la promesa de matrimonio *(unjustified breach of promise to marry - rupture injustifiée de la promesse de mariage)* producirá la obligación de resarcir *(reimburse - dédommager)* a la otra parte de los gastos efectuados y las obligaciones contraídas *(expenses and obligations incurred - des dépenses et des obligations/charges contractées)* en consideración *(in contemplation of - correspondantes au)* al matrimonio prometido.

La nulidad *(nullity - nullité)* de un acto jurídico *(legal agreement between parties, voluntary and legally binding act - acte juridique)* se produce por un vicio de forma *(formal defect - vice formel)* o de fondo que lo hace ineficaz desde su origen *(void «ab initio», an absolute nullity - entraîne sa disparition rétroactive)*. Es nulo *(null and void - nul)* todo acto contrario a la ley *(unlawful - qui n'est pas conforme à la loi)*; en este sentido, es nulo, entre otras causas, el matrimonio celebrado sin el consentimiento *(without the consent - sans le consentement)* de las partes, o con un vicio grave en el consentimiento, por ejemplo, por coacción o miedo grave *(under duress or unlawful constraint - par coercition ou contrainte)*, o por error en la identidad del otro contrayente o en cualidades personales de éste que hubieran sido determinantes de la prestación del consentimiento. También es nulo el celebrado entre ascendientes *(lineal ancestors, relatives in the ascending line - ascendants)* y descendientes *(issue, descendants - descendants)*, de acuerdo con lo que marca la ley. La anulación *(voiding, avoidance, annulment, invalidation - annulation)*[9] es la decisión adoptada por un juez *(judicial decision - décision de justice)* mediante la cual se deja sin efecto *(is declared void - est laissé sans effet)* un acto jurídico nulo. La acción para solicitar la nulidad del matrimonio corresponde a los cónyuges, al Ministerio Fiscal *(The Crown Prosecution Service - le ministère public)* y a cualquier persona que tenga interés directo y legítimo en ella.

La separación matrimonial *(judicial separation - séparation de corps, séparation des époux)* es una situación de Derecho, decretada por un juez *(ordered by a judge - prononcée par un juge)*, que no disuelve el matrimonio *(does not dissolve the marriage - qui ne dissout pas le mariage)*, aunque extingue *(terminates - met fin à)* algunos de sus efectos, como el deber de convivencia de los cónyuges *(the spouses' duty of cohabitation - le devoir de cohabitation)*.

La disolución del matrimonio *(dissolution of marriage - la dissolution du mariage)* se produce por la muerte o la declaración de fallecimiento *(presumption of death - la déclaration de décès)* de uno de los cónyuges *(spouses - conjoints, époux)* y por el divorcio. El divorcio es la disolución del matrimonio decretada por resolución judicial *(by judicial decree - prononcée par décision d'un juge)*. Existen dos tipos de separación y divorcio: consensual o contenciosa. Tanto en uno como en otro caso se exige como único requisito que hayan transcurrido, al menos, tres meses desde la celebración del matrimonio. La separación y el divorcio consensuales tienen lugar a petición de ambos cónyuges *(at the request of both spouses - sur requête conjointe)* de mutuo acuerdo *(mutual consent - consentement mutuel)*, o de uno solo de ellos con el consentimiento del otro. En estos casos, el escrito de demanda inicial deberá ir acompañado de la propuesta del convenio regulador *(a proposed agreement/settlement - un projet de convention, la convention provisoire)*, por el que los cónyuges regulan de mutuo acuerdo las consecuencias del divorcio o la separación *(setting out the consequences - qui règlent les conséquences)*. El convenio deberá recoger, entre otros, los siguientes extremos *(questions - points)*: la situación de los hijos en lo que a su guarda *(custody - garde)* y régimen de comunicaciones y visitas se refiere; el uso de la vivienda familiar; la contribución al sostenimiento y la educación de los hijos; y la liquidación del régimen económico de gananciales y la pensión compensatoria *(maintenance allowance, alimony - prestation compensatoire)*, éstas dos últimas si procede.

Esta pensión compensatoria es la indemnización *(allowance, compensation - indemnité)* destinada a compensar la desigualdad *(inequality - disparité)* que el divorcio crea en la vida de uno de los cónyuges y puede adoptar la forma de una pensión vitalicia, una pensión temporal, o una cantidad desembolsada por uno de los cónyuges al otro. Si se trata de una demanda conjunta *(undefended cause or action*[10] *- divorce sur requête conjointe)*, su cuantía la fijan las partes *(is agreed between the parties - est fixée par les parties)*, y el juez la homologa[11] después. El juez puede, no obstante suprimir o modificar las cláusulas del convenio regulador que, en su opinión, sean contrarias a los intereses de los hijos *(strike or modify any clauses which he deems are not for the children's benefit - supprimer ou modifier les clauses susceptibles de léser l'intérêt des enfants, qui lui paraîtraient contraires à l'intérêt des enfants)*.

Cuando no existe acuerdo entre las partes sobre la separación o el divorcio, éstos pueden ser solicitados por uno sólo de los cónyuges sin el consentimiento del otro, en cuyo caso recibe entones el nombre de separación o divorcio contencioso. Con anterioridad al año 2005, existía en España un sistema de separación y divorcio de carácter causal. Es decir, de no existir acuerdo entre las partes, el juez sólo podía concederlo cuando concurrían determinadas causas legales, tales como el abandono injustificado del hogar; la infidelidad conyugal *(marital infidelity - l'infidélité conjugale)*; la conducta injuriosa o vejatoria *(vexatious or insulting treatment, cruelty - la conduite injurieuse ou vexatoire)*; y cualquier otra violación grave o reiterada de los deberes conyugales o respecto de los hijos; la condena *(conviction for an offence - condamnation)* a pena de privación de libertad *(leading to a custodial sentence - peine privative de liberté)* por tiempo superior a seis años; el alcoholismo *(alcoholism - l'alcoolisme)*; la toxicomanía *(drug addiction - la toxicomanie)*; o las perturbaciones mentales *(mental disturbance - dérangements mentaux)*, siempre que el interés del otro cónyuge o el de la familia exijan la suspensión de la convivencia; el cese efectivo de la convivencia conyugal durante un determinado plazo *(living apart, breakdown of cohabitation - la rupture de la vie commune)*.[12]

Además, dichas causas eran distintas según se solicitara la separación o el divorcio, siendo más estrictas las causas del divorcio, por lo que muchas veces el cónyuge que pretendía el divorcio se veía obligado a solicitar primero la separación y luego el divorcio, pasando por dos procedimientos judiciales. Los tribunales atemperaron el rigor de este sistema mediante una interpretación flexible de las causas. No obstante, desde la reforma realizada el año 2005, este farragoso sistema se ha abandonado y actualmente cualquier cónyuge puede pedir libremente la separación o el divorcio con el único requisito de que hayan transcurrido tres meses desde la celebración del matrimonio. No será ni siquiera preciso esperar al transcurso de este plazo para interponer la demanda cuando exista un riesgo para la vida, la integridad física, la libertad, la integridad moral o la libertad y la indemnidad sexual del cónyuge demandante o de los hijos de ambos, o de cualquiera de los miembros del matrimonio.

Con la demanda de separación o divorcio contenciosos, o incluso con carácter previo a la presentación de la misma, el cónyuge demandante puede solicitar que se adopten medidas provisionales *(provisonal/temporary measures/arrangements - mesures provisoires)* respecto a la atribución del uso de la vivienda familiar *(family dwelling - demeure familiale)*, la contribución de cada cónyuge a las cargas del matrimonio , la guarda y custodia *(custody - garde)* de los hijos, así como la pensión alimenticia *(maintenance allowance, alimony - pension alimentaire)* y el régimen de visitas, estancias y comunicación del cónyuge no custodio respecto de los hijos del matrimonio. Estas medidas se mantendrán vigentes durante todo el procedimiento hasta que el juez, en su sentencia, acuerde las medidas definitivas.

Las pautas del matrimonio y del divorcio en Francia y en los países de habla inglesa son similares a las de España, con algunas diferencias circunstanciales en cuanto a plazos, nivel de los juzgados o tribunales, etc.; por ejemplo, en el Reino Unido a la sentencia provisional de divorcio se la llama *decree nisi* y a la definitiva, *decree absolute*.[13] De todas formas, en todos los países occidentales en los últimos años se están introduciendo algunas modificaciones en el régimen jurídico de la convivencia entre personas del mismo o de distinto sexo.[14]

He aquí otras palabras relacionadas con el Derecho de Familia:

AMONESTACIONES *(banns - bans)*.[15]
ASCENDIENTES *(linear ancestors - ancêtres)*.
MADRE DE ALQUILER *(surrogate mother - mère porteuse)*.
PARTIDA DE DEFUNCIÓN *(death certificate - extrait d'acte de décès)*.
PARTIDA DE NACIMIENTO *(birth certificate - extrait d'acte de naissance)*.
REGISTRO *(registry office - bureau d'enregistrement)*.

REGISTRO CIVIL *(records office; registry of births, marriages and deaths - archives de l'état civil).*

4. El vocabulario de la filiación y las relaciones paterno-filiales

La filiación *(parentage; affiliation*[16] *- filiation)* es el vínculo jurídico *(legal relation - lien juridique)* que une a los padres con sus hijos. El Derecho distingue entre la filiación por naturaleza (o filiación biológica) y la filiación por adopción. La filiación por naturaleza puede ser matrimonial y no matrimonial. Es matrimonial *(relation of a legitimate child, or child born within wedlock, to its parents - filiation légitime)* cuando el padre y la madre están casados entre sí; en este caso la filiación se establece con la declaración de nacimiento del hijo. En la no matrimonial *(relation to its parents of a natural child - filiation naturelle)* la filiación de los hijos nacidos fuera del matrimonio de los padres *(outside wedlock - hors mariage)* se establece con el reconocimiento del hijo *(when the child is recognised - reconnaissance de l'enfant)* ante el funcionario competente *(clerk of the registry office - l'officier d'état civil).* La filiación matrimonial y la no matrimonial, así como la adoptiva, surten los mismos efectos *(have identical consequences in law - prennent les mêmes effets).*

a)   *Las relaciones paterno-filiales y análogas: la patria potestad*

La patria potestad *(parental authority or custody rights - autorité parentale)* es el conjunto de derechos y obligaciones *(rights and duties - droits et devoirs)* que tienen los padres para con sus hijos hasta su mayoría de edad *(age of majority - majorité)* o su emancipación *(emancipation - émancipation).* Tienen, entre otros, el deber de velar por ellos *(look after them - les protéger),* alimentarlos *(feed them - les nourrir),* tenerlos en su compañía *(have them under their control and protection - les garder avec eux),* y asegurarse de su guarda, su educación, su buena salud *(be responsible for their care, their education and their welfare - garantir leur protection, leur éducation, leur santé),* etc. La patria potestad se ejerce conjuntamente por ambos padres *(is exercised jointly by both parents - est exercé conjointement par les deux parents)* o por uno solo con el consentimiento expreso o tácito del otro *(by one alone with the consent, express or implied, of the other - le consentement exprès ou tacite de l'un des parents);* en algunas circunstancias el juez puede decidir confiar la patria potestad a uno solo de los padres *(grant custody to only one of the parents - décider de confier l'autorité parentale à un seul parent).*

b) *La adopción y otras formas de protección de menores: la guarda, la tutela y el acogimiento de menores*

La adopción *(adoption - adoption)* es la constitución por resolución judicial *(court order - décision prononcée par un tribunal)* de un vínculo de filiación entre dos personas, adoptantes y adoptado, entre las que no existe ningún vínculo directo de sangre *(where there are no direct bonds of blood between them - aucun rapport direct de sang entre eux)*.

La guarda *(custody - garde)* es la protección y el cuidado *(care and protection - attention et protection)* que los padres dan a sus hijos. Sin embargo, se suele emplear este término en la expresión «guarda de menores» *(custody of children - garde de mineurs)* para aludir al cuidado y protección que se encomienda a una institución pública *(public institution - établissement public)* por encontrarse los menores en situación de desamparo *(abandonment - abandon)*.

La tutela *(guardianship, wardship - tutelle)* es un régimen de protección y de representación jurídica *(provision made for the protection and legal representation - mesure de protection et de représentation juridique)* dictado por el juez. La persona que ejerce la tutela se llama tutor *(guardian - tuteur)*. La tutela se puede ejercer sobre los menores, en determinadas circunstancias, por ejemplo, por la muerte de sus padres *(in the event of the death of their parents - en cas de décès des parents)*, o sobre las personas mayores que sean incapaces de ejercer sus derechos por sí mismos *(persons of legal age who are under disability - des majeurs hors d'état d'exercer leurs droits par eux-mêmes)*. No se debe confundir la «tutela» con la «curatela» *(curatorship - la curatelle)*, que es el régimen de asistencia *(care provisions - mesure de protection)*, para la realización de determinados actos, dictado por el juez, respecto de determinadas personas cuya capacidad de obrar está parcialmente limitada por razones psíquicas o físicas. Por su parte, se llama «defensor judicial» *(guardian appointed by the court - sauvegarde de justice)* a la persona nombrada por orden judicial para asumir las funciones de tutela cuando entran en conflicto, por ejemplo, los intereses del tutor o del curador con los del menor o de la persona mayor que se encuentra en régimen de curatela.

El acogimiento familiar *(fosterage, arrangement for the care of a minor in a suitable family - placement familial)* es una institución del Derecho que entraña la retirada de un menor de su familia *(involves ordering the removal of a child from its family - entraîne le retrait du mineur de sa famille)* para ser confiado a una persona de confianza *(placing it under the care of a suitable person - pour être confié à une personne digne de confiance)*, de acuerdo con una resolución judicial.

El acogimiento familiar produce la plena participación del menor en la vida de familia e impone a quien lo recibe las mismas obligaciones que las de los padres naturales. El menor también puede ser confiado a un organismo especializado del sector público o privado habilitado para la protección judicial de la juventud *(judicially approved care centre for minors - habilité par la protection judiciaire de la jeunesse).*

5. El vocabulario del Derecho de Sucesiones. El testamento

El Derecho sucesorio *(law of succession or inheritance - le droit de successions)* trata de la transmisión del patrimonio *(estate - patrimoine)* de una persona fallecida, llamada el «causante» *(the deceased, the testator - le décédé),* a favor de una o más personas vivas físicas o jurídicas. El testamento *(will - testament)* es el negocio jurídico unilateral, recogido en un documento, en el que el testador *(testator - testateur)* decide en vida el destino de sus bienes para después de su muerte. La persona que, por voluntad del testador o por designación del juez, interviene en la gestión y ejecución de un testamento se llama «albacea» *(executor - exacteur testamentaire).* El testamento puede ser abierto, cerrado y [h]ológrafo. Cuando el difunto dejó bienes sin hacer testamento se produce lo que se llama la sucesión «abintestato» o sucesión intestada *(intestacy - ab intestat, succession intestée).*

El testamento que se otorga ante notario *(made in the presence of a notary - qui est reçu par un notaire),* en presencia de testigos *(before witnesses - en présence des témoins)* y protocolizado como escritura pública *(authenticated as a notarised instrument - acte authentique, acte notarié),* se llama testamento abierto o nuncupativo *(oral or nuncupative will[17] - testament ouvert ou nuncupatif)*; el testamento es cerrado cuando el testador, sin revelar su última voluntad, declara que ésta se halla contenida en el pliego que presenta a las personas que han de autorizar el acto. Si está redactado, fechado y firmado *(is committed to writing, dated and signed - rédigé, daté et signé)* por el testador, de su puño y letra *(in his/her own hand - de sa propre main),* se llama testamento hológrafo *(holograph will - testament olographe).* He aquí algunas cláusulas de un testamento hológrafo (Ruiz Vadillo, 1966/1991: 796):

En Madrid, a 20 de enero del año ..., yo Juan Martínez García, nacido en ..., el día .... estando en pleno uso de mis facultades mentales *(of sound mind - sain d'esprit),* otorgo el presente testamento ológrafo de mi puño y letra bajo las siguientes cláusulas:

1.ª Deseo ser enterrado conforme a los ritos de la Iglesia Católica, etcétera.

2.ª Mis bienes se distribuirán de la siguiente forma: Mi hijo Manuel recibirá... y mi hija Carmen recibirá el piso de la calle ..., siendo mi deseo que no se colacione todo cuanto recibió con motivo de sus estudios universitarios con anterioridad a este testamento, etcétera.

El verbo «colacionar» *(collate, bring into hotchpot - rapporter)* significa «juntar, mezclar con el fondo común»; para establecer la división exacta y equitativa de la masa de la herencia *(gross estate - masse de biens de la succession)*, cada uno de los herederos forzosos tiene la obligación de *colacionar* en el conjunto de la misma aquellos otros bienes que hubiera recibido a título lucrativo *(as a gift - à titre gracieux)* en vida del causante.

Los testamentos se pueden anular *(invalidate, annul - annuler)*, revocar *(revoke - révoquer)*,[18] impugnar *(contest, challenge - contester)*, homologar,[19] autenticar o protocolizar *(prove, obtain probate of - authentifier)*, etc. El testamento queda revocado cuando lo hace constar de forma expresa el testador por medio de una escritura pública *(public deed/instrument - écriture publique, acte authentique)*, sobre todo cuando dicta un nuevo testamento en el que manifiesta la revocación del testamento otorgado con anterioridad. A veces el testador, pasado cierto tiempo desde el otorgamiento de testamento, decide añadirle alguna nueva disposición que no afecta, la institución de los herederos; a este documento se le llama «codicilo» *(codicil - codicille)*.

Manifestar la voluntad de aceptación de la herencia en español se llama «adir» *(accept the inheritance - accepter l'héritage)*. Esta aceptación se puede hacer de forma pura y simple o «a beneficio de inventario» *(acceptance under benefice of inventory - acceptation sous bénéfice d'inventaire)*, lo cual quiere decir que la ley concede al heredero el privilegio de responder por el pasivo *(liabilities - passif)* de la herencia únicamente hasta el límite del activo *(assets - actif)*, es decir, negarse a aceptarla si las deudas a las que tendría que hacer frente son más cuantiosas que el valor de lo heredado.

El acto que efectúa el testador se llama otorgar testamento o testar *(make a will - tester)* y la persona a la que se le han transmitido los derechos *(the person to whom the property is conveyed - la personne à laquelle ont été transmis les droits)* se llama el sucesor o causahabiente *(beneficiary, successor - ayant cause, successeur)*. Estos dos términos, que son sinónimos, abarcan a su vez a otros dos: el heredero *(beneficiary, heir, devisee[20] - héritier)* y el legatario *(legatee -*

légataire). El legatario es el beneficiario de un legado *(legacy, bequest - legs)* y el heredero, de una herencia *(inheritance - héritage)*. La herencia es el conjunto de bienes, derechos y obligaciones que, al morir una persona, son transmisibles a sus herederos, mientras que el legado es el bien particular que debe ser entregado al legatario antes de partirse la herencia. El legado es una especie de regalo o donación del causante a determinada persona o institución; por ejemplo, al profesor que le enseñó a tocar el piano le puede legar el piano; a la nieta que le cuidó en los últimos años de su vida le puede legar un cuadro que era de su gusto, etc.

El heredero forzoso o legitimario *(heir-at-law[21] - héritier légitime)* es aquel a quien la ley le concede de forma automática, con independencia de la voluntad del causante *(regardless of the will of the deceased - indépendamment de la volonté du défunt)*, determinados derechos hereditarios. Son herederos forzosos en España los hijos y sus descendientes respecto de sus padres y ascendientes, y los padres y los ascendientes respecto de sus hijos y descendientes, y si no hay, el cónyuge viudo o supérstite *(surviving spouse - le conjoint survivant)*. De este modo, el causante, al otorgar su testamento, tiene limitada su capacidad de disposición sobre los bienes hereditarios, ya que deberá respetar en todo caso las legítimas. De una forma simple se puede decir que la herencia habitualmente (cuando el causante ha dejado descendencia) se divide en tres parte iguales:

a)   La legítima estricta *(the legitime/legitimate or natural portion, the third part of the estate as of right - la réserve stricte)*, que es el tercio que la ley asigna a los herederos forzosos y ha de dividirse con absoluta igualdad entre ellos.[22]

b)   El tercio de mejora *(«third for betterment», third distributed among heirs of the body as the testator chooses - le préciput successoral)*, que es el tercio que de sus bienes ha de dejar el testador entre sus herederos forzosos, pero esta vez distinguiendo como desee.

c)   El tercio de libre disposición *(remaining third of the estate, distributed by the testator at will - le préciput successoral égal au tiers du patrimoine successoral)*, que es la porción que el causante asigna a quien él desee, sea o no descendiente o ascendiente.

El cónyuge que al morir su consorte no se halle separado, y si concurre a la herencia junto con los descendientes, tiene derecho al usufructo *(usufruct, liferent, beneficial ownership - usufruit)* de un tercio de la herencia. A este derecho sucesorio del consorte se le denomina usufructo viudal *(widow's right of usufruct - usufruit du conjoint survivant)* y puede ser constituido sobre los bienes de la herencia o abonado en metálico *(in cash - en espèces)* por los coherederos *(coheirs, coheiresses - cohéritiers, cohéritières)*.

El sistema de legítimas cambia, sin embargo, cuando el causante no tiene descendientes pero sí ascendientes. En estos casos se atribuye forzosamente a los ascendientes la mitad de la herencia dejada por el causante, salvo que el mismo tuviera cónyuge, en cuyo caso la legítima será sólo de un tercio. En este supuesto, el cónyuge viudo tendrá derecho al usufructo de la mitad de la herencia.

Cuando el causante fallece sin haber otorgado testamento (sucesión abintestato o intestada), no se plantean cuestiones de legítimas, ya que es la ley la que distribuye la herencia entre los herederos, estableciendo lo que corresponde a cada uno de ellos. Heredan, en primer lugar, los descendientes del difunto. A falta de éstos, los ascendientes. Al igual que sucedía en la sucesión testada, en estos casos, el cónyuge viudo tendrá derecho al usufructo de un tercio o de la mitad de la herencia, según concurra a la misma con los descendientes o los ascendientes, respectivamente. Si embargo, si no existieran ni ascendientes ni descendientes del difunto, el cónyuge heredará la totalidad de la herencia en pleno dominio. Si tampoco existiera cónyuge, entonces heredarán los parientes colaterales (hermanos, tíos, primos, etc.). A falta de personas que tengan derecho a heredar, heredará el Estado.

6. Los derechos reales. El vocabulario de la propiedad y la posesión

Otro sector central del Derecho civil es el Derecho de cosas, *(the law of real rights or property - le droit des choses)*, que trata de los «derechos reales». Se denomina derecho real *(real right or interest, property right, realty, real estate - droit réel)* a la facultad que tiene una persona en relación con una cosa frente a todos los demás *(erga omnes)*, derecho que es transmisible *(conveyable, transferable - transmissible)*; en este caso, la palabra «real» deriva del latín *res-ei* (cosa) y alude a lo que tiene existencia verdadera y efectiva, tanto de forma corpórea *(corporeal form - forme corporelle)* como incorpórea *(incorporeal form - forme incorporelle)*. Los derechos reales pueden adoptar distintas formas; las que analizaremos aquí son el derecho de propiedad *(property right, freehold, right of [absolute] ownership - domaine, propriété)*, el de posesión *(possession - possession)*, el de usufructo *(usufruct, liferent, beneficial ownership - usufruit)* y el de servidumbre *(easement, servitude - servitude)*.

La propiedad es el máximo poder que alguien puede tener sobre algo; es el derecho a poseer, usar, obtener los frutos, gozar *(enjoy -*

jouir) y disponer *(dispose of - disposer)* de las cosas de la manera más absoluta. El verbo «disponer» significa tener libertad para hacer lo que se quiera con una cosa o bien *(thing, property - chose, bien)* sin más limitaciones que las establecidas por las leyes. Por tanto, el verbo «disponer» en este contexto hay que entenderlo, sobre todo, en el sentido de libertad para venderlo *(sell - vendre)* o enajenarlo *(convey, alienate - aliéner)*, así como para cederlo *(assign, bail, transfer - céder)*, permutarlo *(exchange - permuter)* con otro, prestarlo *(lend - prêter)*, donarlo *(make a gift of - faire don de)*, gravarlo *(charge, encumber - grever)*, etc.

Nadie podrá ser privado de su propiedad *(no-one may be deprived of their property - nul ne peut être contraint de céder sa propriété)* sino por autoridad competente y por causa justificada de utilidad pública *(on lawful grounds of public utility - pour cause justifiée d'utilité publique)*, siempre previa la indemnización correspondiente o justiprecio *(on payment of fair and reasonable compensation - moyennant une juste et préalable indemnité)*. El registro de la propiedad *(Land Registry - registre foncier)* es la institución destinada a la registración o registro de la constitución *(acquisition - constitutions)*, transmisión *(conveyance - transmission)*, modificación *(modification - modification)* y extinción *(extinguishment - extinction)* de los derechos reales sobre bienes inmuebles, a fin de robustecer la seguridad jurídica inmobiliaria *(legal safeguards concerning property - sécurité juridique immobilière)*.

En español, la palabra «propiedad», igual que en francés *(propriété)*, alude a dos cosas:

a) el dominio *(lordship, ownership - domaine)* que se tiene sobre una cosa:

La <u>propiedad</u> de la finca pasó a su hermano y él se quedó con el usufructo.

b) la cosa *(property - bien)* sobre la que se tiene el dominio; el sinónimo que más se usa en esta acepción es el de «bien» o «bienes»:

La joya de mis <u>propiedades</u> es la finca que tengo en Guardamar.

En estos casos, equivale muchas veces a «fundo», «predio», «finca», «hacienda» o a «propiedad rústica» *(country estate; farmhouse - propriété foncière)* o «urbana» *(urban property - propriété)*:

Ésta es una <u>propiedad</u> de los condes de Villaviciosa.

En cambio, en inglés se distingue entre el hecho de ser el dueño de un bien *(ownership, proprietorship)* y la cosa de la que se es dueño *(property)*. En las expresiones siguientes se aprecia claramente la distinta carga semántica del término en los tres idiomas:

NUDA PROPIEDAD *(naked/bare/nude ownership - nue propriété)*.[23]
PROPIEDAD COMÚN *(joint ownership - propriété collective)*.
PROPIEDAD INDIVIDUAL *(individual ownership or proprietorship - propriété individuelle)*.
PROPIEDAD INDUSTRIAL *(industrial property - propriété industrielle)*.
PROPIEDAD INMOBILIARIA *(real estate, realty - propriété immobilière)*.
PROPIEDAD HORIZONTAL *(property in a condominium - copropriété)*.[24]
PROPIEDAD INTELECTUAL *(copyright; intellectual property - propriété intellectuelle)*.[25]
PROPIEDAD MANCOMUNADA *(joint ownership; jointly-owned property - propriété conjointe)*.
PROPIEDAD PLENA *(full or outright ownership, freehold, fee simple absolute in possession - pleine propriété)*.
PROPIEDAD PÚBLICA *(public ownership; public property - propriété publique)*.
PROPIEDAD PRIVADA *(private property; private ownership - propriété privée)*.
REGISTRO DE LA PROPIEDAD *(land registry, property registry, registry of deeds and land titles - conservation des hypothèques, de la propriété foncière)*.
TÍTULO DE PROPIEDAD *(title-deed, ownership title - titre de propriété)*.

La *posesión* no se debe confundir con la *propiedad*. La posesión es la tenencia física de un bien; así, el inquilino de una vivienda, esto es, la persona que ha tomado una casa en alquiler para habitarla, goza de la <u>posesión</u> de dicha vivienda. En el lenguaje común se utilizan muchas veces de forma indistinta los términos «propiedad» y «posesión» (por ejemplo, cuando alguien habla de las fincas que tiene en propiedad y dice «éstas son mis posesiones»). Cuando el poseedor de una cosa la disfruta sin tener título, por tolerancia o inadvertencia del dueño de ella, se dice que el título lo tiene «en precario» *(possession at sufferance, precarious possession - à titre précaire)*.

Además de las unidades léxicas relacionadas con el término «propiedad», pertenecen a dicho campo semántico otras, algunas no estrictamente jurídicas. He aquí algunas de las más frecuentes:

ANOTACIÓN PREVENTIVA *(caveat - annotation préventive)*: es la anotación provisional de un título en el registro de la propiedad, para garantizar un derecho.

ARRENDAMIENTO *(leasehold, lease, rent - affermage, location, bail)*: consiste en un pacto de cesión temporal de una cosa, por ejemplo, una vivienda, a cambio del pago periódico de un precio acordado; la persona que cede la casa en arrendamiento es el «arrendador» *(lessor, landlord - bailleur)* y el que la toma, el «arrendatario» *(lessee, tenant, leaseholder - fermier, locataire)*; este término está relacionado más con el contrato de arrendamiento, comentado más abajo, que con el de propiedad.

DOMINIO *(full or outright ownership - domaine)*: es el derecho de propiedad.

CARGA *(charge, encumbrance - charge)*: equivale a «gravamen», por ejemplo, una hipoteca, una servidumbre, un usufructo, como cuando se dice «la vivienda está libre de cargas».

CASERO *(landlord - propriétaire)*: en la lengua común es el nombre que se da al propietario de una casa que la alquila a otro; el término estrictamente jurídico es «arrendador».

DUEÑO, PROPIETARIO *(owner - propriétaire)*: igual que «casero».

ENFITEUSIS y CENSO ENFITÉUTICO *(emphyteusis - emphytéose)*: cesión perpetua o por largo tiempo del dominio útil de un inmueble, mediante el pago de un canon anual.

GRAVAMEN *(charge, encumbrance - charge)*: es lo mismo que «carga».

HIPOTECA *(mortgage - hypothèque)*: carga o derecho real que grava un bien inmueble para garantizar el pago de una deuda; con frecuencia la deuda es el crédito concedido por un banco para la adquisición de una vivienda, y la misma vivienda es el bien inmueble en cuestión, de forma que si el deudor no paga, el banco puede solicitar la venta de la vivienda en pública subasta, a fin de que, con el importe obtenido, se satisfaga la deuda; en cambio, si el comprador o «deudor hipotecario» *(mortgagor - débiteur hypothécaire)* satisface la deuda en las condiciones pactadas, el banco o «acreedor hipotecario» *(mortgagee - créancier hypothécaire)* levanta la hipoteca, como se suele decir, esto es, que la cancela *(cancels or clears the mortgage - donne mainlevée de l'hypothèque)*. En el uso común, se suele tomar el término «hipoteca» como equivalente a la deuda en sí, diciéndose, por ejemplo, «Apenas le alcanza el sueldo para pagar la hipoteca».

PLUSVALÍA *(capital gain, added value - plus-value)*: se aplica al aumento de valor de una propiedad con el paso del tiempo, debido, por ejemplo, a su situación ventajosa, a la subida continua de los precios del mercado inmobiliario o al simple aumento del coste de la vida. Los beneficios obtenidos así por el dueño de la finca son gravables fiscalmente.

TERRATENIENTE *(landowner - propriétaire foncier)*: se suele reservar este término al dueño de grandes extensiones de terreno, sobre todo rurales; es una palabra empleada con más frecuencia por los historiadores o los economistas que por los juristas.

TRANSMISIÓN PATRIMONIAL *(conveyance or transfer of ownership; alienation of property; succession in title - transmission de biens)*: transferencia o enajenación a otro por venta o cesión de algún bien del que uno es dueño; se emplea esta expresión sobre todo en contextos fiscales o de sucesiones.

7. Los bienes y su clasificación. Las combinaciones léxicas más importantes del término «bienes»

El segundo significado que hemos dado antes a «propiedad» es equivalente a «bien» o «bienes». En este sentido, en Derecho un «bien» *(property - bien)* es una cosa susceptible de *(capable/susceptible of - susceptible de)* ser apropiada *(appropriated - appropriée)* o, dicho de una forma más precisa, es la cosa de la que puede disponer una persona y sobre la que tiene derechos reales *(over which he or shi has real rights or property rights - sur laquelle elle a des droits réels)*. Los bienes se dividen en muebles *(mov[e]able, personal - meubles)*, inmuebles *(immov[e]able, real - immeubles)* y semovientes *(livestock, cattle - bétail)*. El art. 334 del Código Civil define por extensión[26] lo que son bienes inmuebles. De entre la larga lista que ofrece, sacamos, a modo de ilustración, las tierras, los edificios *(buildings - bâtiments)* y los caminos y construcciones de todo género adheridos al suelo *(fixed to the land - attachés à la terre)*. También son bienes inmuebles, entre otros, las esculturas, los relieves, las pinturas *(sculptures, works in relief, paintings - les sculptures, reliefs, tableaux)* u otros objetos de ornamentación *(other ornaments - autres ornements)* colocados por el dueño en sus edificios o heredades.

Los bienes muebles *(mov[e]able property - les biens meubles)* son los que se pueden transportar de un punto a otro *(can be transferred from place to place - qui peuvent se transporter d'un lieu à un autre)*; en cambio, los semovientes pueden trasladarse por sí mismos *(by themselves - par eux-mêmes)*. Además de los objetos físicos, como mesas, sillas, camas, libros y enseres domésticos, tienen también la consideración de cosas muebles las rentas o pensiones, sean vitalicias o hereditarias, afectas a una persona o a una familia, las acciones y obligaciones *(shares and bonds - les actions et obligations)*, los contratos sobre servicios públicos y las cédulas y títulos representativos de préstamos hipotecarios, etc. Los bienes muebles se dividen en fungibles *(fungible - fongibles)* y no fungibles *(non-fungible - non fongibles)*. Los primeros se consumen con el uso adecuado a su naturaleza (el papel, la tinta, los fertilizantes, etc.); todos los demás son no fungibles (el instrumental, los aperos, etc.). Los bienes se pueden clasificar siguiendo otros muchos criterios. He aquí algunas de las unidades léxicas más usadas:

BIENES ADVENTICIOS *(adventitious property - biens adventices)*.

BIENES COMUNALES/CONCEJILES/DE APROVECHAMIENTO COMÚN *(community property - biens communaux/municipaux)*.

BIENES COMUNES *(joint or common property - biens communs)*.

BIENES DE CONSUMO *(consumer goods or items - biens de consommation)*.

BIENES DE DOMINIO PRIVADO *(private property - biens du domaine privé)*.

BIENES DE DOMINIO PÚBLICO *(public property - biens du domaine public)*.

BIENES DOTALES *(dowry - biens dotaux)*.

BIENES DE EQUIPO/INSUMO *(capital goods/assets - biens d'équipement)*.

BIENES DE INVERSIÓN *(investment goods or items, investments - biens d'investissement)*.

BIENES FAMILIARES *(family property or assets - biens de famille)*.

BIENES FORALES *(leasehold estate - biens cédés à une personne, étant précisé que le cédant se réserve l'usage du bien cédé durant un temps déterminé)*.

BIENES GANANCIALES *(joint assets or property acquired during marriage, community property - acquêts)*.

BIENES HEREDITARIOS/HERENCIALES/PROFECTICIOS *(inherited property, assets of a deceased's estate - biens héréditaires, provenant d'un héritage, d'une succession)*.

BIENES LIBRES *(free goods - biens libres)*.

BIENES LITIGIOSOS *(disputed property - biens litigieux)*.

BIENES MANCOMUNADOS *(joint property - biens en commun, conjoints)*.

BIENES MOSTRENCOS/NULLIUS, VACANTES[27] *(ownerless/abandoned/unclaimed property; bona vacantia - biens vacants)*.

BIENES MUEBLES *(movables, chattels personal, personalty, personal property - biens meubles, biens mobiliers)*.

BIENES NACIONALES *(national property - biens nationaux, appartenant au patrimoine national)*.

BIENES PARAFERNALES *(paraphernal property - biens paraphernaux)*.

BIENES PRIVATIVOS *(separate property of a husband and wife - biens privatifs)*.

BIENES PROPIOS *(private property - biens propres)*.

BIENES PÚBLICOS/PATRIMONIALES *(public property - biens publics)*.

BIENES INMUEBLES *(immovables, immovable property or items - biens immeubles, immobiliers)*.

BIENES RAÍCES *(real estate, realty - biens-fonds, immeubles)*.

BIENES RELICTOS *(inherited property, estate of deceased - biens successoraux)*.

BIENES RESERVABLES/RESERVATIVOS *(inalienable property - biens réservés)*.

BIENES SEMOVIENTES *(livestock, cattle - bétail)*.

BIENES TRONCALES *(property inalienable from the bloodline - biens réservés/soumis à retrait conditionnel)*.

La palabra «bienes» se puede combinar con muchos verbos. Los bienes se pueden:[28]

ADQUIRIR *(acquire, purchase, buy - acquérir)*.

ARRENDAR *(let, lease out, rent out, hire out; lease, rent, hire - louer)*.

ALZAR[29] *(fraudulently conceal or dispose of - s'emparer de)*.

CEDER *(assign, transfer, license - céder)*.

COMPRAR *(buy, purchase - acheter)*.

DEMOLER *(demolish - démolir)*.

DONAR *(give, make a gift of, donate - faire don de)*.

EXPROPIAR *(expropriate, acquire by compulsory purchase - exproprier)*.

ENAJENAR *(alienate, convey - aliéner)*.

GRAVAR *(charge, encumber - grever)*.

HEREDAR *(inherit - hériter de)*.

PERMUTAR *(exchange - permuter)*.

VENDER *(sell - vendre)*.

Cuando quisieron proceder al embargo, los acreedores descubrieron que el deudor se había alzado con sus bienes.
Ha cedido sus derechos de autor a la asociación de autores.
Esta finca está gravada con una fuerte hipoteca.
No está permitido enajenar los bienes embargados.
He permutado una finca pequeña al lado del mar por otra mucho más grande en la montaña.

Además de estas combinaciones consolidadas, la palabra «bienes» también se emplea espontáneamente con otros verbos o expresiones verbales como los siguientes:

ESTAR SITUADO *(stand, lie, be situated - être situé)*.

La finca está <u>situada</u> cerca de la carretera, en la provincia de Cuenca.

IR A PARAR *(end up going to, fall to the lot of - retomber sur)*.

La herencia ha <u>ido a parar</u> a manos de parientes lejanos, casi desconocidos.

LINDAR *(adjoin, lie adjacent to, border on - toucher à, être contigu à, être attenant à)*.

Mi chalé <u>linda</u> por el norte con la finca de «Los Molinos».

PERTENECER *(belong - appartenir)*.

El pozo <u>pertenece</u> a la comunidad de vecinos.

RECAER *(devolve on, fall to [the lot of], come down to, descend to - retomber sur, être adjugé à)*.

Las tierras de secano han <u>recaído</u> en la familia de la esposa.

REVERTIR *(revert to, escheat to - retourner, revenir à)*.

Al final las tierras <u>revirtieron</u> al Estado.

RADICAR *(stand, lie, be situated - se trouver, être situé)*.

Las minas <u>radican</u> en un lugar de la montaña.

8. La adquisición y la pérdida de la propiedad

La «adquisición» *(acquisition - acquisition)* de la propiedad o dominio y de los demás derechos reales se materializa de distintos modos, entre los que destacan la ocupación, la tradición, la accesión y la usucapión.

La «tradición» *(livery of seisin, delivery - tradition)* consiste en la entrega efectiva *(actual delivery - livraison effective)* de la posesión de la cosa con el ánimo de transmitir *(transfer, convey - transmettre)* la propiedad. En el Derecho español la entrega es un requisito necesario para que los contratos puedan cumplir la función de transmitir derechos reales. Por sí solos los contratos crean únicamente derechos de crédito entre las partes y sólo cuando se produce la entrega nace el derecho real *erga omnes*.

En la «accesión» *(accession - accession)*, de acuerdo con el art. 353 del Código Civil, el propietario de una finca también lo es de todo lo que ésta produce —por ejemplo, frutos— y de todo lo que se le une o incorpora de forma natural o artificial. Dos de las muchas formas de accesión son el aluvión *(alluvion - alluvion)* y la avulsión *(avulsion - avulsion)*. El primero alude al modo de adquisición de la propiedad depositada por el arrastre de un río o una corriente, mientras que la segunda es la incorporación de un trozo de tierra producida por el cambio repentino de la corriente de un río o de una inundación.

La «usucapión» *(acquisitive prescription, «usucapio» - usucapion)*, también llamada prescripción adquisitiva *(acquisitive prescription - prescription acquisitive)*, es el modo de adquirir el dominio de algo por la posesión continuada a título de dueño pacífico y por el tiempo señalado por la ley. A los treinta años de posesión interrumpida de un bien inmueble se adquiere la propiedad.

La pérdida de la propiedad *(loss of the title of ownership - perte du titre de propriétaire)* puede ocurrir por varios motivos, entre los que cabe citar el abandono, la enajenación, la prescripción extintiva, la accesión continuada y la expropiación forzosa. En el abandono o «derrelicto» *(abandonment - abandon)* el propietario renuncia de forma voluntaria al dominio sobre la cosa, que se convierte en *res nullius*. En la enajenación *(alienation, conveyance - aliénation)* el propietario transmite la propiedad a otro, ya a título lucrativo *(as a gift, free of charge - à titre gracieux)*, ya a título oneroso *(for valuable consideration - à titre onéreux)*.

En la prescripción extintiva *(negative prescription - prescription extinctive)* el derecho del propietario se extingue por dejar transcurrir un determinado período de tiempo, fijado por la ley, sin haberlo ejercido. En otras palabras, el principio legal de la prescripción determina que los derechos cuyo titular no los hace valer durante el tiempo marcado se pierden. A casi todo el mundo le resulta familiar la idea de que en el Derecho Penal los delitos prescriben, es decir, que si el acusador privado o público deja transcurrir un plazo determinado a partir de la comisión del supuesto hecho punible —plazo que puede ser de algunos meses (faltas) o de 20 años (delitos muy graves)— sin dirigir la causa contra un acusado concreto, pierde la posibilidad de hacerlo. Pues el mismo principio opera en el Derecho

Civil respecto de los derechos privados, que dependen de su ejercicio para subsistir.

De esta forma, el perjudicado por un acto ilícito como, por ejemplo, el impago de una deuda o la falta de entrega de un coche adquirido según contrato, dispone de un tiempo limitado para reclamar la cantidad que le es adeudada, o exigir la entrega del coche que le pertenece. Si no ejercita su derecho en el plazo señalado, según la ley tal derecho se ha perdido (Ruiz Vadillo, 1991: 237). Y ocurre lo mismo con los derechos reales. Por ejemplo, si el dueño de unos terrenos no valla su propiedad ni pone carteles del tipo «propiedad privada: prohibida la entrada», y además consiente durante años que un determinado transeúnte pase libremente por el camino que atraviesa la finca, llegará un momento en que la ley no le permita al propietario ejercitar su derecho de exclusión. En este caso, de la tolerancia del dueño —o de su dejadez, según se mire— nace un derecho de paso, o servidumbre, que favorece al transeúnte en perjuicio del propietario, cuyo antiguo derecho queda extinguido. Decimos, entonces, que se ha perdido el derecho del dueño por prescripción extintiva, mientras que ha surgido el derecho de ese transeúnte por prescripción adquisitiva.

Por último, en la expropiación forzosa *(compulsory purchase - expropriation pour cause d'utilité publique)* se le priva al propietario del dominio de una cosa, mediante la indemnización o justiprecio *(indemnity, compensation - indemnisation)* correspondiente, tal como hemos explicado en el punto 6 de este capítulo.

9. Otros derechos reales: las servidumbres y el usufructo

La servidumbre *(easement, servitude - servitude)* es la carga o gravamen *(encumbrance - charge)* impuesto sobre un inmueble, que en este caso es el predio o fundo sirviente *(servient tenement - fonds servant)*, en beneficio de otro, que es el predio o fundo dominante *(dominant tenement - fonds dominant)*; por esta razón también se llama «servidumbre predial» *(real servitude - servitude réelle)*.

Desde el punto de vista del predio dominante, la servidumbre es un derecho real *(property right - droit réel)* unido al fundo dominante que tiene el propietario de este predio sobre el del otro.[30] Una de las servidumbres más conocidas es la de paso *(right of way - servitude de passage)*, que surge cuando para acceder a un fundo, heredad, predio o finca *(piece of land - fonds, propriété)*, es preciso pasar por otro; la finca sobre la que se ha de pasar para acceder a la otra es la que tiene la carga o servidumbre. Las servidumbres se constituyen *(are granted - se constituent)* porque así lo mande la ley, por pactos *(agree-ments - accords)* entre las partes o por prescripción. Una vez que se han constituido las servidumbres se pueden modificar *(modify - mo-difier)* y, por supuesto, se puede renunciar *(abandon - renoncer à)* a ellas.[31] El usufructo *(usufruct, use - usufruit)* es el derecho que tiene una persona a usar y a gozar de los frutos o beneficios *(use and enjoy the fruits or profits - d'utiliser et jouir des fruits et des revenus)* de un patrimonio *(estate - patrimoine)* o de alguna cosa que pertenezca a otra persona. En el usufructo el contenido del derecho de propiedad se parte en dos: la nuda propiedad *(naked ownership - nue-propriété)* y el usufructo. Esta situación se plantea a veces en los testamentos: el causante *(the deceased, the testator - le décédé)* deja en herencia la propiedad del bien a los hijos —por ejemplo, una vivienda, una cuen-ta corriente, etc.— y el usufructo, al cónyuge supérstite *(surviving spouse - l'époux survivant)*.

10. El lenguaje de los contratos

Siguiendo a Bustos (1994: 258), la doctrina *(the authorities, legal scholarship, legal writings - doctrine)* define el «contrato»[32] como un acuerdo de voluntades *(meeting of minds, agreement - convention)* entre dos o más personas, gracias al cual se crean, modifican o extin-guen *(are created, modified or extinguished - se créent, modifient et ter-minent)* relaciones jurídicas *(legal relations - rapports juridiques)* de contenido patrimonial.[33] El contrato[34] existe desde que una o varias personas se obligan *(undertake, become bound - s'obligent)*, respecto de otra u otras *(in relation to/vis-à-vis another person or persons - en-vers une ou plusieurs autres)*, a dar *(deliver, give - donner)* alguna cosa, o a prestar o no prestar algún servicio *(to perform or not to per-form some act - à faire ou à ne pas faire quelque chose)*. Los elementos esenciales del contrato *(the conditions that must be present for a contract to be valid - les conditions essentielles pour la validité d'une convention)*, de acuerdo con el art. 1261 del Código Civil, son tres:

1.   El consentimiento de los contratantes *(agreement between the parties - le consentement des parties qui s'obligent)*, esto es, la «aceptación mutua» *(mutual acceptance - commun accord)* de las condiciones del contrato *(terms of the contract - conditions du con-trat)* en lo que a derechos y obligaciones *(rights and duties - droits et devoirs)* se refiere. Se puede decir que el contrato nace o se forma desde el momento en que las partes muestran su consentimiento por

medio de la oferta *(offer - offre)* que hace una y la aceptación *(acceptance - acceptation)* que muestra la otra. Es nulo el contrato en el que haya falta de consentimiento *(want of «consensus ad idem» - manque de consentement)*. Por otra parte, el consentimiento no es válido *(valid - valable)* si se dio por error *(by mistake - par erreur)*, fue arrancado con violencia *(was extorted under threat or duress - extorqué par violence)* o sorprendido con dolo *(tainted with illegality, reached «ex turpi causa» - surpris par dol)*.

2. Un objeto cierto que sea materia del contrato *(that the bargain should bear on verifiable subject-matter - un objet certain qui forme la matière de l'engagement)*; este objeto es la cosa que una de las partes se obliga a dar, a hacer o a no hacer *(undertakes to provide, to perform or to refrain from performing - s'oblige à donner, à faire ou à ne pas faire)*. A estos efectos, puede ser objeto del contrato el simple uso o la simple posesión *(the mere use or possession - le simple usage ou la simple possession)* de una cosa.

3. Causa de la obligación que se establezca *(consideration for the promises made and received - une cause licite dans l'obligation)*. El Código no define qué se entiende por «causa» como concepto general. Sin embargo, en el artículo 1274 se define el término «causa» en relación con tres clases de contratos: en los <u>contratos onerosos</u> se entiende por «causa», para cada parte contratante, la prestación o promesa de una cosa o servicio por la otra parte; en los <u>remuneratorios</u>, el servicio o beneficio que se remunera; y en los de pura <u>beneficencia</u>, la mera liberalidad del bienhechor.

Por pertenecer a la misma cultura, los contratos en Francia[35] y en Gran Bretaña[36] son muy similares, aunque se encuentren matices diferenciadores.

Los tratadistas clasifican los contratos de acuerdo con varios criterios. Como la lista es muy larga, comentamos sólo algunos, a modo de ilustración:

1. Contrato unilateral *(unilateral contract - contrat unilatéral)*, que es aquél en que una o varias personas se obligan frente a una o a varias otras sin que exista compromiso alguno *(without any undertaking being made - sans qu'il y ait d'engagement)* de parte de estas últimas. La oferta de recompensa a cambio de información, la donación *(gift, donation - donation)* y la fianza *(bail, security - caution)* son ejemplos claros de contratos unilaterales.

2. Contrato bilateral o sinalagmático *(bilateral or synallagmatic contract - contrat bilatéral ou synallagmatique)*, que es aquél en que las partes contratantes se obligan recíprocamente *(make mu-*

tually binding promises to one another - s'obligent réciproquement les uns envers les autres). El contrato de compraventa *(sales contract - contrat de vente)* es un ejemplo típico de contrato bilateral.
3. Contrato gratuito *(gratuitous contract, contract without consideration - contrat de bienfaisance),* que es aquél en el que uno de los contratantes ofrece al otro una ventaja *(confers a benefit upon the other - procure à l'autre un avantage)* sin recibir nada a cambio. La donación es un ejemplo típico de contrato gratuito.
4. Contrato oneroso *(contract for valuable consideration - contrat à titre onéreux)* es el que obliga a cada una de las partes *(in which each party is required - assujettit chacune des parties)* a dar o hacer algo *(to give or do something - à donner ou faire quelque chose).*
5. Contrato de adhesión *(standard form contract - contrat d'adhésion).* Es aquél en el que una parte impone las condiciones a los demás. Por ejemplo, el que celebra un contrato de transporte con RENFE se somete, al obtener el billete, a todas las normas que esta empresa tiene preestablecidas de forma general (Ruiz Vadillo, 1966/1991: 373).

Sin embargo, desde el punto de vista de la traducción, la clasificación que más nos interesa es la que se hace teniendo en cuenta la función jurídico-económica que cumplen los contratos. De éstos, destacamos el de compraventa *(sales contract - contrat de vente),* el de arrendamiento *(lease - contrat de location)* y el de trabajo *(employment contract - contrat de travail).* Este último se comenta más ampliamente en el punto 7 del capítulo diez. En el contrato de compraventa hay un comprador y un vendedor *(a buyer and a seller - un acheteur et un vendeur);* si el contrato de compraventa es de un bien inmueble, se suele efectuar por medio de escritura pública *(registered deed - acte notarié, acte authentique).* En el contrato de arrendamiento se especifican las relaciones entre el arrendador *(lessor, landlord - le bailleur)* y el arrendatario *(lessee, tenant - le locataire, le preneur),* que disfrutará del bien mediante una prestación a título oneroso *(for valuable consideration - à titre onéreux),* esto es, abonando una renta o alquiler *(rent - rente).*
En la macroestructura de un contrato, con una aproximación simplificada, distinguimos tres partes: la comparecencia *(recitals identifying parties - comparution),* las cláusulas *(clauses - clauses)* y la fecha y las firmas *(signatures - signatures)* de todos los que han intervenido en el acto. En la comparecencia se nombra a todos los participantes, sus datos personales, y la calidad jurídica *(legal capacity - capacité juridique)* en la que intervienen, a saber, en nombre propio *(on their own behalf - pour leur propre compte)* o en representación de

otro *(on behalf of another - pour le compte de quelqu'un d'autre)*. Las cláusulas son disposiciones en las que se precisan las obligaciones *(duties - obligations)*, las modalidades de ejecución *(terms of perform-ance - les modalités d'exécution)* del contrato, la fecha de entrega *(the date of delivery - la date de livraison)*, la forma de pago *(means of pay-ment - le mode de paiement)*, etc.

Una de las primeras cláusulas es la descripción del objeto del contrato, esto es, la entidad material o in-material sobre la que se proyecta el negocio jurídico (inmuebles, fin-cas rústicas, acciones, obligaciones, etc.). A las demás cláusulas que incluyen las condiciones *(terms and conditions - conditions)* del con-trato se las llama estipulaciones *(terms - stipulations)*; las condicio-nes abarcan todo aquello que se puede o no se puede hacer; por ejemplo, en un contrato de arrendamiento, una condición podría ser la prohibición de subarrendar *(sublet - sous-louer)* el local comercial *(the premises - le local commercial)* a otros.

Una de estas cláusulas puede contener la llamada «condición re-solutoria» *(defeasance clause, clause discharging the contract upon non-payment or other condition subsequent - la condition résolutoi-re)*;[37] en este caso «resolutorio» quiere decir «que resuelve, cierra y pone fin» al contrato. La resolución es la facultad para dar por ter-minada la relación contractual si alguna de las partes no hiciera frente a sus compromisos y es tácita *(implied, tacitly under-stood - sous-entendue)* en los contratos bilaterales. La solicitud de re-solución del contrato y la petición de daños y perjuicios *(damages - dommages-intérêts)* debe hacerse ante los tribunales *(must be sought through proceedings before the courts - doit être demandée en justice)*.

El incumplimiento de contrato *(breach of contract - la rupture du contrat)* es probablemente una de las causas principales por la que se interponen demandas *(actions are brought, proceedings are instituted - on entame des actions en justice)* ante los tribunales de justicia,[38] que estudiamos en el capítulo siguiente, si bien las partes contratan-tes procuran cada vez más evitar el recurso a los tribunales, decan-tándose por soluciones más rápidas y económicas; entre estas alter-nativas destacan el arbitraje *(arbitration - arbitrage)* y la mediación *(mediation - médiation)*. Cuando se acude a los tribunales, las dos so-luciones que más se solicitan son los daños y perjuicios ya nombra-dos y el cumplimiento del contrato en sus estrictos términos *(specific performance - exécution pure simple du contrat)*.[39]

11. La expresión de la «conformidad». Sinónimos parciales de «aprobar»

Ya hemos visto en este capítulo lo importantes que son el «acuerdo», el «consentimiento» o la «aprobación» de las partes en un negocio jurídico cualquiera para el nacimiento, reconocimiento y transmisión de los derechos y para evitar los conflictos. Estas tres palabras son formas de expresar la «conformidad» *(agreement, approval, consent - conformité, accord)*. En el español jurídico se emplea constantemente una serie de verbos expresivos de esta idea, que lógicamente son sinónimos parciales pero que aportan matices diferentes al concepto común. En la lista siguiente presentamos una selección de los que se encuentran con más frecuencia en el contexto jurídico, con un ejemplo de uso en cada caso. Para no hacer la lista demasiado extensa, hemos omitido otros verbos de sentido parecido, como «aceptar», «asentir», etc., que aparecen espontáneamente en el lenguage de los juristas con el mismo valor que tienen en el lenguaje común:

ACORDAR: *(agree, consent - acquiescer)*: tiene dos significados en el uso jurídico: 1) mostrarse conforme con lo dicho o hecho por otro; 2) determinar, resolver. En el segundo caso, no es necesario que haya más de una persona: como se ve en el segundo ejemplo, un juez solo puede «acordar» algo:

Los pactos se acuerdan con ánimo de cumplirlos.
El juez acordó la celebración de la audiencia previa.

ADMITIR: *(admit, allow, give leave - admettre)*: aceptar, permitir, dar por bueno; en el español jurídico se emplea principalmente en el sentido de «autorizar»; cuando el sujeto es «el juez» o «el tribunal», se encuentra con frecuencia el enlace «admitir a trámite». Por influencia del inglés y el francés, se emplea a veces con el valor de «confesar» o «reconocer (la culpa, etc.)», uso dudoso que aparece no sólo en la lengua común, sino también en ocasiones en el lenguaje de los juristas (el segundo ejemplo que presentamos es cita directa de la Ley de Enjuiciamiento Civil de 2000).

Se admitió a trámite el recurso contra la sentencia.
En la contestación a la demanda habrán de negarse o admitirse los hechos aducidos por el actor.

ALLANARSE: *(admit - acquiescer)*: someterse; se emplea para indicar que el demandado se pliega y acata las peticiones formuladas por el demandante en un proceso judicial. El allanamiento sin embargo, no implica reconocimiento de todo cuanto el actor haya narrado en la demanda, sino simplemente una acatamiento de lo que en ella se solicita.

Si el demandado se allana a las pretensiones del actor, no es necesario que se celebre el juicio.

APROBAR *(approve, pass, adopt - approuver)*: expresa la idea de que una asamblea, junta o cuerpo de representantes da su conformidad a una propuesta, que autoriza con los votos de una mayoría de sus miembros.

En los últimos tiempos las Cortes han aprobado una nueva versión del Código Penal y una nueva Ley de Enjuiciamiento Civil.

CONFESAR: *(confess, admit - confesser)*: equivale a «reconocer» en tanto en cuanto ambos verbos implican que lo que se manifiesta puede ser perjudicial para el declarante:

Durante el interrogatorio al que fue sometido, el detenido terminó confesándose responsable de la muerte de la joven.

CORROBORAR: *(confirm - confirmer)*: confirmar, respaldar, dar fuerza a.

Los documentos corroboran la versión del demandado.

CONCEDER: *(concede - concéder, accorder)*: reconocer el declarante la verdad de algo manifestado en su contra por otro, o de parte del razonamiento de su adversario; equivale parcialmente a «reconocer» o «admitir».

El demandado concede que recibió el aviso de cobro, pero sostiene que la fecha que llevaba no era la que alega el actor.

CONFIRMAR: *(confirm, affirm - confirmer)*: ratificar, revalidar lo ya aprobado.

Se desestimó el recurso y se confirmó la condena contenida en el fallo.

ESTIMAR *(allow; find for the claimant or appellant - accepter, prendre en consideration)*: aceptar, fallar a favor del actor o del recurrente.

El recurso ha sido <u>estimado</u> por el tribunal superior.

RATIFICAR: *(ratify, reaffirm - ratifier, récoler)*: confirmar, revalidar lo ya aprobado.

El Congreso aún no ha <u>ratificado</u> el tratado firmado por el Gobierno.

RECONOCER: *(admit, acknowledge - reconnaître)*: equivale a «confesar» o «admitir con renuencia» *(reluctance - réticence)* algo perjudicial.

El demandado <u>reconoció</u> la existencia de la deuda.

SANCIONAR: *(sanction, ratify, reaffirm; fine - ratifier, récoler)*: tiene dos sentidos casi opuestos entre sí: ratificar; y castigar, penalizar.[40]

El pleno <u>sancionó</u> la propuesta de la comisión y aprobó el informe por unanimidad
Fue <u>sancionado</u> con una multa por uso excesivo de agua.

TRANSIGIR: *(reach a settlement, agree to a compromise - sanctionner, transiger)*: consentir en parte, aceptar un acuerdo parcial en el que ambas partes ceden algo.

Al final ambos litigantes <u>transigieron</u> al aceptar el demandado pagar una cantidad menor que la inicialmente pedida.

VISAR: *(endorse, approve, rubber-stamp; stamp with a visa - sanctionner)*: poner el visto bueno a un documento.

El documento fue <u>visado</u> con el sello consular.

A todos los verbos anteriores les corresponden sustantivos de sentido deducible de las definiciones ofrecidas, muchos de los cuales han nacido por el recurso de la nominalización. He aquí algunos:[41]

ACUERDO *(agreement, consent - accord, concert)*. Suele ir acompañado de verbos como «adoptar», «establecer», «firmar», «llegar a», «tomar», etc.
CONFORMIDAD *(approval, consent - conformité, accord)*. Suele ir acompañado de «dar», «manifestar», «mostrar», «prestar», «contar con», etc.

Si el demandado <u>prestare su conformidad</u> al desistimiento o no se opusiere a él dentro del plazo...
La vista se iniciará requiriendo a las partes para que <u>manifiesten su conformidad</u>...
<u>Dio su conformidad</u> para que...

APROBACIÓN *(approval, adoption - approbation, adoption)*. Suele ir acompañado de verbos como «mostrar», «merecer», «recibir», «tener», «solicitar», etc.
ACEPTACIÓN *(acceptance, approval - approbation, adoption)*. Suele ir acompañado de verbos como «tener», «encontrar», etc.
CONSENTIMIENTO *(consent - consentement)*. Suele ir acompañado de verbos como «tener», «dar», «pedir», «recibir», etc.

Otros sustantivos sinónimos parciales de «conformidad», aunque menos frecuentes, son «aquiescencia» *(acquiescence - acquiescement)*, «beneplácito» *(blessing, approval - agrément, approbation)*, «anuencia» *(consent, compliance, acquiescence, approval - assentiment)*, etc.

Notas

1. Al Derecho Civil, por ser la rama principal del Derecho privado *(private law - droit privé)*, también se le conoce con este nombre. No obstante, el Derecho privado abarca otros sectores del Derecho, como el Derecho Mercantil, el del Trabajo y el Internacional Privado.
2. Véase el punto 2 del capítulo uno y el 2 del capítulo cuatro.
3. Conviene recordar la nota 4 del capítulo cinco sobre los problemas de la traducción del término «artículo».
4. En inglés, el término *sections* se aplica a los «artículos» del Derecho sustantivo, y *rules* a los del Derecho adjetivo; en esta lengua la palabra «sección» se traduce por *article* en el Derecho sustantivo, y por *part* o *order* en el Derecho procesal.
5. El Código habla de «Derecho de las personas»; no obstante, los juristas lo llaman «Derecho de la persona».
6. La expresión inglesas *civil rights* equivale a «derechos fundamentales», término que alude a los grandes derechos políticos (derecho de sufragio, de igualdad ante la ley, etc.), que no tienen nada que ver con los derechos hereditarios, los derechos de propiedad, los derechos surgidos de los contratos, etc., propios del Derecho Civil español.
7. De nuevo hay que insistir en que no existe en el sistema del *common law* una «ley» que rija los contratos, aunque el Derecho inglés hable de *contract law*. En Gran Bretaña y Estados Unidos, todos los pactos privados se consideran conformes a Derecho salvo que se demuestre lo contrario y, dejando a un lado algunas leyes reguladoras de la conducta de las partes, todas las normas aplicables a la materia son de origen jurisprudencial *(based on earlier decisions - jurisprudentiel)*. En cuanto a las obligaciones extracontractuales, éstas se deducen de las normas jurisprudenciales del *tort*, o bien de las leyes *(acts, statutes)* concretas que las determinen.

8. No es lo mismo la capacidad jurídica (por ejemplo, la de adquirir derechos) que la «capacidad procesal» *(capacity to act as a party or to sue and to be sued - capacité d'ester en justice)*, esto es, la de actuar ante los tribunales.

9. No hay que confundir la *nulidad*, que es la invalidez jurídica provocada por un vicio de forma o de fondo de un acto jurídico, con la *anulación*, que es una resolución judicial mediante la cual se declara la nulidad. En el Derecho inglés se aprecia con mayor claridad esta distinción fundamental si, en lugar de los sustantivos abstractos, se emplean los adjetivos *void* («nulo, nulo de pleno derecho») y *voidable* («anulable, susceptible de ser anulado»). En el primer caso, el verbo correspondiente sería *declare void, nullify* («declarar la nulidad de aquello que jamás tuvo validez»), mientras que en el segundo el término técnico es *avoid* («dar por nulo a instancia de parte», es decir, «solicitar la anulación»). El matiz es especialmente interesante para los traductores, dado que el verbo *avoid* se encuentra con mucha mayor frecuencia en su acepción habitual de «evitar».

10. De acuerdo con el art. 750 de la LEC de 2000: «En los procedimientos de separación o divorcio solicitados de común acuerdo por los cónyuges, éstos podrán valerse de una sola defensa y representación». En cambio, en Inglaterra no se reconoce la demanda conjunta por razones de lógica jurídica (tiene que haber una parte actora y otra demandada). En su lugar, aparece la figura del simple allanamiento *(admission - acquiescement)*, donde la parte demandada expone en su escrito de contestación que no tiene intención de oponerse a la demanda presentada por el otro cónyuge. Naturalmente en estos casos las partes, a través de sus letrados, llegan extrajudicialmente a algún acuerdo mutuo, por lo que el procedimiento judicial se convierte en una mera formalidad.

11. En esta acepción, según el *DRAE*, «homologar» significa «confirmar el juez ciertos actos y convenios de las partes, para hacerlos más firmes y solemnes».

12. En Francia existe otra causa: la culpa *(fault - faute)* de uno de los cónyuges.

13. *Decree* el nombre técnico de las sentencias dictadas por los tribunales de equidad. Sin embargo, desde la fusión de estos tribunales y de los de *common law*, se usa con mayor frecuencia el término *judgment*, que es más general. Cuando se emplea *decree*se está aludiendo a los autos, fallos o sentencias de los tribunales de equidad *(courts of equity)* y del Tribunal de la Cancillería *(Chancery Division)*, es decir, testamentarias *(probates)*, Derecho Marítimo *(Admiralty)*, y Derecho de Familia *(Family Division)*.

14. En Francia se aprobó en 1999 una forma jurídica que regula la convivencia de parejas del mismo o diferente sexo, el «pacto civil de solidaridad» *(pacte civil de solidarité)*, también llamado *pacs*. Se trata de un contrato en el que sus dos socios *(partners - partenaires)*, de igual o distinto sexo, deciden organizar la modalidad de vida en común *(the terms on which they live together - la modalité de leur vie en commun)*. Este contrato debe ser notificado al secretario del juzgado *(the clerk of the court - greffe du tribunal d'instance)* del lugar en donde fijen su residencia común *(the place in which they set up their joint home - où ils fixent leur lieu de résidence commune)*. A cada uno de los miembros de los *pacs* se les llama coloquialmente *pacsé*.

15. Es la notificación que se lee o publica en las iglesias de los nombres de los que piensan contraer matrimonio, con el fin de que cualquiera que conozca algún impedimento *(impediment - empêchement)* para que se celebre el matrimonio lo haga saber.

16. En inglés se distingue entre el simple hecho de proceder una persona de determinados padres *(parentage)*, acreditado, por ejemplo, en algún documento, como una partida de nacimiento, y el procedimiento judicial *(paternity suit)* seguido para determinar si un hijo ilegítimo o no reconocido es o no fruto de la relación entre la madre y el hombre que ésta dice ser el padre. En el segundo caso la determinación

del tribunal se llama *affiliation order*.

17. Salvo circunstancias excepcionales (por ejemplo, el testamento dictado por un soldado en plena batalla o *in articulo mortis*), el Derecho inglés no reconoce la validez del testamento nuncupativo en sentido estricto, esto es, el dictado de viva voz, ante testigos.

Si lo dicta el testador ante notario —o ante *solicitor*, en Gran Bretaña—, éste tiene la obligación de darle forma escrita en el mismo acto, por lo que deja de tener la consideración de nuncupativo y surte los mismos efectos que un testamento normal, cerrado o no.

18. Al acto de anular o revocar un testamento también se le llama «quebrantar un testamento».

19. Véase la nota 11 de este capítulo.

20. Dadas las diferencias radicales en materia de herencias entre el sistema continental y el inglés, todos los términos ingleses que ofrecemos como traducciones han de entenderse como meras aproximaciones. Por ejemplo, en el *common law*, tal como se entiende en Inglaterra y Gales, no existe la figura del heredero forzoso: además, en puridad sólo es (o mejor dicho, era) *heir* el sucesor del causante que muere sin testar, o *ab intestato*; el designado por testamento se llama *devisee* (es decir, el asignatario o designado). Pero el término más común es el de *beneficiary*, que es el que recomendamos.

21. A pesar de lo dicho en la nota anterior, en el Derecho escocés se sigue empleando el término de «heredero forzoso» *(heir-at-law)* debido a sus concomitancias históricas con el sistema continental.

22. El Derecho escocés también ha conservado la institución de la «legítima» *(legitim o legitime)*, que nos ha parecido conveniente reproducir por su proximidad a los términos españoles.

23. Es la propiedad de una cosa que otro usufructúa.

24. Es la propiedad de un edificio dividido en pisos, repartida entre los dueños individuales de cada uno de ellos.

25. El término «propiedad industrial», por influencia del inglés, significa dos cosas diferentes: por un lado, los bienes inmuebles utilizados con fines industriales, como las naves, fábricas, etc., y por otro, los métodos de producción, procesos técnicos, invenciones industriales y *know-how* patentados por individuos o grupos empresariales y que les pertenecen en exclusiva durante un período fijado por ley.

26. Véase el punto 6 (*b*) del capítulo dos.

27. Suele darse este nombre en general a todos los que carecen de dueño conocido, ya sean muebles, ya raíces.

28. Algunos de los verbos que siguen sólo se pueden aplicar a bienes raíces *(immovable property - immeubles)*.

29. Aunque el delito se llama «alzamiento de bienes», el verbo no es transitivo, sino reflexivo, de modo que se dice que una persona «se alza con sus bienes en perjuicio de sus acreedores».

30. Los términos *easement* y *servitude* que se emplean en inglés para traducir la palabra española «servidumbre» no son totalmente sinónimos, porque cada uno analiza el mismo fenómeno desde puntos de vista opuestos; *servitude* es la carga que soporta el predio sirviente, mientras que *easement* es el beneficio que obtiene el predio dominante.

31. La lista de servidumbres reconocidas por el Derecho es muy larga: la activa *(positive servitude - servitude active)*, la aparente *(apparent easement - servitude apparente)*, la discontinua *(discontinuous servitude - servitude discontinue)*, la negativa *(negative servitude - servitude négative)*, la pasiva *(passive servitude - servitude passive)*, la personal, *(private servitude - servitude personnelle)*, etc.

32.   Véase el apartado 6 del capítulo dos sobre la definición en la pág. 72.
33.   Como vimos en la pág. 55, la intención común de las partes *(the common aim of the parties - la commune intention des parties contractantes)* es el elemento fundamental que tienen en cuenta los jueces al interpretar los contratos.
34.   Artículo 1236 del Código Civil.
35.   En el Código Civil francés aparece un cuarto elemento esencial: la capacidad contractual *(capacity and authority to contract - capacité de contracter, capacité juridique)* de las partes, de la que carecen, entre otros, los menores de edad *(children, minors - mineurs)* y los deficientes mentales *(mentally disordered people - les majeurs dont les facultés mentales sont altérées)*, siendo inejecutables *(unenforceable - inapplicables)* y, además, anulables *(voidable - annulables)* los contratos firmados por éstos. Este requisito también es esencial en el Derecho español, pero está incluido en la sección del «consentimiento».
36.   En el Derecho anglosajón también se exige la capacidad contractual de los contratantes, como en el Derecho francés; y se añaden, como condiciones formales, que las partes manifiesten de forma explícita o implícita su intención de comprometerse formal y legalmente; que el contrato se ajuste a los requisitos legalmente exigibles; y que el pacto sea para fines legítimos. En cambio, no aparece el término «causa»; en su lugar se emplea el de *consideration*. Con él se alude a lo que cada una de las partes gana y pierde en un contrato. Por ejemplo, si yo vendo una casa a alguien, desde mi punto de vista la *consideration* es el dinero que me da el comprador de la casa, que para mí es un beneficio y para él es un detrimento; pero visto desde el ángulo de quien me compró la casa, la *consideration* es la casa que recibe, en detrimento del dinero que me dio. Se la puede traducir, por tanto, por «prestación» *(prestation)* y por «contraprestación» *(contrepartie)*, de acuerdo con el contexto. Una cuestión importante es que la prestación y la contraprestación deben tener un valor económico, es decir, deben ser «a título oneroso» *(valuable consideration - à titre onéreux)* o sea, para las dos partes debe representar una carga económica, sin perjuicio de que ambas obtengan, a la vez, un beneficio. Los contratos a título gratuito *(without consideration, gratuitous - à titre gratuit, à cause gratuite)* del Derecho continental no son contratos en el Derecho anglonorteamericano, ya que incumplen el principio básico de que *consideration must move from the promisee* («a la promesa de prestación debe corresponderle una promesa de contraprestación»).
37.   También se la llama «cláusula resolutoria». «Resolver» un contrato es darlo por extinguido, como el *discharge* del derecho inglés. A diferencia de la rescisión, no obliga a la restitución íntegra de la parte de la prestación y contraprestación ya cumplida.
38.   El contrato también se puede resolver por otros medios, como la rescisión y la novación. De acuerdo con el Código Civil la rescisión *(rescission - rescision)* es la extinción del contrato por causa de lesión; el artículo 1291 del Código Civil da una relación de contratos rescindibles. La novación *(novation - novation)* consiste en la sustitución, pactada por ambas partes, de una obligación por otra, en el cambio del objeto del contrato.
39.   Véase la pág. 55 sobre la interpretación de los contratos.
40.   Véase el comentario dado sobre el verbo «sancionar» en la pág. 83
41.   Gran parte de las combinaciones léxicas de los sustantivos que siguen han sido extraídas del *DUE*.

CAPÍTULO 8

EL LENGUAJE DEL DERECHO PROCESAL CIVIL

1. Ante los tribunales civiles. Lo civil y lo penal

Teniendo en cuenta que muchos de los traductores de textos jurídicos no suelen proceder de las Facultades de Derecho, una de las prioridades que se han de fijar en los primeros momentos de su formación es marcar de forma clara la importante diferencia entre los asuntos civiles y los penales. A nuestro entender, una buena parte de los problemas de comprensión y traducción de los textos jurídicos, y del uso general de los términos técnico-jurídicos, radica en la insuficiente delimitación de estas dos esferas del Derecho. Pero hay que comenzar reconociendo que el problema afecta no sólo a los traductores, sino que es más general; y las consecuencias lingüísticas de esta incomprensión también se perciben en la prensa diaria, donde son muy frecuentes, en las páginas dedicadas a los «tribunales», errores como denominar «querellas» a las demandas, o «proceso judicial» a cualquier amago de denuncia; o decir que «han sido imputados»[1] los procesados, o «arrestados» los detenidos; o llamar «caso» a los argumentos de la defensa o de la acusación;[2] «veredicto», al «fallo» o «resolución», aunque se trate de un asunto civil; y «culpable», al demandado condenado en un proceso civil.[3]

De acuerdo con lo expuesto, creemos conveniente, sin pretender usurpar las funciones de los expertos en Derecho, cuyas explicaciones serán mucho más técnicas y rigurosas, intentar separar estos dos campos, el de lo penal y lo civil, con el fin de que el lector no especialista entienda mejor la lógica de los distintos procedimientos y las fases de las que constan y, consecuentemente, se familiarice sin grandes problemas con el vocabulario específico de cada uno de estos ámbitos del ordenamiento jurídico. Ésta es la razón por la que, antes de adentrarnos en la rama civil del Derecho Procesal para examinar sus conceptos jurídicos básicos, los elementos lingüísticos más frecuentes y la mecánica de los procedimientos judiciales *(judicial proceedings - les procédures judiciaires),* conviene que nos detengamos a considerar las razones por las que las leyes establecen una diferencia fundamental entre un proceso civil *(a civil case, matter or proceeding-s - une affaire civile, un procès civil)* y uno penal *(a criminal case, matter or proceeding-s - un procès criminel).*

Para ilustrar la significativa diferencia antes apuntada entre los asuntos civiles y las causas penales, examinemos dos situaciones deliberadamente simples y aparentemente similares:

a) *Situación número uno*

María descubre que un cuadro muy valioso, que aparecía adjudicado *(assigned - adjugé)* a ella como un legado,[4] según el testamento *(will - testament)* de su abuelo, pero que nunca se había podido localizar, cuelga desde hace años en una pared de la casa de su prima Ana. Se lo reclama *(claims - réclame),* pero Ana se niega a *(refuses - refuse de)* entregárselo, alegando *(on the grounds, asserting - en alléguant)* que el abuelo se lo había regalado a ella por haberlo cuidado durante su larga enfermedad. Tras discutir inútilmente con su prima, María anuncia su intención de emprender acciones judiciales contra *(bring an action against, institute proceedings against - entamer une action en justice contre)* su prima para recuperar *(recover - récupérer)* lo que considera es suyo.

b) *Situación número dos*

Ana, que ha cuidado de su abuelo durante su larga enfermedad, descubre tras la muerte de éste que un cuadro muy valioso que le gustaba mucho, y que su abuelo le había prometido sería para ella cuando él ya no estuviera, le ha correspondido por testamento a su prima María. Le explica a ésta la promesa hecha *(the promise made - la promesse faite)* por el abuelo y le recuerda quién se había encargado de cuidar al anciano, pero María no quiere saber nada. Algún tiempo después, aprovechando una fiesta familiar en casa de María, Ana coge el cuadro sin que nadie la vea y se lo lleva a su casa. Al descubrir lo que ha pasado, María, indignada, exige la devolución inmediata de su propiedad, pero Ana se niega a entregársela. María anuncia su intención de emprender acciones judiciales para recuperar lo que considera es suyo.

Superficialmente, los dos casos muestran bastante similitud (el cuadro ha ido a parar a la prima no nombrada en el testamento) y concluyen con la misma amenaza (las acciones judiciales). Además, aparentemente en ambos casos el objeto de las acciones es el mismo: la restitución *(restitution - restitution)* del cuadro a su dueña verdadera.[5] Entonces, la pregunta es: ¿a qué clase de acciones judiciales *(legal actions - actions en justice)* se refiere María en cada una de las situaciones? Para responder a esta pregunta, hay que tener en cuenta los siguientes factores:

1. La naturaleza del derecho del que María pretende valerse *(the nature of the right that María seeks to rely on - la nature du droit qu'elle essaie d'user)*.
2. Las circunstancias en las que el cuadro pasa a la posesión de Ana.
3. Las implicaciones *(implications - implications)* del comportamiento de Ana en los dos casos.
4. Lo que dice *(lays down - prescrit)* la ley.

De acuerdo con estos cuatro factores, María o sus asesores *(legal advisers - conseillers juridiques)* tendrán que decidir si se emprenden acciones en un proceso civil o penal *(decide whether to frame their case under civil or criminal law - décider d'engager un procès civil ou pénal)*; según decidan una cosa u otra, el tribunal competente pertenecerá a la jurisdicción civil o a la penal. A continuación analizamos la naturaleza y las soluciones de ambas situaciones.

En la primera situación, María, a diferencia de Ana, cuenta con una prueba *(a piece of evidence - une preuve)* muy difícil de rebatir *(refute - réfuter)*: el testamento, expresión de la libre voluntad de su abuelo, que consta por escrito en un documento otorgado ante notario *(executed, signed before a notary - passé/reçu devant notaire)* y firmado por testigos *(witnesses - témoins)*, y que indica que el cuadro sea para ella. En principio, pues, se trata de un derecho de propiedad *(right of ownership - droit de propriété)* nacido de un negocio jurídico privado *(private act - acte privé)* de cesión *(assignment, transference - cession)* voluntaria o sucesión *(succession - succession)* en la propiedad del bien.

No consta *(there is no evidence - il n'est pas établi)* en el relato que Ana se haya llevado el cuadro sin el permiso de su abuelo, que posiblemente le hizo el regalo con olvido del contenido de su testamento, o quizás con la intención, frustrada al verse sorprendido por la muerte, de rectificarlo *(change it - le rectifier)* a favor de la nieta que bien le quiso. Tampoco consta que Ana haya engañado *(deceived - trompé)* a su abuelo ni haya ocultado el cuadro, aunque su silencio durante años pone en duda la buena fe *(the good faith - la bonne foi)* con la que ha actuado. Por otra parte, al oponer resistencia a la reclamación de su prima María, cree estar cumpliendo el deseo de su abuelo, o al menos eso afirma. En conclusión, los hechos descritos se insertan claramente en los supuestos clásicos del Derecho Civil o Privado, cuyo propósito fundamental, como dijimos en el capítulo siete, es ordenar las relaciones e intereses entre particulares y dar soluciones acordes con el Derecho a los conflictos que surjan entre ellos.

En nuestro relato, la amenaza de María, de seguir adelante, daría lugar a la interposición de una demanda, cuyo objetivo —su pretensión— *(claim - prétention)* consistiría fundamentalmente en solicitar que el tribunal dictara sentencia *(give judgement - rendre jugement)* por la que declarase su derecho a la propiedad del cuadro y, en consecuencia, ordenase a su prima entregárselo. En cualquier caso, la disputa no afecta a nadie más, y a la sociedad en su conjunto le da exactamente igual a cuál de las dos mujeres el juez acabe por dar la razón, puesto que se trata de un asunto de los que se consideran particulares, tanto en Derecho como en el lenguaje común. Por otra parte, no hay ninguna ley que obligue a Ana a entregar el cuadro mientras no sea reclamado por alguien que demuestre tener mejor derecho *(have a better right - avoir meilleur droit que [à])*, ni que le niegue la posibilidad de resistirse a la entrega defendiendo ante un tribunal el derecho que crea asistirle *(her right as she sees it - le droit qu'elle croit avoir de son côté)*, hasta que recaiga sentencia firme *(final judgement is given - le jugement soit rendu en dernier ressort)*. En la situación número 2, el cuadro que colgaba de la pared desapareció al mismo tiempo que Ana se marchó de la fiesta. El cuadro ha sido sustraído en opinión de María, quien no sólo cuenta con la prueba del testamento a su favor, que afianza *(reinforces - consolide)* su titularidad *(ownership, title - titularité, titre)*, sino con el más que probable testimonio *(testimony - témoignage)* de sus familiares y amistades, que habrán visto el cuadro en su casa ese mismo día antes de que Ana regresara a su casa. Las acciones que en este caso emprenderá María, que comentamos más ampliamente en el punto 1 del capítulo siguiente, irán por la vía penal, porque al parecer se ha cometido uno de los delitos contra la propiedad *(offences against property - délits contre la propriété)* previstos en el Código Penal.

2. El Derecho Procesal Civil. La Ley de Enjuiciamiento Civil de 2000

Examinadas las diferencias entre lo que puede ser un litigio o pleito civil *(lawsuit, civil suit, civil action, proceedings - procès, affaire)* y una causa penal *(criminal case - action au criminel)*, pasamos a analizar el procedimiento que se sigue en el pleito civil ante los tribunales. Dentro de lo civil son incontables los conflictos que, sin constituir una infracción en el sentido de la ley penal *(in the criminal sense - au sens de la loi pénale)* ni en el administrativo,[6] pueden dar pie al ejercicio de una acción civil. Tales conflictos nacen del supuesto de que alguna persona física *(a private person, an individual - une personne privée, un particulier)* o jurídica *(legal or juristic person - personne morale)* lesione o invada *(injures, trespasses or encroaches upon - blesse ou envahit)* un derecho del que es titular otra. Emplearemos la letra «A» para referirnos al actor,[7] demandante o perjudicado *(plaintiff, claimant, the injured party - demandeur, lésé)*, y «D», para aludir al demandado *(defendant - défenseur)*.[8]

Para simplificar al máximo la hipótesis de partida, hemos supuesto que tanto A como D son individuos o personas físicas, aunque cualquiera de las partes podrían no ser personas físicas, sino jurídicas, como sería el caso de un banco, una empresa, una organización, una asociación de vecinos, etc. En todas estas situaciones, tanto el supuesto perjudicado (A) como el supuesto responsable del perjuicio (D) actúan como particulares, sin que el conjunto de la sociedad se vea afectado directamente por la diferencia de opinión o pleito en el que estos dos principales se vean enzarzados. Cada una de las partes actúa en nombre propio *(on their own behalf - en son nom propre)* y movida por sus intereses particulares. Es esto, en el fondo, lo que da el carácter *civil* a tales contiendas: afectan tan sólo a las dos partes, o *ciudadanos*, cuyos derechos recíprocos se ven cuestionados. Se mueven, por tanto, en la esfera del Derecho Privado. Veamos algunos ejemplos:

1. Si un particular D construye un edificio en un terreno del que otro particular A es el dueño, éste podrá demandar a D por invasión de su propiedad *(trespass to land - invasion de propriété)*.
2. Si A, dueño de un negocio de electrodomésticos, vende un frigorífico a crédito a D, y éste no paga, A podrá presentar una demanda por impago de la deuda *(failure to repay debt - dettes impayées)*.
3. Si D, titular de un taller mecánico, repara defectuosamente el vehículo de A y, como consecuencia, A sufre daños personales en un accidente de circulación, A podrá demandar a *(sue - traduire en justice)* por daños y perjuicios *(damages - dommages-intérêts)*.
4. Si A y D firman un contrato y D no satisface *(comply with - accomplit)* las condiciones pactadas, A podrá demandarlo por incumplimiento de contrato *(breach of contract - rupture de contrat)*.[9]

Los litigios *(disputes, issues - litiges)* que nacen por estas causas, y los que puedan surgir entre dos o más personas por alquileres impagados *(unpaid rent - loyers impayés)*, disputas familiares *(family disagreements - conflits familiaux)*, trabajos mal acabados *(unsatisfactory performance of jobs - travaux mal exécutés)*, conflictos relacionados con el consumo *(consumer-related disputes - conflits de consommation)* y muchos más se ventilan *(are settled - sont réglés)* de acuerdo con las normas y preceptos sustantivos del Código Civil en conjunción con las normas procesales *(procedural rules - code de procédure civile)* contenidas en la nueva Ley de Enjuiciamiento Civil *(Rules of Civil Procedure - code de procédure civile)* de 2000, también llamada LEC,[10] que entró en vigor *(came into force - est entré en vigueur)* el día 7 de enero de 2001.

Para hacer valer sus derechos *(defend or vindicate his/her rights - faire valoir ses droits)*, cuando han sido conculcados *(infringed - violés)*, el particular no tiene más remedio que acudir a los tribunales de lo civil en busca de una solución. En este punto analizaremos esquemáticamente las fases de los procesos civiles *(the stages of civil proceedings - les étapes de la procédure civile),* prestando especial atención al vocabulario técnico que se emplea en cada una de las actuaciones *(procedural steps, proceedings - actes de procédures),* tanto de las partes *(the parties - les parties)* como de sus representantes legales *(legal representatives - représentants légaux)* y de los órganos jurisdiccionales.

La LEC de 2000 articula con carácter general dos cauces distintos para la tutela jurisdiccional declarativa: el juicio ordinario y el juicio verbal. «Declarativo» *(declaratory - déclaratoire)* quiere decir en este contexto que el órgano jurisdiccional hace una declaración *(declaration - déclaration)* sobre el *petítum (claim - prétention)* de la demanda de acuerdo con el Derecho que es de aplicación. Sólo analizaremos el juicio ordinario porque, al ser más complejo en fases procesales *(procedural steps - actes de procédure),* es también más rico en vocabulario especializado que el juicio verbal, y por tanto se adapta mejor a nuestros intereses lingüísticos; además, todo el vocabulario del juicio ordinario es completamente aplicable al juicio verbal. Los límites entre uno y otro están contenidos en los artículos 249 y 250 de la LEC de 2000, que determinan el ámbito de los asuntos que se decidirán en el juicio ordinario y el verbal respectivamente.

El proceso civil ordinario consta de tres grandes momentos procesales:

a) *La primera fase: las alegaciones*

Esta fase está formada por las alegaciones: la demanda y la contestación a la demanda, cuyo vocabulario comentamos en los puntos 3, 4 y 5 de este capítulo.

b) *La segunda fase: la audiencia previa*

En la fase de audiencia previa *(pre-trial hearing, directions hearing - audition, audience préliminaire)* se intenta inicialmente un acuerdo o transacción entre las partes que ponga fin al proceso y, si tal acuerdo no se logra, se resuelven las posibles cuestiones sobre presupuestos y óbices[11] procesales, se determinan con precisión las pretensiones de las partes y el ámbito de su controversia y se proponen y admiten las pruebas pertinentes.

c) *El juicio*

En el juicio *(the trial - le jugement)* se efectúa la «práctica de la prueba» *(the adducing or leading of evidence - la discussion des preuves).*[12] Los abogados de cada una de las partes consuman un turno oral (*counsel for each party addresss the court in turn - les avocats de chacune des parties intéressées prennent la parole à tour de rôle)* para formular sus conclusiones sobre ella e informar sobre los distintos argumentos jurídicos en apoyo de sus pretensiones.

De todas las actuaciones públicas y orales, en ambas instancias, quedará constancia mediante los instrumentos oportunos de grabación y reproducción, sin perjuicio de las actas *(court records - compte rendus)* necesarias.

En este punto y en los que siguen examinaremos de forma más pormenorizada el lenguaje de las distintas fases *(stages - étapes)* del juicio ordinario haciendo hincapié en las cuestiones que deben tener en cuenta los lingüistas y traductores, es decir, que nos centraremos fundamentalmente en el análisis del vocabulario usado en cada una de ellas. Sin embargo, antes de adentrarnos en esta materia, conviene aclarar que los poderes públicos animan cada vez más a las personas físicas y jurídicas a encontrar soluciones o arreglos extrajudiciales *(out-of-court settlements - règlement à l'amiable)* a sus diferencias. En otras palabras, se intenta que los litigantes *(litigants - les parties en litige)* acepten un acuerdo amistoso *(an amicable settlement - une solution amiable)* y opten por hacerse concesiones mutuas *(each side agreeing to make some concessions - se faire des concessions mutuelles)* para evitar un proceso ante los tribunales *(avoid court proceedings - éviter un procès devant les juridictions)*. Modernamente en los países de habla inglesa estos pactos extrajudiciales reciben el nombre genérico de *Alternative Dispute Resolution,*[13] o *A.D.R.*[14] («formas alternativas de dirimir las disputas» o «métodos no contenciosos de solucionar las diferencias»). Entre los métodos o soluciones que ofrecen los poderes públicos destacan el arbitraje *(arbitration - arbitrage)* y la mediación *(mediation - médiation)*. En los dos se pretende llegar a un acuerdo amistoso mediante la intervención de un tercero *(through the intervention of a third party - par l'intermédiaire d'un tiers)*.

En el arbitraje las partes eligen el juez,[15] llamado «árbitro» *(arbitrator - arbitre)*, quien, tras examinar las respectivas posturas de las partes, dicta una resolución vinculante *(issues a binding decision - rend une décision obligatoire)*, llamada «laudo arbitral» *(arbitration award - sentence arbitrale)*. En la mediación *(mediation - médiation)*, que puede ser mediación judicial *(proposed on the judge's initiative - médiation judiciaire)*, se plantea a las partes en conflicto la intervención confidencial de un mediador *(the intervention of a mediator acting in confidence - l'intervention confidentielle d'un médiateur)* que les ayude a reanudar el diálogo *(reopen negotiations - à renouer le dialogue)*, a confrontar sus puntos de vista *(compare their positions - à confronter leurs points de vue)* y a buscar por sí mismos las bases de un acuerdo duradero y aceptable *(to seek for themselves an acceptable and lasting agreement - à rechercher elles-mêmes les bases d'un accord durable et acceptable)*.

3. El vocabulario de la primera fase de proceso civil ordinario (I). La presentación de la demanda. La macroestructura de la demanda

Cuando no ha sido posible encontrar una solución amistosa entre las partes por los medios antes citados, al perjudicado no le queda más remedio que presentar una demanda *(sue, bring a civil action - engager un procès)*, lo cual implica que «ejercita la acción correspondiente», «entabla o incoa el proceso o juicio» o «promueve una acción civil» *(sues, files a suit against, brings/institutes proceedings or an action against - entame/forme une action en justice, présente une demande en justice)* contra el que le causó el supuesto perjuicio *(the alleged injury or wrong - le dommage ou préjudice présumé)*.

La demanda, que es la forma más habitual de iniciarse un proceso civil,[16] consiste en la declaración de voluntad de una persona, formalmente expresada en un escrito dirigido a un juzgado, solicitando que se incoe un proceso y comience su tramitación (Ribó, 1987). A este acto se le llama la «presentación de la demanda» *(filing suit - la présentation de la requête)* y, a partir de este momento, el perjudicado se convierte en «actor» o «demandante» *(claimant, plaintiff - demandeur, plaideur)* de la persona contra la que se inicia el proceso, el demandado *(defendant - défendeur)*, que es la parte a la que considera responsable del perjuicio que él ha sufrido.

La macroestructura del escrito de la demanda *(claim form - requête)* consta de las siguientes secciones:

a) *El Juzgado o Tribunal al que va dirigida la demanda*

El escrito de demanda comienza dirigiéndose al Juzgado al cual se considera competente para conocer de la demanda:

Al Juzgado de Primera Instancia de Alicante
Al Juzgado de lo Mercantil de Barcelona

b) *El demandante*

Sus datos personales, domicilio y demás circunstancias identificativas. Se debe mencionar, cuando intervengan, el nombre del procurador y del abogado.

c) *El demandado*

La identidad y el domicilio de la persona contra quien se dirige la demanda.

d) *Los hechos (facts in issue - raisons en fait, points de fait)*

Deben quedar claramente presentados los hechos en que funda su reclamación *(basis of the claim - fondements de fait)*, por ejemplo, que en tal fecha vendió a D diez ordenadores de determinadas características, cuyo importe no ha sido satisfecho hasta la fecha, y los documentos, medios o instrumentos que se aportan en relación con los hechos que fundamentan las prestaciones así como valoraciones o razonamientos sobre esos hechos.

e) *Los fundamentos de Derecho (points of law - fondements juridiques)*

Están formados por las disposiciones legales en que se apoya la demanda *(applicable law - droit applicable)*. En este apartado se introducen tanto los preceptos relativos al juzgado competente, procedimiento aplicable *(type of proceedings - type d'actions judiciaires)*, capacidad, legitimación y postulación de las partes, como los preceptos y argumentos jurídicos de aplicación al fondo del asunto.

f) *El petítum o suplico de la demanda (claim, petition, remedy sought - prétention, demande)*

En esta sección se fija con claridad y precisión lo que se pide. Por ejemplo, que se condene al demandado a abonar al demandante una determinada suma, o que se declare la propiedad del demandante sobre un determinado bien.

4. El vocabulario de la primera fase de proceso civil ordinario (II). La contestación y el allanamiento

Al acto de presentación de la demanda también se le denomina «deducción de la demanda». Pues bien, una vez el demandante ha deducido demanda contra el demandado, el juzgado incoa la misma, o lo que es lo mismo, le da curso. La notificación de la demanda *(service of notification of claim - exploit d'assignation, notification de la demande)* al demandado, esto es, el acto de poner en conocimiento *(notifying - porter à la connaissance)* del interesado la demanda que contra él se ha interpuesto en el juzgado, la realizará de oficio *(on his own motion, by application of the law - d'office)* el secretario del juzgado o tribunal *(court clerk - greffier)*. Una vez el demandado ha recibido la demanda comienza el segundo momento de la primera fase de los procesos civiles, que se llama contestación a la demanda *(reply, answer, defence - réponse)*. Simplificando un poco, podemos decir que caben tres vías de respuesta: no hacer nada, esto es, no comparecer *(appear - comparaître)* al proceso; comparecer y no contestar; y comparecer y contestar.

Si elige la primera opción, D tendrá durante el resto del juicio la consideración de «rebelde» *(defendant in default - contumax)* y, salvo determinados tecnicismos, se arriesga a que recaiga contra él sentencia condenatoria *(judgement for the plaintiff, default judgement - jugement par défaut, jugement en faveur du demandeur)*, es decir, fallo contrario a sus intereses por no haberse personado en el proceso *(for non-appearance, for failure to notify intention to defend - pour non comparution)*. Si elige la segunda no podrá luego introducir nuevos hechos o fundamentos jurídicos. En cambio, si se decide por la tercera vía, pueden ocurrir dos cosas: admitir la demanda *(admit liability - acquiescer à la demande)* con todas sus consecuencias, lo cual se denomina «allanamiento», u oponer algún tipo de resistencia *(file or raise a defence - s'opposer, défendre, conclure en défense)* a las pretensiones del actor.

En el español jurídico la aceptación de la demanda, que consiste en que el demandado se pliega a las pretensiones del actor *(admits the claim - se soumet ou se plie aux prétentions du demandeur, acquiesce aux demandes de celui qui agit)*, se llama «allanamiento» *(admission - acquiescement)* y su efecto es similar a la vía primera (no comparecer al proceso), ya que el proceso también concluye con la condena del demandado o fallo condenatorio. Sin embargo, la resolución puede favorecer algo más al demandado en tanto en cuanto las costas procesales *(court costs - dépens)* resulten más bajas y siempre es posible la negociación entre las partes. En este caso no es necesario que se celebre el juicio; el tribunal, sin más trámites *(formalities - formalités, actes de procédures)*, pone fin al procedimiento *(disposes of the case, brings proceedings to an end - met fin au procès)* y, en su momento, dicta sentencia condenatoria *(gives judgment for the plaintiff - rend un jugement en faveur du demandeur)* de conformidad con lo solicitado por el demandante.

No obstante, el allanamiento del demandado puede ser también parcial cuando éste acata determinadas peticiones del demandante, pero no está de acuerdo con otras que el actor ha formulado en su demanda. En estos casos, el tribunal dicta un auto *(court order - une ordonnance, un mandat)* acogiendo las pretensiones que hayan sido objeto de allanamiento, y el procedimiento seguirá adelante hasta que se dicte sentencia que resuelva sobre aquellas pretensiones a las que el demandado no se haya allanado.

5. El vocabulario de la primera fase de proceso civil ordinario (III). La defensa y la reconvención

Ahora bien, la situación más compleja se produce cuando D opone resistencia a *(files a defence against - défend, s'oppose, fait obstacle)* lo manifestado en la demanda por el actor, alegando en su defensa alguno de los motivos que la ley reserva a la parte demandada. Teniendo en cuenta que el escrito de demanda *(statement of claim - l'écrit de prétentions, mémoire détaillée sur les points en litige)* del actor expone *(alleges, sets out - allègue, indique)* ciertos hechos que, según estima el oponente *(adversary, opponent, the opposing party - la partie adverse)*, vulneran las normas de Derecho señaladas, es lógico que pueda limitarse a negar *(traverse - nier)* los hechos alegados por el demandante, o bien aducir en su defensa otras circunstancias y citar otros preceptos legales contrarios. El nombre concreto de cada una de estas posibles «defensas» *(defences - défenses)* varía según la situación del demandado y la táctica elegida en consecuencia, siendo los términos más frecuentes «oposición», «resistencia», «excepción» y el verbo «combatir»,[17] que en este contexto se consideran sinónimos parciales. A continuación exponemos las principales diferencias semánticas y conceptuales existentes entre ellos:

a) Oposición

Alude la «oposición» *(defence, defence case, basis of defence - défense)* bien al hecho de no allanarse *(admit - acquiescer à la demande de celui qui agit)* el demandado a lo alegado en su contra por el actor, bien al contenido fáctico y jurídico de la contestación a la demanda:

El demandado basó su <u>oposición</u> a la demanda en el artículo...

El verbo «oponerse» *(file a defence - s'opposer, défendre)* se emplea con gran naturalidad en el mismo sentido:

El demandado <u>se opuso</u> a las pretensiones del actor, alegando que...

b) *Resistencia*

El sustantivo «resistencia» *(defence, defence pleading, notice of intention to defend - défense)* y el verbo asociado «resistirse» se emplean espontáneamente como alternativas a «oposición» y «oponerse».

> «La base de nuestra resistencia a la demanda es muy sencilla: mi defendido pagó la deuda hace seis meses.»

c) *Excepción*

La «excepción» *(defence, incidental plea, plea-in-law - exception)* es un medio técnico de oponerse a la demanda alegando algún impedimento u obstáculo legal *(bar - empêchement, obstacle légal)*, bien para entrar en el análisis del fondo de la cuestión *(the merits of the case - le bien fondé, le fond de la cause)*, bien para dictar una sentencia estimatoria de las pretensiones del demandante. Existen dos clases de excepciones: las procesales o de forma *(procedural pleas - exceptions de procédure, de forme)* y las materiales, sustanciales o de fondo *(substantive pleas - exceptions de fond)*.[18]

Las primeras, como su nombre indica, aluden al proceso, y son aquellas alegaciones en las que el demandado pone de manifiesto defectos de índole procesal, como la falta de algún presupuesto procesal, la existencia de algún óbice procesal o la falta de algún requisito de algún acto procesal en concreto. Estas excepciones impiden continuar el procedimiento y culminarlo con una sentencia que resuelva el fondo de la cuestión. Dan pie a la interposición de la excepción procesal, por ejemplo, las cuestiones suscitadas respecto de la identidad *(identity, particulars, personal information - identité, renseignements personnels)* y la capacidad *(legal capacity, capacity to sue and to sued - la capacité juridique, la capacité d'ester en justice)* de los litigantes o sus representantes legales, la jurisdicción *(jurisdiction - juridiction)* y competencia *(competency - compétence)* del tribunal, los posibles defectos formales en el modo de presentar la demanda, la alegación de «litispendencia» *(plea of lis alibi pendens - exception de litispendance)*, es decir, que está pendiente ante otro tribunal otro pleito sobre la misma cosa objeto de la demanda en curso o la de cosa juzgada, conocida también como res judicata *(res judicata - chose jugée)*, que es cuando el asunto ya ha sido resuelto en otro procedimiento. Todas estas cuestiones deben ponerse de manifiesto, con carácter general, en la contestación a la demanda, salvo la declinatoria *(declinatory plea - exception déclinatoire d'incompétence)*, que es la excepción que se alega cuando se considera que el juzgado o tribunal en el que se ha presentado la demanda no es competente para conocer del asunto. Esta excepción deberá plantearse dentro de los diez primeros días para contestar a la demanda en el procedimiento de juicio ordinario y dentro de los cinco primeros días siguientes a la citación a juicio en el procedimiento de juicio verbal. Como se ve, todas estas cuestiones son más bien de tipo formal. Excepto la declinatoria, que se resuelve a parte, todas las demás son tratadas en la audiencia previa. Si se resuelven favorablemente al demandante el litigio sigue adelante; de lo contrario, impiden que se entre a juzgar sobre el fondo. Pero no atacan de raíz la demanda original en ninguno de los dos supuestos.

En cambio, las excepciones materiales son alegaciones de carácter fáctico y jurídico que inciden sobre el fondo de la cuestión *(the merits of the case - le bien fondé, le fond de la cause)*; es decir, son aquellas que entran a combatir *(contest, raise/set up a defence against - contester la prétention de l'adversaire)* contradecir *(contradict - contredire)* y/o refutar *(refute - réfuter)* lo que el demandante pide en su demanda y que, de prosperar, conducen a que el juez dicte una sentencia en la que se desestimen total o parcialmente sus pretensiones. Todavía hoy, se dice que tales excepciones «enervan» *(enervate, render ineffectual, defeat - annulent, privent d'effet)* la acción, es decir, que la cercenan de raíz o la dejan sin vida, lo mismo que hace el dentista cuando nos destruye el nervio origen de nuestro dolor.[19]

Algunas excepciones materiales siguen teniendo nombre en latín, como las de *pluris petitio* o «pluspetición»,[20] que es cuando el demandante pide una cantidad mayor que la debida o exige una indemnización desproporcionada, o la de *sine actione legis*, o falta de legitimación *(want of standing - défaut de droit) ad causam*, que es cuando sostiene el demandado que el demandante carece de acción, título o derecho de pedir; por ejemplo, cuando el demandante se atribuye la cualidad de propietario de una finca y reclama su restitución al demandado, pero éste alega que aquél no ha probado o no ostenta dicha cualidad de propietario, necesaria para que su acción prospere. Otra excepción muy familiar es la de «prescripción» *(invoking of the statute of limitations - prescription)*, que se opone cuando, según el demandado, ha vencido ya el plazo de prescripción *(the suit is filed out of time - le délai prévu par la loi est échu)*; en estos casos se dice que la acción ha prescrito *(the action is statute-barred - a prescrit)*. Como conviene que el traductor conozca la distinción entre la prescripción, que acabamos de mencionar, y otro concepto muy próximo, la «caducidad», dedicamos el punto 6 a estos dos conceptos.

d)   *Combatir*

El término «combatir» *(contest, raise/set up a defence against - combattre la prétention de l'adversaire, s'y opposer, défendre)* se emplea como alternativa a «oponerse», por ejemplo, cuando se dice que el demandado «combate» las pretensiones del actor o que cualquiera de las dos partes «combate» los argumentos esgrimidos por su oponente.

A veces el término «defensa» es sinónimo de los anteriores, pero en el español jurídico «la defensa», además de al contenido de las tesis mantenidas por el demandado (o por el procesado en los juicios criminales), suele referirse a la persona misma, o al conjunto formado por el demandado (o procesado) y sus representantes legales. En este sentido «la defensa técnica» la asume el abogado o equipo de abogados, y el procurador ejerce la representación procesal. Otro matiz lingüístico que conviene que el traductor tenga presente es la costumbre de aplicar el verbo «defender» a las actuaciones de los abogados de ambas partes, y no sólo a las de los representantes del demandado. De esta manera, se dice «El demandante, defendido por el letrado D. José M. F....». En inglés, en estos casos, se acostumbra a emplear otro verbo, como *act* o *represent*, o bien omitir el verbo y usar sin más la preposición *for (Mr J.M.F., acting for/representing the plaintiff, ...; Mr J.M.F. for the plaintiff...)*. Por su parte, en inglés el uso del verbo *defend* implica necesariamente la defensa de los intereses de la parte acusada o demandada.

Por último, haciendo honor al dicho según el cual la mejor defensa es un buen ataque, en ciertas circunstancias el demandado puede aprovechar la demanda interpuesta por su adversario *(adversary, opponent, the other party/side - adversaire)* para formular a su vez una «contrademanda», llamada «reconvención» o «demanda reconvencional» *(counterclaim - demande reconventionnelle)*,[21] contra el propio demandante. En tal caso, tenemos una verdadera «acción cruzada» o «demanda cruzada», como muy gráficamente dice el término inglés alternativo *cross-claim*, ya que la consecuencia es que cada parte es, a la vez, demandante y demandada. Volvamos a nuestra hipótesis de una demanda por deuda: se produce la reconvención si D, el demandado en la acción principal, sin negar la veracidad del hecho fundamental, combate *(sets up a defence against, contests, challenges - combat la prétention de l'adversaire)* las pretensiones del actor, A, alegando que éste ha dejado con anterioridad de pagarle una suma que le debía. De esta manera, D demanda también a A por ese anterior impago y pide que el tribunal resuelva ambas cuestiones en un mismo procedimiento, ajustando definitivamente los derechos y obligaciones de cada uno. Cuando el demandado formula reconvención, el juzgado otorga al demandante un nuevo plazo para que proceda a contestar a la reconvención, del mismo modo que se establece para la contestación a la demanda.

Otra palabra relacionada con el concepto de oposición es «impugnación» u «oposición impugnatoria» *(challenge, appeal - contestation)*. Este término, sin embargo, alude a los recursos (véase apartado 12 de este mismo capítulo), y no guarda relación alguna con la contestación a la demanda. Hace referencia al escrito en que la parte afectada desfavorablemente por alguna decisión judicial pide la revocación de *(seeks to overturn - demande la révocation)* la providencia, el auto o la sentencia. La parte que impugna la decisión se llama «recurrente» *(appellant - l'appelant)* y su oponente es la «parte recurrida» *(respondent, appellee - l'intimé)*. Todos los recursos *(appeals - recours)* son, por lo tanto, actos de impugnación, e «impugnar» es sinónimo de «recurrir», «contradecir» o «combatir»; con frecuencia, el objeto del verbo es la resolución *(decision, order, judgement - résolution)* o la aplicación de una norma *(law, rule - règle, loi)* que perjudica a la parte que formula la oposición.

6. **La prescripción y la caducidad**

La «prescripción»[22] se define como la pérdida de un derecho *(loss of a right - perte d'un droit)* porque no se ha ejercido *(because it has not been exercised - lorsqu'il n'a pas été exercé)* durante el transcurso de un determinado lapso de tiempo *(during a given period of time - pendant un certain temps)* fijado por la ley *(fixed by law - fixé par la loi)*. Por ejemplo, si el propietario de una finca tolera durante un período de tiempo más o menos prolongado, pero siempre marcado por la ley, que un transeúnte ataje por su propiedad, llegará el momento en que pierda el derecho a prohibir el paso. A ésta se la llama «prescripción extintiva» *(negative prescription - prescription extinctive)* porque alude a un plazo de prescripción que *extingue* un derecho. Pero también existe el corolario; se trata de la situación inversa, es decir, la adquisición por otro de un derecho (en este caso, un derecho de paso) por su antiguo titular en virtud de la «prescripción adquisitiva» *(acquisitive prescription - prescription acquisitive)* o «usucapión». La prescripción adquisitiva consiste, por tanto, en la adquisición de un derecho por el mero hecho de su ejercicio durante un determinado período de tiempo establecido en la ley. De este modo, la prescripción es extintiva desde el punto de vista del dueño de la finca, y adquisitiva para el transeúnte.

En lo que respecta al proceso civil, hemos de indicar que cuando hablamos de la prescripción de las acciones judiciales nos referimos a la prescripción extintiva, es decir, a la fijación de un plazo para el ejercicio de las mismas ante los tribunales; plazo transcurrido el cual se pierde todo derecho a reclamar. La ley fija distintos plazos de prescripción para las acciones. La prescripción adquisitiva y la extintiva ya han sido comentadas en el punto 8 del capítulo anterior al hablar de la adquisición y la pérdida de la propiedad. El art. 1930 del Código Civil lo dice claramente: «Por la prescripción se adquieren, de la manera y con las condiciones determinadas en la ley, el dominio y demás derechos reales; también se extinguen del propio modo por la prescripción los derechos y las acciones, de cualquier clase que sean.»

El artículo 1936 del mismo código dice que «son susceptibles de prescripción todas las cosas que están en el comercio de los hombres», es decir, que los derechos y las acciones de cualquier clase se extinguen por la prescripción (esto es, por no haberlos ejercido en el plazo determinado por la ley), y fija los distintos plazos para la prescripción de los derechos a ejercer una acción. Así, el dominio y demás derechos reales sobre bienes inmuebles prescriben por la posesión durante diez años entre presentes y veinte entre ausentes, con buena fe y justo título; por el transcurso de cinco años prescriben las acciones para exigir el cumplimiento de la obligación de pagar pensiones alimenticias, la de satisfacer el precio de los arriendos, etc.; por el transcurso de tres años prescriben las acciones para el cumplimiento de las obligación de pagar a los jueces, abogados, registradores, notarios, escribanos, peritos, etc., sus honorarios y derechos, y los gastos y desembolsos que hubiesen realizado en el desempeño de sus cargos u oficios en los asuntos a que las obligaciones se refieran. El Código Civil da una larga lista de acciones y de sus plazos de prescripción.[23]

La «caducidad» *(lapse of action - péremption)*, en cambio, es la extinción *(extinction - anéantissement)* o desaparición del ejercicio de un derecho que se produce fatalmente al llegar el día final del plazo convencional fijado por la ley *(a conventional deadline or time limit fixed by law - délai conventionnel fixé par la loi)* o por los interesados para su ejercicio. Por ejemplo, si la parte perjudicada por una resolución presenta un recurso cinco días después de recaído el auto *(five days after the court order has been issued - cinq jours après que l'ordonnance a été prononcée)*, y la ley fija un plazo de cuatro días para su interposición, el recurso es inadmisible por caducidad. Todo derecho caducable, por ejemplo, una concesión, un mandato, etc., nace ya con un plazo de caducidad prefijado.

Sin embargo, conviene distinguir entre la «prescripción extinti-va», que pone fin al ejercicio de un derecho extinguiéndolo para siempre, y la «caducidad de la instancia» *(staying of proceedings for want of prosecution, presumption of abandonment - péremption d'instance)*, que es la presunción legal *(presumption of law - la présomption légale)* de que los litigantes han abandonado sus pretensiones si, una vez entablada la demanda, dejan transcurrir un período determinado de tiempo sin gestionar en los autos *(take the appropriate procedural steps, move the case forward - suivre la procédure établie)*. En el primer caso, la ley fija un plazo concreto, que varía entre unos meses y treinta años según la importancia de la materia, para que el titular del derecho lo ejerza, y si no lo hace, se supone que ha renunciado definitivamente al mismo. Por ejemplo, si un deudor deja de cumplir con su obligación, nace un derecho en el acreedor a ejercer una acción ante los tribunales para reclamar el pago de la deuda; pero este derecho no dura eternamente, sino que transcurrido el plazo señalado por la ley sin que el acreedor haya presentado la demanda correspondiente, prescribe su derecho a hacerlo y la deuda queda extinguida para siempre. Debido a la naturaleza del derecho perdido, este tipo de prescripción se llama a veces «caducidad de la acción» *(lapse of right of action so that it is statute-barred - péremption de la poursuite)*.

En cambio, si el acreedor presenta la demanda dentro del plazo legal, podríamos decir que «se pone el reloj a cero», y comienza a computarse otro plazo *(time limit - délai)*, puramente procesal, que es el tiempo que el Derecho concede para que las partes cumplan los trámites y actuaciones propios de cada fase del procedimiento. Si, por la razón que sea, las partes dejan de cumplir alguno de los trámites previstos y se agota el tiempo señalado a tal efecto, el tribunal archiva las actuaciones de oficio *(stays proceedings of its own motion - classe les actes de procédure d'office)*. Esto es lo que se llama «caducidad de la instancia», porque lo que caduca es el procedimiento concreto, es decir, la posibilidad de que la demanda pueda seguir adelante en la instancia actual; sin embargo, como no ha recaído sentencia definitiva, el derecho a ejercitar la acción no perece (o no «perime», como se dice en algunas jurisdicciones latinoamericanas), por lo que el demandante podrá renovarlo *(revive it - le raviver ou renouveler)* en un momento posterior, siempre que no haya prescrito la acción.

Las diferencias entre la prescripción y la caducidad como términos técnicos han sido objeto de no pocas polémicas entre juristas, ya que sus límites no están claros (Castro, 1972). Quizás las diferencias más claras residan en que la prescripción abarca todo tipo de derechos (como hemos dicho antes, al citar el art. 1936 del Código Civil, «son susceptibles de prescripción todas las cosas que están en el comercio de los hombres»), y la caducidad sólo algunos, y en que la prescripción se puede interrumpir. «En la caducidad no se valora la falta de utilización de un derecho prescriptible; se trata del cumplimiento de un plazo, previsto legalmente o acordado por los particulares, a cuyo término ya no puede ejercerse un derecho o una acción determinados. Por tanto, *el plazo de caducidad* no admite interrupción ni suspensión» (Ribó, 1987: 82).

Según el artículo 1973 del Código Civil «la prescripción de las acciones se interrumpe por su ejercicio ante los Tribunales, por reclamación extrajudicial del acreedor y por cualquier acto de reconocimientote la deuda por el deudor». La interrupción de la prescripción que, como hemos dicho, sólo es posible en esta figura jurídica, es como si de pronto apareciera una señal de vida en el transcurso del plazo, con lo que desaparece todo el tiempo ganado o perdido[24] en el camino que lleva a la consumación de la prescripción (Castro, 1972: 160). Por ejemplo, si el propietario de la finca que tolera que el transeúnte ataje por su propiedad cierra el paso antes de que se cumpla el plazo marcado por la ley, se habrá interrumpido la prescripción, es decir, se volvería a la situación inicial, con independencia del número de años en que hubiera habido consentimiento de paso. Desde un punto de vista lógico-lingüístico, parece que en el uso jurídico el término «prescripción» subsume el de «caducidad», por lo que esta última sería una clase concreta de «prescripción». Puig Brutau (1986: 7) siguiendo a Roca Sastre dice: «En la caducidad, la ley o las partes establecen: tal Derecho sólo tendrá una duración de tantos días o años a contar de determinada fecha; en la prescripción la ley dice: tal derecho subsistirá mientras no se produzca el hecho de no ejecutarlo o de permanecer inactivo durante tantos años o días. La caducidad es un hecho simple, de fácil comprobación y puro automatismo; por eso no requiere *litis* y todo funcionario puede declarar que la misma se ha producido; no así la prescripción, pues ésta es un hecho complejo, dados su problemas de cómputo, interrupción, etcétera».

7. El vocabulario de la segunda fase. La audiencia previa al juicio

No se debe confundir la audiencia previa con el juicio en sí. Al contrario, uno de los propósitos de su celebración es precisamente evitar que se proceda a la vista oral o juicio en sentido estricto, si las partes se avienen a llegar a un «arreglo» o transacción para evitar el coste económico y psicológico y la pérdida de tiempo y esfuerzo posiblemente evitable de los recursos judiciales. La audiencia previa *(pre-trial hearing, direction hearing - audition, audience préliminaire)* se celebra tras la presentación de la demanda y, en su caso, tras la contestación a la misma, tras la reconvención y tras la contestación a la reconvención. Dada la importancia de las cuestiones debatidas en la audiencia previa, la comparecencia a la misma es obligatoria. En caso de incomparecencia de ambas partes a la audiencia, se produce el sobreseimiento del proceso *(stay of proceedings - le non-lieu)*, ya que se presume que los litigantes han desistido de sus propósitos *(abandoned or withdrawn their claims, discontinued the action - renoncé aux poursuites)*. Y al mismo resultado se puede llegar si el actor no acude a hacer valer sus derechos. En cambio, si quien no comparece es el demandado, la audiencia prosigue para permitir que el demandante pueda aportar la información precisa y recibir del tribunal las instrucciones procedentes. Esta segunda fase tiene cuatro propósitos:

a)   Dar a las partes la oportunidad de llegar a un acuerdo o transacción que evite la continuación del proceso.

b)   Sanear el proceso de posibles vicios procesales, es decir, estudiar y tratar con los litigantes las denominadas excepciones procesales y, en general, cualquier otro obstáculo procesal que pudiera impedir la continuación del procedimiento. El tribunal resolverá las excepciones procesales, ordenando la subsanación de los defectos o sobreseyendo el proceso si no son subsanables.

c)   Definir con claridad la naturaleza definitiva de las distintas pretensiones, así como las cuestiones de hecho y de Derecho sobre las que existe controversia entre los litigantes.

d)   La proposición de la prueba. En esta segunda fase es cuando se hace la proposición de la prueba, que comentamos en el punto siguiente.[25] El tribunal, además de admitir o excluir las pruebas propuestas por las partes, puede indicar cuáles son las que, a su juicio, resultan *a priori* escasas o insuficientes para el esclarecimiento de los hechos controvertidos. Asimismo, nada impide que, a la vista de las pretensiones de ambas partes y de las pruebas propuestas, el juez señale la conveniencia de que se practiquen otras que él concrete, siempre con el mismo fin de permitir que el tribunal pueda pronunciarse con conocimiento de causa sobre la cuestión litigiosa. La decisión sobre la admisibilidad o inadmisibilidad de las pruebas propuestas por las partes se comunica al final de la audiencia previa al juicio *(pre-trial hearing, directions hearing - audition, audience préli-*

minaire). Dicha audiencia no debe confundirse con la vista oral, sino que se tratar de una sesión anterior e independiente.

8. El vocabulario de la tercera fase. El juicio (I). La práctica de la prueba

En el juicio, se practica la prueba y se formulan las conclusiones sobre ésta, finalizando con informes sobre los aspectos jurídicos.[26] Respecto de la prueba conviene distinguir dos momentos procesales:

1. La «proposición de la prueba» *(production or discovery or disclosure of evidence - la proposition de preuve)*.
2. La «práctica de la prueba» *(adducing or leading of evidence - la discussion des preuves, l'administration de la preuve)*.

La proposición de la prueba tiene lugar, como hemos anticipado, con anterioridad al juicio *(trial - audience)* en la segunda fase o audiencia previa al juicio, y la práctica, en el curso de la vista misma. En ambos casos, el propósito es asegurar que cada parte cuente, en la vista o juicio que eventualmente se celebre, con los medios necesarios para presentar ante el tribunal todos los datos conducentes a la defensa de su derecho *(information which may aid them to make out their case or protect their rights - tous les renseignements conduisant à la défense de son droit)*.

Antes de pasar a analizar la proposición y la práctica de la prueba, conviene analizar el significado de la palabra «prueba», que es polisémico incluso en el contexto jurídico. Este término se aplica a varios conceptos distintos, aunque relacionados entre sí, como los siguientes:

a) Al medio probatorio *(means/method of proof, evidence - la preuve)* utilizado para demostrar la veracidad de lo alegado, como por ejemplo una carta, un recibo, la declaración de un testigo, etcétera, por ejemplo:

Los documentos públicos constituyen pruebas más fehacientes que los privados.

Además del testimonio *(testimony - témoignage)* de las partes y los testigos durante el interrogatorio *(examination and cross-examination - interrogatoire)*,[27] se admiten como medios o instrumentos de prueba los documentos públicos y privados *(public and private documents - les documents publics et privés)*, los dictámenes periciales *(opinions or reports given by experts or expert witnesses - les expertises, les conclusions d'experts)*, el reconocimiento judicial *(judicial examination or inspection - la descente sur les lieux, la visite oculaire)* de lugares, objetos y personas, el cotejo de letras *(comparison of handwriting, handwriting test, test of authenticity of documents - la collation de documents/lettres)* y la reproducción de palabras, sonidos, imágenes, cifras y datos.

b) Al acto de tomar declaración *(take statements, take/hear evidence - recueillir des témoignages)* a las partes y los testigos *(witnesses - témoins)* ante el tribunal, durante la audiencia preliminar o previa *(preliminary hearing - audition préliminaire)* o en el juicio *(trial - audience)*. Normalmente son las partes mismas las encargadas de proponer las pruebas *(produce, disclose or submit evidence, request that something be admitted or put in evidence - proposer de rapporter la preuve)*, que después se practican *(is led, called or adduced - procéder à l'examen de preuve)* en la sesión correspondiente, por ejemplo:

Las pruebas se practicarán contradictoriamente en vista pública.

c) El hecho de demostrar o convencer *(proof - preuve)*, por ejemplo:

La escritura pública prueba el derecho de propiedad de litigante.

Para garantizar la justicia y la eficacia de los procedimientos, ambos litigantes tienen la obligación de dar traslado o exhibir *(discover, disclose - communiquer/découvrir des pièces et interroger sur faits et articles)* a la parte contraria copias exactas de todos los medios e instrumentos probatorios, documentales, dictámenes periciales y demás medios de prueba contenidos en soportes aptos para la reproducción de la palabra, imagen, datos, archivos, etc. Esta aportación han de realizarlas las partes, con carácter general y salvo determinadas excepciones, junto con la demanda o la contestación a la demanda respectivamente. Cada fase del proceso tiene un plazo preclusivo *(closing date, time limit or legal deadline - prescription, délai forclos)* para su realización. Sin embargo, excepcionalmente el tribunal tiene potestad para admitir la ampliación de la prueba *(admit fresh or newly discovered evidence - admettre une partie à faire la preuve de son droit)* si la parte que lo solicita demuestra fehacientemente *(shows conclusively, satisfies the court - démontre irréfutablement)* que por circunstancias no atribuibles a su error, omisión o culpa no estaba en condiciones de aportar la prueba en su momento *(at the proper stage - au moment donné)*.

Jurídicamente, poco importa que se hable de «pruebas», «medios probatorios», «materia probatoria», «medios o instrumentos de prueba» u otra expresión equivalente. Lo que importa para la marcha del proceso es que las pruebas propuestas por las partes guarden relación con el objeto del litigio *(should relate to the facts at issue or to the object or subject-matter of the proceedings - aient un rapport avec l'objet du litige)*, es decir, que en la opinión del juez sean pertinentes y útiles *(relevant - pertinentes et utiles)*. En la fase de proposición de la prueba, por tanto, el tribunal admitirá las pruebas pertinentes y excluirá las inútiles o impertinentes.

Subrayemos la importante diferencia conceptual entre el término español «evidencia» *(évidence* en francés) y su parónimo inglés *evidence*. El primero alude a aquello que es incontrovertible o, como explica el *DRAE*, es la «certeza clara, manifiesta y tan perceptible, que nadie puede racionalmente dudar de ella». Es patente el contraste entre este concepto y el de «indicio, señal; información que se aporta en un proceso legal para vencer la duda o establecer la verdad de una cuestión disputada» propio del inglés. Dicho de otro modo, «evidencia» es aquello que, por obvio y patente, no precisa de prueba ni permite contradicción, por lo que evidencia en español y *évidence* en francés son falsos amigos del vocablo inglés *evidence*.

9. El vocabulario de la tercera fase. El juicio (II).
La apreciación de la prueba

Como es lógico, el objetivo de ambas partes en un pleito es convencer al juez o tribunal de que su tesis o versión *(theory of the case, case - version)* es la correcta y verdadera, y esto lo hacen presentando pruebas *(evidence, proof - preuves)* de toda clase. Sin embargo, es igualmente obvio que, dada la naturaleza falible del juicio humano, es imposible que los jueces puedan adquirir una certeza *(certainty - certitude)* absoluta sobre los hechos alegados por ambos litigantes. Por lo tanto, la justicia no puede depender, para su eficacia, de la experiencia práctica de los jueces, ni de su perspicacia y sentido de la realidad, sino que hay que contar también con un sistema racional de evaluación o apreciación de las pruebas aportadas por las partes en su intento de establecer la veracidad *(prove the truth - prouver/établir la vérité)* de aquello que alegan. En el ordenamiento jurídico español, como en otros muchos, se han fijado unas reglas básicas para la apreciación *(assessment, weighing - estimation, appréciation)* de la prueba, que en síntesis son las siguientes:

a)   *La carga de la prueba*

El principio general según el cual «el que afirma debe probar» se denominada la norma de «la carga de la prueba» *(the burden of proof - la charge de la preuve)*. Significa esto que la parte que acude en primer lugar al tribunal en busca de su tutela debe probar que es efectivamente titular del derecho en cuestión y que la conducta de la parte contraria supone, de algún modo, la vulneración de dicho derecho o una injerencia injustificada *(unjustified interference - ingérence injustifiée)* en él. Por lo tanto, la situación de partida en cualquier tipo de proceso es que la carga de la prueba recae *(rests on, is carried by, must be discharged by - incombe à)* en principio en el actor en los procesos civiles y en el fiscal o en el acusador privado en los penales.

b)   *Las presunciones*

Las «presunciones» *(presumptions - présomptions)* son supuestos basados en la experiencia humana, o bien en hipótesis puramente de Derecho, que dispensan de la necesidad de probar o, en su caso, producen el efecto de invertir la carga de la prueba *(reverse the burden of proof - renverser la charge de la preuve)*.[28] Existen dos clases de presunciones: las de hecho y de derecho (o *iuris et de iure*), y las de hecho (o *iuris tantum*). Las primeras son irrefutables *(irrebuttable presumptions - présomptions absolues)*, es decir, que no admiten prueba en contrario *(evidence to the contrary - preuve contraire)*; por ejemplo, el art. 29 del Código Civil establece que el nacimiento determina la personalidad, y el art. 30 del Código Civil establece que, para los efectos civiles, sólo se reputará nacido el feto que tuviere figura humana y viviere veinticuatro horas enteramente desprendido del seno materno. Aquí tenemos una presunción *iuris et de iure*: todos consideraríamos que un bebé ha nacido aunque no sobreviviera más de veinticuatro horas fuera del vientre de su madre y que por tanto sería una persona. Ahora bien, según esta presunción, no se considera nacido aún cuando demostráramos que el bebé estuvo vivo durante un tiempo y según el art. 29 no sería considerado persona, obviamente, a efectos jurídicos.

Las segundas pueden ser desmontadas *(can be destroyed, are rebuttable - peuvent être réfutées)*, es decir que lo que producen es un desplazamiento de la carga de la prueba de modo que, quien desee obtener un efecto distinto al establecido por la presunción, deberá demostrar que no es cierto el hecho presunto; por ejemplo, en el ámbito penal, la presunción de inocencia, que sólo subsiste mientras no se demuestra lo contrario, o en el ámbito civil, el art. 69 del Código Civil dice que, se presume, salvo prueba en contrario, que los cónyuges viven juntos.

c) *La inadmisibilidad de las pruebas*

Son inadmisibles *(inadmissible - irrecevables)* las pruebas que no sean «pertinentes y útiles» o que nazcan de actividades ilegales. Como es lógico, se consideran pruebas pertinentes las que están relacionadas directamente con el objeto del proceso y que tienden a esclarecer los puntos controvertidos. La prueba «inútil», en cambio, es la que, en opinión del tribunal, jamás podrá producir tal efecto esclarecedor «según reglas y criterios razonables y seguros», lo que parece indicar no sólo una falta de sustancia (relación con las cuestiones objeto de análisis), sino de fuerza o trabazón lógicas.

d) *La sana crítica*

A la hora de juzgar el comportamiento humano o de determinar qué conductas son aceptables y cuáles no lo son, el ordenamiento jurídico español, como los de otras naciones con trayectorias históricas y tradiciones culturales comparables, invoca con cierta frecuencia en materia civil los conceptos de lo «razonable» *(fair, reasonable - raisonnable)*, lo «prudente» *(prudent, wise - prudent)* o lo «socialmente aceptable o deseable» *(socially accepted or desirable - socialement acceptable ou désirable)* y, por contra, las nociones opuestas de «perjuicio» *(injury, damage - tort, préjudice)*, «daño» *(damage, harm, injury - dommage)*, «culpa» *(fault - faute)*, «imprudencia» *(imprudence, rashness - imprudence)*, «negligencia» *(negligence - négligence)*, «omisión» *(omission - omission)* o «temeridad» *(recklessness - témérité)*. De esta manera, los textos legales y judiciales pertenecientes a este campo del derecho están salpicados de términos como «cauto» *(cautious, careful - avisé)*, «precaución» *(precaution - précaution)*, «cautelar» *(preventive, precautionary - préventive)*, «racional» *(rational - rationnel)*, «equilibrio» *(balance - équilibre)*, «equilibrado» *(balanced - équilibré, pondéré)*, «diligente» *(careful, attentive, heedful - diligent, avisé)*, «la debida diligencia»[29] *(duty of care - le devoir de diligence)*, «la diligencia del buen padre de familia» *(the care or foresight exercised by the average reasonable person)*, etc.[30] En cualquier caso, el vocabulario con el que se expresa el modo de apreciar la prueba es el propio de la lógica inductiva, ya que, al fin y al cabo, se trata de aplicar los procesos del raciocinio humano, dentro de las reglas marcadas por la ley, a las versiones de los supuestos hechos defendidas por las partes y a las pruebas aportadas por ellas, ya sean documentales, testificales, indiciarias o de otra índole. Por ello, las providencias, autos y sentencias en los que los tribunales resuelven cada uno de los puntos controvertidos y admiten o deniegan las pretensiones de las partes están repletos del léxico del razonamiento lógico, y en ellos abundan términos como «admitir», «inadmitir», «considerando», «resultando», «estimar», «desestimar», «causalidad», «causación», «nexo», «aparecer», «deducir», «apreciar», «concluir», «obvio», «evidente», «probable», «claro», «oscuro», «dudoso», «indudable», etc., junto a conectores lógicos o consecutivos como «de ahí que», «por ello», «en consecuencia», «siendo así que», «puesto que» y demás, o de conectores hipotéticos como «suponiendo», «en el supuesto de que», «en tal caso», y otros muchos.

En resumen, al invocar el criterio de la «sana crítica», la norma apunta a un rasero probabilístico, parecido al contenido en la fórmula judicial británica del *balance of probabilities*, es decir, «según la preponderancia de las pruebas», «sopesando la mayor probabilidad» o «según un cálculo probabilístico». Tal criterio, lógicamente, se basa, como hemos visto, en la comparación del peso relativo de las pruebas sometidas por cada parte a la consideración del tribunal, en la coherencia de los argumentos presentados y en la credibilidad de los testigos examinados por el juzgador.

No olvidemos, a este respecto, que la LEC de 2000 insiste una y otra vez en la suprema importancia de que las declaraciones en los juicios se realicen de forma «contradictoria» *(through examination and cross-examination in such a way that it may be countered or challenged - procédure contradictoire)*, lo cual quiere decir que a las partes (demandante y demandado) se les debe tratar con igualdad y se les debe permitir que expongan sus posturas durante el proceso *(during the proceedings - pendant la procédure judiciaire)* y cada una de ellas debe tener la oportunidad de contradecir *(challenge, oppose - contredire, contester)* lo aseverado por la otra. Además, la vista de cualquier juicio tiene que celebrarse con «publicidad, oralidad e inmediación», es decir, en audiencia pública, de viva voz y con ambas partes a presencia del juez en un acto único. En estas circunstancias, es mucho más fácil que el juzgador pueda aplicar la «sana crítica» no sólo al contenido de las declaraciones de quienes comparecen ante él, sino también a su comportamiento, puesto que se aprecian mucho mejor en estas condiciones elementos significativos como el nerviosismo excesivo del testigo inseguro o mentiroso, las dudas, las respuestas evasivas, las contradicciones, las miradas cruzadas y todos los demás signos externos del lenguaje corporal que ayudan al juez a determinar quién dice la verdad y quién pretende ocultarla.

Ésta también es la razón por la que los tribunales de segunda o tercera instancia se muestran muy poco dispuestos en general a poner en duda los hechos considerados probados por sus colegas de los tribunales inferiores, quienes han tenido la inestimable ventaja de presenciar los debates, observar a los testigos, examinar las pruebas documentales y físicas y, en general, «tocar» la realidad de las actuaciones anteriores al recurso.[31]

10. Las resoluciones judiciales. La sentencia y su macroestructura

En el punto 6 del capítulo seis hablábamos de dos géneros de contenido jurisdiccional: las providencias *(writs, notifications, instructions, orders - mesures)* y los autos *(rulings, [interlocutory] orders - ordonnances)*. En éste comentaremos la sentencia y su macroestructura. Si la ley es el género por excelencia del poder legislativo, la sentencia lo es del poder judicial. La sentencia es la resolución de un juez o tribunal que pone fin a un proceso *(disposes of or puts an end to the case - met fin au procès)* absolviendo o condenando al demandado *(giving judgment/finding for or against the defendant - condamnant ou acquittant le défendeur)*. Las sentencias se pueden clasificar de acuerdo con varios criterios. A modo de ilustración ofrecemos en la lista siguiente los nombres de algunas de las más conocidas:

SENTENCIA ABSOLUTORIA *(acquittal - jugement d'acquittement)*.
SENTENCIA ARBITRAL *(arbitrator's award - sentence arbitrale)*; también se llama «laudo arbitral».
SENTENCIA CONDENATORIA *(judgement for the plaintiff; verdict of guilty - jugement de condamnation)*.
SENTENCIA DE ÚLTIMA INSTANCIA *(judgment by the court of last resort - jugement en dernier ressort)*.
SENTENCIA DE DIVORCIO *(divorce decree/judgment - jugement de divorce)*.
SENTENCIA DECLARATORIA *(declaratory judgment, declarator - jugement déclaratif)*.
SENTENCIA DEFINITIVA *(judgment, final judgment, decree - jugement final/définitif)*; pese a su nombre, no se trata del final del proceso, ya que las sentencias, como cualquier otra resolución judi-

cial, son recurribles. Esta expresión se refiere, por tanto, a la resolución del juzgador sobre el fondo, a la espera de que la parte que se considere perjudicada por ella la recurra, en contraste con la «sentencia firme».

SENTENCIA DESESTIMATORIA *(judgment for the defendant - jugement déboutant ou de débouté)*.

SENTENCIA EJECUTORIA *(enforcement order - jugement exécutoire)*.

SENTENCIA FIRME *(final judgment, enforceable judgment - jugement irrévocable)*; es la sentencia contra la que no cabe recurso alguno, bien porque las partes la han aceptado, o bien porque se han agotado los recursos posibles. En cualquier caso, ha transcurrido el plazo señalado por la ley para que adquiera firmeza y en consecuencia causa ejecutoria; véase «sentencia definitiva».

SENTENCIA INTERLOCUTORIA *(interlocutory judgment/order - jugement interlocutoire)*.

SENTENCIA NULA *(judgment that has been reversed/overturned or set aside - jugement nul)*.

El art. 209 de la LEC de 2000 da las pistas sobre las cuatro secciones de la macroestructura de una sentencia:[32]

1. *El encabezamiento (heading - en-tête)*

En el encabezamiento deberán expresarse los nombres de las partes y, cuando sea necesario, la legitimación y representación en virtud de las cuales actúen, así como los nombres de los abogados y procuradores y el objeto del juicio.

2. *Los antecedentes de hecho (facts as found, findings of fact - raisons en fait, points de fait)*

Aquí se hace un relato de lo que sucedió en el litigio; el lenguaje de esta sección es narrativo, porque cuenta una *historia* que se desarrolla en el tiempo y en el espacio.[33] En los antecedentes de hecho se consignarán, con la claridad y la concisión posibles y en párrafos separados y numerados, las pretensiones de las partes o interesados, los hechos en que las funden, que hubieran sido alegados oportunamente y tengan relación con las cuestiones que hayan de resolverse, las pruebas que se hubiesen propuesto y practicado y los hechos probados, en su caso.

3. *Los fundamentos de Derecho (points of law, legal reasons for the decision - fondements juridiques)*

El lenguaje de esta sección es expositivo,[34] porque construye *argumentos* lógicamente ordenados, en los que se percibe la relación entre cada una de las partes y el todo. Dice la ley: «En los fundamentos de Derecho se expresarán, en párrafos separados y numerados, los puntos de hecho y de Derecho fijados por las partes y los que ofrezcan las cuestiones controvertidas, dando las razones y fundamentos legales del fallo que haya de dictarse, con expresión concreta de las normas jurídicas aplicables al caso».

La parte llamada «fundamentos de Derecho» es la más enjundiosa desde el punto de vista judicial. Hemos dicho en el punto 4 del capítulo cinco que en el Derecho continental a los jueces se les asigna únicamente la misión de *aplicar* la ley, mientras que su *creación* queda reservada al poder legislativo. Sin embargo, hay que reconocer que la aplicación de la ley implica cierta capacidad creadora, que consiste en acertar con el exacto ajuste entre la norma general y los hechos concretos que garantice un resultado justo, tanto en el fondo como en la forma de cada una de las sentencias. Con las sentencias los jueces no sólo ponen fin al proceso resolviendo sobre el fondo de la cuestión o litigio *(merits of the case - le fond de la cause)*,[35] sino que también, de acuerdo con lo que dice Rodríguez-Aguilera (1969: 11, 64) intentan ser avanzados de la realidad social sobre la que operan. En los cimientos de cada sentencia se puede encontrar un propósito didáctico y de perfeccionamiento, que se desprende de su *motivación*, la cual consiste en una profunda labor analítica que explora con minuciosidad la trabazón entre lo alegado por las partes y lo que éstas logran probar en el juicio. A estos efectos, no se puede decir que sea una verdadera motivación la mera cita de preceptos legales sin razonar su aplicación al proceso. En la motivación se pueden distinguir, a su vez, dos partes: la *ratio decidendi* y los *obiter dicta*. La *ratio decidendi* es el conjunto de factores —la naturaleza de los hechos considerados probados, los razonamientos jurídicos expuestos en la sentencia, la resolución misma y, en consecuencia, los principios de Derecho aplicables— en los que el tribunal basa su decisión y analiza las lagunas o puntos difusos de la ley. En cambio, los *obiter dicta* (comentarios, apreciaciones y argumentos incidentales) no guardan una relación directa con la resolución adoptada, y en consecuencia no sientan jurisprudencia ni explican el fallo; sin embargo, encuentran su sitio en la trabazón lógica de la sentencia y contribuyen a aclarar el contexto social, jurídico e intelectual en el que el tribunal ha adoptado su decisión.[36]

4. *El fallo (judgment, decision, ruling, finding - dispositif de jugement)*

Contiene la solución del litigio *(the decision on the matter in dispute, the outcome of the litigation or case - la solution du litige).* Se llama «dispositiva» a esta sección de la sentencia porque el juez, al resolver, *dispone,* en la acepción dada a esta palabra en el punto 10 del capítulo seis.

Dice la ley: «El fallo contendrá, numerados, los pronunciamientos correspondientes a las pretensiones de las partes, aunque la estimación o desestimación de todas o algunas de dichas pretensiones pudiera deducirse de los fundamentos jurídicos, así como el pronunciamiento sobre las costas. También determinará, en su caso, la cantidad objeto de la condena. En el fallo se resuelven a favor de cada una de las partes las cuestiones litigiosas *(questions in/at issue - intérêts en jeu),* en contra de los intereses de la otra.» Ahora bien, puesto que es el demandante (o, en los juicios criminales, el querellante o el acusador) quien ha promovido la acción, la resolución del tribunal responde a las pretensiones del actor condenando o absolviendo a su adversario. En consecuencia el objeto de los verbos «condenar» y «absolver» siempre es el demandado (o procesado, en el ámbito penal) y nunca el demandante (o querellante, o fiscalía, en el ámbito penal). Naturalmente, esto no impide la sentencia «mixta», es decir, la que estima en parte las pretensiones *(partly allows the claims - fait droit à/admet partiellement les prétentions)* de alguno de los litigantes y desestima *(dismisses - déboute)* las restantes.

Conviene que el traductor tenga en cuenta que en inglés las resultas del juicio se expresan de una manera distinta al español, debido a la existencia de pautas conceptuales bien distintas. Por un lado, no se suelen emplear los términos *condemn* y *absolve,* más propios del lenguaje eclesiástico; y, por otro, la traducción adecuada depende de que se trate de una acción civil o de un proceso criminal. En el primer caso, se enuncia a cuál de las dos partes favorece la sentencia *(give/enter judgment for the plaintiff or for the defendant; find for the plaintiff or for the defendant).* En cambio, en un juicio criminal «condenar» es *find guilty* o *convict* y «absolver» es *find not guilty* o *acquit;* como consecuencia de un fallo absolutorio, el procesado queda libre de cargos *(is acquitted)* mientras que el fallo condenatorio arrastra necesariamente una condena o castigo *(sentence).* Excepcionalmente, cuando el reo es condenado a muerte —en los países, como los Estados Unidos, que aún admiten esa posibilidad—, se dice *The prisoner was convicted and <u>condemned</u> to death,* pero este *condemned* se puede sustituir por *sentenced,* y en todos los demás casos *sentenced* es el único término posible.

Digamos, por último, que cuando, al enjuiciar una conducta, se atribuye al vocablo «culpa» *(fault, blame)* algo del matiz peculiarmente moral de «acto éticamente reprensible», no es imposible que aparezca en inglés *absolve* como equivalente a «absolver», por ejemplo, *Evidence of police misconduct may tend to absolve the accused.* Sin embargo, la carga semántica, aun en estos casos, sigue estando más próxima a la de «excusar» y no afecta formalmente al fallo o veredicto, que será en todo caso de *not guilty* o *acquittal.* La macroestructura de las sentencias de los procesos penales y de los tribunales de lo social, que tratamos en los capítulos siguientes, es similar a la de las civiles, con la diferencia de que en lo penal y en lo social, la referencia a los hechos se hace en dos secciones: antecedentes de hecho y hechos probados.

11. El proceso monitorio y el juicio cambiario

La LEC de 2000 ha introducido el llamado «proceso monitorio» *(approx. small debt proceedings - la procédure monitoire)* como medio rápido y eficaz de proteger los intereses crediticios, y sobre todo los de los empresarios medianos y pequeños *(owners of small and medium-sized businesses - patrons de petites et moyennes entreprises).* Como su nombre indica, este proceso se articula en torno a la «advertencia»[37] *(warning - avertissement)* hecha *(creditor - créancier)* al deudor *(debtor - débiteur)* de que si no atiende al requerimiento de pago solicitado por el acreedor en un plazo determinado y breve, se procederá contra él por la vía ejecutiva *(enforcement proceedings will be brought against him - entamera des poursuites contre lui par la voie d'exécution ou exécutoire).* Para iniciar los trámites de esta clase de proceso con el fin de reclamar *(claim, demand - réclamer)* el pago de una deuda líquida vencida y exigible *(outstanding cash debt, fixed sum of money overdue and unpaid - dette échue et exigible),* el acreedor acude, sin necesidad de valerse de procurador y abogado, al juez de primera instancia del domicilio del deudor acreditando dicha deuda ante él mediante la presentación de documentos, facturas *(invoices - factures),* albaranes de entrega *(delivery notes - bulletins de livraison),* certificaciones *(certificates - certificats),* telegramas, telefaxes o cualesquiera otros medios de prueba *(means of proof, evidence - preuves)* de los utilizados en el comercio. A diferencia de lo que sucede habitualmente la reclamación no se inicia mediante demanda, sino a través de una petición que puede extenderse incluso en un impreso o formulario *(standard form, claim form - imprimé)* en el que se consignan los datos concretos en los que el acreedor funda su pretensión. El Juzgado requiere al deudor para que en el plazo de veinte días proceda al pago de la deuda o formule oposición. Si el deudor atiende a dicha reclamación y paga *(complies with the demand for payment - s'occupe de la sommation d'avoir à payer)*, el juzgado le hace entrega de un justificante de pago *(receipt - reçu, récépissé)* y se archivan las actuaciones *(proceedings are stayed - les procédures sont classées)*. En cambio, si el deudor presenta escrito de oposición *(if the debtor serves notice of intention to defend - si le débiteur présente une réponse à la demande)*, el asunto se resolverá definitivamente en el juicio que corresponda, con las habituales consecuencias jurídicas. Por último, si el deudor no paga ni se opone, el acreedor podrá acudir directamente a la vía ejecutiva y al embargo de bienes sin necesidad de esperar a la celebración de juicio y el dictado de una sentencia condenatoria para el deudor.

El «juicio cambiario» *(small debt proceedings involving negotiable documents - la procédure cambiaire)* es otro procedimiento nuevo introducido en esta Ley. Este juicio es el cauce procesal que merecen los créditos documentados en letras de cambio, cheques y pagarés. Podrá incoarlo mediante demanda ante el juez de primera instancia del domicilio del demandado el titular de letras de cambio *(bills of exchange - traites, lettres de change)*, cheques *(cheques - chèques)* o pagarés *(promissory notes - billets à ordre)* devueltos *(dishonoured - retournés)* por las circunstancias previstas en la ley. El trámite inicial es similar al descrito para el proceso monitorio. Comprobada la existencia de la deuda, el tribunal mediante auto requiere al deudor para que pague en el plazo de diez días y si no atiende al requerimiento de pago ordena el inmediato embargo preventivo *(provisional attachment - saisie conservatoire)* de los bienes del deudor por la cantidad reclamada. Si el deudor no opone resistencia ni comparece para defender sus intereses, dicho embargo pasa a ser ejecutivo, procediéndose como en cualquier caso de ejecución forzosa *(seizure of assets, enforcement order - exécution forcée)*; en cambio, el tribunal dictará orden de alzamiento del embargo *(lift the attachment - lever la saisie)* en caso de estimarse la oposición del deudor o de alegar éste fundadamente la falsedad de la firma en el documento acreditativo de la deuda o falta absoluta de representación. Si el tribunal acuerda levantar cautelarmente *(provisionally, pending the outcome of the trial - à titre conservatoire)* el embargo, podrá exigir, si lo considera conveniente, la caución o garantía *(security or pledge - caution ou garantie)* adecuada.

Por último, conviene recordar que tanto el proceso monitorio como el juicio cambiario son modalidades de procedimiento previstas para agilizar y simplificar la recuperación de las deudas relativamente pequeñas, o para ofrecer soluciones alternativas aceptables para los acreedores en casos claros y sencillos. Pero si la cuantía de la deuda sobrepasa el límite fijado por la ley, o si el deudor opone una resistencia firme a las pretensiones del acreedor, no habrá más remedio que someter la disputa a la consideración del tribunal de acuerdo con el procedimiento ordinario.

12. Los recursos

Ya hemos explicado que las resoluciones judiciales adoptan la forma, de menor a mayor, de providencias, autos y sentencias. Pues bien, la parte perjudicada por cualquiera de estas decisiones tiene derecho a formular objeción en forma de «recurso», que recibe diferentes nombres —«recurso de súplica», «recurso de reposición», «recurso de amparo», «recurso de alzada», «recurso de apelación», «recurso contencioso-administrativo», etc.—, según el momento procesal, la importancia del motivo y el órgano competente para dirimirlo. El que lo interpone *(brings the appeal - exerce le recours)* se llama el «recurrente» *(appellant - appelant, requérant)* y su adversario, el «recurrido» o «la parte recurrida» *(respondent - l'intimé).*[38]

En el español jurídico el término «apelación/apelar» queda subsumido en el campo semántico más amplio de «recurso/recurrir», siendo la primera un caso particular del segundo. De esta manera, el «recurso de apelación» es, generalmente, el que se formula contra la sentencia recaída sobre el fondo en primera instancia. En cambio, el término *appeal* en inglés es genérico y puede versar o no sobre el fondo de la cuestión. De ahí que el traductor deba tener en cuenta que el equivalente más natural de *appeal*, en muchos casos, será «recurso» en vez de «apelación».

El análisis de la clasificación de los recursos, los supuestos defectos judiciales que los motivan y el modo y momento de su imposición son cuestiones de técnica jurídica y procesal que se escapan ampliamente de las pretensiones léxicas de un libro de las características de éste, pero digamos en síntesis que todos están dirigidos a combatir o impugnar *(challenge - contester)* la resolución en cuestión y a obtener su revocación, anulación o modificación *(to have it overturned, quashed or varied - révocation, annulation ou modification),* bien por una apreciación supuestamente errónea de los hechos en litigio, o bien por quebrantamiento de la ley o por un defecto, según el recurrente, en la aplicación del Derecho. En cambio, se diferencian entre sí según se interpongan ante el mismo órgano que dictó la resolución impugnada u otra superior. A este último respecto, conviene tener presente que el Derecho español distingue entre dos posibles efectos de los recursos: el «efecto devolutivo» *(effect of allowing proceedings to continue or judgment to be enforced provisionally pending the outcome of the appeal)* y el «efecto suspensivo» *(effect of halting proceedings or delaying enforcement of a judment pending the outcome of the appeal - effet suspensif)*.[39] En el primer caso el recurso se interpone ante un tribunal superior, llamado el órgano «*ad quem*», contra la resolución adoptada por el tribunal inferior u órgano «*a quo*». En el segundo caso, el recurso tiene el efecto de paralizar el proceso en curso mientras se resuelve. De esta manera, se suele hablar de recursos «en ambos efectos» o «en un solo efecto», según produzcan el efecto suspensivo además del devolutivo, o sólo este último.[40]

13. El orden jurisdiccional civil en Francia y en Inglaterra y Gales

En el orden civil se distinguen en Francia seis tribunales de primera instancia, de los cuales dos son generales y cuatro especializados:

a) *Los tribunales de instancia*

Los tribunales de instancia *(the lower civil courts, courts of first instance - tribunaux d'instance)* juzgan todos los asuntos civiles *(try all civil cases - jugent toutes les affaires civiles)* cuya cuantía no exceda *(where the value of the claim is less than - portant sur des sommes inférieures à)* los 10.000 euros y aquellos asuntos previstos por la ley, como los alquileres *(rent cases - loyers d'habitation)*, las tutelas *(guardianship or custody orders - tutelles)*, etc.

b) *Los tribunales de gran instancia*

Los tribunales de gran instancia *(the superior civil courts - les tribunaux de grande instance)* conocen de todos los asuntos civiles no atribuidos a otras jurisdicciones *(not assigned to other jurisdictions - non attribuées à d'autres juridictions)* cuya cuantía exceda *(where the value of the claim is over - portant sur des sommes supérieures à)* los 10.000 euros y también aquellos asuntos previstos por la ley, con independencia de su cuantía *(whatever their value - quel que soit le montant de l'affaire)*, como divorcios, adopciones, sucesiones, embargos inmobiliarios *(orders or writs of seizure or sequestration of real property - saisies immobilières)*, etc.

Los tribunales especializados son:

c) *Los tribunales de comercio*

Los tribunales de comercio *(commercial courts - les tribunaux de commerce)* conocen de los conflictos entre comerciantes y banqueros, por ejemplo en las operaciones de cambio, corretajes *(exchange or brokerage transactions - opérations de change, de courtage)*, etc.

d) *Los tribunales de lo social*

Los tribunales de lo social *(administrative and industrial tribunals - les conseils de prud'hommes)* conocen de los conflictos que surgen entre empleadores y empleados *(employers and employees - employeurs et salariés)*.

e) *Los tribunales paritarios de contratos de arrendamientos rurales*

Los tribunales paritarios de contratos de arrendamientos rurales *(agricultural leases - les contrats de bail)* entienden de los conflictos que surgen de los contratos entre los terratenientes *(landowners, owners of farmland - propriétaires ruraux)* y granjeros o aparceros *(farmers or share-croppers - fermiers ou métayers)*.

f) *Los tribunales de asuntos de la seguridad social*

Los tribunales de asuntos de la seguridad social *(social security tribunals - les tribunaux des affaires de la* Sécurité Sociale*)* entienden de los conflictos que surgen de la aplicación de la legislación de la seguridad social *(social security legislation - les lois de la sécurité sociale)*, tales como el cálculo de las cotizaciones *(the calculation of contributions - le calcul des cotisations)*, el reembolso de los gastos médicos *(the reimbursement of medical expenses - le remboursement des frais médicaux)*, etc.

Los tribunales de segunda instancia tienen jurisdicción de segundo grado *(second instance jurisdiction - juridiction du second degré)* en lo civil y en lo penal, y dicha jurisdicción corresponde a *La cour d'appel* y *La Cour de cassation*. La función de esta última no es volver a juzgar sino comprobar que las resoluciones judiciales se han adoptado conforme a Derecho *(in accordance with law - en conformité avec les règles de droit)*.

En Inglaterra y Gales en el orden civil existen dos tribunales:

the County Court, y *the High Court of Justice*, cuya sede está en Londres, aunque puede celebrar sesiones *(hold sittings - tenir des séances)* en las principales ciudades de Inglaterra y Gales. Antes de la promulgación de la nueva Ley de Enjuiciamiento Civil de 1998 *(Civil Procedure Rules)*, los litigantes podían acudir a uno u otro de estos tribunales según la cuantía *(value - montant)* y la complejidad del asunto. La citada ley ha introducido modificaciones, entre las que destacan la unificación del procedimiento para la incoación *(commencement, opening of proceedings - ouverture de la procédure)* de una demanda en un tribunal civil, y la posterior diversificación en tres vías procedimentales *(tracks - voies procédurales)*, de acuerdo con lo que dispone la norma procesal *(rule - règle de procédure)* 26.6 del *Civil Procedure Rules 1998*. Un juez de procedimiento *(procedural judge - juge de la mise en état)* es el encargado de asignar los procesos a la vía correspondiente y de asumir la gestión procesal *(case management - gestion effective du procès)*. Dicha gestión consiste en imprimir el ritmo adecuado al procedimiento *(drive the case forward at the proper pace - fixer le rythme adéquat à la procédure)*, convocar *(summon - convoquer)* a las partes a las sesiones necesarias para cursar las instrucciones oportunas *(provide the parties with the appropriate directions - envoyer les instructions adéquat aux intéressés)*, y velar por *(ensure, guarantee, supervise, adequates, safeguard - veiller à)* la transparencia de los autos *(record of proceedings - les dossiers)* y por la regularidad del proceso *(the proper and smooth running of the proceedings - la régularité de la procédure)*. Éstas son las tres vías antes citadas:

a)   *La vía de las demandas pequeñas (small claims track)*. Esta vía procedimental ha sido diseñada principalmente para las demandas generales cuya cuantía no exceda de las 5.000 libras; ésta es la vía en la que los litigantes pueden defender sus posturas sin la ayuda de abogados.

b)   *La vía rápida (fast track)*. Esta vía está pensada para las demandas de reclamación de cantidades comprendidas entre 5.000 y 15.000 libras, surgidas, por ejemplo, de negligencia profesional *(professional negligence - négligence professionnelle)*, accidentes mortales *(fatal accidents - accidents mortels)*, estafa *(fraud - escroquerie, fraude)*, etc. Sin embargo, en muchos casos, las partes pueden solicitar, y se les suele conceder, que estas demandas, por su complejidad, sean sustanciadas en *the High Court* por medio de la multivía.

c)   *La multivía (multitrack)* está reservada a los procesos cuya cuantía supera las 15.000 libras y a los de gran complejidad. Esta vía abarca a la mayoría de los procesos comerciales, encuadrados en el

Derecho mercantil *(business law - droit commercial)*, el Derecho societario *(company law - droit des sociétés)*, y también a la propiedad intelectual, dibujos y patentes *(copyright, designs and patents - copyright, dessins et brevets)*, los de revisión judicial *(judicial review - révision judiciaire)*,[41] los relacionados con la interpretación judicial de un documento, una cláusula, un testamento, etc. *(court construction of a document, clause, etc. - interprétation d'un document, une clause, etc.)*. etc.

Los tribunales de segunda instancia son dos: *the Court of Appeal* y, desde 2005, *The Supreme Court of the United Kingdom*,[42] aunque otros tribunales superiores como *the High Court of Justice* o *the Crown Court* también tienen jurisdicción de apelación *(appellate jurisdiction - juridiction d'appellation)*.

14. La expresión de la «disconformidad» y la «prohibición».
Sinónimos parciales de «desaprobar» y de «prohibir»

En este último punto analizamos la expresión de la «disconformidad» y de la «prohibición».

a) *La expresión de la «disconformidad»*

Ya hemos comentado en este capítulo el uso de varios sustantivos (oposición, resistencia, excepción, etc.) y los verbos correspondientes a la expresión de la «disconformidad» respecto de las pretensiones del demandante. He aquí otros verbos que también transmiten la misma idea:

DESAPROBAR, REPROBAR *(disapprove, reprove, condemn, criticise, reproach - désapprouver, réprouver)*: no aprobar, dar por malo.

El presiente del tribunal <u>reprobó/desaprobó</u> las tácticas dilatorias del abogado defensor.

CENSURAR *(disapprove, condemn, criticise - censurer, réprouver)*: desaprobar o condenar una conducta, proceder o resolución.

El pleno <u>censuró</u> la ligereza con la que había actuado la comisión al redactar su informe.

DENEGAR *(turn down, refuse[43] - refuser, dénier)*: resolver en contra de una solicitud, decidir no conceder lo pedido.

El tribunal <u>denegó</u> la solicitud al estimarla impertinente.

DISENTIR *(dissent - différer d'opinion)*: mantener una opinión contraria a la de otro, no suscribir el dictamen de otro o de la mayoría.

Los jueces que <u>disientan</u> de la sentencia aprobada por la mayoría podrán emitir un voto particular.

DISCREPAR *(disagree, differ, dissent - être en désaccord)*: es equivalente a «disentir»; se utiliza más el sustantivo «discrepancia» *(disagreement, dissenting opinion - discordance, divergence)*, sobre todo cuando la diferencia no es tanto de criterio cuanto de hechos o de la apreciación de ellos.

Si el demandado opone resistencia a la demanda, debe concretar los puntos en que <u>discrepa</u>.

CONDENAR *(condemn, reprove; find for the plaintiff, give judgment for the plaintiff, complainant or applicant - rendre un jugement en faveur du demandeur)*: es un verbo con varias connotaciones; en el uso común, es equivalente a «criticar con dureza» o «desaprobar enérgicamente»; pero su sentido técnico en el lenguaje jurídico de los procesos civiles es el de «resolver a favor del demandante, dando por buenas sus pretensiones y fijando la compensación que debe satisfacer el demandado»; el objeto de este verbo en uso transitivo es el propio demandado («el fallo condena a X...»), aunque también son frecuentes la construcción pasiva (que ilustramos en el ejemplo) y la expresión «condenar en costas», que significa que debe hacerse cargo de las costas procesales la parte nombrada. En este sentido, el verbo se opone a «absolver» y son de uso frecuente el sustantivo «condena» y el adjetivo «condenatorio», frente a «absolución» y «absolutorio». En lo penal se emplean «absolución» *(acquittal - acquittement)* y «condena» *(conviction - condamnation)*.

En el fallo el demandado fue <u>condenado</u> a devolver al actor la cantidad de 30 millones de pesetas.

b)   *La expresión de la «prohibición»*

Puesto que en la pág. 159 hemos examinado la expresión del «mandato», corresponde ahora abordar la expresión de la «prohibición», palabra que aparece en su forma nominal o verbal 21 veces en la LEC de 2000. Si «disponer» es mandar con autoridad lo que ha de hacerse, «prohibir» es todo lo contrario:

PROHIBIR *(prohibit, forbid - prohiber, interdire)*: mandar con autoridad que no se haga algo; vedar o impedir por la ley o por la fuerza que se haga algo.

Todo Código Penal tiene por objeto <u>prohibir</u> ciertas conductas, so pena de incurrir en castigo.

He aquí algunos sinónimos parciales de «prohibir»:

ABOLIR *(abolish - abolir)*: es sinónimo de «derogar», «anular» o «dejar sin validez», pero lleva implícito el matiz de «destruir definitivamente», y se aplica preferentemente a las costumbres, prácticas o instituciones que se han manifestado social o moralmente indeseables.

La esclavitud se <u>abolió</u> por razones morales.

IMPEDIR *(prevent, impede, stop, hamper, hinder - empêcher)*: equivale a «estorbar, dificultar, imposibilitar» e implica la existencia de trabas para que se pueda realizar algo; como término técnico de Derecho se usa mucho el sustantivo derivado «impedimento».

El concepto de cosa juzgada va dirigido a <u>impedir</u> la repetición indebida de litigios.
No existe <u>impedimento</u> alguno para aligerar todos los trámites procesales.

INTERDECIR *(restrain, forbid, prohibit, prevent - interdire)*: equivale a «vedar», pero como verbo prácticamente está en desuso; en cambio es frecuente en el español jurídico la forma nominal «interdicción».

La Constitución garantiza la <u>interdicción</u> de la arbitrariedad de los poderes públicos.

PROSCRIBIR *(proscribe, outlaw, ban - proscrire)*: equivale a «prohibir», verbo con el que comparte la connotación de «so pena de sanción o castigo»:

Las conductas prohibidas descritas en el Código Penal tienen la consideración de «hechos punibles» o «actos <u>proscritos</u>».

VEDAR *(ban, forbid, prohibit - défendre, interdire)*: verbo general de prohibición, que en su uso actual suele connotar que la actividad en cuestión está regulada por ordenanza municipal o ley de alcance restringido; sin embargo, como demuestra el primer ejemplo, todavía se encuentra a veces en su sentido clásico de «prohibir» sin más:

> El artículo 25.3 de la Constitución <u>veda</u> a la Administración la potestad de imponer sanciones que impliquen directa o indirectamente privación de libertad.
> La caza está <u>vedada</u> en este paraje.

DENEGAR *(refuse, turn down - refuser, dénier)*: equivale a «desestimar», «rehusar» o «no conceder»; ante la tendencia actual a emplear «rechazar» en todos los contextos de la repudiación, nos permitimos proponer una matización. , a saber, que no es lo mismo «negar» que «denegar»: se <u>niega</u> una aseveración, pero se <u>deniega</u> una petición.[44]

> El tribunal <u>denegó</u> la solicitud de ampliación del plazo.
> El demandado <u>negó</u> la existencia de la deuda.

A todos los verbos anteriores les corresponden los sustantivos derivados de la misma raíz: «abolición» *(abolition - abolition)*, «impedimento» *(prevention, impediment, obstacle - empêchement)*, «interdicción» *(prohibition - interdiction)*, «prohibición» *(prohibition - prohibition)*, «proscripción» *(proscription, ban - proscription)*, «veda» *(ban, closed season - défense, interdiction, fermeture)*. Todos ellos son de uso común en el lenguaje jurídico español.

Por último, y puesto que se trata de una serie de sustantivos con valor negativo —en este caso, de prohibición—, parece el momento propicio para subrayar que el castellano cuenta con muchos recursos y vocablos para expresar lo contrario de una proposición dada. Siendo eso así, recomendaríamos a los traductores que huyeran de la costumbre actual de formar el contrario de los sustantivos abstractos anteponiéndoles el adverbio «no». Podríamos citar el uso muy frecuente de «no presencia» en vez de «ausencia»; por ejemplo, «Se criticó mucho la <u>no presencia</u> de X en el hemiciclo». Creemos que muchos estarían de acuerdo en considerar que mejoraría la frase si sustituyéramos «no presencia» por «ausencia». Además, el sustantivo «ausencia» arrastra la preposición «de» y no «en». No se entiende muy bien por qué se dice actualmente que las personas están ausentes «en» una reunión a la que no han asistido. Salvo que se hayan ocultado detrás de una cortina, o debajo de la mesa, suponemos que simplemente estaban «ausentes de» la junta en cuestión.

Notas

1. Véase la pág. 283 sobre el uso del término «imputado».
2. Véase la pág. 39.
3. Todo esto se puede deber, según Ronda (2001), a que no se haya promocionado ni destacado el periodismo jurídico, llamado *legal journalism* en los países de habla inglesa.
4. Véase el concepto de «legado» en la pág. 212.
5. En realidad el propósito básico de la acción penal, a diferencia de la civil, no es proteger los intereses privados de la víctima sino el interés de la sociedad, evitando que se cometan delitos, como en este caso, un posible robo.
6. Véase el capítulo diez.
7. En francés y en inglés, el equivalente a «actor» *(actor - acteur)* se refiere sobre todo a la persona que representa papeles en el teatro o el cine, y no tiene aplicación jurídica.
8. Véanse en la pág. 87 los falsos amigos «demandante» y «demandado» con *demandeur, demandé* y *défendeur*.
9. En la pág. 226 ya hemos comentado el incumplimiento de contrato.
10. En francés, la Ley de Enjuiciamiento Civil actual se llama *Code de procédure civile*, y en inglés, *Civil Procedure Rules*.
11. Véase la nota 24 del capítulo uno en la pág. 44 sobre el significado de la palabra «óbice».
12. Véase el punto 6 de este capítulo.
13. En algunos organismos internacionales como la Organización Mundial del Comercio, los litigios que surgen entre países por razón del comercio se resuelven por este sistema, también llamado «Soluciones alternativas a las diferencias».
14. Véase Alcaraz, Campos y Miguélez (2001: capítulo 9).
15. Este árbitro no es un juez de carrera, aunque normalmente es un jurista de prestigio. En los contratos comerciales es cada vez más frecuente que las partes incluyan cláusulas de arbitraje en las que se comprometen, en caso de disputa, a someter sus diferencias a la decisión de un árbitro.
16. La palabra «demanda» y «proceso civil» se usan como sinónimos en contextos no jurídicos. En un sentido más estricto, la «demanda» se aplica a la petición que se hace a un tribunal, y el «proceso civil», al conjunto de actuaciones efectuadas para resolver el litigio que se plantea en la petición, desde la demanda hasta la sentencia.
17. Al lector no especialista en Derecho puede que le sorprenda saber que muchos juristas consultados no son conscientes de que el uso que se hace de estos vocablos en los textos jurídicos se aparta del corriente, y salvo el término «excepción», tampoco suelen recibir la consideración de términos jurídicos en los diccionarios comunes de la lengua. En consecuencia, deben ser tratados como términos «semitécnicos» (véase la pág. 59), es decir, palabras y expresiones que, aunque pertenezcan al acervo común, cuentan además con uno o más significados especiales cuando se encuentran en determinados contextos profesionales.
18. La distinción entre excepciones procesales y materiales coincide en parte con la distinción entre excepciones «dilatorias» *(dilatory pleas - exceptions dilatoires)* y «perentorias» (d*emurrers, pleas in bar - exceptions péremptoires)* contenida en la an-

tigua Ley de Enjuiciamiento Civil de 1881. En Derecho escocés se llaman *dilatory or peremptory pleas*. Las primeras sirven para interrumpir el curso de un proceso mientras se resuelve, es decir, para suspender o retardar la entrada en el juicio sobre el fondo de la cuestión litigiosa. Las perentorias son escritos que el demandado dirige al tribunal para intentar demostrar que la demanda presentada por el actor carece de base legal procesal suficiente *(is insufficient in law - défaut de base légale)*. Si prosperan, eliminan el derecho del actor *(the plaintiff's right of action - droit du requérant)*, con lo que ponen fin al litigio en beneficio del demandado. Se llaman «perentorias» no tanto porque resulten urgentes, autoritarias o imperiosas, sino porque en el Derecho romano donde originaron se llamaban acciones *quae perimunt causam*, es decir, acciones que «destruyen», extinguen o ponen fin a la causa original.

19. No viene mal recordar a los traductores, a los que nos dirigimos, que *énerver* en francés significa «poner de los nervios, sacar de quicio»; pero que, tanto en español como en inglés, más atentos en esta ocasión al valor literal del prefijo privativo «e-», los parónimos «enervar» y *enervate* significan «debilitar, hacer flaquear, disminuir la fuerza de las razones o argumentos». Aprovechamos para añadir que es error frecuente en el castellano actual emplear «enervar» por «poner nervioso, desquiciar, irritar»: quien así habla o escribe incurre en un galicismo injustificado, ya que el verbo español tiene más que ver con el cuerpo que con el alma o espíritu («debilitar» o «enflaquecer», más que «poner nervioso»).

20. De significado parecido es la expresión latina *ultra petitum* («superior a lo pedido»), que se emplea en los recursos en los que la parte recurrente sostiene que el tribunal juzgador ha fijado en su sentencia una indemnización mayor que la pedida por el actor en su demanda.

21. Aunque técnicamente reciba un tratamiento jurídico distinto, la «contrademanda» o «acción cruzada» llamada *setoff* es muy parecida a la *counterclaim* o *cross-claim*. El nombre alude a la operación contable mediante la cual el demandado en la acción principal pide que se *set off* («compense») la cantidad pedida con una deuda anterior pendiente entre el demandante y él.

22. El Título XVIII del Libro Cuatro (De las Obligaciones y Contratos) del Código Civil se dedica íntegramente a la prescripción.

23. En lo que a lo penal se refiere, el artículo 131 del Código Penal establece que los delitos prescriben: a los veinte años, cuando la pena máxima señalada al delito sea prisión de quince o más años; a los quince, cuando la pena máxima señalada por la Ley sea inhabilitación por más de diez años, o prisión por más de diez y menos de quince años; a los diez, cuando la pena máxima señalada por la Ley sea inhabilitación por más de seis años y menos de diez, o prisión por más de cinco y menos de diez años, etc. En cambio, en los países del *common law* ciertos delitos de extrema gravedad, como el asesinato, no prescriben jamás.

La prescripción existe también en la jurisdicción administrativa. Por ejemplo, de acuerdo con el art. 64 de la Ley General Tributaria, prescribirán a los cuatro años, entre otros supuestos, los siguientes derechos y obligaciones: a) el derecho de la Administración para determinar la deuda tributaria mediante la oportuna liquidación; b) la acción para exigir el pago de las deudas tributarias liquidadas, etc.

24. El «tiempo ganado o perdido» depende del punto de vista de cada una de las partes.

25. No obstante, si antes de comenzar a transcurrir el plazo para dictar sentencia, ocurriese o se conociese algún hecho de relevancia para la decisión del pleito, las partes podrán hacer valer ese hecho, alegándolo de inmediato. Si el hecho nuevo o de nueva noticia no fuese reconocido como cierto, se propondrá y se practicará la prueba pertinente y útil del modo previsto en la ley.

26.   De todas las actuaciones públicas y orales quedará constancia mediante los instrumentos oportunos de grabación y reproducción, sin perjuicio de las actas necesarias.

27.   Las preguntas del interrogatorio se formularán oralmente en sentido afirmativo, y con la debida claridad y precisión. No habrán de incluir valoraciones ni calificaciones, y si éstas se incorporaren se tendrán por no realizadas (art. 302.1 de LEC de 2000). Véase también el párrafo cuarto del punto 8 del capítulo siguiente sobre el contenido de los enunciados en la prueba testifical.

28.   Véase la presunción de inocencia *(presumption of innocence - présomption d'innocence)* en la pág. 298.

29.   La expresión «debida diligencia» se emplea en el Código Civil para indicar la atención y perseverancia que en Derecho se espera que los particulares pongan en los asuntos en los que están en juego sus intereses.

30.   En el campo de lo penal los términos utilizados, como indicamos en el capítulo siguiente, son muy diferentes.

31.   Este principio es universal. En la jurisprudencia inglesa, por ejemplo, leemos una y otra vez en las motivaciones de los ponentes de las sentencias en instancia de apelación, al revisar los hechos considerados probados, expresiones como *the trial judge had the great advantage over this court of seeing and hearing all the evidence* (el juez sentenciador ha gozado de la gran ventaja, respecto del tribunal de la instancia actual, de haber presenciado la práctica de todas las pruebas y de haber escuchado a todos los testigos).

32.   Algunos sólo hablan de tres partes en una sentencia: la introducción o encabezamiento, la parte expositiva (que comprendería lo que se llama antecedentes de hecho y fundamentos de Derecho), y la parte dispositiva o fallo.

33.   Véase la pág. 126 sobre discurso narrativo.

34.   Véase la pág. 127 sobre discurso expositivo.

35.   En los procesos de declaración, cuando la Ley no exprese la clase de resolución que haya de emplearse, se dictará *sentencia* para poner fin al proceso, en primera o segunda instancia, una vez que haya concluido su tramitación ordinaria prevista en la Ley. También se resolverán mediante sentencia los recursos extraordinarios y los procedimientos para la revisión de sentencias firmes.

36.   En la tradición anglosajona la doctrina del precedente vinculante *(binding precedent)* se fundamenta en la diferencia entre la *ratio* y los *obiter dicta*. Sólo aquélla es vinculante para los tribunales inferiores afectados por la jurisprudencia, pero se suele decir que, dada su función esclarecedora, los *obiter* resultan *of persuasive authority* (fuente de autoridad persuasiva, pero no obligatoria).

37.   Monitorio: se dice del que avisa o amonesta o de lo que sirve para avisar o amonestar.

38.   En español cuando el recurso es de apelación, las partes son el «apelante» y el «apelado», respectivamente.

39.   El «efecto devolutivo» es el de un recurso cuyo conocimiento corresponde por ley al tribunal superior, sin que se interrumpan las actuaciones del inferior mientras se resuelve; el «efecto suspensivo» es el de un recurso que por ley provoca la paralización de las actuaciones del tribunal de instancia mientras el superior resuelve sobre la resolución impugnada.

40.   El traductor que se encuentre en la tesitura de verter las expresiones «efecto devolutivo» y «efecto suspensivo» al inglés tendrá que contentarse con ofrecer una explicación parentética, ya que el sistema inglés no conoce tal distinción. Mejor sería decir que el Derecho inglés no considera «recurso» *(appeal)* la impugnación de una resolución judicial que no ponga fin al proceso o prive a una de las partes de la posi-

bilidad de seguir adelante con unas mínimas posibilidades de conseguir sus propósitos, sino que le llama *objection* o *objection in point of law* («impugnación por quebrantamiento de ley o de las formas procesales»). Tal «objeción» se formula como incidente procesal *(preliminary issue of law)* y se tiene que resolver, como todos los incidentes, antes de entrar en el fondo, por lo que podría decirse que produce el «efecto suspensivo» pero no el «devolutivo». Siguiendo este razonamiento, podría afirmarse que todos los *appeals* propiamente dichos son recursos en ambos efectos, ya que, versen o no sobre el fondo, conoce obligatoriamente de ellos el órgano superior, suspendiéndose en el entretanto el proceso en curso. Por último, subrayemos que la *judicial review* («revisión judicial»), comentada en el punto 6 del capítulo diez, no se considera propiamente un recurso o *appeal*, ya que tiene el propósito fundamental de determinar cuestiones de competencia, más que resoluciones judiciales como tal. Por lo tanto, no parece aconsejable traducir «recurso de revisión» por *judicial review*, salvo excepciones de coincidencia de ambas materias.

41.   Véase el punto 6 del capítulo diez.

42.   La motivación para la creación de este Tribunal Supremo es que, de acuerdo con la Convención Europea de Derechos Humanos *(European Convention on Human Rights - Convention européenne des droits de l'homme)*, no puede ser juez imparcial el funcionario que ostente un cargo del poder ejecutivo o del Parlamento, situación en la que, tradicionalmente, se encontraba *The Lord Chancellor*, quien, además de ser el Ministro del Gobierno *(Cabinet Minister)*, era Presidente del poder judicial *(Head of the Judiciary)* y Presidente de la Cámara de los Lores. El Departamento del Reino Unido llamado *Department of Constitutional Affairs, DCA*, cuyo lema es *Justice, Rights and Democracy*, impulsado por la ley *Constitutional Reform Act 2005*, ha sido el responsable de impulsar muchos cambios constitucionales.

43.   En la traducción de textos oficiales se puede comprobar que la equivalencia léxica no es siempre posible. Por ejemplo, la expresión «Se denegará el registro de este tipo de documento» se traduce al inglés por *Those documents shall not be registered*.

44.   En el uso diario se sustituye de forma sistemática «negar» y «denegar» por «rechazar», aunque el empleo clásico forense sigue prefiriendo el par «negar» y «denegar».

CAPÍTULO 9

EL LENGUAJE DEL DERECHO PENAL

1. Las conductas delictivas y los actos antijurídicos o ilícitos

Para diferenciar lo que podía constituir una conducta delictiva *(criminal act or conduct - conduite délictueuse/criminelle)* de otra no delictiva, hablábamos en la pág. 236 de la desaparición de un cuadro en dos situaciones aparentemente similares. En la segunda, María no sólo cuenta con la prueba *(evidence - preuve)* del testamento a su favor, que afianza *(lends weight, gives support - consolide)* su titularidad *(ownership, title - titre, titularité)*, sino con el más que probable testimonio *(testimony - témoignage)* de sus familiares y amistades, que habrán visto el cuadro en su casa y podrán declarar *(testify - déclarer, attester)* que desapareció al mismo tiempo que Ana se marchó de la fiesta. No hace falta ser Sherlock Holmes para deducir por qué procedimiento la pintura apareció en casa de Ana. Tampoco es necesario que nadie la haya visto llevársela, ya que las «pruebas» a las que se refiere el Derecho no llegan al grado de verosimilitud y fiabilidad de las demostraciones científicas *(degree of verisimilitude and reliability of scientific proofs - gré de vraisemblance et fiabilité des preuves scientifiques)*. Basta con las reglas del raciocinio humano *(human reasoning - raisonnement humain)*, la hipótesis más verosímil o probable,[1] los procesos inductivos y deductivos del sentido común y la experiencia de las personas prudentes y razonables.[2] Además, Ana no niega *(does not deny - ne nie pas)* haber cogido el cuadro, y en Derecho el no negar un hecho que a uno le puede perjudicar constituye una admisión tácita *(tacit admission - reconnaissance tacite)*, ya que, como sabe todo el mundo, «quien calla, otorga» *(silence gives consent - qui ne dit mot consent)*.

Tampoco parece probable que Ana alegue *(will allege or maintain - allègue)* que ha actuado distraída *(she has acted heedlessly or unthinkingly - elle a agi inattentive)* ni por equivocación *(mistakenly - par erreur)*. A no ser que se defienda argumentando demencia *(insanity - démence, aliénation)* o enajenación mental transitoria *(the balance of her mind was temporarily disturbed - aliénation mentale transitoire)*, su conducta tiene toda la apariencia de un acto deliberado, extremo confirmado por su actitud posterior, al negarse a devolver el objeto sustraído. Y por más que insista, al intentar justificar su acción, en el supuesto deseo de su abuelo de que el cuadro fuera para ella, todas las personas razonables y mayores de edad *(adult, of legal age - personnes de bon sens, adultes, majeures)* saben por precepto y costumbre que no está permitido tomarse la justicia por su mano *(take the law into one's own hands - se faire soi-même justice)*, por lo que hay que presumir que Ana también lo sabe. Y si no lo sabe, debería, ya que hay un precepto muy conocido que afirma que la ignorancia de la ley no exime de su cumplimiento *(ignorance of the law is no excuse - l'ignorance de la loi n'excuse personne, nul n'est censé ignorer la loi)*.

Precisamente el contexto público de las normas aplicables al caso es lo que más diferencia esta situación de la comentada en el capítulo anterior. Ana ha hecho a sabiendas *(knowingly, deliberately - sciemment)* lo que a nadie le está permitido hacer, o para ser más contundentes, lo que está prohibido hacer a todos sin excepción. Por lo tanto, su comportamiento lesiona *(injures, infringes - cause dom-*

mage), amén del derecho particular de María, un bien jurídico protegido *(a protected legal right - un droit juridique protégé),* a saber: el derecho de todos a que sus vidas, sus personas y sus bienes estén a salvo *(safe from - à l'abri)* de la avaricia *(greed - avarice)* y la agresión de los demás, y el deseo colectivo de que se persigan y se repriman *(prosecute and punish - l'on poursuive et réprime)* los comportamientos lesivos del orden constituido.

Ya no se trata de un asunto personal entre dos primas, sino de un conflicto entre un particular y el conjunto de la sociedad, representada por el Estado a través del Ministerio Fiscal *(the Public Prosecutor, the Crown Prosecution Service - le ministère public).* Al margen de cualquier otra circunstancia agravante *(aggravating factor or circumstance - circonstances aggravantes)* o atenuante *(mitigating factor or circumstance, mitigation - circonstances atténuantes),*[3] el Código Penal manifiesta de forma taxativa que la conducta atribuible a Ana —sustracción y ocultación *(theft and concealment - soustraction et occultation)* de un bien ajeno— constituye uno de los delitos contra la propiedad *(offences against the laws of property - délits contre la propriété).* Su negativa a devolver *(return, give back - retourner)* el cuadro a su dueña al ser requerida para ello no hace sino confirmar la existencia del tipo de voluntad de delinquir *(the intention to commit a crime - la volonté de commettre un délit),* que técnicamente recibe el nombre de «dolo» o «intención dolosa» *(mens rea, guilty knowledge - intention délictueuse ou dolosive).*[4] En esta segunda situación, Ana se enfrentaría a un juicio penal *(would face a criminal trial - s'exposerait à des poursuites pénales)* en la causa seguida contra ella *(in the proceedings brought against her - le procès engagé contre elle).* María, por su parte, ya no interpondría una demanda contra su prima, sino que, tras presentar la oportuna denuncia *(duly making a formal complaint - déposer la plainte/information opportune),* ejercitaría la acción civil *(would bring the civil action - exercerait l'action civile)* junto con la acción penal para solicitar la reparación del daño sufrido *(to seek relief for the injury suffered - pour demander la réparation du préjudice qu'elle a subi)* y reclamar la indemnización por daños y perjuicios *(claim damages - réclamer des dommages-intérêts).* Esta acción se puede ejercitar, a opción de las víctimas *(as the injured parties prefer - aux choix des victimes),* conjuntamente con la acción penal *(either together with the criminal action - soit en même temps que l'action publique)* o por separado ante la jurisdicción civil *(or in separate proceedings before a civil court - soit séparément devant la juridiction civile).*

Por otra parte, no se deben confundir las conductas delictivas con los actos antijurídicos *(civil wrongs, torts - actes dommageables extra-contractuels),* también llamados «ilícitos civiles».[5] Así, por ejemplo, de acuerdo con el art. 1902 del Código Civil, el que por acción u omisión *(through his act or failure to act - action ou omission)* causa daños *(injury, harm - dommage/préjudice)* a otro, interviniendo culpa o negligencia *(fault or negligence - faute ou négligence)*, aunque no haya cometido delito, está obligado a la reparación de los daños que el otro ha sufrido *(compensate that other for the injury suffered - la réparation du préjudice que l'autre a subi)*.

2. El Derecho Penal. Los delitos y las faltas

El Derecho Penal *(criminal law - droit pénal)* fija y regula cuáles son las conductas delictivas que constituyen una «infracción penal» *(offence, violation of the criminal law - infraction pénale)*. A este Derecho Penal, regulador de las conductas delictivas y las penas, se le llama Derecho Penal sustantivo, para diferenciarlo del Derecho Procesal Penal *(rules of criminal procedure - droit judiciaire)* o adjetivo. En España, las infracciones penales son de dos tipos: faltas *(misdemeanours, petty offences, summary offences - contraventions)* y delitos *(serious or more serious offences, crimes - délits, crimes)*.

Estas infracciones penales son acciones u omisiones antisociales, contrarias a la moral pública o prohibidas por alguna otra razón, y son punibles con una multa, la prisión u otras penas *(punishable by a fine, imprisonment, or some other sentence - passible d'une amende, d'emprisonnement ou d'autres peines)*, que se imponen *(are imposed - s'imposent)* a los condenados *(convicted - condamnés)* como autores, cómplices o encubridores de un delito. En la tradición del Derecho penal continental, los elementos que constituyen el delito son cuatro:[6] 1) la acción u omisión humana; 2) la tipicidad,[7] esto es, que la acción u omisión estén «tipificadas», o descrita como delito y penada por las leyes; 3) la antijuridicidad, es decir, que la conducta sea contraria a Derecho, o sea, que no sean de aplicación las eximentes de «legítima defensa» *(self-defence - légitime défense)*, estado de necesidad *(duress, coercion - état de nécessité)* y cumplimiento de un deber o ejercicio legítimo de un derecho, oficio o cargo *(performance of a duty or legitimate exercise of a right, profession or position of responsability - exécution d'une obligation ou exercice légitime d'un droit, profession ou charge)*; 4) la culpabilidad, es decir, el elemento psicológico: la existencia de dolo o imprudencia *(recklessness, criminal negligence - négligence coupable)*.

Al autor *(principal in the first degree, perpetrator - auteur)* de un delito se le llama «autor directo» *(principal - l'auteur principal d'un crime)* o «delincuente»[8] *(offender - contrevenant, délinquant)* y a los perjudicados por su conducta punible *(offences, unlawful acts - actes punissables)*, «víctimas» u «ofendidos» *(victims - victimes)*. Cuando la persona detenida *(arrested person, prisoner - personne arrêtée)* por la policía comparece ante un juez *(is brought/taken before a court of law a magistrates' court - comparaît devant une juridiction)* se puede convertir en presunto delincuente *(alleged offender - délinquant présumé)* y recibirá distintos nombres en las diversas fases del procedimiento penal (imputado, procesado, acusado, reo),[9] y al final del proceso se le podrá condenar o absolver[10] *(convict or acquit - condamner ou acquitter)*. Una figura relacionada con el autor del delito es el «inductor» *(accessory, person who incites another to commit a crime or who «counsels and procures» its commission[11] - complice par instigation)*, que incita o induce a la comisión del delito, y de acuerdo con el art. 28 del Código Penal, la inducción *(aiding, abetting counselling and procuring - instigation)* se considera una modalidad de autoría, por lo que el inductor es tan autor como el autor directo y recibe la misma pena que éste. El cómplice *(accomplice, accessory, person who «aids and abets» the principal - le complice)* es el que coopera en la ejecución del hecho con actos anteriores o simultáneos. El «encubridor» *(accessory after the fact - complice après coup)* interviene con posterioridad al delito para aprovecharse de sus efectos, impedir que se descubra, favorecer la ocultación o la fuga *(escape - fugue)* de los delincuentes.

Las faltas son las infracciones voluntarias de la ley, o comportamientos delictivos de menor entidad, sancionadas con penas leves *(lesser, lighter or more lenient punishments - peines contraventionnelles)*; por ejemplo, en el lenguaje cotidiano solemos hablar del «robo» en general, pero el Código Penal vigente, aprobado en 1995, distingue entre el «hurto» *(petty theft, larceny, shoplifting - vol, larcin, vol à l'étalage)*, el «robo con fuerza en las cosas o violencia en las personas» *(robbery - vol avec effraction)*[12] y la apropiación indebida *(embezzlement, misappropriarion, dishonest appropiation, theft, fraud - distractions de biens)*. El primero se considera falta si el objeto sustraído está valorado en 400 € o menos, y delito si es de valor superior a dicha cifra; en cambio, todas las formas de robo en sentido técnico son delitos cuya gravedad aumenta con la fuerza empleada en las cosas o la violencia cometida contra las personas. De la misma forma, las amenazas *(affray, violent disorder, threatening behaviour - menaces, contrainte par menaces)* y las lesiones *(wounding, assault, grievons bodily harm (GBH) - blessures)* son faltas en unas circunstancias y delitos en otras; las lesiones corporales graves *(malicious wounding, grievous bodily harm - blessures graves, préjudice corporel grave)* o la violación *(rape - viol)*[13] son delitos graves o muy graves.

Por tanto, los delitos son infracciones graves que la ley castiga normalmente, aunque no siempre, con penas privativas de libertad *(custodial sentences - peines privatives de liberté)*, o sea, con prisión *(imprisonment - emprisonnement)*. Las penas previstas para las faltas son en muchos casos de carácter pecuniario *(pecuniary - pécuniaires)*, esto es, la imposición de una multa *(fine - amende)*, aunque también puede haber penas de privación de libertad. Otra diferencia fundamental entre las faltas y los delitos consiste en el procedimiento *(procedure - la procédure)* o vía de enjuiciamiento previsto por la ley y en el tribunal competente en cada caso. Para las faltas se emplea el procedimiento llamado «juicio de faltas»; en cambio, se juzgan los delitos, según su naturaleza y gravedad, por la vía del «procedimiento abreviado» o por el «procedimiento ordinario». En ambos casos existe antes del juicio oral una fase dirigida por un juez instructor, como veremos a partir del punto 6, que en el procedimiento ordinario se llama «sumario», y en el abreviado, «diligencias previas».

3. Las penas. Las agravantes y las atenuantes. Las eximentes

Hemos dicho en el punto anterior que una de las diferencias entre las faltas y los delitos reside en la gravedad de la pena *(sentence - peine)*, la cual se define como el castigo o sanción *(punishment or sanction - punition ou sanction)* establecido por la ley para reprimir *(deter, repress - réprimer)* un delito o una falta.

Las penas que pueden imponerse con arreglo al Código Penal español de 1995 son de tres clases: privativas de libertad *(custodial sentences - peines privatives de liberté)*, privativas de otros derechos *(punishments restrictive of rights other than freedom - peines privatives d'autres droits)* y multas *(fines - amendes)*. En función de su naturaleza y duración, las penas se clasifican en graves, menos graves y leves *(serious, less serious, lenient - peines criminelles, peines correctionnelles, peines contraventionnelles)*.

Muchas veces la diferencia entre las penas graves y las menos graves está en la duración de la pena. Así, en las graves, la pena de prisión *(imprisonment - emprisonnement)* es superior a cinco años, y en las menos graves, la duración de la pena va de tres meses a cinco años como máximo *(from six months to a maximum of three years - de six mois à trois ans d'emprisonnement au maximum)*. La privación del derecho a residir en determinados lugares o visitarlos *(an order restraining a convicted person from living in or frequenting certain areas - l'interdiction de vivre dans certains lieux ou de les fréquenter)* es por tiempo superior a cinco años en las graves, mientras que en las menos graves, el tiempo es de tres meses a tres años. Igualmente la privación del derecho a conducir *(disqualification from driving - la remise du permis de conduire)* en las penas graves es de más de ocho años, y en las menos graves es de un año y un día a ocho años; en las leves, el plazo es de tres meses a un año.

La inhabilitación absoluta, que es la pena o castigo que inhabilita para el ejercicio de cualquier cargo público *(disqualification from holding any public office - interdiction absolue d'exercer une fonction publique)* es una pena grave. En cambio, las inhabilitaciones especiales *(specific disqualifications - incapacités spéciales)*, que inhabilitan para los cargos que dicte la sentencia o para el ejercicio de determinados derechos, como la patria potestad *(parental authority - l'autorité parentale)*, la tutela *(guardianship, wardship - tutelle)*, etc., pueden ser penas graves o menos graves; las de hasta cinco años son penas menos graves.

Entre las menos graves y las leves destacan también los trabajos en beneficio de la comunidad *(community service orders - travail non rémunéré d'intérêt général, travaux communautaires)*, además de las multas.

Al determinar la pena los jueces tienen en cuenta dos tipos de circunstancias: las atenuantes *(mitigating factors or circumstances, mitigation - circonstances atténuantes)* y las agravantes *(aggravating factors or circumstances - circonstances aggravantes)*. Las primeras son aquellas circunstancias que, sin constituir una justificación o excusa para la comisión del delito, pueden ser tenidas en cuenta por el tribunal para reducir el grado de culpabilidad *(degree of guilt - degré de culpabilité)* del acusado *(defendant - accusé)* y, consecuentemente, disminuir *(reduce - réduire)* la pena impuesta. Por otra parte, las agravantes son aquellas circunstancias que aumentan el grado de culpabilidad del acusado, entre otros motivos, por ejemplo, por la brutalidad *(brutality - brutalité)*, el ensañamiento *(extreme cruelty - acharnement)* o la abyección *(heinousness, enormity, wickedness or outrageousness - abjection, bassesse)* aparentes en la comisión del delito, incrementando, de esta forma, la pena impuesta al condenado *(convicted offender - condamné)*. Por ejemplo, la alevosía *(treachery, malicious recklessness, malice aforethought - traîtrise)* es una circunstancia agravante.

Además de las anteriores, existen otras circunstancias, llamadas «eximentes» *(defences, special defences, pleas in bar or excuse - faits justificatifs)*, las cuales libran *(exempt, release - libèrent, exemptent)* al acusado de la responsabilidad criminal *(criminal liability - responsabilité pénale)*, es decir, constituyen la base para que el tribunal dicte la absolución *(discharge, acquittal - acquittement, relaxe)*. Una de las eximentes más frecuentemente esgrimidas es la de «legítima defensa» *(self-defence - légitime défense)*, que es la excusa alegada por la persona que contraataca o responde *(counter-attacks, responds, reacts - contre-attaque, riposte)* a un atentado efectivo e injustificado *(an actual unjustified aggression - atteinte actuelle et injustifiée)* contra su persona o sus bienes *(on his/her person or his/her property - à sa personne ou à ses biens)* o las de otros, con tal de que los medios utilizados en la defensa *(provided the means of defence employed - à condition que les moyens de défense)* sean proporcionados a la gravedad del atentado *(are reasonably proportionate to the seriousness of the attack - proportionnés à la gravité de l'atteinte)*. Otras eximentes son la minoría de edad penal *(infancy/minority - minorité)*, la demencia *(insanity - aliénation mentale)*, el trastorno mental transitorio *(while the balance of his/her mind was disturbed, temporary mental disorder - aliénation mentale transitoire)*, el estado de necesidad *(necessity, coercion, duress - nécessité, cas de force majeure)*, el miedo insuperable *(duress, unconquerable fear - contrainte)*, etc.

4. El Código Penal. La tipificación

A la fijación y descripción de cuáles son las conductas delictivas se llama «tipificación» *(creation of a crime, description of the elements or ingredients of a crime - caractérisation d'un délit ou crime)*. La tipificación se basa en los principios de legalidad contenidos en las frases latinas *nullum crimen sine lege* y *nulla pœna sine lege* —es decir, «no hay delito ni pena si no los fija la ley»—, que significan que para que una conducta pueda considerarse delictiva previamente se la ha tenido que tipificar *(define, create - caractériser)*, lo que, en román paladino, equivale a decir que no es delito lo que no se repute como tal en el Código Penal vigente.

Puesto que la tipificación de los delitos o conductas punibles es una labor legislativa, en España corresponde a las Cortes, que deben tener en cuenta los valores de la sociedad en el momento en que legislen. En consecuencia, las conductas penalizadas, despenalizadas o toleradas varían de una época a otra, lo que explica que ciertas conductas consideradas normales en nuestra sociedad actual fuesen reprimidas como delitos en otras, y a la inversa. Por ejemplo, la relación entre dos personas que cohabitan sin haber contraído matrimonio se castigaba en el pasado bajo la figura del «amancebamiento» *(cohabitation - concubinage)* pero en la actualidad ha quedado despenalizada *(decriminalized, legalized - dépénalisé)* y les llamamos simples compañeros o, en expresión jurídico-sociológica frecuente, «pareja de hecho» *(de facto couple, common-law couple - couple en concubinage)*, que además recoge la posibilidad, antaño perseguida con gran dureza, de que ambos componentes de la pareja pertenezcan al mismo sexo. Por otra parte, la actual prohibición de cazar o de mantener en cautiverio ciertas especies animales, ahora generalmente protegidas pero antes no, ilustra un cambio típicamente moderno en la percepción o conciencia social, patente también en el control del medio ambiente *(environment - environnement)* ejercido por el Estado mediante la penalización del vertido de sustancias tóxicas o peligrosas *(emission of noxious or offensive substances - rejet de substances toxiques ou dangereuses)*.

El Código Penal español, que consta de 639 artículos, abarca todas las conductas —delitos y faltas— reprimidos en el estadio actual de la sociedad española, y que van desde la sustracción del objeto más trivial a los atentados terroristas *(terrorist attacks or outrages - attentats terroristes)* y el genocidio *(genocide - le génocide)*. A modo de ilustración, indicaremos a continuación algunos de los delitos más importantes relacionados con bienes jurídicos de distinta clase: la vida humana, la libertad sexual, la familia y el funcionamiento de la Administración Pública.[14]

El homicidio *(homicide - homicide)* y sus formas, esto es, los delitos contra la vida de las personas *(offences against human life - des atteintes à la vie des personnes)* están recogidos en el Título I del Código Penal. El art. 138 dice literalmente «El que matare a otro será castigado, como reo de homicidio, con la pena de prisión de diez a quince años». Cuando alguien mate a otro de forma deliberada,[15] concurriendo, además, las circunstancias de alevosía, ensañamiento *(extreme cruelty or, brutality - acharnement)* y precio, recompensa o promesa, se llama asesinato *(murder - meurtre, assassinat)*; el homicidio imprudente *(manslaughter resulting from recklessness or criminal negligence - homicide par imprudence)*, que es el delito cometido por la persona que ocasiona la muerte de otra de forma no intencionada *(unintentionally kills another - tue quelqu'un involontairement)* por imprudencia, negligencia o descuido *(recklessness, negligence or want of proper care - imprudence, négligence, ou inattention)*. También es delito grave de este tipo la inducción al suicidio *(inducing another to commit suicide - induction au suicide)*.

Entre los delitos contra la libertad sexual *(sexual offences - les atteintes sexuelles)* destacan las agresiones sexuales *(sexual assault, indecent assault - les agressions sexuelles)*, en las que intervienen la violencia o la intimidación *(violence or menaces - violence ou contrainte)*, la violación *(rape - viol)*, el exhibicionismo sexual *(indecent exposure - l'exhibition sexuelle)*, los abusos sexuales *(sexual abuse - abus sexuel)*, el acoso sexual *(sexual harassment - harcèlement sexuel)*, etc.

Los delitos contra las relaciones familiares *(family rights and duties - les droits et les devoirs familiaux)* incluyen el abandono de familia, menores o incapaces *(abandonment of family, children or disabled dependants - abandon de famille, mineurs ou incapables)*; comete este delito el que deje de cumplir *(fails to comply with - ne remplit pas)* los deberes legales de asistencia *(legal duty of making adequate provision - devoirs légaux d'assistance)* inherentes a la patria potestad *(parental authority - l'autorité parentale)*, tutela familiar *(guardianship - la tutelle)*, la guarda *(care - la garde)* o el acogimiento *(fosterage - le placement familial)*.

Entre los delitos contra la Administración Pública *(offences against public bodies - des atteintes à l'administration publique)* destacan la prevaricación de los funcionarios públicos *(breach of trust by public officials or civil servants - prévarication des fonctionnaires)*, el abandono de destino *(dereliction of duty - délit d'abandon de poste)*, el cohecho *(bribery - corruption d'un fonctionnaire)*, la malversación *(dishonest appropriation, embezzlement - malversation, détournement des fonds)*, el tráfico de influencias *(influence peddling, corruption in public office - trafic d'influence)*, etc.

5. El Derecho Procesal Penal (I). El juicio de faltas

El Derecho que regula los procedimientos para detener *(arrest - arrêter)* a los sospechosos de haber cometido un delito, acusarles *(charge, prosecute - accuser)*, juzgarles *(try - juger)* e imponerles las penas correspondientes se llama Derecho procesal y está contenido en la Ley de Enjuiciamiento Criminal *(rules of criminal procedure - code de procédure criminelle, règles de la procédure pénale)*, que en adelante llamaremos LECrim. Esta Ley data de 1882 y se inspira en la francesa de 1808; aunque ha sido muchas veces modificada, requiere en opinión de muchos una gran reforma. En ella se encuentra el conjunto de las normas jurídicas *(legal rules - règles du droit)* que ordenan *(set out, lay down, establish - organisent)* el inicio, la sustanciación y la ejecución *(commencement, conduct and enforcement - commencement, instruction et exécution)* de un proceso penal *(criminal proceedings - procès pénal)*[16] así como los recursos *(appeals - appels)* contra las sentencias *(verdicts, judgments; sentences - jugements/arrêts)* dictadas por los tribunales.

En el punto 2 de este capítulo dijimos que las faltas se diferenciaban de los delitos, entre otras cosas, por el procedimiento *(procedure - la procédure)* o vía de enjuiciamiento previsto por la ley y por el tribunal competente en cada caso. Para las faltas, se emplea el procedimiento llamado «juicio de faltas» *(summary trial - ordonnance pénale)*. Como hemos explicado, por esta vía se enjuician las infracciones penales que no revisten especial gravedad y a las que corresponden penas leves, por ejemplo, el hurto de un reloj valorado en 350 €, o el haber ocasionado unas lesiones leves *(minor injuries - blessures légères)* a otro en una reyerta callejera.

Empieza el procedimiento con la denuncia presentada *(complaint made - la plainte portée)* ante el Juzgado por un particular, que normalmente será la supuesta víctima, o por la policía. No se forma sumario, ni se practica instrucción,[17] sino que la actuación es puramente oral y cada una de las partes —el denunciante *(the complainant - le plaignant)* y el denunciado *(the accused - la personne dénoncée, le mis en cause)*— aporta sus propias pruebas al acudir al juicio oral en el día señalado. El tribunal competente para esta clase de juicios es el Juzgado de Instrucción,[18] constituido por un único juez que, además de oír a ambas partes y a sus testigos *(witnesses - témoins)*, si los hay, puede interrogar a los intervinientes, pedir aclaraciones, indicar la existencia de discrepancias o contradicciones entre las versiones presentadas por las partes y los testigos, etc. En el turno de intervenciones, tiene la palabra en primer lugar el fiscal *(prosecutor[19] - le magistrat du ministère public)*, seguido por el letrado de la acusación particular, si la hay, y por último por el abogado defensor *(counsel for the defence, defense attorney [EE.UU.] - avocat de la défense)*.

Una vez han declarado *(have testified - ont déclaré)* todos, con la posibilidad de que cada parte haga uso de las repreguntas *(cross-examination - interrogatoire croisé)* a los declarantes y testigos de la contraria, el fiscal y los respectivos letrados presentan sus conclusiones *(closing statements, final/closing arguments or submissions - conclusions)* y piden lo que proceda según su criterio: absolución, condena *(acquittal, conviction - acquittement, condamnation)* y, en su caso, la pena correspondiente. Si el asunto es fácil y claro, porque el acusado se reconoce culpable *(pleads guilty - plaide coupable)* o porque las pruebas presentadas por una u otra parte son contundentes *(cogent, convincing, conclusive - concluantes/irréfutables)*, el juez puede dictar sentencia *(deliver the verdict - rendre le jugement)* en el acto; de lo contrario, señala día y hora para pronunciar el fallo *(give judgement - prononcer le jugement)*. Como se ve, salvo complicaciones, se trata de un procedimiento rápido y sencillo, con el acento puesto en las actuaciones orales *(oral proceedings - la procédure orale)*, en contraste con el ritmo más lento y la proliferación de actuaciones escritas característicos del «procedimiento ordinario», que comentaremos a continuación.

6. El Derecho Procesal Penal (II). El proceso por delito

Los delitos, según su naturaleza y gravedad, se pueden juzgar en los tribunales que prevé la ley, por dos procedimientos: el abreviado *(fast-track on indictment*[20] *- la procédure simplifiée/accélérée pour les délits)* y el proceso ordinario *(trial on indictment - la procédure principale)*.

A grandes rasgos, se podría decir que las diferencias entre los dos últimos son puramente técnicas, reduciéndose prácticamente al ritmo de las actuaciones y a ciertos aspectos formales, que luego comentaremos. Por consiguiente, se puede considerar que se trata de dos modalidades del mismo proceso. Tanto en uno como en otro se extreman las precauciones *(precautions and safeguards aimed at ensuring a fair trial or due process of law - les précautions sont poussées à l'extrême)* y las garantías procesales *(due process of law - la procédure judiciaire de sauvegarde de la liberté individuelle)*, ya que el acusado se enfrenta, en muchos casos, a la posibilidad de perder su libertad si es declarado culpable *(found guilty - déclaré coupable)*; a estos dos procedimientos hay que añadir la variante que se ha introducido recientemente en el enjuiciamiento penal, el juicio con jurado popular, o Procedimiento ante el Tribunal del Jurado o Juicio con Jurado *(jury trial, trial by jury - jugement par jury)*, previsto para un número muy limitado de delitos.

Finalmente, debe tenerse también en cuenta la particularidad introducida en el año 2002 a través de la Ley sobre Procedimiento para el Enjuiciamiento Rápido e Inmediato de Determinados Delitos, por la que se modificó la LECrim para introducir los denominados «juicios rápidos» *(summary trial, fast track trial - jugements sommaires, expéditifs)*, que se explicarán más adelante. Por último tenemos el Proceso Penal de Menores, que es un procedimiento especial por el que se juzgan las conductas delictivas cometidas por personas de entre 14 y 18 años.

En función de la posible pena y de otros factores territoriales, los delitos se juzgan en primera instancia en tribunales diferentes, según el esquema siguiente:

a) *Juzgados de lo Penal*

Estos son los tribunales competentes para juzgar por el procedimiento abreviado los delitos para los que la ley prevé penas de hasta 5 años de prisión o pena de multa, cualquiera que sea su cuantía, o cualesquiera otra de distinta naturaleza, siempre que su duración no exceda de 10 años,[21] por ejemplo, hurtos por valor de más de 400 €, robos con fuerza en las cosas o violencia en las personas, estafas de menor entidad, alzamiento de bienes, tráfico de drogas «blandas», etcétera.

b) *Audiencias Provinciales*

En ellas se enjuician los delitos castigados con penas superiores a 5 años de prisión, tales como la violación (agresiones sexuales con introducción), el tráfico de drogas «duras», etc. También juzgan en segunda instancia (recurso de apelación) lo sentenciado por los Juzgados de lo Penal y, en audiencia unipersonal (es decir, presidida por un solo Magistrado), lo sentenciado en los juicios de faltas si alguna de las partes recurre.

c) *Audiencia Nacional (Madrid)*

A este tribunal llegan ciertos delitos en los que, además de su gravedad, intervienen elementos que no se ajustan a la competencia territorial (provincial) de los tribunales inferiores. Entre tales delitos figuran, por ejemplo, la falsificación de moneda, el terrorismo o el tráfico de drogas «duras» por grupos organizados a gran escala y con una dimensión supraprovincial o internacional.

d) *El Tribunal Supremo (Sala de lo Penal)*

Los únicos delitos que juzga el Supremo en primera —y única— instancia son los cometidos supuestamente por personas aforadas *(persons protected by parliamentary privilege or immunity - personnes avec immunité parlementaire)*, es decir, diputados, senadores, ministros y altos cargos del Estado. Al margen de estos supuestos, lógicamente muy raros, la Sala de lo Penal del Supremo juzga en casación lo sentenciado por las Audiencias Provinciales o la Audiencia Nacional.

7. **La instrucción y el sumario. Los imputados y los procesados**

Una de las características más destacadas del sistema español de enjuiciamiento criminal es que tiene dos fases: la primera, de carácter preparatorio, se llama la «instrucción» *(pre-trial proceedings, investigative proceedings - l'instruction)* y la segunda, el «juicio oral» *(trial, public hearing - l'audience d'un tribunal ou d'une cour)*. La fase de instrucción tiene por finalidad la preparación del juicio mediante la realización de determinadas actuaciones dirigidas a averiguar y hacer constar la perpetración de los delitos con todas sus circunstancias, la culpabilidad de los delincuentes y adoptar las medidas oportunas para garantizar el enjuiciamiento y cumplimiento de la eventual condena, así como las responsabilidades pecuniarias que pudiera derivarse.

En el procedimiento abreviado, esta fase recibe el nombre de «diligencias previas» *(preliminary enquiries or proceedings - dossier d'instruction)*, mientras que en el procedimiento ordinario, esta fase se denomina «sumario» *(investigative procedure - l'information judiciaire)*. La instrucción es un procedimiento inquisitivo *(inquisitorial procedure - procédure inquisitoire)* en el que un juez lleva a cabo la labor investigadora, interroga a los testigos y toma iniciativas respecto a actos de investigación, llevando a término en su caso la práctica de pruebas anticipadas. Esta implicación del juez instructor en la causa puede comprometer seriamente su imparcialidad a la hora de enjuiciar los hechos. Por esta razón, en el sistema penal español, la fase de instrucción y la fase de juicio oral son desarrolladas por órganos jurisdiccionales distintos. De este modo, el juez que investiga, recaba las pruebas y adopta las medidas cautelares oportunas para garantizar la presencia de los acusados en el juicio y el cumplimiento por éstos de las penas y responsabilidades civiles que se les impongan; será un juez distinto al juez instructor el que finalmente enjuicie y, por tanto, decida sobre la condena o absolución del acusado. En el apartado 3 del capítulo 6, a la hora de repasar los juzgados y tribunales del orden jurisdiccional penal, ya establecíamos el reparto de competencias de los distintos órganos judiciales. Así, por ejemplo, en el procedimiento abreviado, la instrucción será generalmente llevada por el juzgado de instrucción, mientras que el enjuiciamiento corresponderá al juzgado de lo penal. La naturaleza de la segunda fase, el juicio oral, es contradictoria,[22] lo cual quiere decir, como dijimos en el capítulo anterior al hablar del procedimiento civil, que a las partes, en este caso, la acusación y la defensa, se les debe tratar con igualdad y se les debe permitir que expongan sus posturas durante el proceso *(during the proceedings - pendant la procédure judiciaire)*.

El procedimiento penal se puede iniciar por medio de un atestado policial, una denuncia *(complaint, report, information - dénonciation)*, una querella, o de oficio. El «atestado policial» *(police report - constat de police)* es una denuncia en un documento oficial en el que un funcionario de la policía judicial da cuenta de un hecho presuntamente delictivo *(criminal - délictueux)* que ha observado. En la «denuncia», realizada por un particular, el denunciante *(the complainant - le plaignant)* pone en conocimiento del juez, del Ministerio Fiscal o de la policía unos hechos presuntamente delictivos. En la «querella» *(private prosecution - la plainte)* la persona que se considera ofendida ejercita la acción penal personándose como parte acusadora, mientras que la denuncia es la simple notificación de un delito, y el denunciante no participa en el posterior proceso penal, salvo si posteriormente decide personarse en calidad de testigo. Hay, además, otra diferencia importante entre la querella y la denuncia: la presentación de una querella es un *derecho* que pueden ejercer o no las víctimas de determinados delitos (calumnias, injurias, etc.) mientras que la formulación de una denuncia es un *deber* al que se encuentran obligados todos los ciudadanos que presenciaran el hecho o tuvieran conocimiento de él (Piqué *et al.*, 1990: 125); quedan exentos de este deber los menores *(minors, children - les mineurs)*, los que tengan disminuidas sus facultades mentales *(the mentally disabled - handicapés)*, el cónyuge, los ascendientes y descendientes del presunto delincuente, su abogado y los sacerdotes católicos que tengan conocimiento de los hechos por la confesión canónica. Cuando el juez conoce por sí mismo de la comisión de un delito, actúa «de oficio» *(on his/her own initiative - à titre d'office)*. La acción penal por delito o falta que dé lugar al procedimiento no se extingue por la renuncia de la persona ofendida, salvo en algunos delitos privados. Cuando no existe acusación particular, el Ministerio Fiscal se encargará igualmente del ejercicio de la acusación.

El juez instructor, tan pronto como le llega la noticia de la comisión de un presunto delito a través de uno de los procedimientos anteriores, ejercita *(instigates - met en oeuvre)* todas las actuaciones necesarias dirigidas a la iniciación de la acción penal *(set criminal proceedings in motion - le déclenchement de poursuites pénales)* por medio de la instrucción, con el objeto de aclarar todos los hechos y circunstancias *(to clarify the facts and circumstances - éclaircir les faits et les circonstances)* que podrían ser constitutivos de un delito *(might amount to a crime - qui pourraient constituer une infraction au sens de la loi pénale)*. Previamente la policía podrá haber detenido *(have detained in police custody at a police station - avoir retenu dans les locaux du commissariat)*, por un período máximo de 72 horas por razones de investigación *(in connection with the investigation, to assist them with their enquiries - pour les nécessités d'une enquête)*, al sospechoso de haber cometido un delito. Para determinados delitos, como los de terrorismo o tráfico de drogas *(terrorism or drug-trafficking - terrorisme ou trafic de stupéfiants)*, la detención policial puede prorrogarse hasta cinco días. Entre los derechos que asisten a la persona detenida en las dependencias policiales *(the person in police custody - la personne gardée à vue dans la maison d'arrêt)* destacan el de no declarar *(right to remain silent - droit au silence)*, el de avisar a su familia *(to have his family informed - faire prévenir sa famille)* y el de contar con asistencia letrada *(consult with a solicitor, take legal advice - s'entretenir avec un avocat)* desde el primer momento. La responsabilidad de la instrucción recae, como hemos dicho, en un juez instructor *(examining magistrate - juge d'instruction)*.[23] No obstante, conviene recalcar la independencia y autonomía de su función y los amplios poderes con que cuenta. Como hemos dicho anteriormente, al conjunto de actuaciones *(measures, proceedings - mesures)* practicadas por el juez instructor y encaminadas a preparar el juicio oral en el ámbito del procedimiento ordinario se le llama «sumario» *(investigative procedure, preliminary enquiries - l'information judiciaire)*;[24] en este sentido, las palabras «instrucción» y «sumario» son equivalentes. Pero el término «sumario» también se le da a la expresión documental *(process, examining magistrate's record or report, basis of the case - le dossier de l'information judiciaire, le dossier d'accusation)* realizada por el juez de instrucción *(prepared by the examining magistrate - constitué par le juge d'instruction)*,[25] que a veces llega a ocupar muchos miles de folios.

Durante la instrucción, el juez recoge y aprecia *(gathers and evaluates the evidence - rassemble et apprécie les preuves)* y goza de amplísimos poderes, entre los que destaca la capacidad de imputar *(prefer formal charges - mettre en examen)*. El término «imputar» significa atribuir formalmente a una persona la comisión de un delito *(the perpetration of a crime - la réalisation d'un crime ou d'un délit)*, por las sospechas fundadas[26] que sobre ella pesan *(on the basis of strong prima facie evidence - par les soupçons suffisants qui pèsent sur elle)* de que haya podido participar *(that he or she is suspected of involvement - qu'elle ait pu participer)* como autor o como cómplice en la perpetración de un delito. A esta persona o personas se las llama «imputados»[27] *(suspects, persons against whon charges are being considered - les mis en examen)* y a la resolución judicial, «imputación» *(official notification of intention to charge - la mise en examen)*. Como se puede deducir por la traducción del término al francés, un «imputado» es una persona sometida a investigación judicial, por las sospechas fundadas que sobre ella recaen.

El juez instructor también tiene la potestad de intervenir cuentas corrientes *(freeze bank accounts - saisir des comptes courants)*, dictar un mandamiento de entrada y registro *(search warrant - mandat de perquisition)* en lugares cerrados y, si lo estima conveniente, puede dictar auto de prisión provisional *(order the suspect to be remanded in custody - prononcer une ordonnance de détention provisoire)* contra el imputado, de acuerdo con las exigencias previstas por la ley.[28] Asimismo puede dictar una orden de detención *(arrest warrant - mandat d'arrêt)* ordenando a la fuerza pública *(the police - la force publique)* que busque y detenga *(search for and arrest - de rechercher et d'arrêter)* al imputado y lo conduzca a las dependencias policiales.

El juez también puede convocar a otras personas en calidad de testigos. Bajo su dirección la Policía o la Guardia Civil lleva a cabo la investigación judicial *(conduct the enquiries ordered by the judge - conduise l'enquête judiciaire)*. Entre las medidas que puede adoptar *(take - prononcer)* destaca la práctica del «careo» *(confrontation - confrontation)* entre las personas que han dado explicaciones distintas *(whose versions are at odds with one another - ont donné des versions différentes)* de unos mismos hechos; el imputado, no obstante, podrá presentar una coartada *(may rely on an alibi - pourra fournir un alibi)*, si la tiene. También puede el juez dictar una orden de busca y captura, o una orden de comparecencia. Con la orden de comparecencia *(citation, summons, subpoena - mandat de comparution)* el juez instructor intima al imputado *(orders the suspect - met en demeure la personne mis en examen)* a que se presente ante él *(to appear before him - de se présenter devant lui)*. Esta orden le es notificada por un agente judicial *(is served on him by an officer of the court - est notifiée par un huissier de justice)* o por un agente de la fuerza pública.

Una vez concluida la fase de instrucción, *(at the conclusion of the preliminary enquiry - après qu'il a achevé la phase d'instruction)*, se tiene que decidir si, en vista de las pruebas que constan en las actuaciones, que, como hemos dicho, llega a veces a ocupar muchos miles de folios, se está o no en situación de continuar el proceso, o lo que es lo mismo, si existen indicios o no de criminalidad. Si no constan, se dictará auto de sobreseimiento de la causa *(staying proceedings for the time being - prononce un non lieu)*, esto es, el archivo de las diligencias *(temporarily closing the file - classement sans suite)*.[29] El sobreseimiento puede ser provisional o definitivo. El sobreseimiento provisional puede basarse en razones de tipo jurídico o en los resultados de la investigación, por ejemplo, falta de pruebas *(lack of evidence - absence de preuve)*, insuficiencia de las pruebas *(insufficient evidence - insuffisance de preuve)*, existencia de un delito pero desconocimiento de su autor *(offence committed by a person or persons unknown - auteur non identifié)*, retirada de la querella *(withdrawal of the complaint, notification of no intention to pursue - retrait de plainte)*, etc. Sin embargo, al tratarse en estos casos de un sobreseimiento provisional, el juez instructor puede reconsiderar su resolución hasta la expiración del plazo de prescripción de la acción penal *(until the time for bringing proceedings lapses - jusqu'à l'expiration du délai de prescription de l'action publique)*. De este modo, se podrá reabrir la instrucción si, por ejemplo, aparecen nuevas pruebas o se identifica al autor. No obstante, cuando el sobreseimiento es libre o definitivo, por ejemplo, por demostrarse la inocencia del acusado, o por falta de tipicidad penal de los hechos, el auto produce efectos de cosa juzgada y no nunca podrá reabrirse el procedimiento contra el mismo acusado.

En caso contrario, se dictará auto de conclusión del sumario y auto de procesamiento *(indictment - acte d'accusation)*, o imputación formal, que se pone en conocimiento de las partes, y resuelve sobre la situación personal del procesado hasta el momento del juicio. En realidad, el auto de procesamiento, que se dicta únicamente en el ámbito del procedimiento ordinario, ha de dictarse, según la ley, desde que resultan del sumario indicios racionales de criminalidad *(prima facie evidence that a crime has been committed - présomptions de commissions d'un crime, indices rationnels de criminalité)* contra determinada persona.[30] No tiene por qué ser al final de la instrucción; puede dictarse y continuar todavía la instrucción. El auto de procesamiento (Piqué *et al.*, 1990: 366) es la resolución judicial por la que se declara formalmente la presunta culpabilidad de una persona determinada, al desprenderse de las actuaciones practicadas durante la instrucción indicios racionales de criminalidad que así lo señalan. Según la naturaleza del delito del que se le acuse y el peligro potencial que, en consecuencia, represente el acusado para el conjunto de la sociedad, el instructor puede decretar la prisión provisional *(remand the prisoner in custody - ordonner la détention provisoire)* o conceder la libertad provisional bajo fianza *(commit the prisoner on bail - ordonner la mise en liberté sous caution)* o sin fianza. Con esto termina la actuación del juez de instrucción, que ya no vuelve a tener ningún papel en el proceso.

A partir del auto de procesamiento, el «imputado» se convierte en «procesado» *(accused, prisoner, person indicted - accusé, prévenu)*[31] y es enviado *(remanded, committed, sent - renvoyé)* a la Audiencia Provincial, en donde se siguen los trámites para su enjuiciamiento *(to bring him to trial - pour y être jugé)* por un tribunal de tres jueces. Corresponde al tribunal juzgador *(trial court - tribunal de jugement)*, esto es, a la sala de la Audiencia Provincial, decidir si confirma o revoca el auto del juez instructor en el que se acuerda la conclusión del sumario y también determinar si corresponde o no dictar la apertura del juicio oral *(whether it is appropriate to arraign the prisoner - s'il y a ou non lieu d'ouvrir l'audience publique)* o, en su caso, dictar auto de sobreseimiento *(stay proceedings - prononcer un non-lieu)*.

Como hemos comentado antes, existen algunas diferencias entre el procedimiento ordinario y el abreviado. En este último, en lugar del sumario, se abren las llamadas «diligencias previas» *(preliminary enquiries or proceedings - procédure préliminaire)*, de las que también se encarga el juez instructor. Sigue a continuación el momento procesal llamado «fase intermedia» *(intermediate stage - la procédure intermédiaire)*. En esta fase es el propio juez instructor el que acuerda, si así lo estima, la apertura del juicio oral, a diferencia del procedimiento ordinario o juicio por sumario, en el que esta decisión corresponde al tribunal juzgador competente; la citada «fase intermedia» engloba toda las actuaciones que van desde el auto de conclusión de las diligencias previas hasta el auto de apertura del juicio oral o de sobreseimiento, según los supuestos (Piqué *et al.*, 1990: 388). El juicio oral se celebra ante el Juzgado de lo Penal, si la pena correspondiente al delito es menos de cinco años, o ante la Audiencia Provincial si es de cinco a nueve años.

8. El juicio oral. La práctica de las pruebas

Siguiendo el cauce previsto, los autos son remitidos al tribunal competente, que ha de juzgar al acusado. A partir de este momento, la LECrim prevé una serie de plazos y términos para que las partes tengan la oportunidad de ir preparando la vista oral *(public hearing, trial proper - audience publique)*. En este momento de preparación del juicio oral las partes redactan sus «escritos de calificaciones provisionales» *(approx. statements of case, preliminary submissions, pre-trial disclosures - conclusions provisoires)*, que en el procedimiento abreviado reciben el nombre de «escritos de acusación y defensa», en los que cada una de ellas expone sus posiciones y los argumentos de hecho y de Derecho *(submissions or arguments of fact and law - les arguments de fait et de droit)* a la luz de las pruebas ofrecidas *(in the light of the evidence disclosed - à la lumière des preuves présentées)* por el sumario y hace sus peticiones al tribunal *(formulates its requests to the court - fait connaître à la juridiction ses prétentions)*;[32] en este mismo escrito, corresponde a las partes proponer las pruebas *(submit or produce evidence - offrir de faire la preuve de/que, proposer d'apporter la preuve de/que)*, que después se practican,[33] y presentar la lista de testigos y peritos *(expert witnesses - experts)*.

Una parte básica de la fase de juicio oral es la propuesta y práctica de las pruebas *(the production and examination of evidence - le contentieux de la preuve, la production/fourniture et l'examen des preuves)*. Como ya dijimos en el punto 8 del capítulo anterior al hablar de los procesos civiles, el objetivo de ambas partes es convencer al tribunal o al jurado de que su tesis o versión *(theory of the case, case - version)* es la correcta y verdadera. En el Derecho Procesal Penal, como en el Procesal Civil, también se han fijado unas reglas básicas para la valoración *(assessment - l'estimation)* de la prueba. En primer lugar, la «carga de la prueba» *(the burden of proof - la charge de la preuve)* en los procesos penales recae *(rests on - incombe à)* en la parte o partes acusadoras (el fiscal y, en su caso, la acusación particular y la acción popular), y la presunción de inocencia *(presumption of innocence - la présomption d'innocence)* dispensa al acusado o procesado de demostrar su inocencia. De acuerdo con esta presunción, «todo el mundo es inocente hasta que se demuestre lo contrario» *(everybody is presumed to be innocent until proven guilty - toute personne est présumée innocente jusqu'à ce que preuve soit faite de sa culpabilité)*. Ahora bien, es muy posible que el procesado opte por alegar hechos muy concretos en su defensa, bien con la intención de combatir todos los elementos de la acusación, bien con la finalidad de paliar el efecto de una acusación sustancialmente irrefutable (existencia de eximentes o atenuantes). Por otra parte, como ya hemos dicho en el punto 7 *(d)* del aparado 7 del capítulo 8 al hablar del procedimiento civil, sólo son pruebas admisibles *(admissible evidence - preuves recevables)* las que sean «pertinentes y útiles», esto es, las que estén relacionadas directamente con el objeto del proceso y que tiendan a esclarecer los puntos controvertidos. La prueba «inútil», en cambio, es la que, en opinión del tribunal, jamás podrá producir tal efecto esclarecedor «según reglas y criterios razonables y seguros».

La primera prueba que se practica en el acto del juicio oral es el interrogatorio del acusado. A continuación se procede a practicar la prueba testifical, *(testimony of witnesses, witness evidence - preuve testimoniale)* con los testigos de cargo y descargo aportados por las partes. El sistema utilizado en España es el de interrogatorio cruzado *(cross examination - interrogatoire contradictoire)*, a diferencia de cómo ocurre en otros países, donde es el juez o magistrado el que interroga a los comparecientes. Así, el Ministerio Fiscal, la acusación particular y la defensa irán formulando sus preguntas dentro de sus correspondientes turnos. Los turnos de palabra son los mismos que en el juicio de faltas, es decir, que empieza el fiscal con su versión de los hechos y sus calificaciones provisionales; después cita a los testigos de cargo *(witnesses for the prosecution - témoins à charge)* y les formula las preguntas que desea. A continuación actúa la acusación particular, si la hay, y seguidamente la defensa; el abogado defensor tiene derecho a hacer las repreguntas *(cross-examination - interrogatoire contradictoire, interrogatoire par les parties de l'adversaire)* a cada testigo de cargo tras el turno de su oponente y, cuando han declarado todos, la defensa procede a llamar uno a uno a los testigos de descargo *(witnesses for the defence - témoins à décharge)*, que son interrogados por ambos letrados en las mismas condiciones que antes, pero en orden inverso; el mismo interrogatorio *(examination - interrogatoire)* que se ha practicado a los testigos se aplica al acusado.

Como dijimos en la pág. 48, el significado de cualquier enunciado es muy complejo porque abarca presuposiciones e implicaciones, que pueden ser manipuladas. Para evitar cualquier tipo de tergiversación de las palabras de los testigos, se prohíben las preguntas capciosas *(leading questions - questions tendancieuses)*, es decir, aquellas que manifiestan o sugieren en su misma formulación la respuesta deseada o que buscan atrapar o confundir al testigo.[34] Por ejemplo, no se admite una pregunta del tipo «¿Vio usted al acusado antes o después de que matara a su novia de diez hachazos?», ya que *presupone* que el testigo vio al acusado (cuando puede no haberlo visto), que el acusado efectivamente mató a su novia (extremo que el testigo puede desconocer), que el arma homicida fue un hacha (en vez de un cuchillo, por ejemplo) y que fueron diez los golpes asestados (cuando pudieron ser siete, o ninguno, o puede que el testigo no esté en condiciones de asegurarlo). La técnica correcta de efectuar el interrogatorio es mediante preguntas sencillas, directas y sucesivas que permitan al testigo declarar ordenadamente y sin atosigamientos lo que sabe y cómo lo sabe, por ejemplo: «¿Dónde estaba usted la noche del 22 de septiembre?»; «¿Estaba solo?»; «¿Qué hacía allí?»; «Vio u oyó a alguien?», etc. Como alternativa, una vez el testigo se ha situado mentalmente, se le puede invitar con un simple «¿Qué vio?» o «¿Qué pasó a continuación?» a que haga memoria mediante un relato espontáneo. La fórmula clásica empleada por los letrados cuando quieren dirigir las respuestas del testigo, sobre todo si lo ha citado la parte contraria, es «Diga ser cierto que...», a lo que el interrogado no tiene más remedio que contestar con un «sí» o un «no».

A la prueba testifical le sigue la prueba pericial y a ésta la prueba documental. En la prueba pericial *(expert evidence/testimony - exposé oral d'expert)* pueden intervenir psiquiatras, médicos forenses, *(approx. pathologists, experts in forensic medicine or medical jurisprudence - médecins légistes)*, expertos en balística, caligrafía, dactiloscopia *(experts in ballistics, calligraphy or handwriting, and fingerprints - experts en balistique, calligraphie, dactyloscopie)* y otros. En la prueba documental *(documentary evidence - preuve écrite)* las partes solicitan la lectura de los documentos aportados. Por último, se practicará, en su caso, la prueba de reconocimiento judicial *(judicial inspection of a place or examination of evidence, relevant objects, etc. -*

descente sur les lieux, visite oculaire), cuando se requiera la inspección ocular por parte del juez o magistrado de un determinado lugar, un determinado objeto, etc.

Cuando ambas partes han terminado la exposición de sus tesis, la propuesta y práctica de sus pruebas, elevan a definitivas sus calificaciones provisionales, que pueden sufrir modificaciones a la luz de los testimonios escuchados durante la vista oral. A continuación, se da turno a las partes para que procedan a informar oralmente sobre las pruebas practicadas, y expongan los argumentos de hecho y de derecho en apoyo de sus respectivas pretensiones, comenzando el Ministerio Fiscal, siguiendo el abogado de la acusación particular, y culminando el turno el abogado de la defensa. Por último, se concede al acusado el denominado «derecho de audiencia» o «derecho a la última palabra» *(locus standi - droit d'être entendu, droit au dernier mot)*, a fin de que el acusado, si lo desea, manifieste aquello que considere oportuno. Con la celebración del juicio oral se pone fin a la causa seguida contra el procesado, que se cierra con la fórmula clásica de «visto para sentencia» *(approx.* «*the matter is now ready for judgment*», «*both parties have now rested their cases*»[35] *- la cause est entendue)*, pronunciada por el presidente del tribunal, con lo que da a entender que sólo queda pendiente la resolución judicial contenida en la sentencia, que será pronunciada en su momento oportuno, de acuerdo con la ley.

9. La redacción de la sentencia

La preparación de la sentencia es responsabilidad de todos los componentes del tribunal, aunque en la práctica uno de ellos —no necesariamente el presidente— actúa de juez ponente *(rapporteur, judge who prepares and delivers the judgment of the court - le juge rapporteur)* y se encarga de redactar un borrador, que después se consensúa entre todos. Si alguno de los jueces discrepa de la decisión de la mayoría, debe reflejar su criterio disidente emitiendo un voto particular *(dissenting opinion - voix contre, différence d'opinion)*, lo que le obliga a redactar una especie de «sentencia paralela», tan motivada y ordenada como la acordada por sus compañeros. En cualquier caso, la sentencia que representa la resolución del tribunal es la aprobada por la mayoría.

El criterio manejado por los jueces de lo penal es distinto al de los jueces de lo civil. La ley encomienda a los primeros que, oídas las partes y examinados los testigos y las pruebas, juzguen con arreglo a Derecho y «en conciencia», sin que se abandone por completo el rasero de la «sana crítica». En consecuencia, no basta con que, según el criterio del juzgador, la versión del fiscal resulte ligeramente más probable que la del abogado defensor; a la acusación se le exige demostrar la culpabilidad del acusado con pruebas más concluyentes y argumentos de mayor peso.

Dicho con otras palabras, el juez o el jurado deben adquirir una convicción íntima y concluyente de la culpabilidad del procesado para pronunciar un fallo condenatorio; de lo contrario, deben absolver. Esto es lo que sucedió en una sentencia dictada por la Audiencia de Madrid, en la que se absolvió a seis acusados de un supuesto fraude a Hacienda porque, como argumenta el tribunal, las «pericias practicadas nos introducen como mínimo una incertidumbre *(uncertainty - incertitude)* que nos impide dar por probado, con la certeza *(degree of certainty - certitude)* que requiere una sentencia de condena *(conviction - condamnation)*, que efectivamente se hubiera pagado un precio superior al de mercado»; en otro párrafo de la sentencia se dice: «nos encontramos con una zona oscura en la que no debemos resolver en contra del reo».[36]

En el español jurídico no existe una expresión técnica para expresar el grado de certeza que debe adquirir el juez o el jurado en una causa penal para poder pronunciar un fallo condenatorio. En cambio, sí que existe una famosa fórmula inglesa, de todos conocida porque se repite constantemente en novelas policíacas y en películas y series de televisión de tema jurídico. Nos referimos a la frase *proof beyond a reasonable doubt*, que se suele traducir por la dudosísima expresión española «más allá de la/toda duda razonable». Decimos que es dudosa porque, en primer lugar, ¿qué quiere decir *más allá de la duda*? ¿Vamos hacia más duda, o hacia menos? («más allá de» 100 está 110; «más acá» está 90, por ejemplo). En castellano normal, solemos decir que algo está «fuera de duda» o que «no admite duda», pero no que esté «más allá de la duda», quizás porque creemos que lo que esté más allá de la duda no se encuentra en este mundo. En segundo lugar, ¿qué cosa sería la «duda razonable»? ¿Sería la duda que es razonable que permanezca, dada la imperfección de la razón humana? Si fuera así, cualquier duda sería «razonable», hasta la más trivial, porque no se podría «razonablemente» disipar. Pero si significa, como parece más probable, una «duda motivada» —es decir, una incertidumbre ocasionada por una laguna o contradicción en las pruebas— nos parece que la fórmula «más allá de la duda razonable» no acaba de expresar la misma idea con claridad en español. Es posible que se aproxime más al inglés una fórmula como «sin que permanezca una duda razonable», pero aun así la expresión es imprecisa.

Por otra parte, dada la vigencia en España del «principio de legalidad» *(principle of legality - principe de légalité)*, es decir, el principio según el cual los jueces deben aplicar la ley con la más estricta imparcialidad y en sus términos exactos, la única salida que permite la ley a los tribunales en aquellos casos en que estimen que la aplicación de la pena sería una gran injusticia es que la sentencia incluya la recomendación de que el Gobierno conceda el indulto[37] *(pardon - grâce)* a los condenados.[38]

10. La sentencia y su macroestructura

La macroestructura de las sentencias de lo penal es similar a la de lo civil, con una diferencia: la sección de los hechos se divide en dos partes: la los antecedentes de hecho y los hechos probados. Por tanto, la macroestructura de una sentencia de lo penal consta de cinco secciones:

1. *El encabezamiento (heading - en - tête)*. Véase el punto 10 del capítulo anterior.
2. *Los antecedentes de hecho (facts in issue - raisons en fait, points de fait)*.

Esta sección es un relato pormenorizado de lo sucedido durante el proceso, organizado cronológicamente y expresado de forma coherente. Podríamos decir que es la «película» del proceso, tal y como ha quedado plasmado en el sumario: aquí se hace constar el nombre de las partes, quién las representaba, lo que alegaron cada una, etcétera, siempre de una forma bastante rigorista y formularia.

3. *Los hechos probados (facts as found - faits constants, faits pertinents et concluants, faits dont la preuve n'est plus à faire)*.

Esta sección refleja la resolución del tribunal sobre la verdad de los hechos controvertidos, y sobre cada una de las circunstancias fácticas alegadas por las dos partes que, de resultar demostradas a satisfacción del tribunal, puedan afectar a la apreciación exacta del delito, determinar la inexistencia del mismo o tener consecuencias para la imposición eventual de la pena. De esta manera, los hechos probados pueden constituir una mezcla de las versiones del fiscal y de la defensa y, en consecuencia, al «caer» algunos elementos de la acusación, la pena puede ser inferior a la solicitada por el fiscal en sus calificaciones. Asimismo, en aplicación del principio de *in dubio pro reo (the accused is entitled to the benefit of the doubt - dans la dou-*

te la présomption est en faveur de l'accusé), los hechos alegados por la acusación y no demostrados a satisfacción del juzgador no se recogen entre los probados, o lo que es lo mismo, se consideran resueltos a favor del procesado. Hay que insistir, por tanto, en que, por operación del principio de la presunción de inocencia, no es necesario que el procesado, o sus representantes, demuestren la falsedad de la acusación, ni demuestren nada. Basta para absolverlo que lo alegado por el fiscal no se considere probado.

4. *Los fundamentos de Derecho (points of law - fondements juridiques).*

En los «fundamentos jurídicos» el tribunal aplica a los hechos probados sus consecuencias jurídicas; es la parte más técnica de la sentencia, presentada en párrafos numerados, en la que se aplican las normas y preceptos del Código Penal y de la LECrim, y la doctrina pertinente, a la parte fáctica de la sección anterior. Para poner un ejemplo algo exagerado pero sencillo, si resulta probado que el acusado, tal como mantiene el fiscal, entró enmascarado en la joyería regentada por la víctima, en pleno uso de sus facultades mentales y movido por un afán de lucro y, sin mediar palabra, sacó un revólver, para el que carecía de licencia, y le disparó tres tiros causándole la muerte instantánea, dándose después a la fuga y llevándose un botín *(loot - butin)* valorado en 5.000 €, los fundamentos de derecho aclararán que los hechos constituyen un delito de asesinato con la circunstancia agravante de alevosía, otro de robo a mano armada, y otro de tenencia ilícita de arma de fuego, con cita de los artículos correspondientes del Código Penal. En cambio, si resulta que el disfraz alegado por la acusación consistía en el uso de una peluca habitualmente empleada por el procesado para tapar su calvicie; que el revólver pertenecía al joyero, quien había apuntado con él al ladrón al emprender éste la huida; y que los tiros mortales se produjeron durante el consiguiente forcejeo entre los dos, en el que el uno intentaba darse a la fuga con el botín, mientras que el otro luchaba por recuperar su propiedad, es muy posible que se eliminen de los hechos probados las agravantes de alevosía y premeditación. En este segundo supuesto, los hechos podrían constituir un delito de homicidio imprudente y otro de robo. Es decir, que para condenar a cualquier procesado, no basta con demostrar que hizo aquello de lo que se le acusa, sino que es necesario que los hechos probados constituyan uno o más delitos previstos y penados en la ley, y que los fundamentos de Derecho «casen» con los hechos y con los artículos pertinentes del Código Penal.

5. *El fallo (verdict, judgment, decision, ruling, finding, - dispositif de jugement).*

Esta sección de la sentencia contiene la decisión propiamente dicha del órgano jurisdiccional, que puede ser de absolución o de condena por cada uno de los delitos por los que el acusado ha sido procesado. En caso de condena, el fallo también expresa la pena que el tribunal ha acordado imponer.[39] Al fallo le sigue la comunicación de los recursos que caben contra la resolución adoptada por el tribunal. He aquí un ejemplo:

> Que debemos condenar y condenamos a D. ...., como autor de un delito de ......, a la pena de ......, así como que en concepto de responsabilidad civil indemnice a ...... en la suma de .... euros, condenándole asimismo al pago de las costas procesales.
> Contra esta resolución cabe recurso de apelación dentro del plazo de ... días a interponer en ...
> Así, por nuestra sentencia, lo pronunciamos mandamos y firmamos.

11. El procedimiento del jurado

En los juicios con jurado *(jury trial, trial by jury - jugement par jury)* el procedimiento que se sigue se rige por su propia ley, con aplicación supletoria de la LECrim. en todo aquello que la ley especial no previera. El procedimiento consta prácticamente de las mismas fases y trámites procesales de las partes (instrucción, calificaciones provisionales, vista oral, etc). La principal diferencia reside en que quien determina los hechos *(the trier of facts - le juge des faits)* no es el tribunal ordinario sino un jurado formado por nueve miembros *(jury formed by nine jurors - jury formé par neuf jurés)* legos en Derecho, presidido por un Magistrado. El juicio con jurado se ha limitado, por ahora, a algunos delitos contra las personas (homicidio, asesinato), el allanamiento de morada *(breaking and entering - violation du domicile),* algunos delitos cometidos por funcionarios (cohecho, tráfico de influencias, infidelidad en la custodia de presos y documentos, negociaciones prohibidas a los funcionarios, malversación de caudales públicos), los incendios forestales y poco más.

Durante el juicio los miembros del jurado se limitan a observar el desarrollo de los acontecimientos, escuchando las intervenciones de los abogados, las partes, los peritos y los testigos y haciendo caso a las indicaciones del magistrado. Cerrados los turnos de ambas partes, el magistrado prepara por escrito una lista, dispuesta en párrafos numerados, de los hechos concretos sobre los que el jurado debe pronunciarse y que, debidamente respondidos, formarán los «hechos probados» definitivos. Asimismo formula la pregunta o preguntas clave respecto de la responsabilidad del procesado en relación con el delito o delitos de los que se lo acusa. Las respuestas a estas preguntas determinan si el fallo es condenatorio (veredicto de culpabilidad) o absolutorio (veredicto de inocencia). Por último, se reparten copias de estos escritos entre todos los jurados y éstos, tras recibir del juez las instrucciones pertinentes sobre su cometido, se retiran a deliberar. Durante las deliberaciones del jurado, que son secretas, sus miembros pueden formular al magistrado-presidente las preguntas que deseen, a las que el magistrado contesta por escrito. En España hacen falta siete votos para condenar y cinco para absolver. Por último, ni que decir tiene que la redacción de la sentencia y del fallo corresponde al magistrado, quien también determina la pena que legalmente se ha de imponer, sin que haya diferencias formales dignas de mención en comparación con el modelo ya comentado.

La verdad es que también los jurados ingleses experimentan cierta dificultad a la hora de entender la expresión *beyond a reasonable doubt*, hasta tal punto que en las últimas décadas más de un tribunal de apelación se ha visto obligado a revocar el fallo del jurado debido a que, en su opinión, el juez de instancia, al querer aclarar el sentido de dicha fórmula, ha contribuido a oscurecerlo más todavía. Como alternativa, muchos jueces modernos la sustituyen por otra más simple, como *so that you are really sure* («de forma que estén ustedes muy seguros o muy convencidos [de la culpabilidad del acusado]»). Pero la expresión no es equivalente a «sin duda alguna», ni a «sin una sombra de duda», ni a «sin la menor duda», ya que todas estas alternativas apuntan a una certidumbre absoluta, que es incompatible con la experiencia humana y, por tanto, con las exigencias de la justicia humana.

Todo ello indica que si persiste una duda *fundada* —es decir, una duda basada en un resquicio en las pruebas aportadas, o en la posibilidad de una explicación *racional y coherente* que excluya la participación del procesado en el delito que se le imputa—, el fallo del jurado debe ser favorable al acusado, de manera que el famoso *beyond a reasonable doubt* alude al caso contrario y significa que «si tienen ustedes una duda razonable, deben absolver al procesado». Y creemos que, sin tanta sutileza ni tanta confusión semántica, la fórmula española de «en conciencia» apunta en la misma dirección.

12. Los juicios rápidos

En el año 2002 se aprobó la Ley 38/2002, de 24 de octubre, de Reforma Parcial de la Ley de Enjuiciamiento Criminal sobre Procedimiento para el Enjuiciamiento Rápido e Inmediato de Determinados Delitos, mediante la cual se introducen en el sistema español los denominados *juicios rápidos (summary trial, fast track trial - jugements rapides, sommaires)*. Según se expresa en la exposición de motivos *(preamble, preface - exposé des motifs)* de la citada reforma «En determinados supuestos, la tramitación de los procesos penales se prolonga en el tiempo mucho más de lo que resulta necesario y aconsejable; y esta dilación es fuente de ciertas situaciones que han generado en los últimos tiempos una notable preocupación social: los retrasos en la sustanciación de los procesos penales *(conduct criminal proceedings - procédures pénales)* son aprovechados en ocasiones por los imputados para ponerse fuera del alcance de la autoridad judicial y, sobre todo, para reiterar conductas delictivas *(repeat criminal conducts - conduites délictuelles)*, lo que genera una impresión generalizada de aparente impunidad y de indefensión de la ciudadanía ante cierto tipo de delitos». Con la introducción de esta particularidad procedimental se pretende agilizar la justicia, proporcionando una respuesta inmediata del sistema penal ante determinados delitos flagrantes o cuya instrucción es más o menos sencilla, evitando de este modo las dilaciones propias que conlleva la tramitación de un proceso por los cauces habituales.

El ámbito de este procedimiento se circunscribe a determinados delitos: delitos flagrantes, que son aquellos en los que el delincuente es sorprendido en el acto *(in the act, in flagrant delict - en flagrant délit)*, delitos de lesiones, coacciones, amenazas o violencia física o psíquica habitual en el ámbito doméstico o familiar *(domestic and family violence, such as injuries, undue influence, threat, mental distress, physical pain and suffering –délits de lésions, de contraintes, de menaces ou de violence physique ou psychique dans le domaine domestique ou familial)*, delitos de hurto *(larceny, petty theft - vol, vol simple, larcin)*, delitos de robo *(theft, robbery - vol)*, delitos contra la seguridad del tráfico *(road traffic offences - infractions à la sécurité routière)*, delitos de daños *(criminal damages - dommages criminels)*, delitos contra la salud pública *(public nuisance - crimes et délits contre la santé publique)*, delitos contra la propiedad intelectual e industrial *(offences against the the laws of property - crimes et délits contre la propriété intellectuelle)*, o, en general, delitos cuya instrucción sea presumiblemente sencilla. Otro requisito es que se trate de delitos cuya competencia para el enjuiciamiento corresponda a los Juzgados de lo Penal, es decir, delitos castigados con penas no superiores a cinco años de privación de libertad *(custodial sentences - peines privatives de liberté)* o con cualesquiera otras penas que no excedan de diez años. Por último, también es necesario que el proceso penal se incoe en virtud de atestado *(police report - constat de police)* elaborado por la Policía judicial *(criminal investigation department - police judiciaire)* (Guardia Civil, Policía Nacional, Policía Local, etc.). La competencia para el desarrollo de la fase de juicio rápido corresponde al Juzgado de Guardia *(duty court - tribunal de garde)*, que será un Juzgado de Instrucción o un Juzgado de Violencia sobre la Mujer cuando se trate de delitos de violencia de género *(gender violence, gender-based violence -violence à caractère sexiste)*.

El procedimiento se inicia en virtud de atestado elaborado por la Policía judicial, que deberá culminarlo durante el plazo máximo de detención del presunto culpable o, en el supuesto de que no hubiera sido detenido, en el plazo máximo de cinco días. En este plazo, la Policía judicial debe realizar todas las diligencias de investigación del hecho punible (declaraciones, pruebas, identificaciones... etc.), que quedan reflejadas en el atestado. Igualmente, y en coordinación con el juzgado de guardia, procede a la citación de los afectados (denunciado, testigos, ofendidos, perjudicados, aseguradoras, responsables civiles...) para que comparezcan ante la autoridad judicial.

Recibido el atestado junto con los objetos, instrumentos y pruebas que, en su caso, lo acompañen, el juez de guardia *(duty judge or magistrate - juge de garde, de service)* debe examinar si se dan los requisitos necesarios *(necessary requirements - conditions nécessaires)* para el enjuiciamiento rápido del delito y, en caso afirmativo, se incoan *(commence, bring, enter, open - engager une action, instruire, intenter un procès, entamer une procédure)* las denominadas diligencias urgentes *(urgent steps/proceedings/enquiry - mesures d'urgence, urgentes)*. El juzgado procede de manera inmediata a realizar las diligencias necesarias para la completar la instrucción de la causa, tales como recabar los antecedentes penales *(criminal record - casiers judiciaires)* del imputado, tomar declaración judicial a éste y a los testigos *(take/hear evidence/statement from the accused/witnesses– recueillir la déposition)*, ordenar la práctica de tasaciones *(assessment, adjustment - évaluation, taxation)* o dictámenes periciales *(expert opinions/reports - expertise, rapports d'experts)*, etc. Todas estas diligencias deberán ser practicadas como máximo durante el servicio de guardia del juzgado, que suele ser de una semana, ya que de lo contrario, el procedimiento deberá continuar por los trámites ordinarios.

Una vez culminada la instrucción, el juez oirá en una comparecencia *(court appearance - comparution)* a las partes personadas *(par-*

ties to an action - parties comparantes) (abogado defensor, acusación particular...) y al Ministerio Fiscal sobre la suficiencia de las diligencias practicadas. A la vista de las alegaciones de las partes, si el juez considera que las diligencias practicadas no son suficientes, ordenará la transformación de las diligencias urgentes en diligencias previas y la continuación de la instrucción por los trámites del procedimiento abreviado. Si, por el contrario, las diligencias practicadas se consideran suficientes, el juez dará por terminada la instrucción, declarará la apertura de la fase de juicio oral y el Ministerio Fiscal y, en su caso, la acusación particular, presentarán sus escritos de acusación.

Llegados a este punto, nos encontramos con una de las características más novedosas introducidas por la reforma, la denominada por algunos autores como «conformidad premiada del acusado». Para que el acusado tenga esta opción, es necesario que la pena solicitada por la acusación no sea superior a tres años de prisión, o se trate de pena de multa de cualquier cuantía, o cualquier otra pena de distinta naturaleza cuya duración no exceda de diez años. En estos casos, el acusado podrá conformarse con la mayor de las penas solicitadas con el beneficio de obtener una reducción de un tercio en la misma, por lo que el juez procederá sin más trámite a dictar la correspondiente «sentencia de conformidad» *(plea bargaining - acquiescement au jugement)*, con la reducción estipulada de la pena *(reduced sentence - atténuation de la peine)*.

No obstante, puede ser que el acusado no esté conforme con la pena solicitada por considerarla inapropiada o, simplemente, por considerarse inocente de los hechos que se le imputan *(not guilty of the facts charged with - protester de son innocence)*. En este otro supuesto, procederá a formular escrito de defensa *(statement of defence, plea - mémoire en défense)* en el plazo legalmente establecido. El juez de guardia remitirá en este caso los autos al Juzgado de lo Penal para la celebración del correspondiente juicio oral, de conformidad con los trámites del procedimiento abreviado, que deberá celebrarse en el plazo máximo de quince días.

13.   El proceso penal de menores

El proceso penal de menores *(criminal proceedings involving children - procès pénal des mineurs)* es un procedimiento especial para juzgar aquellos hechos punibles cometidos por menores, es decir, por personas mayores de 14 años y menores de 18.

Con carácter previo, hemos de aclarar que la ley, además de introducir un procedimiento especial, incide también en aspectos de derecho penal material, sobre todo, en lo que respecta a las penas aplicables a los distintos delitos y faltas. Esto es así porque se considera que la aplicación de penas establecidas en el Código Penal, tales como la de prisión *(imprisonment - emprisonnement)*, con el consecuente ingreso en un centro penitenciario común, el contacto con delincuentes mayores de edad, etc., perjudicaría seriamente el desarrollo y las posibidades de reinserción e integración social *(rehabilitation - rééducation, réinsertion sociale)* de este tipo de personas, que debido a su temprana edad, se considera que son más fácilmente enderezables mediante la aplicación de programas específicos. Es por ello que la ley establece un régimen diferenciado de sanciones para los menores, que dejan de llamarse «penas» para adoptar la denominación de «medidas» *(measures - mesures disciplinaires)*. Así, como alternativa a la pena de prisión, la medida de mayor dureza prevista por el Código Penal, la ley establece la medida de internamiento en un centro de menores *(young offender institution, detention centre - centre de rétention des mineurs)*. La medida de internamiento puede adoptar diversos grados, formas y/o fases según la gravedad del hecho, el comportamiento, la personalidad y la evolución del menor, o sus circunstancias sociales y familiares (régimen cerrado, semiabierto o abierto). Se trata de un amplísimo catálogo de medidas el que establece esta ley entre las que tenemos, además de la antes mencionada, las medidas de internamiento terapéutico *(therapeutic internment - mesures d'internement thérapeutique)* (también en régimen cerrado, semicerrado o abierto), el tratamiento ambulatorio *(out-patient treatment/care - traitement ambulatoire, traitement sans hospitalisation)*, la asistencia a un centro de día *(day training centre- centre d'accueil de jour)*, la permanencia de fin de semana, la libertad vigilada *(parole under supervision - probation, liberté surveillée)*, las prestaciones en beneficio de la comunidad *(community service orders - travaux d'intérêt public)*, la realización de tareas socio-educativas, etc.

De todas las medidas establecidas, la de menor dureza es la de amonestación *(warning, admonishment - avertissement, blâme)*, que básicamente consiste en una «regañina» *(telling-off - réprimande)* o represión efectuada por el juez al menor a fin de hacerle ver la gravedad de los hechos cometidos e instándole a no volver a repetirlos en el futuro.

Volviendo al aspecto procesal, los juzgados competentes para el enjuiciamiento de este tipo de hechos son los Juzgados de Menores *(youth courts - tribunaux pour enfants)*. Es necesario en este punto hacer mención a dos órganos específicos o propios que intervienen en este procedimiento: el equipo técnico *(technical team - équipe technique)* y el Fiscal de Menores *(public prosecutor in charge of chil-*

dren involved in criminal cases - procureur chargé des mineurs). El equipo técnico es un grupo multidisciplinar de expertos y peritos especialistas en psicología, pedagogía o sociología que intervienen durante el proceso y cuya función consiste el reconocimiento del menor y la elaboración de un informe sobre su situación psicológica, educativa y familiar, su entorno social y, en general, cualquier otra circunstancia relevante a los efectos de la adopción de las medidas previstas en la ley. Una vez elaborado el informe, el equipo remite una copia del mismo al Juez de menores, otra al Ministerio Fiscal y otra al abogado defensor del menor. Otra característica importante del procedimiento penal de menores es la función que en el mismo se atribuye al Ministerio Fiscal *(public prosecutor's office - magistrature du parquet).* A diferencia de lo que ocurre en los procedimientos ordinarios, en los procedimientos penales de menores es el fiscal y no el juez el que tiene encomendada la dirección de la fase de instrucción, que recibe la denominación de «expediente de reforma» o «expediente reformador» *(cause for amendment - dossier disciplinaire).* Corresponde por tanto, al Ministerio Fiscal, la realización de la totalidad de los actos de instrucción del procedimiento, tales como las tomas de declaración al menor y los testigos, y la práctica de todas aquellas diligencias que se estimen oportunas para el esclarecimiento de los hechos. Corresponde también al Ministerio Fiscal, al igual que ocurre en los procedimientos penales de adultos, el desarrollo de la función de parte acusadora en la fase de juicio oral.

Otra característica del procedimiento penal de menores es la acentuación en el mismo del «principio de oportunidad» *(discretionary powers principle, principle of opportunity - principe de l'opportunité des poursuites).* Este principio permite que, siempre con la concurrencia de determinados límites y requisitos y en atención a criterios de oportunidad en interés del menor, se pueda proceder al archivo de las actuaciones *(stay/discontinue proceedings - classement des dossiers)* a pesar de que existan en las mismas indicios o pruebas suficientes *(prima facie evidence - commencement de preuve)* que demuestren la culpabilidad del menor.

Una vez establecidas estas precisiones, sintetizamos brevemente y de manera cronológica el desarrollo de este proceso.

El procedimiento puede comenzar por atestado, denuncia o querella, que deberá ir dirigida a la Fiscalía de Menores. Una vez recibido el atestado *(police report - constat de police),* denuncia *(complaint, information - dénonciation)* o querella *(private prosecution - plainte),* la Fiscalía incoará las denominadas diligencias preliminares *(preliminary enquiries/proceedings - dossier d'instruction),* que culminarán con un decreto de archivo si el fiscal considera que no aparece suficientemente justificada la comisión de un hecho delictivo, o la identidad del autor, o el delito, o si la falta simplemente se encuentra prescrita. En el ejercicio del mencionado principio de oportunidad, la Fiscalía también puede dictar un decreto de archivo *(staying of proceedings - classement des dossiers)* por desistimiento *(abandonment, discontinuance - désistement)* cuando los hechos constituyan delitos menos graves según el Código Penal, no se hayan cometido con violencia o intimidación *(violence or threatening behaviour - violence ou intimidation)*, y el menor no sea reincidente *(persistent offender - mineur non récidiviste, non connu de la justice)*, todo ello por considerar que ya se ha efectuado la correspondiente corrección en el ámbito familiar o educativo.

En el caso contrario, el fiscal dicta un decreto de incoación de expediente reformador *(institute proceedings, bring disciplinary proceedings - ouverture d'un dossier disciplinaire)*, dando cuenta del inicio del mismo al Juez de menores y a las partes. Da comienzo la fase de instrucción, en la que el fiscal ordenará la práctica de las diligencias de investigación oportunas. Se procede también en esta fase al reconocimiento del menor por parte del equipo técnico.

Una segunda manifestación del criterio de oportunidad se manifiesta nuevamente en esta fase, ya que la Fiscalía podrá acordar, atendiendo a las circunstancias, el sobreseimiento por conciliación del expediente *(stay of proceedings pending settlement - ordonnance de non-lieu pour conciliation de dossier)* cuando se trate de un hecho punible de los denominados menos graves por el Código Penal, no haya concurrido violencia o intimidación graves y se haya procedido por el menor a la conciliación con la víctima, o haya asumido el compromiso de reparar el daño causado o a cumplir la actividad educativa propuesta por el equipo técnico. En estos casos, dicho equipo asume la función de mediación *(mediation - médiation, conciliation)* entre el menor y la víctima. Si el menor no cumple los compromisos asumidos, el Ministerio Fiscal continúa la tramitación del expediente. Una vez realizada la conciliación o cumplidos los compromisos adquiridos *(commitment/ pledge made - les engagements tenus, remplis)*, el fiscal remite los autos al Juez de menores para que dicte el correspondiente auto de sobreseimiento *(order of dismissal, order that there is no case to answer, stay of proceedings - ordonnance de non- lieu)*.

Si el procedimiento sigue adelante, el Ministerio Fiscal, una vez concluida la instrucción, dictará un decreto de conclusión del expediente con la formulación de su acusación que se formula en el denominado «escrito de alegaciones» *(statement of offence - texte de la plaidoirie, plaidoirie écrite, conclusions)*. Una vez se procede a la apertura de la fase de juicio oral y se da traslado *(give/serve notice - remet, transfère)* a la defensa de los escritos de alegaciones del Ministerio Fiscal y, en su caso, de la acusación particular *(private prosecution - la plainte)*, corresponde al menor articular su defensa mediante la presentación de su escrito, también denominado de «alegaciones» *(statement of defence - texte de la plaidoirie, plaidoirie écrite, conclusions)*.

La vista de juicio oral se celebrará ante el Juez de menores, básicamente en la forma estudiada en los procedimientos anteriores, el cual dictará la correspondiente sentencia.

14. **El ordenamiento penal en Francia y en los países de habla inglesa**

El sistema francés es muy similar al español, como hemos comentado antes. Las diferencias son mínimas. He aquí algunas:

1.   En Francia, las infracciones penales se dividen en *contraventions* (faltas, contravenciones o infracciones), *délits* (delitos) y *crimes* (crímenes),[40] que son enjuiciadas respectivamente por los tribunales de policía *(are tried by police courts - sont jugées para les tribunaux de police)*, los tribunales correccionales *(correctional police courts, second-tier criminal courts - tribunaux correctionnels)*,[41] y los tribunales superiores de lo penal *(superior criminal courts - les cours d'assises)*.
2.   El procedimiento tiene las mismas fases que en España: la instrucción y el juicio oral. Al final de la instrucción, el procesado puede ser enviado al *tribunal correctionnel* si el juez instructor cree que se le debe juzgar por un *délit*, o a una *cour d'assises*, si es por un *crime*. En el primer caso, al procesado se le llama *prévenu* y en el segundo *accusé*. El término *relaxe* se aplica al fallo absolutorio dictado por *les tribunaux de police* o *les tribunaux correctionnels*; el que dictan los tribunales superiores de lo penal o *cours d'assises* se llama *acquittement*.
3.   Otra diferencia con el sistema español es que la prisión provisional no depende del juez instructor sino de otra figura judicial llamada el «juez de las libertades y de la detención» *(judge who rules on parole and detention - le juge des libertés et de la détention)*, quien también dicta las prórrogas de libertad provisional *(decides on the extension of parole orders - ordonne la prolongation de la détention provisoire)* y estudia las peticiones de libertad provisional *(examines applications for early release or release on licence - examine les demandes de mise en liberté)*.

En cambio, las diferencias son mayores entre el ordenamiento penal español y el de los países de habla inglesa, con su tradición de *common law*. Entre las más importantes, se pueden citar las siguientes:

1. En Inglaterra y Gales existen dos tribunales de lo penal: los *Magistrates' Courts* (tribunales de primera instancia de lo penal) y *the Crown Court* (Tribunal Superior de lo Penal). Los primeros están formados por *magistrates*, la mayoría de los cuales son jueces legos *(lay judges - juges non professionnels)*, aunque otros —los llamados *District Judges* (anteriormente denominados *stipendiary magistrates*, por ser jueces «estipendiarios», es decir, cuya labor está retribuida— son jueces de carrera. Estos tribunales enjuician las faltas y los delitos leves, y tramitan las diligencias preliminares de los delitos que serán juzgados posteriormente por el *Crown Court*, lo cual significa que todos los detenidos por la policía, con independencia de la gravedad del delito, deben comparecer ante *(must be brought before - doivent comparaître devant)* estos tribunales. Si el delito imputado pertenece a la categoría de los graves o muy graves *(indictable-only offences - délits graves)*, que los *magistrates* no son competentes para juzgar *(try - juger)*, remiten todo el proceso de oficio al *Crown Court*, donde será juzgado por un tribunal con jurado *(trial by jury - jugement par jury)*. En estas circunstancias, en las que los *magistrates* se limitan a instruir las diligencias de remisión del proceso al tribunal superior de lo penal, se les llama *examining justices*, cuya traducción más aproximada es la de «jueces instructores», siempre salvando las distancias entre las dos tradiciones, la continental y la de *common law*.

2. Los delitos se clasifican en *summary offences* (faltas y delitos leves), que se enjuician *(are tried - sont jugés)* en los *Magistrates' Courts*; los *indictable offences* (delitos graves y muy graves), que son juzgados en *the Crown Court* o tribunal superior de lo penal; y los delitos intermedios *(triable either way)*, que en principio se pueden enjuiciar en cualquiera de los tribunales anteriores. En este último caso, si los jueces de primera instancia, tras conocer someramente de los hechos imputados al inculpado y de los indicios en que se fundamenta la acusación, aprecian la existencia de factores agravantes que pudieran acarrear la imposición de una pena que exceda de su competencia castigadora, deben remitir *(send/commit for trial - convoqué en justice, devant la justice)* el proceso al tribunal superior. De lo contrario, la elección de la vía de enjuiciamiento y del tribunal competente le corresponde al inculpado.

3. Como acabamos de decir, no existe la figura del juez instructor, tal como se entiende en la tradición del Derecho continental,

y sus funciones se reparten entre los *examining justices or magistrates*, el Ministerio Fiscal (el *Crown Prosecution Service*, bajo la dirección del *Director of Public Prosecutions*) y la propia policía, si bien estos dos últimos deben contar con mandamientos judiciales dictados por *magistrates* para practicar detenciones. A la hora de determinar si la fiscalía tiene fundados motivos para dirigir el procedimiento contra una o más personas concretas, son los *magistrates* los que deben apreciar la existencia de indicios racionales de criminalidad y, en consecuencia, acordar el procesamiento *(committal for trial, indictment - la mise en accusation)* de los inculpados.[42]

4.   En cuanto al veredicto en sí, la tradición angloamericana insiste en la conveniencia de una decisión unánime de los doce jurados, y los jueces sólo aceptan un veredicto por mayoría si, transcurrido un tiempo razonable, los miembros del jurado comunican que les es imposible ponerse de acuerdo. Aun así, si dos o más jurados siguen discrepando de la opinión de la mayoría, el juez disuelve el jurado y ordena un nuevo juicio. En tal caso, conviene que la fiscalía recapacite sobre la justificación de seguir adelante, dada la presión psicológica a la que se ve sometido el acusado con un procedimiento excesivamente prolongado (la «pena de banquillo», como se llama coloquialmente en español), el coste elevado de la justicia y la poca probabilidad, en la mayoría de los casos, de que la acusación pueda contar con testigos mejores o pruebas más convincentes en la segunda ocasión.

5.   Por último conviene poner de relieve el alto grado de discrecionalidad de los jueces, que se nota en muchas de su actuaciones. Por ejemplo, ante los delitos para los que la ley establece dos posibles vías de enjuiciamiento —los llamados *offences triable either way*—, le corresponde al acusado elegir entre ser juzgado allí mismo por los *magistrates* de turno o serlo ante el *Crown Court* (especie de Audiencia Provincial)[43] con jurado popular. Pero hay que tener en cuenta que los propios *magistrates* en Inglaterra advierten al acusado que se muestra partidario de ser juzgado ante el jurado del mayor riesgo que corre, puesto que el tribunal superior dispone de mayor poder sentenciador en caso de condena, por lo que una posible pena de varios meses de prisión imponible por un *magistrates' court* podría convertirse en un castigo más severo de varios años de cárcel si el veredicto del jurado es de culpabilidad. Como hemos comentado de paso, los jueces ingleses disfrutan de mucha discreción a la hora de imponer las penas, ya que, salvo excepciones, éstas no se fijan en la ley, como ocurre en España,[44] sino que dependen de la gravedad del delito, las circunstancias concretas del caso, la jurisprudencia y la buena práctica.

Otro ejemplo de la discrecionalidad de la que gozan los jueces británicos, y también los de otros países de *common law*, guarda relación con la doctrina de la carga de la prueba *(burden of proof)* y el grado de certeza jurídica que la ley establece para la valoración de la prueba *(standard of proof)*. Naturalmente, en los juicios con jurado, como en todo procedimiento penal, la carga de la prueba recae en el acusador público, y compete en principio al juez determinar si, a la vista de las pruebas de las que dispone el fiscal, hay elementos suficientes para constituir *a live issue*, o hecho controvertido racionalmente debatible, que pueda ser sometido al criterio del jurado. Por lo tanto, el primer obstáculo que debe superar el fiscal es el posible escepticismo del juez, en este sentido, tras la exposición de la versión de la parte acusadora y la práctica oral de las pruebas de cargo. A esto se le llama *evidential burden*, o carga relacionada con la apariencia de suficiencia probatoria *(prima facie evidence or case)*. Si el abogado defensor cree ver síntomas de debilidad o insuficiencia probatoria en la versión del fiscal, puede pedir la palabra para alegarlo, solicitando el archivo de la causa al no haber fundamentos para seguir *(submission of no case to answer, motion for dismissal)*. Incluso el propio juez, de oficio y sin esperar la reacción del letrado de la defensa, puede preguntar al fiscal si desea seguir adelante si, por ejemplo, se han podido apreciar reacciones de estupor, incredulidad o mofa entre los miembros del jurado durante la presentación de las alegaciones del fiscal. Si la acusación opta por no seguir adelante, el juez retira formalmente la causa de las manos del jurado *(withdraws the case from the jury)*, disolviéndolo y decretando la inmediata puesta en libertad del acusado.

En la jerga de los profesionales del Derecho, a este primer escollo para la acusación se le llama la obligación de «superar al juez» *(passing the judge)* y, de forma aún más coloquial, en el supuesto de paralización del juicio y retirada de los cargos se dice que *the judge stopped it at half-time* (el juez «ha suspendido el encuentro en el descanso», como si de un vulgar partido de fútbol se tratase). En caso contrario, el juez desestima la petición de la defensa y el juicio discurre por los cauces previstos hasta concluir con el pronunciamiento de la sentencia. Se dice, entonces, que la parte acusadora *has discharged the evidential burden* («ha satisfecho la carga de la alegación», es decir, que ha acreditado la existencia de motivos para atribuir al procesado la comisión del delito), que es cuestión apta para ser determinada por el jurado de acuerdo con los principos normales de la valoración de la prueba. A partir de ahí la carga de la prueba sigue correspondiendo a la acusación, pero ahora se llama la *legal burden*, o carga de la prueba con arreglo a las leyes.

En los Estados Unidos, con las muchas variantes que ofrece cada uno de los estados, el sistema es similar, a grandes rasgos, al de Inglaterra y Gales, sobre todo en la gran discrecionalidad que tienen los jueces, que se basa en la total confianza tradicionalmente depositada en quien administra justicia. Una pequeña diferencia reside en el auto de procesamiento *(indictment - acte d'accusation)* que, como ocurría en el pasado en Inglaterra, suele dictarse *(is returned - est rendu)* por decisión de un gran jurado *(grand jury - jury d'accusation)*, formado por un máximo de 23 personas, cuya misión se limita a decidir si hay o no fundamento para procesar o acusar formalmente al inculpado. El fiscal presenta una propuesta de auto de procesamiento *(bill of indictment)* al gran jurado y si, tras la vista oral que se celebra, éste estima que se debe procesar al acusado, contesta declarando *a true bill* («procésese al imputado»); en caso contrario, se sobresee el procedimiento *(the case is dismissed)* con una declaración de *no bill* («no ha lugar al procesamiento»). Muchos acusados evitan el procedimiento ante el gran jurado, al que tienen derecho de acuerdo con la ley, dejando que la propuesta de procesamiento la presente directamente al tribunal el fiscal, con quien se puede negociar, por medio del documento de acusación *(charging document)* llamado *information*.

15. El campo semántico de «delito»

La lista completa de todos los delitos y sus categorías es larguísima. A modo de ejemplo citamos los siguientes, en los que aparece la palabra «delito» en sí:

DELITO CONSUMADO *(completed offence - délit consommé)*.

DELITO COMÚN *(non-political offence, offence with no political motive - crime de droit commun)*.[45]

DELITO FLAGRANTE O INFRAGANTI *(crime committed «flagrante delicto» or in flagrant delict - pris en flagrant délit)*.[46]

DELITO DE ENCUBRIMIENTO *(aiding and abetting, compounding an offence, impeding apprehension or prosecution; handling stolen goods - délit de recel)*.

DELITO DE ESTAFA *(fraud, counterfeiting - délit d'escroquerie)*.[47]

DELITO DE FALSIFICACIÓN DE DOCUMENTO *(making false instruments - délit de contrefaçon)*.

DELITO DE QUEBRANTAMIENTO DE CONDENA *(escaping from lawful custody, prison-breaking, jail-breaking - délit de fuite)*.

DELITO FRUSTRADO *(attempt [e.g. attempted murder, attempted theft] - délit frustré, tentative de délit)*.

DELITO DE LESA MAJESTAD *(offence of lese-majesty - délit de lèse majesté)*.[48]
DELITO DE SANGRE *(murder, attempted murder, grievous bodily harm - délit de sang)*.[49]
DELITO PERSEGUIBLE DE OFICIO *(arrestable offence - délit susceptible d'être poursuivi d'office, c'est-à-dire, sans plainte préalable)*.
DELITO POLÍTICO *(political offence - délit politique)*.

Son muchísimas las unidades léxicas que pertenecen al campo semántico de «delito». Algunas son nombres de delitos concretos, otras aluden a sus autores, y un número muy grande están relacionadas con la persecución del delito y el proceso penal. He aquí una breve lista que fácilmente podrán ampliar los estudiosos de la terminología penal:

ALEVOSÍA *(malice aforethought, treachery, deliberate intention to kill - traîtrise)*: circunstancia agravante consistente en haberse asegurado el que comete un delito de que no hay peligro para él al cometerlo, por la reacción defensiva del atacado. Es, además, una de las circunstancias definitorias del delito de asesinato. Véase la pág. 37.
ANTECEDENTES PENALES *(criminal record, antecedents - antécédents judiciaires, casier judiciaire)*: noticia que queda en el registro correspondiente de la persona que ha tenido alguna condena judicial.
ATESTADO *(police report - constat de police)*: documento oficial en el que un funcionario de la policía judicial describe la situación de un hecho delictivo que ha observado; tiene los efectos legales de una denuncia.
ATENTADO *(terrorist outrage or attack; assassination or attempted assassination - attentat)*: delito que consiste en la violencia o resistencia grave contra la autoridad o sus agentes en el ejercicio de funciones públicas, sin llegar a la rebelión ni sedición.
BLANQUEO DE DINERO *(money laundering - blanchiment d'argent)*: término coloquial que se refiere a los medios ilegales utilizados para reintroducir en la circulación cantidades de dinero cobradas irregularmente sin pasar por los conductos fiscales. El dinero en sí se llama «dinero negro».
CALUMNIA *(slander - calomnie)*: acusación falsa lanzada con intención maliciosa contra una persona, p. ej., la de haber cometido un delito.
CHANTAJE *(blackmail - chantage)*: presión que se ejerce contra alguien, mediante la amenaza de hacerle daño o de publicar alguna información que le desacredite, para obligarle a obrar en determinado sentido; aunque no es el nombre de un delito,

tampoco tiene la consideración de término coloquial y es frecuente en el uso forense.

CARGO *(count [on an indictment] - chef d'accusation)*: acusación. Véase «testigo de cargo».

CÓMPLICE *(accomplice, accessory - complice)*: es el que coopera en la ejecución de un delito sin ser el autor directo o material del mismo; según el grado de complicidad, puede tratarse o no de un «cooperador necesario».

CUERPO DEL DELITO *(corpus delicti - corps du délit)*: objeto directamente relacionado con la comisión de un delito y que es fuente primaria de pruebas e indicios del mismo al conservar huellas de lo sucedido; ejemplos son el propio cadáver de la víctima de un homicidio, el instrumento utilizado para perpetrarlo, la puerta forzada de una habitación, un colchón ensangrentado o quemado, etc.

DESACATO *(contempt of court - contumace, outrage au magistrat)*: falta de respeto a los tribunales; esta figura penal ha desaparecido en el nuevo Código Penal.

EMBRIAGUEZ *(intoxication, drunkenness - ivresse)*: estado de borracho; puede alegarse como atenuante o eximente parcial de algunos delitos, al ser una circunstancia que anula o disminuye la voluntad del sujeto, incidiendo de esta manera en la apreciación del dolo.

ENCUBRIDOR *(accessory, aider or abettor - complice après coup)*: cómplice o participante que interviene con posterioridad a la comisión de un delito para aprovecharse de sus efectos, impedir que se descubra, o favorecer la ocultación o la fuga de los delincuentes.

ERROR JUDICIAL *(miscarriage of justice - erreur judiciaire)*: error en la apreciación de los hechos o en la aplicación del Derecho en una sentencia dictada por los jueces.

FALSO TESTIMONIO *(perjury - faux témoignage)*: es la falsa declaración de testigos, peritos o intérpretes en una causa judicial, o la presentación de documentos falsos con conocimiento de su falsedad; también se llama «juramento en falso» o «perjurio», aunque éstos no son términos técnicos.

FECHORÍA *(crime, misdeed, lawlessness, «wicked ways» - forfait)*: desmán o mala acción; se trata de un término perteneciente al léxico común, que se aplica tanto a las trastadas de los niños como a los delitos más graves; en el sentido criminal es más propio del vocabulario periodístico que del jurídico.

IMPUNIDAD *(impunity, going unpunished or scot-free - impunité)*: el hecho de quedar sin castigo una conducta delictiva que lo merece; también se aplica al descaro con que actúan los autores del delito cuando no pagan las consecuencias de su comportamiento.

IMPUTAR *(impute, attribute, charge to sb's account; [misused for charge or accuse sb] - mettre quelqu'un en examen)*: atribuir (un delito) a; como hemos comentado en este capítulo, es incorrecto el uso de este verbo como equivalente a «acusar» o «inculpar» y contrario a las normas de la lógica y la gramática el empleo del participio pasado «imputado» como sujeto pasivo de la acción del verbo.

INCENDIO PROVOCADO *(arson - incendie criminel)*: delito que consiste en prender fuego a un edificio, bosque, extensión de terreno, etc., normalmente con fines destructivos, con ánimo de lucro, o como amenaza o venganza.

INCULPAR *(charge, accuse - incriminer)*: es sinónimo de «acusar», «encausar» y «procesar»; se distingue de «culpar» al ser más técnico y al incluir el matiz de «proceder judicialmente» contra la persona acusada.

INSTRUIR UN ATESTADO *(draw up a report - dresser un constat)*: formalizar un atestado; se distingue el uso jurídico del verbo «instruir» del habitual —dar instrucción, enseñar— al ser su objeto una cosa inanimada, normalmente un proceso, un expediente o unas diligencias que se tramitan ordenadamente, gestionándolos y formalizándolos de acuerdo con las leyes o las normas pertinentes.

INFRACCIÓN *(infringment, violation, breach - infraction)*: incumplimiento o quebrantamiento de una norma jurídica; se aplica preferente, aunque no exclusivamente, a la falta leve o al incumplimiento involuntario de una norma administrativa o de una norma penal menor, reservándose los términos «delito» y «quebrantamiento» a las vulneraciones más graves de la legalidad.

INTIMIDACIÓN *(intimidation - intimidation)*: acción de infundir miedo mediante amenazas o con la adopción de una actitud agresiva u hostil; puede tener un propósito inocente o socialmente aceptable (p. ej. el maestro que «intimida» a sus alumnos con la mirada o con el tono áspero), pero es circunstancia agravante cuando acompaña a la comisión de un delito.

JURAMENTO *(oath - serment)*: promesa o afirmación solemne ante testigos, con invocación de Dios o de algún principio considerado inviolable, como el honor propio, de decir la verdad, de actuar con lealtad o de respetar las normas que rigen una institución, el desempeño de un cargo, etc. Es muy frecuente en los actos jurídicos y en las actuaciones ante los tribunales; por ejemplo, antes de declarar todo testigo jura decir la verdad.

PREMEDITACIÓN *(premeditation - préméditation)*: circunstancia agravante consistente en perpetrar un delito según un plan preconcebido. De intervenir en el delito de homicidio, convierte éste en asesinato.

PROMESA *(affirmation - affirmation)*: equivale al juramento por su solemnidad y efectos jurídicos, y se diferencia porque no hace referencia a fórmula religiosa alguna; los que prefieren no jurar suelen «prometer por su honor».

PUESTA EN LIBERTAD *(release from custody - mise en liberté)*: se aplica indistintamente a la concesión al procesado de la libertad bajo fianza, a la acordada al preso que haya cumplido toda la pena o una parte sustancial de la misma y a la concedida al sospechoso al no haber pruebas contra él o al aparecer pruebas de su inocencia. Estas circunstancias suelen indicarse mediante el uso de expresiones como «libertad provisional», «libertad bajo fianza», «libertad sin cargos», etc.

QUERELLADO *(defendant in a private prosecution, e.g. in a defamation case - accusé, inculpé)*: acusado, inculpado.

REO *(convicted prisoner, person guilty of an offence; prisoner, accused - accusé, inculpé)*: curiosamente, este término se aplica tanto al procesado como al declarado culpable de un delito. En muchos artículos del Código Penal se encuentra la fórmula: «el que [hiciere tal cosa] incurrirá en [tal castigo] como reo de [tal delito]». Viene de la misma raíz latina *reus* («malvado, culpable») que las expresiones *actus reus* y *mens rea*, empleadas en el Derecho inglés con el significado de «conducta delictiva» y «dolo» respectivamente.

SECUESTRO *(kidnapping - enlèvement)*: rapto.

TESTIGO DE CARGO *(witness for the prosecution - témoin à charge)*: testigo de la acusación.

TRÁFICO DE ESTUPEFACIENTES *(drug trafficking - trafic des stupéfiants)*: comercio ilícito con las drogas.

TRANSGRESIÓN *(infringement, transgression - infraction, transgression)*: violación, vulneración, infracción de una norma.

16.   Combinaciones léxicas frecuentes de la palabra «delito»

a)   *Adjetivos.*   El término «delito» puede presentarse acompañado de alguno de estos adjetivos, que se refieren a su calificación moral:

ABOMINABLE *(abominable - abominable).*

EXECRABLE *(execrable - exécrable)*.
INCALIFICABLE *(unspeakable - sans nom)*.
INDIGNANTE *(shocking, outrageous, revolting - révoltant)*.
INSÓLITO *(unheard-of - insolite)*.
MONSTRUOSO *(atrocious, monstrous - monstre)*.
NEFANDO *(heinous - infâme, odieux)*.
OMINOSO *(despicable, abominable - abominable)*.
REPUGNANTE *(abhorrent, repugnant, repellent, distasteful - répugnant)*.

b) *Verbos.* He aquí algunos de los verbos que suelen acompañar a la palabra «delito»:

ABSOLVER A ALGUIEN *(acquit somebody - acquitter quelqu'un)* de un delito.
ACHACAR A ALGUIEN] *(blame somebody, hold somebody responsible for - attribuer)* un delito.
ACUSAR [A ALGUIEN] DE *(accuse somebody of, charge somebody with - accuser quelqu'un de)* un delito.
ATRIBUIR [A ALGUIEN] *(blame somebody, hold somebody responsible for - attribuer)* un delito
CONSUMAR UN DELITO *(commit, carry out a crime - consommer)*.
DECLARARSE CULPABLE DE *(plead guilty to - plaider coupable de)* un delito.
DENUNCIAR *(report - dénoncer)* un delito.
ENCUBRIR *(cover up - recéler)* un delito.
EXPIAR *(atone for - expier)* un delito.
TRAMAR/URDIR *(plot, devise, hatch - ourdir, tramer, machiner)* un delito.

17. **La expresión de la «acusación». Sinónimos parciales del verbo «acusar»**

El verbo «acusar» *(charge with, accuse of - inculper, accuser)* significa atribuir a alguien una falta o delito y también exponer en el juicio los cargos y las pruebas contra el acusado. He aquí algunos de sus sinónimos parciales en el terreno penal:

INCULPAR *(charge with, accuse of - inculper, accuser)*: es casi un sinónimo total de «acusar».
INCRIMINAR *(incriminate, charge with, accuse of - incriminer, accuser)*: es sinónimo de «inculpar».

PROCESAR *(prosecute, indict - mettre en accusation)*: acusar formalmente; el «procesamiento» *(indictment - mise en accusation)* lo suele incoar el juez instructor si al final de la instrucción está convencido de que hay pruebas suficientes para que el inculpado sea juzgado por un tribunal penal *(criminal court - tribunal correctionnel, cour d'assises)*.

ENCAUSAR *(indict, prosecute, charge - mettre en accusation)*: es sinónimo de «procesar», aunque suele ser menos frecuente en el uso técnico.

IMPUTAR *(charge with, accuse of - mettre en examen)*: atribuir formalmente a una persona la comisión de un delito, por las sospechas fundadas que sobre ella pesan de que haya podido participar como autor o como cómplice en su perpetración; esta atribución o «imputación» *(committal for examination, judicial examination of a suspect - la mise en examen)* es competencia del juez instructor.

Notas

1. Aprovechemos para anotar que la palabra común «probable» alude, etimológicamente hablando, a «la posibilidad de ser probado, demostrado o deducido». En inglés y en francés hay dos palabras distintas, según la acepción: *provable - prouvable* (susceptible de ser probado) y *probable - probable* (casi cierto).
2. Véanse en los puntos 7 y 8 de este capítulo y en el 7 del capítulo anterior que los raseros o estándares utilizados por los jueces o tribunales en la apreciación de la prueba de los procesos penales son distintos de los civiles.
3. En la pág. 284 se definen estos términos.
4. La expresión «con dolo» es *knowingly* en inglés y *sciemment* en francés.
5. Se llaman también «ilícitos civiles extracontractuales»para diferenciarlos de los «ilícitos civiles contractuales», como el incumplimiento de contrato *(breach of contract - rupture contractuelle)*. En el primer caso la «debida diligencia» exigida por la ley deriva de la obligación general de no lesionar a los demás *(alterum non laedere*, en la tan citada expresión del Derecho romano), mientras que en el segundo caso el perjuicio es ocasionado por el incumplimiento de un pacto voluntario suscrito exclusivamente por las partes contratantes.
6. En el Derecho anglosajón, los elementos que constituyen el delito son dos, y reciben nombres latinos: *actus reus* (hecho punible, acto prohibido, acción antijurídica) y *mens rea* (culpabilidad, intención delictiva, dolo o imprudencia criminal). En todo caso, ambos sistemas concuerdan al afirmar que el acto sin la intención dolosa, o el dolo sin la acción, no bastan para la apreciación de un delito.
7. La tipicidad, como elemento constitutivo de un delito, consiste en la adecuación del hecho que se considera delictivo a la figura o tipo descrito por la ley.
8. Técnicamente recibe el nombre de «autor directo»; el nombre «delincuente» es genérico porque tan delincuente es, por ejemplo, el cómplice como el autor directo.
9. Véase el punto 7 de este mismo capítulo.

10.   A este respecto, es importante tener presente que hay ciertas palabras que significan una cosa muy concreta en el contexto jurídico, aunque puedan tener otras connotaciones en el uso común. Por ejemplo, los términos «absolver» y «condenar» están dotados de una fuerte carga semántica ética o religiosa en su sentido habitual, pero en el campo jurídico su sentido es meramente técnico, y se reduce a describir la naturaleza del fallo o resolución judicial, positivo o negativo para las pretensiones de las partes.

11.   La antigua distinción en el Derecho penal inglés entre el *accessory before the fact* («inductor») y el *accessory after the fact* («cómplice») se ha eliminado. En la actualidad se habla de *principal in the first degree* («autor directo o material», «cómplice necesario» y «encubridor» indistintamente) y *principal in the second degree* («inductor» o cooperador necesario en la preparación del delito). También se dice que inductor es todo aquel que *counsels or procures* («aconseja o procura») la comisión del delito, mientras que cómplice o encubridor es cualquiera que *aids and abets* («ayuda y secunda») al autor material durante la comisión del delito o con posterioridad a la misma. Pero a efectos prácticos las distinciones carecen de importancia, ya que en caso de condena la culpabilidad de todos es la misma y la pena es idéntica.

12.   Una modalidad de robo con violencia es el «robo a mano armada» *(armed robbery - vol à main armée)*.

13.   Por cierto, la palabra «violación», en la acepción de «agresión sexual con acceso carnal con una mujer por la fuerza», no aparece en el Código Penal de 1995; en su lugar se dice «abuso consistente en acceso carnal, con introducción de objetos o penetración bucal o anal». En cambio, el término «violación» sí aparece en el sentido de «infracción» como en «violación de secretos oficiales».

14.   Para una información más amplia sobre los términos franceses, consúltese la traducción del Código Penal francés al español hecha por Carlos Aránguez Sánchez y Esperanza Alarcón Navío (Granada: Editorial Comares, 2000).

15.   Técnicamente sería «de forma dolosa».

16.   Tanto en español como en francés y en inglés, en muchos contextos se pueden intercambiar los términos «criminal» y «penal»; el primero en español suele aparecer en expresiones como «procedimiento criminal», «responsabilidad criminal», etc.; y el segundo, en «Derecho penal», «tribunales de lo penal», etc. De todas formas parece que es más frecuente el término «penal».

17.   En el punto 7 se comentan los términos «sumario» e »instrucción».

18.   Hay excepciones; por ejemplo, en algunos casos, de acuerdo con lo previsto por la ley, el tribunal competente es el Juzgado de Paz, y hay dos tipos de faltas en las que el competente es el Juzgado de Menores.

19.   El fiscal en los Estados Unidos se llama *District Attorney* o *D.A.*

20.   Es la traducción más aproximada, ya que este procedimiento no existe en el sistema inglés

21.   En algunos casos la pena puede exceder de tres años.

22.   Véase la traducción de «contradictorio» en la pág. 260.

23.   En Francia, sin embargo, el juez instructor realiza la instrucción bajo la supervisión de la sala de instrucción *(la chambre de l'instruction)*.

24.   El art. 299 de la LECrim establece que «Constituyen el sumario las actuaciones encaminadas a preparar el juicio y practicadas para averiguar y hacer constar la perpetración de los delitos con todas las circunstancias que puedan influir en su calificación, y la culpabilidad de los delincuentes, asegurando sus personas y las responsabilidades pecuniarias de los mismos».

25.   Se trata de una traducción aproximada, ya que la figura del juez instructor no existe como tal en los países de habla inglesa

26. Véase en las págs. 321-322 el significado de «imputar» relacionado con otros verbos empleados en la expresión de la acusación.

27. En nuestra opinión el uso de la palabra «imputados» no es gramaticalmente correcto. Con independencia de la situación procesal de un sospechoso en un momento determinado de la instrucción, está claro que el verbo «imputar» es transitivo y, de acuerdo con el *DRAE*, significa «atribuir a otro una culpa, delito o acción». Por lo tanto, un juez instructor podrá imputar la comisión de un delito a un sospechoso, pero eso no convierte al acusado en un «imputado», de la misma manera que no es mi «enviado» el amigo al que le envío una carta, ni mi «regalada» la amiga a la que le regalo un libro. A diferencia del inglés, el español no puede reordenar una oración activa de forma tal que el complemento indirecto haga las veces de sujeto de la frase pasiva correspondiente. Por ejemplo: «Le dieron el premio a María; → El premio (le) fue dado a María; *María fue dada/o el premio»; «Atribuyeron la hazaña a Napoleón; → La hazaña (le) fue atribuida a Napoleón; *Napoleón fue atribuido la hazaña». Sin embargo, exactamente eso es lo que se hace cuando se construyen frases como «Ha sido imputado de un delito»; «Declara en calidad de imputada»; «la fiscalía imputa a X de/por estafa», etc. Puesto que a nadie se le ocurriría decir que un procesado «Ha sido atribuido por homicidio», no parece existir ninguna base razonable para seguir abusando del falso participio «imputado/a», que hay que denunciar como lo que es: no un tecnicismo, sino un error gramatical, que habría que pensar en sustituir por otro término más apropiado. Quizás sea demasiado tarde.

28. En Francia, desde el año 2000, la prisión provisional sólo la puede dictar una nueva figura judicial llamada «el juez de las libertades y de las detenciones» *(le juge des libertés et de la détention)* a propuesta motivada del juez instructor y siempre como medida excepcional.

29. En parecidas circunstancias en Inglaterra, la decisión le correspondería al fiscal, por lo que, al no tratarse de una resolución judicial, el acto no sería propiamente de sobreseimiento *(stay of proceedings)*. Mal se puede *stay* (poner término a, paralizar) unos *proceedings* (procedimiento judicial) que nunca se han iniciado. En Francia la decisión también corresponde al fiscal.

30. Obsérvese que para «imputar» a alguien, el juez instructor debe apreciar en una persona una conducta de la que nazca una sospecha fundada o su supuesta participación en la comisión de un delito, mientras que para «procesar», que es declarar formalmente su presunta culpabilidad, el instructor debe apreciar «indicios racionales de criminalidad», que se desprendan de las actuaciones practicadas durante la instrucción.

31. En francés se usa el término *prévenu* cuando el procesado lo es por un *délit*, y *accusé* cuando lo es por un *crime*. Los primeros son enjuiciados en los *tribunaux correctionnels* y los segundos en *les cours d'assises*.

32. En los países del *common law*, todos los argumentos y conclusiones de las partes en los procesos penales se presentan oralmente en la vista pública. Cuando se celebra el juicio ante jurado, el abogado de cada parte dispone al final, de un turno para dirigirse al jurado, hacer un resumen de las pruebas más favorables a sus pretensiones y solicitar el veredicto que tenga por conveniente. A diferencia del procedimiento español, no le corresponde a la fiscalía solicitar una pena concreta, sino que en caso de fallo condenatorio es el juez quien la fija de acuerdo con la ley y la jurisprudencia, teniendo en cuenta la naturaleza del delito, la gravedad de los hechos probados y las circunstancias personales del reo.

33. La pruebas se practican *(evidence is led/called/adduced - on procède à l'examen des preuves)*.

34. Véase la pág. 258 sobre las presunciones.

35. Las traducciones al inglés son aproximadas; en la tradición anglosajona no existe ninguna fórmula especial de clausura del juicio, salvo la genérica de *This court will now adjourn* (se levanta la sesión).

36. *El País*, 22 de septiembre de 2001, pág. 27. Obsérvese cómo las expresiones «con la certeza que requiere una sentencia de condena», «nos encontramos en una zona oscura» y otras del mismo documento nos indican, con una claridad meridiana, que el tribunal no ha llegado a la convicción íntima y concluyente de la culpabilidad del procesado para poder pronunciar un fallo condenatorio.

37. Como ejemplo de lo que acabamos de manifestar, podría mencionarse la sentencia reciente por la que una Audiencia Provincial condenó a dos médicos acusados de un delito de aborto a la pena de dos años de prisión. El aborto lo habían practicado, con todas las garantías sanitarias, en la persona de una joven afectada por el síndrome de Down. El embarazo de la paciente era consecuencia de la violación de la que había sido víctima y el aborto se practicó a solicitud de su madre, pero los médicos condenados no habían pedido la autorización prescriptiva antes de efectuar la intervención. La sentencia rezumaba, en dosis desiguales, comprensión humana de lo sucedido y frialdad técnica en la descripción del delito y sus consecuencias inexorables. El indulto fue concedido.

38. En Gran Bretaña estas peticiones de clemencia o indulto *(riders for mercy)* no son desconocidas, pero se dan muy pocas veces, dada la discrecionalidad que otorga a los jueces la doctrina reiterada del Supremo *(Court of Appeal)*, al indicarles que la administración de justicia exige siempre que las resoluciones judiciales tengan en cuenta *all the circumstances of the case* («todas las circunstancias propias del caso concreto»). Naturalmente los fallos pueden ser recurridos por el Ministerio Fiscal, mediante el procedimiento conocido como *the Attorney General's reference* («recurso de apelación presentado por el Fiscal General del Estado»), pero en un caso como el que nos ocupa sería muy raro que alguien recurriera un fallo absolutorio pronunciado por el tribunal de instancia, ya que en el fondo no se ha producido injusticia, mientras que sí sería injusto que un médico fuera a la cárcel y se arruinara su carrera por una falta en todo caso técnica.

39. El fallo también puede incluir la imposición de costas *(court costs - frais et dépens)*, la responsabilidad civil *(civil liability - responsabilité civile)*, etc.

40. En Francia, como se ve, los *crimes* son más graves que los *délits*, pero esta diferencia no existe ni en español ni en inglés. En español, el término técnico empleado en el lenguaje jurídico es «delito»; «crimen» pertenece al vocabulario común y significa «asesinato, homicidio, delito de sangre». Es un anglicismo reciente e injustificado emplear «crimen» por «delito en general»: el robo no es un «crimen», ni tampoco lo es el tráfico de drogas; y cuando los periodistas y los sociólogos nos alertan de que «aumenta el <u>crimen</u>» en las grandes ciudades, es patente que quieren decir que aumenta «la <u>delincuencia</u>». La excepción la constituye una expresión consolidada como «<u>el crimen organizado</u>», que es traducción literal del inglés *organized crime*. De todas formas, el homicidio y el asesinato suelen ser elementos habituales del «crimen organizado», por lo que la excepción no es muy significativa. En inglés hay dos palabras —*crime* y *offence*— que todos los diccionarios, incluidos los especializados en terminología jurídica, dan como sinónimos perfectos, aunque desde hace varias décadas hay una marcada tendencia a preferir *offence* en las leyes y demás textos jurídicos y en los contextos técnicos.

41. *Les tribunaux correctionnels*, además de ser de primera instancia para los *délits*, son tribunales de apelación para las *infractions* enjuiciadas en los tribunales de policía.

42. Sin embargo, ambos sistemas, cada uno a su manera, intentan salvaguardar al mismo tiempo los derechos de los acusados y las necesidades de la sociedad,

que exige protección. En este sentido es importante tener en cuenta que, pese a su nombre, el juez de instrucción *(examining justice or magistrate)* no actúa propiamente como juez, puesto que se limita a dirigir la investigación y las diligencias previas y consignar en el sumario —auténtica acta de todo lo relacionado con los hechos denunciados y sus consecuencias— la información pertinente a la investigación en curso. Por tanto, lo único que «juzga» es la existencia o no de motivos para procesar al sospechoso o inculpado.

43.   Desde un punto de vista nominal sólo existe un *Crown Court*, con sede en Londres. En la práctica el tribunal celebra sesiones *(sittings - séances)* de los imputados en las grandes ciudades

44.   Véase la nota 37.

45.   Se dice de los delitos que no se deben a motivaciones políticas.

46.   Es el delito en que el reo es sorprendido mientras lo comete, de modo que está plenamente probado.

47.   Alude a los varios delitos que se caracterizan por el lucro como fin y el engaño o abuso de confianza como medio.

48.   Atentado contra la vida del rey, del regente o del sucesor a la Corona.

49.   Delito en el que se atenta contra la vida o la integridad física de alguien.

CAPÍTULO 10

EL LENGUAJE DEL DERECHO ADMINISTRATIVO Y DEL DERECHO DEL TRABAJO

1. El Derecho Administrativo y el lenguaje administrativo
2. El español jurídico-administrativo
3. Las Administraciones Públicas. Los actos administrativos y su macroestructura
4. La justicia administrativa y la de la jurisdicción contencioso-administrativa
5. El Derecho Administrativo en Francia y en los países anglófobos
6. La revisión judicial o *judicial review* en la tradición del *common law*
7. El lenguaje del Derecho del Trabajo. El campo semántico del mundo laboral
8. La jurisdicción de lo Social
9. El Derecho del Trabajo en Francia y en el Reino Unido
10. La expresión de la «anulación». Sinónimos parciales de «anular»

1. El Derecho Administrativo y el lenguaje administrativo

Se entiende por Derecho Administrativo *(administrative law - droit administratif)* el marco jurídico *(legal framework - cadre juridique)* que regula la actividad de la Administraciones Públicas *(public administration, state, public authorities, government[1] - l'administration publique)*, esto es, la gestión *(management - la gestion)* y la dirección de la actuación del Estado *(government - état)* en las cuestiones concretas de la vida pública de cada día. De una forma muy simple se puede decir que el Derecho Administrativo es el Derecho de la Administración Pública. El citado marco jurídico está formado por el conjunto de normas de Derecho positivo *(positive law - droit positif)* referidas *(relating to - en ce qui concerne)* a:

328   EL ESPAÑOL JURÍDICO

a) las instituciones administrativas y los organismos públicos *(public bodies - organismes publics)* encargados del normal funcionamiento *(the ordinary everyday running - le fonctionnement normal ou ordinaire)* de los servicios públicos *(public services - services publics)* que se le han encomendado *(they have been entrusted with - qu'on leur a confiés, dont on les a chargés)*; y

b) las relaciones que las instituciones administrativas y los organismos guardan entre sí y las que mantienen con los administrados *(the governed, private individuals, citizens[2] - administrés)*.

Comprende, además, este marco jurídico la determinación concreta de las facultades *(powers - facultés)* que a cada uno de estos organismos se les ha otorgado, junto a sus deberes y funciones *(duties and functions - devoirs et fonctions)*, los cauces y formas de actuación y las responsabilidades *(responsibilities - responsabilités)* de sus funcionarios *(officials, civil servants - fonctionnaires)*, etc.

El Derecho Administrativo es distinto del Derecho privado. Este último, sintetizado en el Código Civil y comentado en el capítulo siete, se caracteriza por crear un marco dentro del cual los particulares libremente se mueven, acuerdan lo que procede y comprometen sus voluntades. En el Derecho Civil la ley es un límite dentro del cual los sujetos se obligan mutuamente, contraen deberes y adquieren derechos; en cambio, el Derecho Administrativo parte de principios contrarios; con este Derecho es posible arrastrar a una persona a hacer *(compel somebody to do - forcer/obliger quelqu'un à faire)* algo que no quería, vencer o doblegar su voluntad mediante fuerza y presiones exteriores, o presionarla desde fuera sobre su voluntad, para impulsarla a adoptar sin su consentimiento determinadas conductas (Martín Mateo, 2000: 83-84).

Si en el Derecho privado son unos particulares los que se ven envueltos en un conflicto de intereses *(conflict of interests - conflit d'intérêts)* entre sí, en el Derecho Administrativo son los particulares o las personas jurídicas quienes deben defender sus intereses *(defend their interests - défendre leurs intérêts)* frente a la Administración, representante de los intereses públicos o generales, por haber entrado en conflicto con ellos. Es de la exclusiva competencia del Derecho Administrativo la resolución, entre otras, de las disputas derivadas del impago de contribuciones urbanas *(non-payment of rates, failure to pay local taxes - du non-paiement des taxes foncières)*, el incumplimiento de las normas municipales que rigen la circulación del tráfico rodado *(breach of municipal rules regulating road traffic - le non respect aux normes municipales concernant la circulation routière)*, las irregularidades *(irregularities - irrégularités)* en la obtención de ciertos documentos, como el DNI *(national identity card, ID card - carte nationale d'identité)* o el permiso de conducción *(driving licence - le permis de conduire)*, los problemas derivados de la solicitud de licencias *(applications for licences or permission - la demande de licences ou de permis)* industriales, comerciales, de importación o de obras, la acción urbanística, o los conflictos relacionados con la adjudicación de contratos de empleo o plazas fijas en la Administración pública *(awarding of employment contracts or permanent appointments by the public administration - l'adjudication de contrats d'emploi ou de postes à durée indéterminée dans l'Administration publique, cdi)* tras el oportuno concurso u oposición *(open contest or public examination - recrutés para voie de concours)*.

2. El español jurídico-administrativo

El lenguaje que utilizan los órganos de la Administración entre sí y con los administrados, por ser una variante del español jurídico general, comentado en los cuatro primeros capítulos de este libro, participa de sus rasgos más característicos. Sin embargo, aquí el emisor ya no es el Poder Legislativo, como sucede en el lenguaje de las leyes, salvo cuando dicten normas llamadas reglamentos, ni el Poder Judicial, como en el de los jueces, sino el de la Administración, que es el brazo del Poder Ejecutivo. Por ser un lenguaje de un poder del Estado, comparte con los otros dos el rasgo del lenguaje de poder;[3] esta particularidad de poder se percibe claramente en la llamada parte dispositiva de las resoluciones o actos administrativos («Dispongo», «Decreto») de la Administración,[4] y también en el estatismo, la impersonalidad y la rigidez (de Miguel, 2000) que se desprende del excesivo uso de nominalizaciones («proceder a la admisión» en vez de «admitir»; «presentar una reclamación» en vez de «reclamar»), construcciones absolutas («Cumplidos los trámites establecidos en el párrafo primero ...», «Finalizado el plazo de presentación de solicitudes ...»), arcaísmos («particípese», «no ha lugar»), oraciones largas, etc., rasgos todos apuntados, como hemos dicho en los cuatro primeros capítulos de este libro.

Una de las característica singulares del español jurídico-administrativo, respecto de las otras variantes del español jurídico, es el uso frecuente del eufemismo. De la clasificación que hace Calvo (1989: 86-90) destacamos dos grupos:

a) El que encubre el encarecimiento de impuestos o tarifas:

<u>Actualización</u> de precios.
<u>Nueva estructura</u> de tarifas.

b)   El que encubre el desgaste o desprestigio de ciertas palabras (deficiente mental, pobre, viejo, etc.):

> Certificado de no presentar desviación acentuada de la normalidad psíquica.
> Comarcas de perfil económico no evolucionado.
> La tercera edad.

Sin embargo, a la Administración le preocupa la claridad del lenguaje administrativo, ya que cada día son más numerosas y más intensas las relaciones y comunicaciones entre los administrados y la Administración, muchas veces para que los primeros impugnen o intenten impugnar la legalidad *(challenge the legality - contester la légalité)* de las resoluciones de la segunda.[5] Al progresivo aumento de estas relaciones, y a las campañas impulsadas por grupos organizados,[6] se debe el interés que la Administración de muchos países, entre ellos España, han mostrado por la simplificación del lenguaje administrativo. En España se ha abierto en Internet[7] la «ventanilla única de la Administración», de la que se pueden «bajar» hasta ciento cincuenta impresos, que facilitan la labor de los ciudadanos en sus relaciones con la Administración.[8] En los Estados Unidos la preocupación de la Administración se extiende también al tiempo empleado[9] en rellenar formularios (y a la cantidad de papel utilizado) por los administrados para dirigirse a la Administración, de acuerdo con las disposiciones contenidas en la Ley de reducción de trámites burocráticos *(Paperwork Reduction Act)*. Esta búsqueda de la simplificación y la claridad se encuentra en otros muchos ámbitos administrativos, por ejemplo, el *Fight the fog,* de la Unión Europea, destinado a favorecer la transparencia burocrática y a reducir la vaguedad y la imprecisión lingüística y conceptual de los escritos y documentos de los órganos de control administrativo.

3.   **Las Administraciones Públicas. Los actos administrativos y su macroestructura**

En la definición de Derecho Administrativo se ha empleado la palabra «administración» en dos sentidos: en el de gestión *(management - gestion)*, y en el de conjunto de organismos públicos encargados de conducir y ejecutar las tareas públicas tendentes a la satisfacción del interés general *(with a view to catering for public needs - tendant à la satisfaction de l'intérêt général)*. En este caso se habla de la Administración con mayúscula o de la Administración Pública

(public bodies, Public Administration - Administration publique).
A estos efectos, se puede afirmar que la Administración es el medio *(means - le moyen, la ressource)* o instrumento con que cuenta el Estado o los poderes públicos para cumplir con los deberes y servicios que corresponden a un Estado social y democrático *(a social and democratic state - un État social et démocratique)*, de acuerdo con la definición contenida en el artículo I[10] de la Constitución española en su Título preliminar.

En España se utiliza, más bien, el término «Administraciones Públicas», las cuales están formadas por la Administración General del Estado, las Administraciones de las Comunidades Autónomas *(self-governing communities, autonomous regions - communautés autonomes)*, las entidades que integran la Administración Local *(local administration - administration des collectivités locales)* y las entidades de Derecho público, como por ejemplo, el Consejo de Seguridad Nuclear, el Banco de España, la Comisión Nacional del Mercado de Valores o el Tribunal de la Competencia. La Administración General del Estado está subordinada al Ejecutivo, como hemos apuntado antes, desde el momento en que los cargos de responsabilidad *(the holders of senior positions - cadres supérieurs)* son de nombramiento político *(are politically appointed - nommés à titre discrétionnaire)* situación que es igual en las Comunidades Autónomas.

La Administración Pública, en su conjunto, de acuerdo con lo que determina el artículo 103 de la Constitución, sirve con objetividad los intereses generales y sus órganos son creados, regidos y coordinados de acuerdo con la ley. La Administración está sometida al Derecho *(the administration is amenable to the law/subject to the law - l'administration est soumise au droit)*, pero este Derecho, el Administrativo, como hemos dicho antes, es distinto al que rige las actividades privadas *(different to the law governing private affairs - différent de celui qui régit les activités privées)*. En esto, el Derecho español difiere del de los países anglosajones, para los que la norma jurídica *(the rules and principles of law - règle du droit)* debe ser igual, tanto para la Administración como para los particulares. Por este motivo, en dichos países no existe una jurisdicción especial, como sucede en España con la jurisdicción contencioso-administrativa, aunque existe un sistema de control judicial, llamado «revisión judicial» *(judicial review - contrôle judiciaire)*, que comentamos en el apartado 6 de este mismo capítulo.[11]

Para cumplir con su misión, la Administración realiza actos materiales (la construcción de carreteras, la prestación de servicios públicos de salud, etc.) y actos administrativos *(administrative activity, acts, action, or decisions - actes administratifs)*. Los actos administrativos son actos jurídicos *(actions or words with the force of law - actes juridi-ques)*, aunque no todos los actos jurídicos son actos administrativos. Los actos jurídicos son acciones o hechos humanos realizados de forma consciente y manifiesta, con el fin de producir efectos jurídicos *(with the intention of bringing about legally enforceable effects - destinés à produire des effets juridiques)*; por ejemplo, la compraventa de una vivienda cumple las condiciones expuestas en la definición de acto jurídico, pero no es un acto administrativo porque pertenece a la esfera de lo privado y voluntario, mientras que en un acto jurídico de tipo administrativo interviene alguno de los órganos del Estado o de la administración local o regional, y la resolución es de obligado cumplimiento, con independencia de la voluntad de los particulares afectados.

En otras palabras, un acto administrativo es un acto jurídico producido unilateralmente por la Administración *(unilaterally performed by the Administration - émis unilatéralement par l'Administration)*, de acuerdo con lo preceptuado por el Derecho Administrativo, que crea, modifica, mantiene o extingue derechos u obligaciones. Para que un acto jurídico sea un acto administrativo, tiene que haberlo realizado la Administración, quedando excluidos consecuentemente de esta definición los actos políticos del Gobierno, los actos legislativos del Parlamento o cualquier acto jurídico realizado por un administrado (Entrena, 1999: 173).[12] Tampoco se deben confundir los actos administrativos con los contratos administrativos *(contracts under tender with public bodies - contrats de l'Administration)*, porque éstos no son actos unilaterales sino actos resultantes *(arising - issus)* de un acuerdo de la voluntad *(voluntary agreement - d'un accord de volonté)* entre la Administración y una parte contratante *(a contracting party - une partie contractante)*.

Formalmente, los actos administrativos deben consignarse, como regla, por escrito y la resolución *(decision - décision)* que en ellos se contiene ha de estar motivada *(must be reasoned - doit être motivée)*, so pena de ser posteriormente anulados por los tribunales, máxime si se trata de una resolución individual desfavorable *(unfavourable to a single individual - une décision individuelle défavorable)* al administrado. «Motivar» significa exponer con lógica y claridad los hechos y los fundamentos de Derecho *(the facts and the applicable - considérations de droit et de fait qui en constituent le fondement)* y la relación causal entre ambos. El propósito de esta motivación no es otro que aclarar al administrado las razones de la resolución que le afectan *(the basis for the decision in the matter concerning him - les raisons de la résolution qui le concernent)* evitando, de esta manera, que la administración incurra en arbitrariedad al dictar sus resoluciones ejecutorias *(enforceable/executory decisions - décisions exécutoires)*.

Otra condición jurídica que es imprescindible para la eficacia *(effectiveness - efficacité)* de los actos administrativos concretos que afectan a los derechos o los intereses de los administrados es la notificación *(service, notification - notification)* o publicación, la cual tiene como objeto poner un acto administrativo en conocimiento de los interesados *(inform interested parties of an administrative decision - porter à la connaissance des intéressés un acte administratif)*, de acuerdo con las formalidades legales (Entrena, 1999: 177). La macroestructura de los actos administrativos tiene tres partes:

a)   El **encabezamiento**, en el que se hace constar el nombre de la autoridad administrativa que ha adoptado la resolución que se notifica al administrado. Ya hemos dicho que, para que un acto administrativo sea válido, esto es, para que no sea nulo *(null and void - nul et non avenu)*, se deben cumplir las formalidades previstas por la ley *(comply with legal formalities - accomplir les formalités prévues par la loi)*. La formalidad más importante para que el acto sea eficaz es la notificación. Por esta razón, los escritos de la Administración suelen empezar con un párrafo en el que se informa al destinatario: 1) que la Administración ha adoptado una resolución que le afecta, y 2) que se la notifica, por ejemplo:

> La Alcaldía-Presidencia, con esta misma fecha, ha adoptado la siguiente resolución, que se le notifica para su conocimiento y efectos oportunos.

b)   El **contenido de la resolución**, que suele comenzar con palabras como DECRETO, DISPONGO y otras, que normalmente se escriben con letras mayúsculas, seguidas de los antecedentes de hecho y los fundamentos de Derecho. Esta parte debe estar razonada, como hemos dicho antes, para que la resolución no sea impugnada ante los tribunales y posteriormente anulada.

c)   En el último párrafo se le ha de indicar obligatoriamente al administrado los **recursos que puede interponer** *(any right of appeal to which the party may be entitled - les recours qu'il peut exercer)* contra el acto administrativo que se le ha comunicado:

> Contra este acto, que agota la vía administrativa y frente al órgano que lo dictó, puede interponer, en el plazo de un mes, contado a partir del día siguiente al del recibo de la presente, por escrito dirigido al Ilmo. Sr. Alcalde-Presidente del Excmo. Ayuntamiento, el recurso de reposición previo al contencioso-administrativo. Lo que le comunico para su conocimiento y efectos.

4. La justicia administrativa y la de la jurisdicción contencioso-administrativa

En el ejemplo citado en el punto anterior, el Ayuntamiento ha adoptado una resolución *(has taken a decision - a pris une résolution)* que afecta a un vecino, el administrado. Si el vecino no está de acuerdo con la resolución, parecería lo lógico que acudiera a los tribunales, pero en España y en los países que siguen la tradición francesa, antes de acudir a los tribunales ordinarios *(the ordinary courts - les tribunaux)*, los administrados deben o pueden, según lo que diga la ley, recurrir ante la misma autoridad que dictó el acto administrativo, en este caso el alcalde-presidente del Ayuntamiento, mediante lo que se denomina «recurso de reposición» *(request to have the decision reconsidered - recours gracieux)*. Este tipo de recurso se llama «recurso administrativo», que no hay que confundir con el que el mencionado vecino podrá interponer más tarde, si ha lugar, ante los tribunales, u órganos jurisdiccionales, y que se llama «recurso contencioso-administrativo» *(appeal to the higher court against an administrative decision - recours contentieux administratif)*.

En el primer tipo de recurso —el administrativo— el perjudicado puede aportar motivos jurídicos (Rivero, 1990: 262) que, según él, invalidan la resolución *(invalidate the decision - qui rendent la décision illégale)*, por ejemplo, un error de hecho o de Derecho *(an error of fact or law - une erreur de fait ou de droit)*; también se pueden alegar razones de oportunidad *(grounds that render the decision inappropriate - raisons d'opportunité)*, e igualmente se puede apelar a la benevolencia de la administración *(appeal to the benevolence of the body concerned, request it to temper justice with mercy - s'adresser à la bienveillance de l'Administration)*. Este recurso se denomina «recurso de reposición», como hemos dicho, porque el administrado lo dirige al que dictó el acto administrativo, con el ruego de que modifique su resolución *(to alter or reconsider the decision - de revenir sur sa propre décision)*. Cuando la autoridad que dictó el acto tiene un superior jerárquico *(a superior, someone in authority over him - un supérieur hiérarchique)*, el administrado puede presentar un recurso de alzada *(appeal to the relevant superior in the hierarchy - recours hiérarchique)* ante dicho superior, según lo que disponga la ley.

Los recursos administrativos de reposición y el de alzada, que se interponen ante *(are brought before - sont portés devant)* la propia Administración, de acuerdo con lo que preceptúe la ley en cada caso, son una serie de medios *(means - moyens)* que el Derecho pone a disposición de los ciudadanos *(provided by law for the use of private individuals - met à la disposition des particuliers)*, dirigidos a que la Administración anule *(overrule, revoke, withdraw - annule)* o rectifique *(amend, rectify - redresse)* un acto administrativo, esto es, un acto dictado por ella misma, que les ha producido un perjuicio. Los actos que no producen perjuicios no pueden ser anulados *(decisions may not be overruled unless they cause actual injustice - les actes qui ne font pas griefs ne peuvent pas être annulés)*. A la persona que recurre se la llama el «recurrente» *(appellant, applicant, petitioner - requérant)*, mientras que la administración, en este caso, es la «parte recurrida» *(respondent, appellee - intimé)*. Estos recursos tienen su razón de ser, en el Derecho continental, porque la Administración es la primera interesada en corregir sus propios errores *(correcting its own mistakes - redresser ses propres erreurs)* y evitar de esta manera exponerse a la censura de los jueces *(invite the censure of the courts - d'encourir à la censure des juges)*.

Uno de los puntos sorprendentes del procedimiento administrativo general, que ha puesto de relieve el prof. Díez Sánchez (1990: 183-186), es que la Constitución en su art. 105 *(c)* sólo prevé la audiencia *(right of audience - audience)* del administrado cuando proceda *(where appropriate - le cas échéant)*, sin que quede claro el significado de esta expresión y la justificación que persigue. En esto se diferencia la justicia administrativa española y la de los tribunales administrativos de las de Inglaterra y las agencias administrativas de los Estados Unidos; en ambos países se celebran vistas públicas *(public hearings - audiences)* con el mismo procedimiento de los tribunales ordinarios de justicia, conforme indicamos más abajo en el punto 5. Sin embargo, de acuerdo con la doctrina del Tribunal Constitucional, «las faltas de audiencia en vía administrativa han de ser revisadas y corregidas por la jurisdicción», que a continuación pasamos a comentar.

Veamos un posible ejemplo de la vida cotidiana: el del candidato que no obtiene la plaza a la que ha opositado y que no está conforme con la puntuación otorgada por el tribunal. Tras presentar, sin resultados positivos, el oportuno recurso de alzada *(request to have the decision reconsidered - recours hiérarchique)* ante quien corresponde de acuerdo con la ley, pasa a mayores impugnando *(challenging - en contestant)* el resultado de la oposición ante el tribunal competente de la jurisdicción contencioso-administrativa. Este recurso se llama contencioso-administrativo *(appeal to the higher court against the decision, contentious administrative business - recours contentieux administratif)*. Si su reclamación es admitida a trámite, puede quedar suspendida la adjudicación de las plazas mientras se resuelve el conflicto.

Formalmente, hay poca diferencia entre el procedimiento contencioso-administrativo y el de los tribunales civiles; la fundamental estriba en la identidad de las partes. En lugar de un pleito entre dos particulares (o dos personas jurídicas, o una persona física y otra jurídica), que es la situación en las demandas civiles, tenemos un pulso entre un particular y alguno de los numerosos organismos públicos (la Hacienda pública, un departamento de un ministerio, un centro de enseñanza pública o la Dirección Provincial del Ministerio de Educación y Ciencia, un ayuntamiento, etc.). Los tribunales de la jurisdicción contencioso-administrativa forman una pirámide jerárquica que, invertida, queda como sigue:

1. Juzgados de lo Contencioso-administrativo (en cada población importante).
2. Salas de lo Contencioso-administrativo (en cada una de las Autonomías) de los Tribunales Superiores de Justicia (TSJ).
3. Juzgados Centrales de lo Contencioso-administrativo (ámbito nacional: Madrid).
4. La Sala de lo Contencioso-administrativo de la Audiencia Nacional.
5. La Sala Tercera del Tribunal Supremo.

Según acabamos de ver, los recursos administrativos y los contenciosos-administrativos son distintos, por ejemplo, por la autoridad ante la que se interpone *(the official or authority to whom the complaint or objection is made - l'autorité devant laquelle le recours est porté)*, que en el caso del recurso administrativo suele ser el organismo autor del acto administrativo y, en el contencioso-administrativo, un tribunal de justicia. Sin embargo, hay relaciones *(links - rapports)* entre ellos; así, para poder interponer un recurso contencioso-administrativo ante los tribunales competentes, el recurrente debe haber agotado las vías de recurso obligatorias *(must first have exhausted the prescribed avenues of appeal - doit avoir épuisé les voies de recours obligatoires)*.

Un concepto importante en el ámbito del Derecho Administrativo es la llamada «vía de hecho». La Administración incurre en vía de hecho *(performance of an ultra vires act, administrative «fait accompli» or act arising out of an unjustified or legally unfounded decision*[13] *- voie de fait)* cuando, de forma ilegal *(illegally, unlawfully - illégalement)*, causa un perjuicio grave *(it causes serious material harm or injury - porte une atteinte matérielle grave)* a la libertad o a los bienes muebles o inmuebles *(the liberty, property or belongings - à la liberté ou aux propriétés mobilières ou immobilières)* de una persona. En este caso «de forma ilegal» quiere decir que la autoridad responsable ha ordenado la realización del acto al margen del procedimiento legalmente establecido, o que el acto dictado cae fuera de sus competencias *(lies beyond its powers - n'entre pas dans ses pouvoirs)*. Incurre en vía de hecho la Administración, por ejemplo, cuando desposee a un funcionario público de su cargo *(strips a civil servant of his/her position - quand on destitue un fonctionnaire, quand on retire à un fonctionnaire sa charge)* sin que se haya seguido el procedimiento disciplinario previsto para juzgar la supuesta infracción cometida por aquél, o cuando efectúa el derribo de cualquier obra propiedad de un particular sin ajustarse a la legislación urbanística. En la vía de hecho, la Administración actúa al margen de la legalidad, «por las bravas» se podría decir coloquialmente, apartándose de los procedimientos legalmente establecidos.[14] Resumiendo, y de acuerdo con Rivero (1990: 221), para que la administración incurra en una vía de hecho deben converger tres elementos:

a) la ejecución de una operación material o la amenaza de cometerla *(the performing or threat of performing of a material act - l'exécution d'une opération matérielle ou la menace d'y passer)*;
b) que con ella se cause, o se amenace con causar, un perjuicio a los bienes de una persona o a una de sus libertades fundamentales; y
c) que exista una irregularidad jurídica grave que desnaturalice *(taints with illegality - dénature)* la operación efectuada; la irregularidad puede residir en la ejecución de una resolución manifiestamente irregular *(the carrying into effect of a patently irregular decision - l'exécution d'une décision manifestement irrégulière)* o en la ejecución manifiestamente irregular de una resolución *(the patently irregular carrying into effect of a decision - l'exécution manifestement irrégulière d'une décision)*.

5. El Derecho Administrativo en Francia y en los países anglófonos

El Derecho Administrativo francés es muy semejante al español, aunque la afirmación podría formularse a la inversa, ya que es del Derecho Administrativo francés de donde emana el Derecho Administrativo español. Sin embargo, se pueden señalar algunas diferencias entre los dos ordenamientos, de las que la primera y principal es que la jurisdicción suprema en el orden administrativo francés reside en *(is vested in - réside dans)* el Consejo de Estado *(le Conseil d'État)*, y no en el Tribunal Supremo como en España. Dicho con otras palabras, el Consejo de Estado tiene la facultad de resolver, con competencias de tribunal de casación *(acting as a court of last resort - sta-*

tuer comme tribunal ou cour de cassation), los asuntos del orden administrativo. En España, el Consejo de Estado es sólo un órgano consultivo que cumple fundamentalmente funciones de asesoramiento jurídico *(legal advice - avis/conseil juridique)* del poder ejecutivo. En los Estados Unidos la Administración pública está encomendada *(is entrusted - est confiée)* a unos organismos públicos *(public bodies - organismes publics)* llamados agencias administrativas *(administrative agencies - agences administratives)*.[15] Se puede afirmar que no existe sector de la Administración Pública, ya sea la seguridad nacional, el comercio o las relaciones laborales, que no esté regulado *(regulated - réglé)* por una de ellas. El nombre genérico que se da a estos organismos es el de «agencia», aunque también pueden recibir otros, como el de junta *(board - conseil)*, oficina *(bureau - bureau)*, servicio *(service - service)*, comisión *(commission - commission)*, administración *(administration - administration)* etc. He aquí, a modo de ejemplo, algunas de las denominaciones de estos organismos de la Administración: *The Food and Drug Administration* o *FDA* (Administración de Alimentos y Medicamentos), *The Internal Revenue Service* o *IRS* (Agencia Tributaria), *The Immigration and Naturalization Service* o *INS* (Servicio de Inmigración y Naturalización), *The Interstate Commerce Commission* o *ICC* (Comisión del Comercio Interestatal), *The Federal Communications Commission* o *FCC* (Comisión Federal de Comunicaciones), *The Federal Trade Commission* o *FCT* (Comisión Federal de Comercio), *The Atomic Energy Commission* o *EAC* (la Comisión de Energía Nuclear), *The Federal Bureau of Investigation* o *FBI* (Oficina o Servicio Federal de Investigación), etc.

Todas las «agencias» mencionadas en el párrafo anterior desempeñan funciones del Poder Ejecutivo *(executive branch of the government - pouvoir exécutif)*; sin embargo, es al Poder Legislativo, esto es, al Congreso,[16] al que corresponde crearlas y fijar sus cometidos. Una «agencia» administrativa federal nace cuando el Congreso estima que existe algún sector de la vida pública *(area of public activity - secteur de la vie publique)* cuyo funcionamiento conviene regular u ordenar para el bien de los ciudadanos *(in the general interest - dans l'intérêt général)*.[17] Cada «agencia» tiene las facultades de vigilancia, inspección y seguimiento *(powers of supervision, inspection and control - surveillance)* de determinadas actividades del sector privado, como la seguridad e higiene en el trabajo *(health and safety at work - la sécurité et l'hygiène)*, la contaminación *(pollution - la pollution)*, etc. A estos efectos, *the Environmental Protection Agency* o *EPA* (agencia de protección del medio ambiente) se creó con el fin de controlar y poner fin a la contaminación. Pero además de las atribuciones descritas, estas unidades administrativas cumplen otras tres grandes funciones: la ejecutiva, la legislativa y la judicial.[18] Cumplen la función ejecutiva cuando adoptan resoluciones administrativas simples *(simple administrative decisions - décisions administratives simples)*, como la concesión o denegación de una petición *(application - demande)* de ayuda social, aclarando al interesado la razones que motivan su decisión. También tienen algunas agencias, como la *Federal Communication Commission* o la *Interstate Commerce Commission*, la facultad de concesión de licencias *(licensing powers - pouvoir d'attribution ou de concession de licences)*, es decir, el poder para conceder *(grant - accorder)* licencias, rechazarlas *(refuse - refuser)*, renovarlas *(renew - renouveler)* o revocarlas *(revoke - révoquer)*; por ejemplo, licencias para la difusión por radio o por televisión *(broadcast licenses - licences de diffusion [radio ou télévision])*.

La facultad normativa *(rulemaking power - capacité normative)* de las agencias administrativas consiste en la capacidad de dictar normas y reglamentos *(issue rules and regulations - arrêter règles et règlements)* con el fin de desarrollar las disposiciones *(provisions - dispositions)* de las leyes parlamentarias o cubrir los huecos no previstos.

Como se puede comprobar, las funciones de las «agencias» de la Administración norteamericana son muy similares a las de los organismos administrativos españoles, que también cuentan con competencias cuasi-judiciales. Sin embargo, la gran originalidad de estas unidades administrativas norteamericanas reside en la forma en que desempeñan estas competencias judiciales *(judicial powers - pouvoirs judiciaires)* de tipo administrativo, mediante procedimientos *(procedures - procédures)* y vistas públicas *(public hearings - audiences)* que en nada se apartan de las normas procesales propias de los tribunales ordinarios de justicia. Presiden estos tribunales unos jueces especializados llamados *administrative law judges* o *ALJ*;[19] para su selección se sigue un proceso muy escrupuloso, ya que de ellos se exige que, al final de las vistas orales, redacten sentencias muy técnicas, tanto en el plano jurídico como en el de su especialidad. Consecuentemente, en el curso de la selección, los aspirantes *(applicants - les candidats)* a juez de una determinada «agencia» tienen que demostrar que no sólo han acumulado una gran experiencia en Derecho para dirigir todas las fases de las vistas orales, sino que también poseen el dominio técnico *(technical expertise - compétence technique)* de las cuestiones concretas propias del organismo en el que aspiran a prestar sus servicios.

Como es lógico, es posible recurrir los fallos *(decisions, adjudications - jugements, décisions)* de los tribunales de las «agencias» administrativas ante los Tribunales Federales de Distrito de los Estados Unidos. Sin embargo, tales recursos son poco frecuentes porque, como saben los administrados, las sentencias de los Tribunales de lo Administrativo son muy técnicas y casi siempre son ratificadas *(affirmed - ratifiées)* por la instancia superior.

En el Reino Unido existen organismos similares a los de los Estados Unidos, aunque allí no aparece el término *agency* como denominación de tales servicios con competencias judiciales o cuasijudiciales.[20] Dicha función jurisdiccional de las «agencias» norteamericanas la desempeñan unos organismos llamados *administrative tribunals*,[21] institución creada en 1945. También se les llaman *statutory tribunals* o *regulatory tribunals*, porque sus competencias son muy concretas y están limitadas a las que identifica y regula la ley parlamentaria *(statute, Act)* que los crea. Asimismo, algunos se llaman *domestic tribunals*, expresión en la que el matiz del adjetivo *domestic* es el de «interno, sectorial», porque se circunscriben sus competencias a la administración interna de determinados colectivos, por ejemplo, las juntas rectoras de ciertos sectores agrícolas o industriales, los consejos de algunas asociaciones profesionales, los órganos responsables de agrupaciones colegiados como las de los *barristers*, los *solicitors* o los médicos, etc. Pero sobre todo, se les conoce con el nombre de «tribunales administrativos», porque la mayoría de ellos —aunque no todos— han nacido para resolver, con agilidad y de forma económica, las disputas y los agravios concretos que puedan surgir en las relaciones entre los ciudadanos y los diferentes ministerios u organismos de la Administración Pública. En estos tribunales, al igual que en los Estados Unidos, se celebran vistas públicas cuya tramitación y técnica procesal son muy sencillos, pareciéndose mucho a los procedimientos previstos para el arbitraje *(arbitration - arbitrage)*.

Son *Administrative Tribunals* en Inglaterra y Gales aquellos tribunales que reúnen las siguientes características:

a) sus competencias concretas están definidas por ley parlamentaria;

b) la estructura del tribunal es la de un presidente especialista en Derecho, normalmente un juez de carrera con dedicación exclusiva, y dos jueces legos expertos en la materia»;

c) actuaciones orales, basadas en el principio contradictorio;

d) procedimiento rápido, informal, flexible y económico;

e) decisiones sometidas *(subject to - soumises à)* en última instancia, al control de los tribunales ordinarios.

Existen más de trescientos tribunales administrativos y cada ministerio cuenta con varios de ellos para resolver las disputas que surjan en su área de competencia.[22] Uno de los más conocidos es, por ejemplo, el *Special Commissioners of Income Tax* (tribunal económico-administrativo con competencias en asuntos fiscales), que resuelve los recursos interpuestos contra la administración tributaria *(tax-related claims - recours contre l'Administration tributaire)*.

Otros de los que más sobresalen, por su trascendencia en el mundo laboral, son los *employment tribunals*, equivalentes a Magistratura de Trabajo o Tribunales de lo Social,[23] que hoy son órganos muy destacados de la administración de la justicia inglesa; dicho con otras palabras, una parte importante de la jurisdicción de lo social la desempeñan en el Reino Unido los tribunales administrativos. Por su parte, *The Supreme Court of the United Kingdom* también cuenta con cuatro servicios o agencias con competencias judiciales, como *The Office of Court Funds, the Official Solicitor and Public Trustee*, encargado de proteger los intereses de las personas incapacitadas mentalmente *(mentally incapacitated - personnes handicapées mentales)* para actuar como fideicomisarios *(trustees - fidéicommissaire)*; *The Tipstaff*, encargado de asuntos de menores y de la ejecución de autos y órdenes dictados por los jueces y magistrados de todas las salas o divisiones del *High Court of Justice*; *The Court of Protection*, a cargo de la gestión y administración de los bienes de personas discapacitadas; *The Office of the Public Guardian (PGO)* cuyo cometido general es el de ayudar a proteger a las personas con incapacidad mental a gestionar poderes a largo plazo o de duración indeterminada.

En un repaso final de los ordenamientos jurídicos regidos por el Derecho continental y los del *common law*, no se puede decir que estos últimos ignoren el Derecho Administrativo; lo que ocurre es que su andadura sigue un camino distinto, el de las *agencies* y los *tribunals*, que son manifestaciones del talante pragmático típico de aquellos países y que están concebidos para resolver las disputas administrativas mediante una justicia fundamentalmente oral —a veces con diálogo entre el juez y los justiciables— más rápida, más flexible y más económica.

6. **La revisión judicial o *judicial review* en la tradición del *common law***

Parece evidente que cualquier organismo de la administración civil *(public body, administrative unit - organisme de l'administration civile)* o de justicia *(courts, tribunals - cours, tribunaux)* puede excederse en el uso de sus atribuciones *(exceed its powers, act ultra vires - sortir de sa compétence)*, cometer abuso de poder *(misuse of power - abus de pouvoir)*, o invadir o usurpar *(usurp - usurper)* funciones que no le corresponden, así como incumplir las obligaciones impuestas por la ley *(breach statutory duties - ne pas accomplir les obligations légales)*. En cualquiera de estos supuestos, el afectado residente en Inglaterra o Gales puede acudir a *the High Court of Justice* para impugnar *(challenge - contester)* el acto administrativo que le perjudica. En el escrito en el que presenta sus alegaciones, el interesado pide al alto tribunal que ejerza la variante procesal de la jurisdicción civil llamada «revisión judicial» *(judicial review - contrôle judiciaire)* contra la Administración o sus organismos.[24] La sala del *High Court of Justice* que tiene asignadas las competencias de revisión judicial es la *Queen's Bench Division*. Esta misma sala, por la misma vía, ejerce funciones de tutela *(supervisory function or jurisdiction - protection judiciaire, contrôle judiciaire)* de las libertades individuales en materia penal mediante el *habeas corpus*; de esta manera, puede revocar las órdenes de detención o extradición cursadas por el ministro del Interior *(Home Secretary - Ministre de l'Intérieur)* en ejercicio de sus funciones «cuasi-judiciales» *(quasi-judicial - quasi-judiciaire)* como máximo responsable del orden público.

Teniendo en cuenta estos factores, creemos que en muchos casos la traducción más aproximada de «acudir a la vía contencioso-administrativa» sería *to apply for judicial review*, pues aunque en Inglaterra y Gales no existe como tal una jurisdicción de lo contencioso-administrativo, el particular que se sienta perjudicado por los actos de la Administración puede acudir en súplica al amparo del alto tribunal. Esto es lo que hizo, por ejemplo, una promotora inmobiliaria *(a firm of developers - promoteurs immobilièrs)* cuando el ayuntamiento del municipio en donde la empresa quería construir unas viviendas le cobraba una tasa *(fee - taxe)* de veinticinco libras por cada consulta, de acuerdo con una resolución adoptada por el concejo municipal. En este proceso, los promotores solicitaron de los tribunales la anulación *(quashing - l'annulation)* de la resolución municipal y una declaración judicial en la que se hiciera constar *(stating - déclarant)* que el ayuntamiento se había excedido en el uso de sus atribuciones *(had acted ultra vires - avait commis un excès de pouvoir)* en la exacción *(by levying - imposition)* de estas tasas.

En los Estados Unidos, la expresión *judicial review* no sólo alude al mencionado control jurisdiccional de la legalidad de los actos y reglamentos de la Administración o el poder ejecutivo, sino que se extiende también al control jurisdiccional de la constitucionalidad de las leyes emanadas del poder legislativo, tanto sobre las leyes aprobadas por el Congreso como sobre las de los órganos legislativos de los diversos estados.[25] La doctrina de la *judicial review*, establecida en 1803 en la motivación de la sentencia dictada por el presidente del Tribunal Supremo *(Chief Justice of the U.S. Supreme Court)* John Marshall en el célebre *leading case* o *landmark case*[26] llamado *Marbury v Madison*, es una de las peculiaridades más sobresalientes del sistema jurídico norteamericano. Como hemos dicho en la pág. 142, el Tribunal Supremo de Estados Unidos tiene en última instancia la prerrogativa del control de la constitucionalidad de las leyes y las resoluciones judiciales, aunque también se ha de tener en cuenta que cualquier juez estatal o federal tiene la obligación de controlar la constitucionalidad de las leyes y de los actos de la Administración. En consecuencia, podemos afirmar que, en lugar de atribuir a un Tribunal Constitucional competencias exclusivas para la determinación de la constitucionalidad de los actos administrativos, como ocurre en España y en otros países europeos, esta doctrina establece un «control difuso» de la materia: no sólo el Tribunal Supremo, sino cualquier juez o tribunal, tanto federal como estatal,[27] al resolver cualquier litigio que se le presente, puede y debe juzgar la constitucionalidad de la legislación o la jurisprudencia invocadas, sea ésta federal o estatal y, en su caso, negarse a aplicarla por inconstitucional.

En cambio, en Gran Bretaña, país que no cuenta con una constitución escrita, el *High Court of Justice* goza de competencias exclusivas para revisar los actos de la administración, como hemos visto antes en la cuestión de las tasas municipales, pero no puede controlar la constitucionalidad de las leyes del Parlamento, porque en esta institución reside la soberanía popular, poder que es superior a todos los demás. En cierto sentido, se podría afirmar que los principios del *common law* y de la jurisprudencia en la que se asienta hacen las veces, junto a algunas leyes, de una especie de constitución implícita, encubierta o embrionaria. De todas formas, esta falta de una «ley de leyes» proclamada y publicada no impide que los juristas británicos hablen de la *constitution* y de los *constitutional rights* como si estuviesen a la vista de todos, y es lo cierto que se invocan los principios constitucionales en el Derecho inglés con la misma espontaneidad con que se citan en cualquier otra nación moderna.

Pero ni el *High Court of Justice* ni ningún otro tribunal acepta pronunciarse expresamente sobre la constitucionalidad o inconstitucionalidad de las cuestiones sometidas a su decisión. A lo más que se puede llegar, en caso de que el propio *High Court* aprecie visos de ilegalidad en alguno de los principios legales o doctrinales alegados de parte, es a que se remita el tribunal inferior al Tribunal Supremo *(the*

Supreme Court of the United Kingdom) bajo la forma de *certified question on a matter of law of general public importance* (cuestión de derecho de interés general formulada de oficio). Al responder, el Tribunal Supremo del Reino Unido, que con anterioridad a 2005 era conocido como la Cámara de los Lores (*House of Lords*), como tribunal supremo y constitucional que es, recuerda en caso necesario que no es función de los tribunales crear ni determinar la ley, sino tan sólo interpretarla y aplicarla. Ahora bien, en su labor aclaratoria, el Supremo puede tener en cuenta las posibles contradicciones, consecuencias absurdas o conclusiones manifiestamente injustas que se derivarían de determinadas interpretaciones, lo que le llevaría a declarar que, dado que es imposible que fuera intención del legislador introducir una norma antijurídica y contraria a razón, ha de ser otra la interpretación correcta. Pero en última instancia los tribunales británicos reconocen que las cuestiones constitucionales pertenecen a la esfera legislativa y no a la judicial. Sin embargo, las *constitutional conventions* (convenciones constitucionales) dentro de las que operan tanto el poder legislativo como el judicial en Gran Bretaña también producen efectos pragmáticos, ya que las resoluciones en materia constitucional dictadas por el Supremo suelen encontrar eco en la actividad del Gobierno. Así, alertados por decisiones en las que el Tribunal Supremo haya señalado indirectamente la existencia de posibles anomalías o discrepancias en la legislación, los Gobiernos suelen reaccionar con la introducción de cambios y enmiendas para subsanar los defectos detectados.

7.   **El lenguaje del Derecho del Trabajo. El campo semántico del mundo laboral**

El Derecho del Trabajo *(employment law, labour law - le droit du travail)* es el campo del Derecho que rige las relaciones existentes entre los patronos o empleadores *(employers - employeurs)* y los trabajadores, obreros o asalariados *(employees, workers - employés, ouvriers ou salariés)*, en las que también pueden intervenir los sindicatos *(trade unions - les syndicats)* y los representantes de los obreros *(workers - ouvriers)*, las asociaciones empresariales *(employers' associations - les associations d'employeurs)* y la propia Administración.

La reglamentación laboral *(the regulation of labour relations - la réglementation du travail)* prohíbe el acoso sexual en el puesto de trabajo *(sexual harassment at the workplace - le harcèlement sexuel au travail)* así como la discriminación laboral *(discrimination against employees - la discrimination dans l'emploi)*, de forma tal que asegura que a igual trabajo le corresponde igual salario *(equal pay for equal work - salaire égal à travail égal)* y fija el salario mínimo *(minimum wage - le salaire minimum)*, el descanso semanal *(weekly rest period - le repos hebdomadaire)* obligatorio, el número máximo de horas extraordinarias *(overtime - heures supplémentaires)*, la actualización salarial de acuerdo con el coste de la vida *(salary increases indexed to cost of living - l'augmentation du salaire selon le coût de la vie)*, la compensación por accidentes laborales *(industrial accidents - accidents du travail)*, la extinción *(termination - extinction)* del contrato y, en general, todas las condiciones de trabajo *(working conditions - conditions de travail)*.

De acuerdo con esta reglamentación, los empleados tienen derecho, entre otros, a seguridad e higiene en el trabajo *(health and safety at work - sécurité et hygiène au travail)* y al disfrute de vacaciones anuales retribuidas *(paid annual holiday - congés annuels payés)*, así como a la indemnización correspondiente tanto por baja laboral por enfermedad *(statutory sick pay - congés payés de maladie)* como por maternidad *(statutory maternity pay - congé payé de maternité)*. Los trabajadores, de acuerdo con la ley o los convenios colectivos *(collective bargaining agreements - conventions collectives)*, tienen derecho a *(are entitled to - ont le droit de)* otros tipos de permisos o licencias *(leave - congés)*, entre los que destacan las siguientes (Pollak, 1995: 40):

PERMISO SIN SUELDO, EXCEDENCIA *(unpaid leave of absence without pay - congé sans solde)*.

PERMISO POR FALLECIMIENTO O POR ASISTENCIA A FUNERALES *(absence due to a bereavement/compassionate leave or permission to attend a funeral - congés pour décès ou pour assister à des funérailles)*.

PERMISO POR MATRIMONIO *(absence for purposes of marriage - congé de mariage)*.

PERMISO POR OBLIGACIONES PATERNALES *(leave on grounds of parental obligations - congé parental)*.

PERMISO POR NACIMIENTO O ADOPCIÓN *(leave on grounds of a birth or an adoption - congé de naissance ou d'adoption)*.

Dos conceptos básicos del Derecho del trabajo, en torno a los cuales gira un gran número de unidades léxicas, son el contrato de trabajo y los sindicatos. El contrato de trabajo *(employment contract - contrat de travail)* es una convención[28] por la que el empleado y el empleador se comprometen *(undertake - s'engagent)*, el primero a trabajar por cuenta del empleador *(to work for the employer - à travailler pour le compte de son employeur)*, y el segundo a abonarle el salario convenido *(pay him/her the salary stipulated - lui payer le salaire convenu)* y a cumplir todas sus obligaciones *(fulfil all his/her duties - remplir toutes ses obligations)*. En sus contratos laborales algunas empresas también suelen ofrecer, además de la retribución *(salary, wages - salaire, rémunération)* convenida, un paquete de prestaciones *(benefits package - ensemble d'avantages accordés para la société [privée])*, con diversos extras *(perquisites, perks - avantages accessoires)*, tales como la vivienda *(accommodation - le logement)*, servicio de guardería *(child-care facilities - crèche)*, un vehículo *(company car - une voiture)*, opciones sobre acciones *(stock options allowances - plan d'option sur titres)*, participación en los beneficios *(profit-sharing - participations aux bénéfices)*, formación interna *(on-the-job training - formation interne)*, etc. El empresario, cuando le abona el sueldo o salario, está obligado a presentarle una nota pormenorizada *(detailed pay-slip - bulletin de paye)* en la que se detallen *(setting out, specifying - détaillant)* el importe íntegro *(gross earnings - le revenu brut)* de su sueldo, el líquido *(net pay - le revenu net)* y las deducciones *(deductions - prélèvements)*, que corresponden a estos dos conceptos: retenciones por el impuesto sobre la renta *(income tax deductions - retenue à la source de l'impôt sur le revenue)* y la contribución a la seguridad social *(social security contribution - cotisation à la sécurité sociale)* y cuando corresponda, la del fondo de pensiones *(pension fund - fonds de retraite)* y las cuotas sindicales *(union dues - cotisations syndicales)*. Antes de llegar a la firma de la contratación *(signing the contract - engagement)* definitiva, esto es, como empleado fijo, la ley autoriza el contrato durante un período de prueba *(trial period - période d'essai)*.

Los sindicatos *(trade unions - syndicats)* son la otra figura importante del Derecho de Trabajo. Se trata de agrupaciones privadas de trabajadores o profesionales constituidas para la defensa de sus intereses y regidas por principios democráticos, en las que las decisiones se adoptan por votación, a veces a mano alzada *(vote by show of hands - vote à main levée)*, a veces mediante voto secreto *(secret ballot - vote secret, vote à bulletin)*, de acuerdo con lo que digan sus estatutos *(regulations, rules - leurs statuts)*. Los sindicatos se encargan normalmente de la negociación *(negotiation - la négociation)* de los convenios colectivos, en los que se pactan las cuestiones antes citadas de los salarios, las horas extraordinarias, los premios por antigüedad *(seniority rights - prime d'ancienneté)*, los mecanismos de promoción *(promotion - avancement)*, los traslados *(transfers - mutations)*, las bajas por expedientes de regulación de empleo *(redundancy schemes - licenciements économiques)*, las prejubilaciones *(early retirements - préretraites)*, etc.

Uno de los derechos recogidos en la Constitución es el de huelga *(strike - grève)*, derecho que los trabajadores pueden ejercer en defensa de sus intereses. La convocatoria de la huelga *(the calling of strikes - le mot d'ordre de grève)* parte de los sindicatos. En torno al término «huelga» se ha generado un vocabulario específico:

IR A LA HUELGA, PONERSE EN HUELGA *(strike, go on strike - se mettre en grève)*.
CONVOCAR UNA HUELGA *(call a strike - appeler à la grève)*.
DESCONVOCAR UNA HUELGA *(call off a strike - annuler un mot d'ordre de grève)*.
ESQUIROL *(blackleg, strike-breaker - briseur de grève, «jaune»)*.
HUELGUISTA *(striker - gréviste)*.
HUELGA ESCALONADA *(staggered/rotating strike - grève tournante, grève carrousel)*.
HUELGA INTERMITENTE *(on-off strike - grève perlée)*.
HUELGA DE BRAZOS CAÍDOS *(stoppage, sit-down strike, downing tools - grève des bras croisés ou sur le tas)*.
HUELGA RELÁMPAGO *(lightning strike - grève surprise ou sans préavis)*.
HUELGA SALVAJE *(wildcat strike - grève sauvage)*.
HUELGA SIMBÓLICA *(token strike - grève symbolique)*.
HUELGA DE ADVERTENCIA *(warning strike - grève d'avertissement)*.
HUELGA DE SOLIDARIDAD *(sympathy strike - grève de solidarité)*.
HUELGA DE CELO *(work-to-rule, go-slow - grève du zèle)*.
HUELGA DE HAMBRE *(hunger strike - grève de la faim)*.

8. La Jurisdicción de lo Social

Cómo es lógico, todo el ordenamiento laboral tiene una garantía jurisdiccional *(protection of the courts - protection judiciaire)*, esto es, corresponde a los tribunales resolver las situaciones conflictivas que surgen entre empleadores y empleados por litigios salariales, permisos, horas extraordinarias, traslados, ascensos, modificaciones en las condiciones de trabajo y, sobre todo, por despidos *(dismissals - licenciements)*.

Los despidos, de acuerdo con la legislación española, son de tres clases: el procedente, disciplinario o por causa justa *(dismissal on reasonable grounds, fair dismissal - licenciement avec cause juste; licenciement justifié)*, el improcedente *(unfair/wrongful dismissal, unjustified dismissal - licenciement abusif, congédiement sans cause juste et suffisante)* y el nulo de pleno de derecho *(manifestly unreasonable dismissal - congédiement nul ou illégal)*. Los tribunales de la Jurisdicción de lo Social son los que tienen la última palabra en la solución de estas situaciones conflictivas. No obstante, hay que tener presente que, aunque la jurisdicción *(recourse to the courts or tribunals - la jurisdiction)* es el principal medio de solución de litigios, no es el único, pues caben medios voluntarios o no jurisdiccionales, como el arbitraje *(arbitration - arbitrage)*, la mediación *(mediation - médiation)* o la conciliación *(conciliation - conciliation)*,[29] bien conocidos en el ámbito de las relaciones de trabajo, especialmente en relación con los conflictos colectivos (Martín Valverde *et al.*, 1999: 803). Antes de pasar al Tribunal de lo Social, existe una fase de conciliación obligatoria *(statutory conciliation period - une phase de conciliation obligatoire)*, en la que los funcionarios del Servicio de Mediación, Arbitraje y Conciliación *(advisory, conciliation and arbitration service - organe de médiation, d'arbitrage et de conciliation; commission de médiation, d'arbitrage et de conciliation)*, también conocido por su acrónimo SMAC, deben intentar resolver el litigio por medio de la conciliación.

El procedimiento seguido en las demandas que se interponen en los tribunales de lo social es similar al de la jurisdicción civil, aunque la tramitación es aquí mucho más ágil. Las sentencias de esta jurisdicción, a semejanza de las de la jurisdicción penal, constan de cuatro partes y la introducción: los antecedentes de hecho, los hechos probados, los fundamentos de Derecho y el fallo. (Recordamos que en las sentencias civiles, no existe la parte llamada «hechos probados»).

Si el tribunal falla *(finds - déclare)* que el despido ha sido nulo *(the dismissal was manifestly unreasonable - licenciement contraire à la loi)*, el trabajador es readmitido *(reinstated - réintégré)* en su puesto de trabajo *(post, position, job - emploi)*. Si es improcedente, la empresa puede readmitir al trabajador o despedirlo con una indemnización *(compensation for unfair dismissal - indemnité de licenciement)*. Si el despido es procedente, el trabajador no tiene derecho ni a la readmisión ni a indemnización alguna. Cuando el despido es colectivo *(collective dismissal, mass redundancy - licenciement collectif)* por razones de reestructuración empresarial, el trabajador tiene derecho a la percepción del seguro de desempleo *(unemployment benefit, dole - assurance-chômage)*, de acuerdo con lo que determine la ley.

El organigrama de la jurisdicción de lo social presenta en la actualidad una fisonomía equiparable a la del resto de órdenes jurisdiccionales:

1. Juzgados de lo Social.
2. Salas de lo Social de los Tribunales Superiores de Justicia.
3. Sala de lo Social de la Audiencia Nacional.
4. Sala de lo Social del Tribunal Supremo.

Los Juzgados de lo Social *(employment/industrial tribunals, labour courts - conseils de prud'hommes)* tienen jurisdicción en cada provincia. Las Salas de lo Social de los Tribunales Superiores de Justicia tienen competencias de primera instancia en algunos asuntos especiales y son tribunales de segunda instancia de los recursos presentados contra las resoluciones de los jueces de lo social de cada Comunidad Autónoma; también tienen otras atribuciones, como el reconocimiento de sindicatos y demás asociaciones profesionales, y el enjuiciamiento de los litigios surgidos por convenios colectivos cuyo ámbito de aplicación sea el de una Comunidad Autónoma. La Sala de lo Social de la Audiencia Nacional tiene jurisdicción en los litigios por convenios colectivos *(collective bargaining agreements - conventions collectives)* cuyo ámbito de aplicación comprenda todo el territorio nacional. La Sala de lo Social del Tribunal Supremo conoce de los recursos de casación y de revisión y de los que la ley le pueda asignar.

9. **El Derecho del Trabajo en Francia y en el Reino Unido**

En Francia, la jurisdicción de lo social es una de las varias jurisdicciones de lo Civil, como hemos dicho en las págs. 268-269. Dos son los tribunales que entienden de estas cuestiones: *le conseil de prud'hommes* y *le tribunal des affaires de sécurité sociale.* En los dos tribunales intervienen jueces no profesionales *(lay judges, referees - juges non professionnels),* que colaboran en la administración de la justicia *(sit as assistant judges - qui participent à l'oeuvre de justice)* junto a magistrados profesionales *(qualified/professional judges - aux côtés de magistrats professionnels). Le conseil de prud'hommes* conoce de *(tries - juge)* los litigios sobre cuestiones salariales, permisos, despidos, etc. En él intervienen, en igual número, representantes de los empresarios y de los asalariados. Este procedimiento tiene una fase de conciliación obligatoria.

El Tribunal de Asuntos de la Seguridad Social *(social security tribunal - le tribunal des affaires de sécurité sociale)* entiende de los conflictos que surgen *(conflicts arising from - les conflits résultant de)* de la aplicación de la legislación social, tales como las jubilaciones *(retirement, pension rights - retraites),* el cálculo de las cotizaciones *(how contributions are calculated - le calcul des cotisations),* el reembolso de los gastos médicos *(reimbursement of medical expenses - le remboursement des frais médicaux),* etc.

En el Reino Unido los tribunales de lo social son *administrative tribunals* (tribunales administrativos), iguales que los citados antes al hablar de la jurisdicción administrativa en general en la pág. 340.

Se llaman *employment tribunals*, aunque hasta hace poco se les conocía con el nombre de *industrial tribunals*. Su finalidad es resolver, con rapidez, agilidad y de forma económica, gran parte de los conflictos surgidos en el ámbito de las relaciones laborales.[31] De nuevo estos tribunales están formados por un juez presidente, que ha de tener formación como jurista y normalmente habrá ejercido la abogacía, y dos jueces legos. Actúa en segunda instancia el *Employment Appeal Tribunal*, o *EAT* (Tribunal de Apelación de lo Social), compuesto por un presidente que es jurista profesional y dos o cuatro jueces legos, que suelen ser expertos en cuestiones laborales debido a su experiencia anterior como representantes de los sindicatos o la patronal. Aunque los recursos ante estos órganos versan exclusivamente sobre cuestiones de Derecho, las partes pueden intervenir en nombre propio, o bien encargar su representación a quien decidan, tenga o no formación jurídica la persona elegida. Al no pertenecer estos tribunales a la jurisdicción ordinaria, sus resoluciones no son ejecutorias de oficio, por lo que si la parte condenada se resiste a cumplir los términos de la resolución, la parte beneficiada por la decisión debe pedir a la jurisdicción ordinaria que ordene la ejecución del fallo. Contra la decisión del *EAT* cabe recurso al *Court of Appeal* (Tribunal Superior de Apelación), previa admisión a trámite. En los Estados Unidos los Tribunales de lo social se llaman *labor courts* y suelen ser una rama de la jurisdicción ordinaria, aunque cada uno de los estados tiene su legislación y su práctica propias en esta materia.

10. La expresión de la «anulación». Sinónimos parciales de «anular»

En este capítulo y otros anteriores hemos empleado muchas veces la palabra «anular» o algunas de sus derivados. No hace falta justificar la importancia que tiene en el lenguaje jurídico la expresión de este concepto. El verbo «anular» *(annul - annuler)* significa «dejar sin efecto o validez» un acto o una norma jurídica, un contrato, un compromiso, una resolución, una póliza de seguros, un testamento, etcétera y es el término más general. Presentamos a continuación una relación ilustrada de algunos de sus sinónimos parciales:

ABOLIR *(abolish, repeal - abolir)*: dejar sin vigencia una ley o costumbre.

La esclavitud quedó <u>abolida</u> hace mucho tiempo en los países civilizados.

CANCELAR *(cancel, annul, void, avoid, repudiate - annuler)*: es equivalente a «anular»; tiene mayor uso el sustantivo «cancelación», en expresiones como «cancelación de cargas», «cancelación de la inscripción», «cancelación de asientos en registros públicos», etc.

La hipoteca estaba subsistente y sin cancelar.

CASAR *(quash,*[32] *overturn, vary - casser)*: se aplica a la anulación de sentencias efectuada por el Tribunal Supremo o los Tribunales Superiores de Justicia de cada Comunidad Autónoma, en lo que se llama «recurso de casación» *(final-stage appeal, appeal to a court of last resort - pourvoi en cassation)*.

Si aparece demostrada la falta de jurisdicción, la sala casará la resolución impugnada.

DEJAR SIN EFECTO *(invalidate, nullify, set aside, revoke - laisser sans effet)*: tiene el matiz de «inutilizar», por ejemplo, un documento, o de «revocar» una resolución.

El tribunal decidirá, oídas las partes, si deja sin efecto el señalamiento de la vista.

DEROGAR *(repeal - abroger)*: se aplica a las leyes o normas de carácter legislativo; la anulación se debe a razones de legalidad.

Esta ley deroga algunos preceptos del Código Civil de 1889.

INVALIDAR *(invalidate, nullify, revoke - invalider)*: tiene los mismos matices que «dejar sin efecto».

El banco invalidó el cheque al descubrir que era falso.

RESCINDIR *(rescind, withdraw from, avoid, cancel - rescinder, résilier)*: se aplica a la extinción de los contratos inicialmente válidos al haber surgido inopinadamente alguna causa externa de perjuicio económico a una de las partes; popularmente se suele confundir con «resolver»; también se aplica a sentencias.

La pretensión del demandado rebelde de que se rescinda una sentencia firme se sustanciará por los trámites previstos en...

RESOLVER *(avoid, cancel, treat as discharged - résoudre, dénoncer)*: alude al acto por el que una de las partes da por extinguido un contrato debido al incumplimiento por la otra parte de alguna de las condiciones imprescindibles del pacto; se diferencia de «rescindir» en que la rescisión sólo es posible si las partes pueden volver a la situación de partida, devolviéndose mutuamente los bienes o cantidades intercambiados desde la firma del contrato; la resolución, en cambio, pone fin inmediato al contrato y permite a la parte perjudicada entablar demanda por incumplimiento o proceder de acuerdo con las «cláusulas resolutorias» contenidas en el pacto.

El banco declaró <u>resuelto</u> el contrato al no recibir el pago acordado.

REVOCAR *(revoke, quash, overrule, overturn - révoquer)*: poner fin a una decisión o resolución tomada con anterioridad, por ejemplo, la resolución de un tribunal inferior o la revocación de un testamento *(the revocation of a will - la révocation d'un testament)*; la revocación se basa en razones de oportunidad o conveniencia pública, mientras que la derogación se basa en motivos de legalidad.

<u>Revocó</u> su testamento cuando supo de la conducta de sus sobrinos.

Notas

1. La traducción al inglés de la expresión «Administración Pública» es *Public Administration* o *Public Service*. En ocasiones será igualmente correcto utilizar *the Government*; la palabra *authority* también equivale a «Administración», como cuando decimos *Airport Authority* (Administración aeroportuaria). Véase la nota 2 del capítulo cinco referida a la traducción al inglés de la palabra «Estado».
2. La traducción de «administrados» por *citizens* en inglés no es siempre correcta, ya que a veces el término español alude a personas jurídicas. En este caso, habrá que emplear la palabra *legal persons* o *juristic persons*.
3. Véanse las relaciones entre «lenguaje» y «poder» en Whittaker y Rojo (1999) y en Rojo y Whittaker (1999).
4. En los últimos años ha cambiado mucho el tono de subordinación, lindante con el de servidumbre, que los administrados mostraban en sus escritos a la Administración. Así, las instancias o peticiones se «elevaban», con lo que se connotaba la posición de inferioridad del administrado y se utilizaban expresiones como «No obstante, V.I. con su <u>superior</u> criterio resolverá», o «Es <u>gracia</u> que espera <u>alcanzar</u> del <u>recto proceder</u> de V.I. cuya vida <u>Dios guarde muchos años</u>», etc. Es curioso observar que en inglés se empleaba y se emplea el verbo *submit* (someter), con lo que se connota que el administrado subordina su decisión a la de un superior. En las tres lenguas, sin embargo, han cambiado las cosas y lo más normal es emplear el verbo «presentar» *(file - présenter)*.

5. Léanse dos trabajos muy iluminadores sobre el lenguaje jurídico-administrativo (de Miguel, 2000; y Martín Rojo y Whittaker, 1999).

6. Véase lo que se ha dicho en la pág. 136 sobre *The Plain English Campaign*.

7. WWW. administración.es.

8. En las instrucciones que se ven en los servicios de Internet de algunos países de habla inglesa no se emplean los términos correspondientes al administrado, tales como «sujeto pasivo», el «recurrente», etc. Se dice simplemente *you*.

9. A quien haya visitado recientemente los Estados Unidos, le habrán pedido que rellene un impreso que deberá ser entregado al *Immigration and Naturalisation Service*; dentro de esta racionalización, se queda uno sorprendido cuando, al leer el aludido impreso, comprueba que le indican el tiempo, expresado en minutos y segundos, que necesitará para cumplimentarlo.

10. España se constituye en un Estado social y democrático de Derecho.

11. Véase en la pág. 342 una posible traducción al inglés de «acudir a la vía contencioso-administrativa».

12. Por ejemplo, la toma de posesión *(taking up by an appointee of his or her post - la prise de fonction)* por un funcionario de la plaza para la que ha sido designado, o la autoliquidación tributaria *(filling-in of an income tax return, voluntary payment of tax liability - la déclaration fiscale et paiement de l'impôt à l'initiative du contribuable)*, aunque produzcan efectos jurídicos conforme al Derecho administrativo, no son actos administrativos, por ser actos jurídicos hechos por los administrados.

13. Para traducir el concepto de «vía de hecho» al inglés, se puede acudir a la expresión latina *ultra vires* (literalmente «más allá de sus poderes»), aplicada en el vocabulario judicial de los países anglófonos al acto de la autoridad que se extralimita en el uso de sus atribuciones, o actúa en exceso de su capacidad legal o judicial. En el francés original del que la expresión castellana es traducción, *voie de fait* se opone a *voie de droit* (literalmente, «vía de derecho») y se refiere en ambos idiomas a un acto material —*violence ou acte matériel insultant*, añaden los diccionarios franceses; o «por las bravas», según el estilo coloquial de algunos juristas españoles— frente a un «acto» —decisión, resolución— meditado, fundamentado y conforme a Derecho. Curiosamente, la alternativa en inglés también pasa por el tamiz del francés: la expresión *fait accompli* («hecho consumado») no tiene traducción al inglés, por lo que suele emplearse directamente en el idioma original.

14. Los artículos 30 a 32 de la Ley de la Jurisdicción Contencioso-Administrativo de 1998 indican el procedimiento que se ha de seguir contra la Administración en los casos de vía de hecho y de la indemnización de los daños y perjuicios que se ha de solicitar cuando proceda.

15. La relación completa de las agencias administrativas federales se encuentra en el *The United States Government Organization Manual*, publicado por la Imprenta Oficial del Estado *(The Government Printing Office)*.

16. Estas «agencias» que acabamos de citar, creadas por el Congreso, son federales. Sin embargo, en los niveles inferiores de la administración, tanto la estatal *(state administration)* como la local *(local administration)*, existen otras con una organización similar en líneas generales.

17. El Congreso también puede clausurar una «agencia» cuando los fines para los que fue creada ya no existen o cuando su presencia perjudica los intereses generales.

18. También tienen encomendadas facultades policiales para hacer cumplir las normas legales *(of law enforcement - pour faire exécuter les règles légales)*. En alguna ocasión se han visto entrar en los parqués de contratación bursátil *(stock exchange trading floors - parquets de la bourse)* a policías federales con arma al cinto para detener a profesionales de la intermediación *(brokers or dealers - intermédiation)* bursátil

por la supuesta comisión de algún delito de información privilegiada *(insider trading - délit d'initié)*.

19.   Antes se les llamaba *evidentiary examiners*, esto es, evaluadores de las pruebas, o analistas expertos de los hechos y documentos aportados de parte.

20.   El *Oxford English Dictionary* desconoce la acepción de «unidad administrativa o departamento ministerial» reconocida por el *Webster* a la palabra *agency*.

21.   Obsérvese que no se llaman *courts*, ya que este término se aplica exclusivamente a los tribunales ordinarios.

22.   Por ejemplo, al menos seis de ellos conocen de los contenciosos que surgen en el ámbito del ministerio de Agricultura: *Agricultural Land Tribunals, Controller of Plant Variety Rights, Agricultural Arbitrators, Dairy Produce Quotas Tribunal, Milk and Dairies Tribunal,* y *Plant Varieties and Seeds Tribunals.*

23.   Volvemos a comentar estos tribunales en el punto 8 de este capítulo.

24.   Esta acción también se puede ejercer contra los órganos jurisdiccionales. En cualquier caso, subrayemos que técnicamente lo que se solicita no es la revisión judicial del acto o resolución en sí, sino del proceso por el que la decisión llegó a adoptarse *(the decision-making process)*.

25.   En España, de acuerdo con el art. 35 de la Ley Orgánica del Tribunal Constitucional, «cuando un juez o tribunal, de oficio o a instancia de parte, considere que una norma con rango de ley aplicable al caso y de cuya validez dependa el fallo pueda ser contraria a la Constitución, planteará la cuestión al Tribunal Constitucional con sujeción a lo dispuesto en esta Ley».

26.   *Leading case* o *landmark case*: juicio o sentencia en que se sienta jurisprudencia, doctrina o precedente *(cas d'espèce faisant autorité)*.

27.   Este «control difuso» también se puede decir que se utiliza en cierto sentido en España, ya que, de acuerdo con el art. 6 de la Ley Orgánica del Poder Judicial, «los jueces y los tribunales no aplicarán reglamentos o cualquier otra disposición contrarios a la Constitución, a la ley o al principio de jerarquía normativa».

28.   La macroestructura de los contratos de trabajo es similar a los comentados en el capítulo ocho.

29.   Véase la pág. 242.

30.   No todas los litigios de carácter laboral se resuelven en los *employment tribunals*; algunos, como el despido por mala conducta *(misconduct)*, ya sea negligencia *(negligence)*, embriaguez habitual *(habitual drunkenness)* o desobediencia *(disobedience)*, pertenecen al *common law* y se ven, por tanto, en los tribunales ordinarios.

31.   En el Reino Unido al SMAC español se le llama *Arbitration, Conciliation and Advisory Service,* o *ACAS,* y en los Estados Unidos se le llama *Mediation and Conciliation Service.*

32.   El verbo inglés *quash*, el español «casar» y el francés *casser* comparten la misma etimología.

BIBLIOGRAFÍA CONSULTADA

AGUIRRE BELTRÁN, B. y HERNANDO DE LARRAMENDI, M. (1997): *Lenguaje jurídico*. Madrid: SGEL.

ALCARAZ, E. (1990): *Tres paradigmas de la investigación lingüística*. Alcoy: Marfil.

— (1994/2007): *El inglés jurídico*, 6.ª ed. Barcelona: Ariel.

— (1996): «Translation and Pragmatics», págs. 99-115 en Álvarez, R. y Vidal, A., eds.

— (2000a): *El inglés profesional y académico*. Madrid: Alianza Editorial.

— (2000b): *El jurista como traductor y el traductor como jurista*. Barcelona: Universidad Pompeu Fabra.

—, CAMPOS, M. A. y MIGUÉLEZ, C. (2001/2008): *El inglés jurídico norteamericano*. 2.ª ed. Barcelona: Ariel.

ALCARAZ, E. y HUGHES, B. (1993): *Diccionario de términos jurídicos, Inglés-Español, Spanish- English*. Barcelona: Ariel.

— (1996/2008): *Diccionario de términos económicos, financieros y comerciales, Inglés-Español, Spanish-English*. 5.ª ed. Barcelona: Ariel.

— (en prensa): *Legal Translation Explained*. Manchester: St. Jerome.

—, HUGHES, B. y CAMPOS, M. A. (1999): *Diccionario de términos de marketing, publicidad y medios de comunicación, Inglés-Español, Spanish-English*. Barcelona: Ariel.

— HUGHES, B. y CAMPOS, M. A. (2000): *Diccionario de términos de turismo y de ocio, Inglés-Español, Spanish-English*. Barcelona: Ariel.

— y MARTÍNEZ LINARES, M.ª A. (1997): *Diccionario de lingüística moderna*. Barcelona: Ariel.

ALCARAZ, E., MATEO, J. y YUS, F. (eds.) (2007): *Las lenguas profesionales y académicas*. Barcelona: IULMA/Ariel

ALFARO, R. (1964): *Diccionario de anglicismos*. Madrid: Gredos.

ÁLVAREZ DE MORALES, A. (1988): *Formularios de actos y contratos*. Granada: Comares.

ÁLVAREZ, M. (1995): *Tipos de escrito III: epistolar, administrativo y jurídico*. Madrid: Arco/Libros.

ÁLVAREZ, R. y VIDAL, A. (eds.) (1996): *Translation, Power, Subversion*. Clevedon: Multilingual Matters Ltd.

AMORÓS RICA, N. y MERLIN WALCH, O. (1993): *Dictionnaire juridique, francés-español, español-francés*, París: LGDJ.

ARÁNGUEZ, C. y ALARCÓN, E. (2000): *El código penal francés traducido y anotado*. Granada: Comares.

ARCHBOLD (2001): *Archbold 2001*. Londres: Sweet & Maxwell.

AZORÍN (1948): «Naturalidad». *Obras completas*. Madrid: Aguilar.

ATIENZA, M. (1985): *Introducción al Derecho*. Barcelona: Barcanova.

— (2006): *El lenguaje como argumentación*. Barcelona: Ariel.

BADENES GASSET, R. (1973): «Lenguaje y Derecho». *Revista Jurídica de Cataluña*, 1. Barcelona: Ilustre Colegio de Abogados.

BAKER, M. (1992): *In Other Words. A Coursebook on Translation*. Londres: Routledge.

BALEYTE, J. *et al.* (2000): *Dictionnaire économique et juridique, français-anglais, English-French*. París: Librairie Générale de Droit et de Jurisprudence.

BHATIA, V. K. (1993): *Analysing Genre. Language Use in Professional Settings*. Londres: Longman.

— (2004): *World of Written Discourse. A Genre-based View*. London/New York: Continuum.

BAYO DELGADO, J. (ed.) (1998a): *Lenguaje judicial*. Cuadernos de Derecho Judicial. Madrid: Consejo General del Poder Judicial.

— (1998b): «La formación básica del ciudadano y el mundo del derecho. Crítica lingüística del lenguaje judicial». En Bayo Delgado, Joaquín, *ed.*, cit., págs. 9-21.

— (2001): «El lenguaje forense: estructura y estilo», págs. 35-75 en Varios, 2001.

BELL, R. T. (1991): *Translation and Translating. Theory and Practice*. Londres: Longman.

BELLO BAÑÓN, R. (2001): «El lenguaje forense hablado», págs. 135-148 en Varios, 2001.

BERTELOOT, P. (2000): «La traduction juridique dans l'Union européenne, en particulier à la Cour de justice». En *Legal Translation: History, Theory/ies and Practice*. International Colloquium, University of Geneva, February 2000.

BIRD, R. (1990): *Osborn's Concise Law Dictionary*. Londres: Sweet & Maxwell.

BLACK, H. C. (1891/1991): *Black's Law Dictionary*. St. Paul, Minn.: West Publishing.

BLACKSTONE (2001): *Blackstones' Civil Practice*. Londres: Blackstone.

— (2001): *Blackstones' Criminal Practice*. Londres: Blackstone.

BORJA, A. (2000): *El texto jurídico inglés y su traducción al español*. Barcelona: Ariel.

— (2002): «La enseñanza de la traducción jurídica y las nuevas tecnologías». *Discursos, Estudos de Traduçao*.

— (2005): «¿Es posible traducir realidades jurídicas? Restricciones y prioridades en la traducción de documentos de sucesiones británicos al español». En E. Monzó Nebot y A. Borja Albi (eds.), *La traducción y la interpretación en las relaciones jurídicas internacionales*. Castelló de la Plana, Universitat Jaume I: 67- 91.

— (2007): *Estrategias, materiales y recursos para la traducción jurídica inglés-español*. Casetellón de la Plana: Universitat Jaume I.

BOSQUE, I. y DEMONTE, V. (1999): *Gramática descriptiva de la lengua española*, 3 vols. Madrid: Espasa.

BROWN, P. y LEVINSON, S. (1987): *Politeness: Some Universals in Language Use*, 2.ª ed. Cambridge: Cambridge Univesity Press.

CABRÉ, T. (1993): *La terminología*. Barcelona: Editorial Antártida/Empúries.

— (1999): *La terminología: representación y comunicación*. Barcelona: Universitat Pompeu Fabra.

CALVO RAMOS, L. (1980): *Introducción al estudio del lenguaje administrativo*. Madrid: Gredos.

CAMPOS PARDILLOS, M. A. (2003): *Diccionario de Términos de la Propiedad Inmobiliaria (inglés- español, español-inglés)*. Barcelona: Ariel.

CANO RICO, J. R. (1994): *Diccionario de Derecho*. Madrid: Tecnos.

CANTERA, J.; CAMPOS, N.; ESPINOSA, M.ª D. y GARCÍA, A. M. (1994): *Diccionario económico-jurídico francés-español*. Cuenca: Ediciones de Castilla-La Mancha.

CAO, D. (2007): *Translating Law*. Clevedon: Topics in Translation: 33.

CAPELLA, J. R. (1968): *El Derecho como lenguaje*. Barcelona: Ariel.

CARBONELL MATEU, J. C. (1996): *Derecho penal: conceptos y principios constitucionales*. Valencia: Tirant lo Blanch.

CARTAGENA, N. (1996): «Los tiempos compuestos», págs. 2935-2976 en Bosque y Demonte.

CASTRO Y BRAVO, F. DE (1972): *Temas de Derecho Civil*. Madrid: Rivadeneyra, S. A.

COLONNA D'ISTRIA, P. (1995): *Diccionario de términos jurídicos*. Madrid: Acento Editorial.

CORPAS PASTOR, G. (ed.) (2003): *Recursos documentales y tecnológicos para la traducción del discurso jurídico (español, alemán, inglés, italiano, árabe)*. Granada: Comares.

CORRIPIO, F. (1974/1990): *Gran diccionario de sinónimos*. Barcelona: Ediciones B.

COSERIU, E. (1977): *Principios de semántica estructural*. Madrid: Gredos.

COTTERILL, J. (2003): *Language and Power in Court: A Linguistic Analysis of the O.J. Simpson Trial*. New York: Palgrave.

— (ed.) (2004a): *Language in the Legal Process*. New York: Palgrave.

— (2004b): «Collocation, Connotation and Courtroom Semantics: Lawyers' Control of Witness Testimony through Lexical Negotiation». En *Applied Linguistics*, 25/4, págs. 513-537.

CURZON, L. B. (ed.) (1990): *Dictionary of Law*. Londres: Pitman.

DAHL, H. (1995): *Dahl's Law Dictionary*. París: Dalloz.

DÍEZ SÁNCHEZ, J. J. (1990): *El procedimiento administrativo común y la doctrina constitucional*. Alicante: Secretariado de Publicaciones.

DUARTE MONTSERRAT, C. (1998): «Lenguaje administrativo y lenguaje jurídico. El texto jurídico-administrativo: análisis de una orden ministerial». En Bayo Delgado, J. (ed.) *Lenguaje judicial*. Cuadernos de Derecho Judicial. Madrid: Consejo General del Poder Judicial, págs. 41-85.

DURÁN ESCRIBANO, P. y otros (eds.) (2003): *Las lenguas para fines específicos y la sociedad del conocimiento*. Madrid: Universidad Politécnica de Madrid, Editoras DLACT.

ESTALELLA DEL PINO, J. (2005): *El abogado eficaz: cómo convencer, persuadir e influir en los juicios*. Madrid: La Ley.

ETXEBARRÍA, MAITENA (1997): «El lenguaje jurídico y administrativo. Propuestas para su modernización y normalización». *Revista Española de Lingüística*, 27, 2: 341-380.

FERNÁNDEZ-GUERRA, A. (2001): *La traducción como arte o como técnica* (Tesis doctoral inédita). Valencia: Universitat de València.

FERRAN LARRAZ, E. (2003): *Las funciones jurilingüísticas en el documento negocial. Un enfoque pragmático*. Tesis doctoral. Universitat Autònoma de Barcelona.

FERRERAS, J. y ZONANA, G. (1986): *Diccionario jurídico y económico, español-francés, francés-español*. París: Masson.

FLOYD, A. (1999): *The News Discourse of «The Times»* (Tesis doctoral inédita). A Coruña: Universidad de A Coruña.

FREEDMAN, M. M. (1990): *Legalese. The Words Lawyers Use and What They Mean*. Nueva York: Dell Publishing.

GIL SALOM, L. y AGUADO DE CEA, G. (2005): «Estudios sobre las Lenguas de Especialidad en España». En *Revista Española de Lingüística Aplicada* (*Resla*), Volumen Monográfico. Asociación Española de Lingüística Aplicada.

GIMENO SENDRA, V. (2004/2007): *Derecho procesal penal*. 2.ª ed. Madrid: Constitución y Leyes S.A.

GOBERNADO ARRIBAS, R. (1978): *Ideología, lenguaje y Derecho*. Madrid: CUPSA.

GREIMAS, A. J. (1966): *Semantique structurale. Recherche de méthode*. París: Larousse.

GROSSWALD CURRAN, V. (2002): *Comparative Law. An Introduction*. Carolina: Carolina Academic Press.

HALLIDAY, M. A. K. (1973): *Explorations in the Functions of Language*. Londres: Arnold.

— y otros (1965): *The Linguistic Sciences and Language Teaching*. Londres: Longman.

HEFFER, C. (2005): *The Language of Jury Trial. A Corpus-Aided Analysis of Legal-Lay Discourse*. New York: Palgrave.

HENRÍQUEZ SALIDO, M. C. y DE PAULA POMBAR, M. N. (1998): *Prefijación, composición y parasíntesis en el léxico de la jurisprudencia y de la legislación*. Vigo: Departamento de Filología Española.

HERNÁNDEZ, E. (2005): *Lenguas para Fines Específicos: investigación y enseñanza*. Alcalá de Henares: Universidad de Alcalá de Henares.

HERNÁNDEZ GIL, A. (1986a): *La literatura entre paréntesis*. Granada: Colegio Máximo de Cartuja.

— (1986b): *La carpeta en forma de acordeón*. Granada: Colegio Máximo de Cartuja

— (1987): *Saber jurídico y lenguaje*. Tomo VI de «*Obras Completas*». Madrid: Espasa- Calpe.

HICKEY, L. (ed.) (1998): *The Pragmatics of Translation*. Clevedon: Multilingual Matters.

HOLLAND, J. A. y J. S. WEBB (1991): *Learning Legal Rules*. Londres: Blackstone.

HUGHES, B. Véase ALCARAZ, E.

ITURRALDE SESMA, V. (1989): *Lenguaje legal y sistema jurídico*. Madrid: Tecnos.

LACASA NAVARRO, R. y DÍAZ DE BUSTAMANTE, I. (1980): *Diccionario de Derecho, Economía y Política Inglés-Español / Español-Inglés*. Madrid: Revista de Derecho Privado.

LAROUSSE (1995): *Diccionario general español-francés, français-espagnol*. París: Larousse.

LASARTE, C. (1987/1996): *Curso de Derecho civil patrimonial*. Madrid: Tecnos.

LATORRE, A. (1968/2000): *Introducción al Derecho*. Barcelona: Ariel.

LÁZARO CARRETER, F. (2001): «Desde el proscenio». Madrid: *El País*, 1 de julio, pág. 17.

LE DOCTE, E. (1978): *Dictionnaire de termes juridiques en quatre langues*. París: La maison du dictionnaire.

LEIGHTON, L. (1984): *The Art of Translation*. Knoxville: The University of Tennessee Press.

LERAT, P. y SOURIOUX, J. LL. (1984): *The Art of Translation*. París: Conseil supérieur de la langue française.

LINDBERGH, E. (1993): *Modern Dictionary of International Legal Terms*. Londres: Blackstone.

LLACER, E. (ed.) (1997): *Introducción a los estudios sobre traducción*. Valencia: Universidad.

LÓPEZ GARCÍA, D. (1991): *Sobre la imposibilidad de la traducción*. Cuenca: Universidad de Castilla-La Mancha.

— (ed.) (1993): *Teorías de la traducción*. Cuenca: Universidad de Castilla-La Mancha.

LÓPEZ GUIX, J. G. y otros (1997): *Manual de Traducción*. Barcelona: Gedisa.

LORENZO, E. (1959): «La lingüística y la enseñanza de las lenguas modernas», *Revista de Educación*. Madrid (Publicada en 1980 en *El español y otras lenguas*). Madrid: SGEL.

— (1969): «La lingüística y la enseñanza de las lenguas modernas». *Bordón* 21: 127-139.

— (1969): *El español y otras lenguas*. Madrid: SGEL.

— (1994): *El español de hoy, lengua en ebullición*, 4.ª ed. Madrid: Gredos.

— (1996): *Anglicismos hispánicos*. Madrid: Gredos.

MAILLOT, J. (1997): *La traducción científica y técnica*. Madrid: Gredos.

MARCOS, PÉREZ, P. J. (1971): *Los anglicismos en el ámbito periodístico*. Valladolid: Universidad.

MARÍN-PÉREZ, P. (1979): *Introducción a la ciencia del Derecho*. Madrid: Tecnos.

MARTÍN E. A. (ed.) (1990): *A Concise Dictionary of Law*. Oxford: OUP.

MARTÍN DEL BURGO Y MARCHÁN, A. (2000): *El lenguaje del Derecho*. Barcelona: Bosch.

MARTÍN MARTÍN, J. (1991): *Normas de uso del lenguaje jurídico*. Granada: Comares.

MARTÍN MATEO, R. (1999): *Manual de Derecho Administrativo*. Madrid: Trívium.

MARTÍN ROJO, L. y WHITTAKER, R. (eds.) (1999): *Poder decir o el poder de los discursos*. Madrid: Arrecife.

MARTÍN-GAITERO, R. (ed.) (1995): *V Encuentros complutenses en torno a la traducción*. Madrid: Ed. Complutense.

MARTÍN VALVERDE, A., RODRÍGUEZ-SAÑUDO, F. y GARCÍA MURCIA, J. (1991/1999): *Derecho del Trabajo*, 8.ª ed. Madrid: Tecnos.

MATTILA, H. (2006): *Comparative Legal Linguistics*. England: Ashgate.

MERINO-BLANCO, E. (1996): *The Spanish Legal System*. Londres: Sweet and Maxwell.

MIGUEL, ELENA DE (2000): «El texto jurídico-administrativo: análisis de una Orden Ministerial». *Revista de Lengua y Literatura Españolas* (Madrid) 2: 6-31.

MINISTERIO PARA LAS ADMINISTRACIONES PÚBLICAS (1990/1997): *Manual de estilo del lenguaje administrativo*, 6.ª reimp. Madrid: Instituto Nacional de Administración Pública.

MOLINER, M. (1970): *Diccionario de uso del español*. Madrid: Gredos.

MOUNIN, G. (1968): *Les problèmes théoriques de la traduction*. París: Didier.

NIDA, E. (1965): *Toward a Science of Translating*. Leiden, Holanda: E. J. Brill.

— (1975): *Language Structure and Translation*. Stanford, CA: Stanford University Press.

ORTEGA ARJONILLA, E. y otros. (1996): *Peculiaridades del lenguaje jurídico desde una perspectiva lingüística*, págs. 25-40 en San Ginés, P. y Ortega Arjonilla, E., eds.

ORTEGA CAVERO, O. (1988): *Thesaurus Gran Sopena de Sinónimos*. Barcelona: Ramón Sopena.

ORTEGA Y GASSET (1964): *Obras completas VI*. Madrid: Revista de Occidente.

OXFORD UNIVERSITY PRESS (1998): *Diccionario Oxford. Español-inglés, inglés-español*. Oxford: Oxford University Press.

PEÑA, S. y HERNÁNDEZ GUERRERO, M. J. (1994): *Traductología*. Málaga: Universidad.

PÉREZ SERRANO, P. (1947): *El estilo de las leyes*. Madrid: Escuela Social de Madrid.

PÉREZ, J.; RIFÁ, J.; VALLS, J. y SAURA, L. (1990): *El proceso penal práctico*. Madrid: La Ley.

POLLAK, L. (1995): *Lexique juridique français-anglais*. Toronto: Carswell.

PRIETO DE PEDRO, J. (1991): *Lenguas, lenguaje y Derecho*. Madrid: Civitas.

PRADO, M. (2001): *Diccionario de falsos amigos: inglés-español*. Madrid: Gredos.

PRATT, C. (1981): *El anglicismo en el español peninsular contemporáneo*. Madrid: Gredos.

PRENSA ESPAÑOLA (1993): *Libro de estilo de ABC*. Barcelona: Ariel.

PUIG BRUTAU, J. (1986): *Caducidad y prescripción extintiva*. Barcelona: Bosch.

QUINE, W. (1968): *Palabra y objeto*. Barcelona: Labor.

RABADÁN, R. (1991): *Equivalencia y traducción*. León: Universidad de León.

REAL ACADEMIA ESPAÑOLA (1999): *Ortografía de la lengua española*. Madrid: Espasa Calpe.

— (2001): *Diccionario de la lengua española*, 22.ª ed. Madrid, Espasa Calpe.

REVELSON, R. (1989): *Law and Semiotics*. Nueva York: Plenum Press.

RIBÓ DURÁN, L. (1987): *Diccionario de Derecho*. Barcelona: Bosch.

RIVERO, J. (1990): *Droit administratif*. París: Dalloz.

ROBINS, R. H. (1975): *Breve historia de la lingüística*. Madrid: Paraninfo.

ROCHA GARCÍA DE LA, E. (2000): *Formularios de la nueva Ley de Enjuiciamiento Civil.* Granada: Comares.

RODRÍGUEZ-AGUILERA, C. (1969): *El lenguaje jurídico.* Barcelona: Bosch.

RODRÍGUEZ ÁLVAREZ, A. (1997): *Documentos notariales vernáculos del Condado de Durham (Siglo XV): estudios y edición.* Las Palmas de Gran Canaria: Servicio de Publicaciones de la Universidad.

RODRÍGUEZ, F. Y LILLO, A. (1997): *Nuevo diccionario de anglicismos.* Madrid: Gredos.

RODRÍGUEZ ZULAICA, A. (1995): *Diccionario de términos jurídicos.* Madrid: Acento.

RONDA, J. (2001): «La especialización del periodismo judicial». *Revista Latina de Comunicación Social,* 39, La Laguna (Tenerife) en http://www.ull.es/publicaciones/latina/2001 /latina39mar/116ronda.htm.

ROTHENBERG, R. E. (1981): *The Plain-Language Law Dictionary.* Nueva York: Penguin Books.

RUIZ VADILLO, E. (1966/1991): *Introducción al Derecho,* 18.ª ed. Logroño: Editorial Ochoa.

SAMANIEGO FERNÁNDEZ, E. (2005): «El lenguaje jurídico: peculiaridades del español jurídico». En Fuertes Olivera, P. (coord.) *Lengua y Sociedad: Investigaciones recientes en lingüística aplicada.* Valladolid: Universidad, págs. 273-310.

SAN GINÉS AGUILAR, P. (1997): *Traducción teórica.* Granada: Comares.

— y ORTEGA ARJONILLA, E. (eds.) (1996): *Introducción a la traducción jurídica y jurada.* Granada: Comares.

SÁNCHEZ PÉREZ, A. (2001): *Gran diccionario de uso del español actual.* Madrid: SGEL.

SÁNCHEZ MONTERO, M.ª DEL C. (1996): *Aproximación al lenguaje jurídico.* Padua: Università degli Studi di Trieste/Cleup Editrice.

SEARLE, J. R. (1969): *Speech Acts.* Cambridge: Cambridge University Press.

SECO, M. (1986): *Diccionario de dudas y dificultades de la lengua española.* Madrid: Espasa-Calpe.

—, O. ANDRÉS y G. RAMOS (1999): *Diccionario del español actual.* Madrid: Aguilar.

SERNA, VÍCTOR DE LA (1991): «Traduttore, traditore», *El Mundo,* 6 de junio, pág. C4.

SIRVENT, A.; BUENO, J. y MUÑOZ M.ª L. (2000): *Diccionario de propiedad industrial e intelectual,* español-francés, francés-español. Madrid: Reus.

SMITH, C. et al. (1992): *Collins Spanish-English English-Spanish Dictionary.* Glasgow: Harper Collins/Grijalbo.

SOLAN, L. M. (1993): *The Language of Judges.* Chicago: The University of Chicago Press.

SOLAN, L. M. y TIERSMA, P. M. (2004): «Author Identification in American Courts». En *Applied Linguistics,* 25/4, págs. 448-65.

— (2005): *Speaking of Crime: The Language of Criminal Justice.* Chicago: University of Chicago Press.

TORRENTS DELS PRATS, M. (1976): *Diccionario de dificultades del inglés.* Barcelona: Juventud.

TOURY, G. (1995): *Descriptive Translation Studies and Beyond*. Amsterdam: John Benjamins.

TRAVERSI, A. (2005): *La Defensa Penal, Técnicas argumentativas y oratorias*. Pamplona: Thomson-Aranzadi.

VARIOS (2001): *Lenguaje forense*. Madrid: Consejo General del Poder Judicial.

VÁZQUEZ AYORA, G. (1977): *Introducción a la traductología*. Washington: Georgetown University Press.

VINAY, J. P. y DALBERNET, J. (1958): *Stylistique comparée du français et de l'anglais*. París: Didier.

WALTER, B. (1988): *The Jury Summation as Speech Genre*. Amsterdam: John Benjamins.

WHITTAKER, R. y MARTÍN ROJO, L. (1999): «A dialogue with bureaucracy: register, genre and information management as constraints on interchangeability». *Journal of Pragmatics*, 31: 149-189.

WILLS, W. (1982): *The Science of Translation*. Tubinga: Gunter Narr Verlar.

— (1996): *Knowledge and Skills in Translation Studies*. Amsterdam: John Benjamins

WITTGENSTEIN, L. (1968): *Cuadernos azul y marrón*. Barcelona: Tecnos.

ZWEIGERT, K. y KÖTZ, H. (2002): *Introducción al derecho comparado*. Oxford: Oxford University Press.

ZOLTAN, SZABÓ (1972): «The types of stylistic studies», *Linguistics*, 62: 96-104.

ÍNDICE ANALÍTICO

ÍNDICE